高等职业教育智慧财经系列教材

金融数据统计分析

JINRONG SHUJU TONGJI FENXI

主　编　潘上永　贲志红
副主编　金莎莎　应雪海　李若羚　吴嘉谥

本书另配：教学课件
　　　　　微课视频
　　　　　课后习题
　　　　　实训案例

新形态教材

中国教育出版传媒集团
高等教育出版社·北京

内容提要

本书是高等职业教育智慧财经系列教材之一。

本书以金融数据统计分析流程为框架，从金融数据认知、数据采集处理、金融数据分析和应用三个层面构建课程体系，全书共有11个项目。本书注重理论一体，通过大量案例帮助学生快速了解并掌握金融数据采集、处理和分析的相关基础知识，注重培养学生的逻辑思维能力，提高其大数据素养水平。为利教便学，部分学习资源以二维码的形式提供在相关内容旁，可扫描获取。此外，本书另配有教学课件、微课视频、实训手册等教学资源，供教师教学使用。

本书既可作为高等职业教育财经大类专业大数据基础课程教材，也可作为应用型本科的经济金融类专业教材，还可以作为经济金融商贸类行业社会从业人员学习数据分析的参考用书。

图书在版编目(CIP)数据

金融数据统计分析 / 潘上永，贲志红主编. —北京：高等教育出版社，2024.1(2025.1重印)

ISBN 978-7-04-060572-3

Ⅰ.①金⋯ Ⅱ.①潘⋯ ②贲⋯ Ⅲ.①金融统计–统计分析–高等职业教育–教材 Ⅳ.①F830.2

中国国家版本馆 CIP 数据核字(2023)第 100417 号

| 策划编辑 | 毕颖娟 宋 浩 | 责任编辑 | 宋 浩 | 封面设计 | 张文豪 | 责任印制 | 高忠富 |

出版发行 高等教育出版社	网　　址　http://www.hep.edu.cn
社　　址　北京市西城区德外大街 4 号	http://www.hep.com.cn
邮政编码　100120	网上订购　http://www.hepmall.com.cn
印　　刷　上海叶大印务发展有限公司	http://www.hepmall.com
开　　本　787mm×1092mm　1/16	http://www.hepmall.cn
印　　张　20.5	
字　　数　474 千字	版　　次　2024 年 1 月第 1 版
购书热线　010-58581118	印　　次　2025 年 1 月第 3 次印刷
咨询电话　400-810-0598	定　　价　42.00 元

本书如有缺页、倒页、脱页等质量问题，请到所购图书销售部门联系调换

版权所有　侵权必究

物　料　号　60572-00

前　言

本书是浙江省高职院校"十四五"重点立项建设教材。

2020年4月,中共中央、国务院发布的《关于构建更加完善的要素市场化配置体制机制的意见》(以下简称《意见》),首次将"数据"作为一种新型的生产要素,与土地、劳动力、资本、技术并列为市场化配置的五大要素之一。同时《意见》明确提出要加快培育数据要素市场,推进政府数据开放共享、提升社会数据资源价值、加强数据资源整合和安全保护。以数据为基础的数字经济正加速驱动生产方式、管理方式和科技格局发生深刻变化。据中国信息通信研究院最新发布的《中国数字经济发展白皮书(2022年)》揭示,2021年中国数字经济规模达到45.5万亿元,占GDP比重达39.8%,数字经济在国民经济中的地位更加稳固、支撑作用更加明显。

随着大数据、云计算、区块链、AI、5G等新兴技术的迅速发展,我国的数字金融业打开了新的局面。金融业通过与大数据和人工智能相结合,在管理、营销、风控、数据安全、投资研发等应用场景迎来全新的智能化升级。"金融＋大数据"的价值已经被越来越多的人所认同,只有掌握数据的处理和分析方法的人,才能真正挖掘数据价值,并开发利用好数据资源。

本书以金融数据统计分析流程为框架,共有11个项目,从金融数据认知、数据采集处理、金融数据分析和应用三个层面构建课程体系。本书主要面向高职专科、应用型本科的经济学或金融学类专业学生,同时适用于从事金融大数据相关工作的社会从业人员,培养宽知识、专技能的应用型人才。

本书具有以下特点:

1. 注重课程思政,提高职业素养

为了更好地体现思政育人理念,本书在每个项目设置了思政素养目标,将党的二十大精神、社会主义核心价值观和金融从业人员的职业道德要求融入项目设置和任务实施中,同时,增加了思政案例拓展阅读二维码,通过思政案例的解读使读者感知和提升思想道德政治素养。

2. 讲解深入浅出,内容理实一体

本书在注重系统性、理论性和科学性的基础上,突出了实用性和可操作性,对重点概念和操作技能进行了详细讲解,内容丰富,深入浅出。在进行课堂实训之前,对相关的数据分析指标和数据分析理论知识进行详细说明,这样既减轻了读者的学习负担,又能促使读者更好地将理论应用于实际。每个课堂实训都有详细的步骤解析,确保数据分析零基础的人学习无障碍,学习效率高。在最后一个项目,本书设置了基于Python的金融数据分析任务合集,针对每个项目的数据处理分析方法延伸了Python的应用,方便广大读者拓展学习数据分析新技术。

3. 编写体例新颖,呈现形式活泼

本书每个项目设有【学习目标】【案例导入】【思考与练习】【项目实训】栏目,重点突出,体例新颖,形式活泼,有利于吸引学生学习兴趣,更好地学习相关知识。

4. 配套资源丰富,提高学习效果

本书在项目结尾精心设计了【思考与练习】,紧扣该项目所讲的内容,让读者在完成练习的过程中,进一步掌握并巩固所学到的知识。同时,本书配有所有【思考与练习】的参考答案,可供读者参考使用。为方便教师教学和学生学习,部分学习资源以二维码的形式提供在相关内容旁,可扫描获取。此外,本书另配套建设了在线教学和实训资源,包括教学课件、微课视频、实训案例等,帮助教师丰富教学手段,激发学生学习兴趣,提高教学效果。

本书由浙江经贸职业技术学院潘上永、上海电子信息职业技术学院贲志红担任主编,浙江经贸职业技术学院金莎莎、应雪海、李若羚、吴嘉谥担任副主编。在本书编写过程中,深圳希施玛数据科技有限公司为本书提供了丰富的案例素材和实践经验,在此表示衷心的感谢。

鉴于编者水平和经验有限,书中难免存在疏漏和不足之处,恳请同行专家和读者不吝赐教,以便我们今后进一步修订完善。

编 者

2023 年 7 月

目 录

- 001　项目一　认识大数据时代的数据分析与金融数据
- 002　　任务一　认识数据分析与统计
- 009　　任务二　认识金融数据与大数据
- 017　　任务三　了解数据相关法律法规
- 021　　思考与练习
- 023　　项目实训

- 024　项目二　金融数据采集
- 025　　任务一　认识数据采集
- 030　　任务二　设计调查问卷
- 039　　任务三　了解网络爬虫工具
- 046　　任务四　了解 Python 自动化采集
- 053　　课堂实训——八爪鱼自动采集数据
- 061　　思考与练习
- 063　　项目实训

- 064　项目三　数据的处理和清洗
- 065　　任务一　处理数据
- 073　　任务二　清洗数据
- 081　　课堂实训——销售数据处理
- 092　　思考与练习
- 094　　项目实训

- 095　项目四　描述性统计分析
- 096　　任务一　分析数据的集中趋势
- 103　　任务二　分析数据的离散程度
- 107　　任务三　分析数据的分布形态
- 108　　课堂实训——GDP 数据描述性统计分析

115	思考与练习
117	项目实训

118	**项目五　抽样推断法分析**
124	任务一　认识抽样推断
128	任务二　选择抽样调查的组织形式
130	任务三　测量抽样误差
136	任务四　确定抽样推断方法与样本容量
139	课堂实训——抽样推断的 Excel 运用
145	思考与练习
147	项目实训

148	**项目六　统计指数分析**
149	任务一　认识统计指数
152	任务二　编制总指数
159	任务三　了解经济指数的编制及应用
164	任务四　构建指数体系及因素分析
172	课堂实训——产品信息指数分析
178	思考与练习
180	项目实训

181	**项目七　相关分析与回归分析**
182	任务一　理解相关分析的意义和种类
187	任务二　掌握简单线性相关分析
192	任务三　掌握回归分析
199	课堂实训——分析研发与销售的关系
208	思考与练习
210	项目实训

211	**项目八　时间序列分析**
213	任务一　了解时间序列的意义和种类
218	任务二　熟悉时间序列的水平指标
221	任务三　熟悉时间序列的速度指标
223	任务四　分析时间序列变动的趋势

230		课堂实训——分析并预测企业总产值的发展情况
238		思考与练习
239		项目实训

240　项目九　数据可视化展现

244		任务一　绘制统计表
245		任务二　绘制统计图
253		任务三　构建数据透视表与数据透视图
254		课堂实训——网店访客数可视化展现
259		思考与练习
261		项目实训

262　项目十　数据分析报告编制

263		任务一　认识数据分析报告
265		任务二　解析数据分析报告
280		课堂实训——行业分析报告
282		思考与练习
284		项目实训

286　项目十一　基于 Python 的金融数据分析

287		任务一　基于 Python 的数据清洗
295		任务二　基于 Python 的描述性统计分析
299		任务三　基于 Python 的抽样估计分析
301		任务四　基于 Python 的指数分析
304		任务五　基于 Python 的相关分析与一元线性回归
308		任务六　基于 Python 的时间序列分析
313		任务七　基于 Python 的图形可视化

316　**主要参考文献**

资源导航

章	页码	说明
1	21	大数据国家战略的背景与意义
2	61	21家银行机构因监管数据质量违法违规被罚
3	92	《中华人民共和国数据安全法》十大法律要点解析
4	115	正态分布中的平均值
5	145	真实性乃数据质量之基础
6	178	县域数字信贷增长最显著 服务广度四年增长8倍
7	208	相关分析与回归分析的区分与辨别
8	237	IDC预测到2025年大数据将性命攸关
9	259	数据可视化之美：经典案例与实践解析
10	282	某企业提供不真实统计资料案

项目一　认识大数据时代的数据分析与金融数据

随着全球信息技术的快速发展,人类社会迎来了数据大爆炸的时代,数据技术及其应用也随之蓬勃发展。根据国家工业信息安全发展研究中心产值的测算数据显示,截至2020年底,我国大数据产业规模已达万亿元。

国际标准化组织(ISO)认为"数据是对事实、概念或指令的一种形式化表示"。金融行业数据资源丰富,业务发展对数据依赖程度高,促使大数据技术在金融领域的应用起步早、发展快、规模大,并在银行、证券、保险及其他金融领域取得突出成果,实现了资源配置效率提升、风险管控能力强化和业务能力创新。数据已然成为一种新兴的无形资产,具有很高的学术研究价值、市场监督价值以及行情预测价值。数字经济的背后实际上是数据经济,甚至可以说"无数据,不经济"。

人类社会发展史上的第三次浪潮中,以大数据储存、整合、处理和分析为主要内容的数据分析方法已经出现。基于大数据分析的金融决策成为一个新的模式,而大数据的处理与统计学之间存在着天然的联系。大数据科学为传统金融统计科学带来了机遇与挑战。熟悉和掌握金融数据统计分析的基础方法是适应金融大数据时代行业发展变革,提升数据分析能力所必需的基本技能。

学习目标

知识目标

(1) 理解金融数据分析的基本概念、数据分析目的、数据分析的一般流程以及数据分析的常用方法。
(2) 理解统计的基本概念、统计指标及其类型。
(3) 掌握金融数据的生产、金融数据不同角度的分类、金融数据的发布系统。
(4) 了解大数据的含义、特征和类型,了解大数据技术在金融行业的典型应用场景。
(5) 了解我国关于数据采集、数据应用方面的法律法规。

能力目标

（1）能够辨别统计的基本概念，能够区分不同的统计指标类型并进行指标结果的计算。

（2）能够从不同角度区分金融数据的类型，并根据数据类型查找到相应的金融数据。

（3）能够辨别大数据的特征和类型，列举大数据在不同金融领域应用的案例。

（4）能够合法合规地获取数据、使用数据，不违反政策法律等相关规定。

素养目标

（1）围绕社会主义核心价值观，培养正确的科学观念，尊重数据，崇尚科学技术，激发爱国主义情感。

（2）增强服务于数字化时代国家和社会发展的责任感与使命感。

（3）提升法治意识，维护数据信息安全意识。

案例导入

波士顿咨询公司（BCG）联合上海陆金所信息科技股份有限公司发布《全球数字财富管理报告2019—2020》中指出，智能化必将成为下一个十年全球财富管理行业发展的重要方向，并为财富管理市场带来全新机遇和巨大的市场潜力，"让各类机构实现15%～30%的收入提升及25%～50%的利润，整个财富管理市场资产管理规模实现25%～50%的增长"。

数字化营销时代，银行业客群管理智能化已成为必然趋势。而在智能化进程中，大数据是不可忽视的力量，通过大数据打破数据孤岛，打通内外部各大营销渠道，实时追踪客户数据，构建精细化客户标签以及精准的客户画像，找出优质和具有潜力的客户群，针对这些客户进行有效的营销活动。实现真正意义上的客户群管理，精准客户营销策略。

任务一 认识数据分析与统计

一、认识金融数据分析

（一）金融数据统计分析概述

金融是商品经济发展到一定阶段的产物，源于货币和信用的产生与发展。金融涉及个人、企业、政府等经济主体在资金融通过程中从事的各种经济活动及做出的各种经济决策。金融是货币流通和信用活动以及与之相关的经济活动的总称。

金融活动的发生客观上导致了金融数据的产生,金融数据反映并且记录了经济活动的发生与发展,通过对金融数据的统计、挖掘、分析、预测,能够更加深入地了解金融体系的运行规律。

(二)金融数据统计分析的定义

金融数据统计分析是指运用统计分析的基础理论和方法对金融活动进行数据分析的活动。金融是指与货币流通和信用关系有关的一切活动,主要通过银行等金融机构、资本市场等金融市场的活动来实现。在对金融活动与金融现象的研究过程中,可以运用相关的数据统计资料分析因果关系,提取制约因素或主要成分,研究现象背后的数量变化规律;可以按照随机原则,在统计总体中抽取部分个体进行调查研究,揭示现象中客观存在的规律。

(三)金融数据统计分析的目的

金融数据统计分析的目的是利用数据分析的结果来解决现实中的金融经济问题,为决策提供可操作的数量化依据。根据需要解决的问题类型,可将数据分析的目的分为现状分析、原因探究和未来预测三类。

(1)现状分析。现状分析是数据分析最常见的目的。以宏观金融经济报告为例,当前经济环境下的国内生产总值(GDP)、产业结构占比、财政收支的增速、居民消费价格的涨跌幅等都属于对现状的分析。

(2)原因探究。原因探究是在现状分析的基础上进行的。例如,某天某基金突然遭遇大额赎回、某银行存量客户大量流失等情况,每一种情况都是有原因的,对数据的分析就是要找出这个原因,便于继续维持良好的局面或改善不良的状态。

(3)未来预测。数据分析的第3个目的就是预测未来,如用数据分析的方法预测证券市场的价格走势、用不同投资策略模型预测投资组合收益等。通过预测可以更好地制订相应的投资策略,进而提高投资收益率。

(四)金融数据统计分析的过程

(1)明确目标。进行数据分析,首先要明确分析的目的,根据目标选择需要的数据,进而明确数据分析想要达到的目标。只有明确了目标,数据分析才不会偏离方向,更不会南辕北辙。在确定目标时,可以梳理分析思路,将数据分析目标分解成多个分析要点,针对每个要点确定具体的分析方法和分析指标,尽量做到目标具体化,为后面的分析工作减少不必要的麻烦。

(2)数据采集。明确了分析目标后,就能够有目的地执行数据采集工作。在这个阶段,需要更多地注意数据生产和采集过程中的异常情况,从而更好地追本溯源,这也能在很大程度上避免因采集错误而导致数据分析结果没有价值的情况发生。

(3)数据处理。数据处理针对的是执行采集操作后得到的数据不能满足分析要求的情况。因为许多情况下采集到的数据往往是散乱的、有缺漏的,甚至还是有错误的,此时就需要通过清洗、加工等各种处理方法,将这些数据整理形成符合数据分析阶段需求的数据对象。

(4)数据分析。在数据分析阶段需要利用适当的方法和工具,对数据进行分析,提取有价值的信息,并形成有效的结论。要想更好地完成数据分析工作,一方面要熟悉各种数据分析方法的理论知识并能灵活运用;另一方面还需要熟练掌握各种数据分析工具的操作方法。

(5)数据可视化。数据可视化是指将数据通过图表直观地展现出来。在这个阶段需要重点考虑所选的图表类型能够真实且完整地反映数据特性和分析结果,另外也需要保证图表的美观性,使数据特性和分析结果可以更加清晰地体现出来。

(6)撰写报告。数据分析报告是对整个数据分析过程的总结与呈现。完成前面各个环节的工作后,就可以通过数据分析报告,将数据分析的思路、过程,以及得出的结果和结论完整地呈现出来,供报告使用者参考。

(五)常用的金融数据统计分析方法

金融数据统计分析的方法较多,结合基础统计分析的相关理论和方法,常用的有以下几种:

(1)描述性统计分析:是金融数据基础统计分析中最主要的方法,包括集中趋势、离散趋势和频率分布及特征的测量。

(2)抽样估计:利用抽样调查所得到的样本数据特征来估计和推算总体的数据特征。

(3)假设检验与方差分析:对总体的特征做出某种假设,然后通过抽样研究的统计推理,对此假设应该拒绝还是接受做出推断。

(4)统计指数分析:通过指数分析的方法对统计指标的综合情况和局部情况进行分析。

(5)回归分析:通过分析两个或两个以上变量间的数据情况来解释相互依赖的定量关系,它侧重于研究随机变量间的依赖关系,以便用一个变量去预测另一个变量。

(6)时间序列分析:通过对数据在一个区域内容进行一定时间段的连续测试,分析其变化过程与发展规模。

使用 Excel,通过数据分组、描述性分析、指数分析、回归分析、时间序列分析等方法对数据进行统计分析。同时,为了拓宽视野,紧跟数据分析技术发展趋势,本书增加了基于 Python 的金融数据分析项目,为大家进阶学习中高级数据分析做好入门铺垫。

二、认识统计

统计学与大数据之间有着非常紧密的联系。无论是"传统数据分析",还是"大数据分析",均需将原始数据按照分析思路进行统计处理,得到概要性的统计结果供人分析,而两者区别只是原始数据量大小所导致处理方式的不同。可以认为,统计学是传统数据分析的核心和基础,而大数据分析是传统数据分析的进化。

因此,要掌握数据分析的原理和方法,必须具备一定的统计学基础理论知识和统计分析方法。

(一)统计学的基本概念

1. 总体、个体和样本

总体是指所要研究的客观对象的全体,是由客观存在的、具有某种共同性质又存在差别的许多个别单位所构成的整体。

个体是指构成总体的每一个事物或基本单位。原始资料最初就是从每个个体中取得的,所以个体是各项统计数字最原始的承担者。

样本是指从总体中抽取出来的一部分个体组成的整体,其作用是通过样本特征来推断总体特征,能够简化数据统计分析的工作量。某银行客户经理基本信息及某月理财产品销售额数据,如表1-1所示。

表1-1 某银行客户经理销售额数据表

姓名	性别	年龄(岁)	文化程度	工龄(年)	销售额(万元)
张三	男	35	本科	10	560
李四	男	31	大专	8	528
王曼	女	32	研究生	4	385
李丽	女	29	大专	5	290
刘明	男	28	本科	3	350
张琪	女	30	本科	5	375

如果研究该银行所有客户经理当月理财产品销售情况,那么该银行全部18位客户经理就是总体,每一位客户经理就是个体,而表格中所列的6位客户经理就是样本。

总体必须具备3个特性:大量性、同质性和变异性。

(1)大量性是总体的量的规定性,即总体是由许多个体组成的,仅仅一个个体不能构成总体。因为个别个体的数量表现可能是各种各样的,只对少数个体进行观察,其结果难以反映总体的一般特征。

(2)同质性,即构成总体的各个个体必须在某一方面具有相同的性质,这是构成总体的先决条件,也是总体的质的规定性。

(3)变异性是指存在的差异,同一个总体在某一方面具有共同的性质,但在另外一些方面又必须是有差异的。例如每家商业银行都具有从事商业银行业务经营活动的相同性质,但这些银行的规模、效益、员工人数以及管理资产等情况都是不相同的,只有这样才有统计研究的必要。

总体和个体是相对而言的。随着统计研究目的及范围的变化,总体和个体可以相互转化。同一事物在不同情况下可以作为总体,也可以作为个体。例如在研究某地区所有商业银行的总资产时,每家商业银行就是个体,但在研究某一家商业银行的资产规模时,该商业银行又成为了总体。

2. 标志和标志表现

通常，每个个体从不同的角度考虑，具有许多属性和特征。这些属性和特征就叫做标志。标志的属性或数量在每个个体的具体表现，称为标志表现。

例如表1-1中，要研究某商业银行客户经理的基本信息情况，每一位客户经理都是个体，表中的标题"姓名""性别""年龄""文化程度""工龄""销售额"是用于描述这一个体的属性和特征，就是不同的标志；而"张三""男""35岁""本科""10年""560万元"等，就是标志表现。

标志按其性质可以分为品质标志和数量标志。

品质标志是指用文字描述特征和属性的标志，品质标志不能用数量表示。例如表1-1中的姓名、性别、文化程度。

数量标志是指用数量描述特征和属性的标志，数量标志一般用数量表示。例如表1-1中的年龄、工龄、销售额。

3. 变量及其类型

从狭义上看，变量是指可变的数量标志，例如人的身高、体重、年龄，金融机构的职工人数等都是变量。这些数量标志在不同个体上的值是不同的，是可变的。因此，变量是可变数量标志的抽象化。变量的具体数值就称为变量值，也称为标志值。

从广义上看，变量不仅指可变的数量标志，也包括可变的品质标志。因为可变的品质标志在每个个体上的表现结果也是不同的，在作为变量处理时所用的量化方法也有所不同，因此，可变标志就是变量。

变量按其取值是否连续，可分为离散型变量和连续型变量。离散型变量是指变量的数值只能用计数的方法取得，其数值可以一一列举，只能整数表示，例如学生人数、机器台数、金融机构数等。连续型变量是指变量的取值连续不断，无法一一列举，在一个区间内可以取任意实数值，可以用整数表示也可以用小数表示。如身高、体重、总产值、资金和利润等。

变量按其所受因素影响的不同，可分为确定性变量和随机性变量。确定性变量是指受确定性因素影响所形成的变量，确定性因素使变量按一定的方向呈上升或下降趋势变动，如增加施肥量，能使农作物收获量增多，是确定性因素的影响。随机性变量是指受随机性因素影响所形成的变量，如产品质量在所控制的质量数据范围内，由于受偶然因素，如温度、电压、速度等的影响，产品的质量数据不尽相同，它们与质量标准有一定误差，这是随机性因素的影响。

4. 统计指标

统计指标是指反映总体数量特征的概念和具体数值。通常，一个完整的统计指标包含指标名称和指标数值两部分。例如中国2022年国内生产总值（指标名称）121.02万亿元（指标数值）。

（二）统计指标的类型

从不同的角度，统计指标有不同的类型。

1. 数量指标和质量指标

按所反映的数量特点和内容划分，可分为数量指标和质量指标。

(1)数量指标。是反映社会经济现象范围的广度、规模大小和数量多少的指标。它表示事物外延量的大小,通常有计量单位,用绝对数表示。其指标数值大小随总体范围的大小而增减变动。例如,销售量、销售额、人口总数、工业总产值等,都属于数量指标。

(2)质量指标。是反映现象本身质量、强度、经济效果等的统计指标。它表示事物内含量的状况,通常用相对数或平均数表示。其指标的数值大小与总体范围大小没有直接的关系。例如,商品价格、产品合格率、固定资产的利用程度、利润率、劳动生产率等,都属于质量指标。

2. 总量指标、相对指标和平均指标

(1)总量指标。是指经过统计汇总后得到的具有计量单位的统计指标,反映研究总体在一定时期或时点的总规模、总水平或工作总量。按总量指标所反映的时间状况来划分,总量指标可以分为时期指标和时点指标。

① 时期指标。是反映总体在一段时间内的累计总和。例如,人口出生数、基金产品销售额、国内生产总值、基本建设投资额等。

② 时点指标。是反映总体在某一时点上的数量状态。反映总体已经存在并经常变化的数量状态在某一个具体时刻的表现,例如,年末人口数、储蓄存款余额、商品库存数等。

(2)相对指标。相对指标分为结构相对指标、对比相对指标、计划完成程度相对指标等。

① 结构相对指标。结构相对指标又称结构相对数或比重指标,是在统计分组的基础上,总体中某部分的数值与总体总量的比值,以说明总体内部组成情况,一般用百分数表示。

$$结构相对指标 = \frac{总体某部分的数值}{总体总量} \times 100\%$$

例如,2022年国内生产总值1 210 207亿元,其中第一产业产值88 345亿元,第二产业产值483 164亿元,第三产业产值638 698亿元,则:

$$第一产业产值占国内生产总值比重 = \frac{88\ 345}{1\ 210\ 207} \times 100\% \approx 7.3\%$$

$$第二产业产值占国内生产总值比重 = \frac{483\ 164}{1\ 210\ 207} \times 100\% \approx 39.9\%$$

$$第三产业产值占国内生产总值比重 = \frac{638\ 698}{1\ 210\ 207} \times 100\% \approx 52.8\%$$

结构相对指标具有如下特点:分子分母不能互换;指标值小于1;指标值之和等于1。

常用的合格率、恩格尔系数都属于结构相对指标。

$$合格率 = \frac{合格产品数}{全部产品数}$$

说明工作质量的高低通过产品质量来衡量,合格率越高,工作质量越高。

$$恩格尔系数 = \frac{食品支出总额}{个人消费总额}$$

说明生活质量的高低,恩格尔系数越低,生活质量越高。

② 对比相对指标。任何事物都是既有共性特征,又有个性特征,只有通过对比,才能分出事物的性质、变化、发展的规律。数据分析也是如此,对庞大的数据做单独分析,通常很难发现其意义,只有将不同数据进行对比,才能发现更多本质现象。这种分析数据的方法就叫对比分析法。通常情况下,数据对比相对指标可以分为静态相对指标和动态相对指标。

静态相对指标是指同一总体在相同时间下不同组(部门、单位、地区)的数据对比通常用比值、倍数、系数或百分数表示。

$$静态相对指标 = \frac{总体中某一组的指标数值}{总体中另一组的指标数值} \times 100\%$$

例如某高校共有学生 5 000 人,其中男生 2 580 人,女性 2 420 人,该地区男性人口数是女性人口数的 106.6%,男女性别比例为 106.6∶100。再如,某月 A 公司基金销售总额为 1 500 万元、B 公司基金销售总额为 1 860 万元,则 A 公司基金的销售总额为 B 公司的 80.6%,或者说,B 公司基金销售总额为 A 公司的 1.24 倍。

静态相对指标有如下特点:

a. 同一总体、同一指标、同一时间、不同组的数值对比;

b. 分子、分母可以互换。

通过静态对比,可以了解自身的发展在行业内处于什么样的位置,哪些指标是领先的,哪些指标是落后的,进而找出下一步发展的方向和目标。

动态相对指标是指同一总体在不同时间下的两个数值进行动态对比,以说明总体在不同时间上的发展变化情况,所以也叫作动态相对数或发展速度,通常用百分数表示。

$$动态相对指标 = \frac{某一现象报告期的数值}{同一现象基期的数值} \times 100\%$$

通常把作为比较标准的时期称为基期,把用来与基期对比的时期称为报告期。例如,2022 年中国的 GDP 为 1 210 207 亿元,2021 年的 GDP 为 1 143 670 亿元,如果把 2021 年选作基期,亦即将 2021 年国内生产总值作为 100,则 2022 的国内生产总值与 2021 年的国内生产总值对比,得出动态相对数为 105.8%,它说明在 2022 年基础上 2021 年国内生产总值的发展速度。

③ 计划完成程度相对指标。计划完成程度相对指标是实际完成指标数值与计划指标数值进行对比,通常用百分数表示。

$$计划完成程度相对指标 = \frac{实际完成指标数值}{计划指标数值} \times 100\%$$

例如 2022 年某互联网金融公司,产品销售额计划指标为 5 亿元,当年该公司实际销售额为 5.6 亿元,则计划完成程度相对指标 $=\dfrac{5.6}{5}\times 100\% \approx 112\%$。

(3) 平均指标。平均指标又称为平均数,是总体在某一空间或时间上的平均数量状况。例如,家庭人均消费水平、企业职工平均工资等。

任务二 认识金融数据与大数据

一、认识金融数据

(一) 金融数据的生产

数据生产是一个客观过程,时间在一分一秒地流淌,岁月日复一日年复一年,这本身就是一个数据生产过程。生产、消费、投资、进出口等金融经济活动在生产金融经济数据,这些类型各异、承载不同信息的数据在产生之初可能是杂乱的、零散的,需要通过统计分类处理,并以规范的形式发布出来,成为可识别的数据,为经济研究、金融投资、生产消费等提供决策的基础。

金融经济数据是金融经济活动信息和结果的表现形式,凡是有金融经济活动的地方就有数据生产。但作为社会可识别的数据系统规范,是由专门的机构进行管理的,包括数据生产、记录和发布。数据生产系统可以从宏观和微观两个层面进行考察。

1. 宏观金融经济数据的生产

一个国家的统计系统是生产宏观经济数据的主要部门,国民经济核算体系是国家宏观经济数据的生产体系。它适用于市场经济条件下的国民经济核算,首创于英国,继而在经济发达的国家推行,现已被世界上绝大多数国家和地区所采用。国民经济核算体系以全面生产的概念为基础,把各行各业都纳入国民经济核算范围,将社会产品分为货物和服务两种形态,完整地反映了全社会生产活动成果基期分配和使用的过程,并注重社会再生产过程中资金流量和资产负债的核算。运用复式记账法的原理,建立一系列宏观经济循环账户和核算表式,组成结构严谨、逻辑严密的体系。

国际上存在两大核算体系:一个是市场经济国家采用的国民账户体系,另一个是计划经济国家普遍采用的物质产品平衡表体系。两个体系最根本的区别是所依据的基本理论不同。物质产品平衡表体系强调物质生产概念,只把物质产品生产作为生产核算的基础;国民账户体系采用全面生产的概念,包括所有产品和服务的生产。中国自 1992 年起从物质产品平衡表体系向国民账户体系平稳过渡,国家统计局制定了《中国国民经济核算体系(试行方案)》,1999 年对该试行方案进行了修订,2002 年颁布《中国国民经济核算体系(2002)》的规范性文本。目前,国家统计局、中国人民银行、财政部等是我国宏观金融经济数据的生产编制机构。

2. 微观金融经济数据的生产

作为微观经济活动主体的机构单位、工商企业、金融企业、居民个人等的金融经济活动数据生产过程是分散化的，没有统一的标准，也没有专门的机构进行统计。比如，居民的金融资产种类、价值、分布结构等数据，无法通过公开的数据公布系统获得，有些专业的民间调研机构、研究机构等建立了部分数据库，收集了一些调研或者研究取得的数据。企业的金融经济数据主要通过其财务报告等资料获取，但是，非公众公司没有义务向全社会发布其财务报告数据，居民个人更没有义务公布其金融与经济资产状况。这些类型的数据需要通过专业调查研究形成，而零散的研究难以形成数据体系。微观金融经济数据对于宏观政策决策具有基础性参照价值，这些数据的规范依然是金融经济数据生产、公布体系需要努力的方向。

（二）金融数据的分类

金融数据可以按以下五种角度分类：

1. 从宏观金融与微观金融角度

（1）宏观金融数据（macroscopic financial data）。宏观金融数据反映的是整体金融运行状况。从宏观金融经济管理者的视角进行分析的数据，即从中央银行、金融监管机构的视角进行统计监测生成的数据，主要包括货币类数据、金融投资类数据、保险经营类数据等。货币类数据有货币供应量、金融机构信贷、外汇、黄金储备等；金融投资类数据有股票、债券的存量、交易额等数据，以及外汇交易数据、基金发行交易数据，期货交易数据等；保险经营数据主要有保险收入、赔付状况、保费结构等数据。

（2）微观金融数据（microscopic financial data）。微观金融数据是从经济活动个体角度观察金融活动状况的数据，是金融市场上单个经济主体的数据，例如上市公司的资产负债表，商业银行的利润表等；部分项目的金融数据，例如京沪高铁、三峡水利等项目的融资数据；居民家庭金融数据等。微观金融数据一般需要通过社会调查或专门的渠道获得。

2. 从金融机构类别角度

金融机构的类型主要有银行类金融机构、证券类机构、基金类机构、保险类机构、期货类机构和互联网金融类机构等。

（1）银行类机构金融数据。银行类金融机构数据是针对银行性质的金融机构业务状况进行的统计数据，包括存款性银行和非存款性金融机构的数据。存款性银行包括商业银行、部分政策性银行、信用社、财务公司等；非存款性金融机构包括信托投资公司、消费金融公司、贷款公司、金融资产管理公司等。

（2）证券类机构金融数据。证券类机构的金融数据主要是证券公司、投资银行的经营数据，包括经纪业务、自营业务、投资银行业务等数据。

（3）基金类机构金融数据。基金类机构的金融数据主要是各类基金公司的业务运作数据，包括风险投资基金、产业基金、资本市场基金、货币市场基金、社会保障类基金等业务运作数据。

（4）保险类机构金融数据。保险类机构的金融数据包括财产性保险公司、人寿类保险公司、再保险公司等商业性保险业务运作数据，如保险费收入、赔付，基金投资组合、资产管理状况等数据。

（5）期货类机构金融数据。期货类机构的金融数据主要是期货交易所、期货经纪公司、非经纪类期货交易机构的有关期货交易业务的统计数据。

（6）互联网金融类机构数据。包括第三方支付、移动支付、网络基金、网络理财产品、网络保险等业务形成的统计数据。

3. 从金融市场角度

从金融市场角度划分，金融数据主要包括货币市场数据、资本市场数据、外汇市场数据、黄金市场数据、保险市场数据以及衍生品市场数据。

（1）货币市场数据。货币市场交易工具的存续期限一般不超过1年，包括同业拆借、票据承兑与贴现、国库券、大额可转让定期存单（CD）、债券回购协议等交易工具。货币市场统计的数据包括这些交易工具的发行、二级市场交易规模、利率、投资者状况等。

（2）资本市场数据。资本市场交易工具的存续期一般在一年以上，包括政府中长期债券、企业债券、股票等。广义的资本市场还包括中长期信贷市场，属于银行信贷市场范畴。这些工具的发行、交易规模、交易价格等都是资本市场统计数据的主要内容。

（3）外汇市场数据。外汇市场分为两个层次，金融机构之间形成的银行间交易市场，外汇银行与个人、企业、单位等经济主体交易形成的银行店头市场。外汇市场统计的内容主要包括不同货币之间的兑换比价、外汇交易规模等数据。

（4）黄金市场数据。黄金市场是以黄金实体或者黄金存托凭证为交易对象的市场，也有的金融机构采用虚拟的"纸黄金"合约作为交易对象。黄金市场统计的内容主要包括黄金交易数量、价格等数据。

（5）保险市场数据。保险市场统计的内容主要包括保险产品类型及交易数额、保险费收入、保费赔付、保险机构业务运作情况等数据。

（6）衍生品市场数据。衍生品市场统计的内容主要包括期货、期权、互换、远期利率协议以及复杂衍生品的交易、持仓、价格等数据。衍生品交易合约标的物有外币、债券、黄金、大宗商品等。

4. 从经济部门角度

从经济部门角度可以将国民经济划分为住户部门、非金融企业部门、政府部门、金融机构部门和国外部门，因而金融数据可以从经济部门角度进行分类。

（1）住户部门金融数据。住户部门的经济活动主体是城乡居民，其金融数据包括储蓄存款、贷款，股票、基金与债券投资、保险、外汇与黄金交易等。

（2）非金融企业部门金融数据。非金融企业部门的经济活动主体是指除了金融机构以外的所有具有工商性质的企业，其金融数据包括存贷款，发行股票、债券，购买商业保险等。

（3）政府部门金融数据。政府部门是指广义的政府部门，包括中央政府、地方政府机构、行政事业单位等。政府部门的金融数据包括为财政赤字融资发行的国债、借款，地方政府投资项目的融资，社会保障基金运作等数据。

（4）金融机构部门金融数据。金融机构部门经济主体包括银行类机构、证券类机构、基金类机构、保险类机构和期货类机构等，其金融数据主要有资产类、负债类、发行和交易类、价格类数据。

（5）国外部门金融数据。国外部门金融数据主要包括外商直接投资、国内企业对外直接投资、外国证券投资、国内对外证券投资、与贸易投资有关的贷款、货币和存款资金的跨境转移等。

5. 从融资方式角度

从融资方式角度可以分为间接融资和直接融资。

（1）间接融资类金融数据。间接融资是借款人通过银行等金融中介机构，以贷款形式融通资金的方式。间接融资统计数据主要是信贷规模、信贷形式和信贷结构。

（2）直接融资类金融数据。直接融资是借款人通过发行有价证券等工具融通资金。直接融资统计数据主要包括发行股票、债券、基金等直接融资工具的规模，以及金融工具市场交易数量、价格等数据。

（三）金融数据公布系统

数据公布要遵循一定的标准，否则，同类数据之间就缺乏可比性。同时，要把握未来趋势，必须对已生产的数据进行及时、规范地发布，提高透明度。1994年墨西哥金融危机、1997年东南亚金融危机爆发和蔓延时，各国政府和相关机构应对危机政策滞后的一个重要原因是发生危机的国家没有及时公布其宏观经济和金融运行数据，无法预测危机爆发的风险。经过反思，国际货币基金组织（IMF）认为规范数据公布系统是非常有必要的，并组织力量开发出两套数据公布的标准。1996年3月和1997年12月，IMF先后制定完成了数据公布特殊标准（Special Data Dissemination Standards，简称SDDS）和数据公布通用系统（General Data Dissemination System，简称GDDS）。

1. 数据公布标准：SDDS与GDDS

SDDS主要适用于已经参与国际金融市场的大多数工业化国家和一些新兴市场经济体。GDDS适用于尚未达到SDDS要求的国家，大部分为发展中经济体。

SDDS和GDDS的相同标准包括：对于宏观经济部门，如实际部门、财政部门、金融部门、国外部门和社会人口部门的数据，在每一部门都设定了若干个能够反映成员国经济运行效率和政策效率的指标，对这些指标的公布频率和及时性提出了相应的要求；为确保数据质量，要求成员国公布指标数据的编制测算方法，并提供一套支持统计数据提交核对的统计框架；为确保数据的完整性，要求成员国提供官方统计法律制度、政府部门在数据公布时的评论和数据调整情况，要求提前公布统计方法制度的修改和调整；为确保公众对数据的可得性，要求成员国事先公布数据发布的时间表，并按照时间表公布数据。公布的数据分为必须公布、鼓励公布和"视相关程度"而决定公布三类。

SDDS将国民经济活动划分为实际部门、财政部门、金融部门和国外部门，人口数据只作为鼓励公布的数据，以附表的形式发布。SDDS要求必须公布的数据有：① 综合统计框架，如金融部门中银行体系的分析账户以及国外部门中的国际收支账户；② 跟踪性数据类型，如金融部门中的中央银行分析账户；③ 与部门有关的其他数据类型，如金融部门中的利率和国外部门中的汇率。鼓励公布的指标有国民储蓄、国民总收入等。"视相关程度"而定的指标有股票价格指数等。在数据公布的及时性和频率要求方面，不同指标的要求不一样，如银行部门的分析账户按照月度编制，按月发布；中央银行的分析账户编制频率是月度鼓励按周编制,滞后两周发布;利率和汇率的频率是"天",发布及时性没有硬性要求;国际收支平衡表按季度编制,滞后1个季度发布。

GDDS 将国民经济活动划分为实际部门、财政部门、金融部门、国外部门和社会人口部。规定发布的数据类别有:① 综合框架中的核心部分,如实际部门的国民经济核算总量,财政部门的中央政府预算总量,金融部门的广义货币总量和信贷总量,对外部门的国际收支总量;② 跟踪性数据种类,如实际部门的各种生产指数,财政部门的中央政府财政收支和债务统计,金融部门的中央银行分析账户,国外部门的国际储备和商品贸易统计;③ 与部门相关的统计指标,如实际部门的价格指数等;④ 社会人口数据包括人口、保健教育和卫生等统计。鼓励公布的统计指标包括实际部门的储蓄和国民总收入指标,财政部门的债务利息和偿债数据,国外部门的国际投资头寸表和总体外债数据等。在公布频率要求方面,GDDS 鼓励改进数据的公布频率,并对公布频率做了统一规定,如国民经济核算数据、国际收支平衡表按照年度公布,广义货币概览按照月度公布,汇率则按日公布。在数据公布的及时性方面,GDDS 规定了最长的间隔时限,如季度 GDP 数据必须在下一季度内公布,按月度统计的各项指标数据在 6 周~3 个月公布,按年度核算的实际经济指标在 10~14 个月公布,年度国际收支平衡表在 6~9 个月公布。

2. 中国的数据公布系统

中国政府于 2002 年 4 月正式加入了 GDDS,按照 IMF 的要求,发布宏观经济五大部门的有关数据。我国的数据公布系统是按照国际货币基金组织的要求和标准,结合中国特殊情况,由以下政府部委分别负责发布。

国民经济实际部门的指标和数据,包括国内生产总值(GDP)、国民总收入、可支配总收入、消费、储蓄、资本形成、物价指数等,由国家统计局负责统计核算和公布,公布频率和及时性基本达到 GDDS 的要求;财政部门的指标和数据,包括中央预算收支、税收与非税收收入、经常性和资本性支出等,由财政部负责统计并公布;金融部门的指标和数据,包括中央银行资产负债表、存款性公司概览、金融机构信贷收支表、利率等,由中国人民银行负责统计并公布;国外部门的指标和数据,包括国际收支平衡表、国际储备、汇率、商品贸易等,由国家外汇管理局海关总署负责统计和公布;社会人口数据,包括人口总量、教育、卫生等,由国家统计局、教育部、卫生健康委员会等部门负责发布。经过近 15 年的系统建设,中国的数据公布在系统效率、数据质量、频率和时效性上不断提高,经济金融运行和政府宏观调控部门决策的透明度也大大改进。2015 年 10 月开始,中国央行开始按照 SDDS 标准公布数据。

二、认识大数据

(一)大数据的含义与特征

大数据(big data)是指无法在一定时间范围内用常规软件工具进行捕捉、管理和处理的数据集合,是需要新处理模式才能具有更强的决策力、洞察发现力和流程优化能力的海量、高增长率和多样化的信息资产。

大数据通常具有 4V 特征,即数据量(volume)大、数据类型(variety)繁多、处理速度(velocity)快和价值(value)密度低。

(1)数据量大。数据量巨大是大数据最基本的特征,数据量级从 TB 级到 PB 级并接近 EB 级[①]。数据的爆发式增长是人类信息技术不断发展的必然结果,特别是 20 世纪的信息化革命之后,随着万维网(Web)和移动互联网的快速发展,每个个体都成为数据的制造者。

(2)数据类型繁多。传统数据大多是结构化数据,并且数据来源和类型比较单一,存储和管理相对容易。大数据时代,数据类型包罗万象,如网页、邮件、音频、视频、图片等未加工的半结构化和非结构化数据,对传统的数据存储和分析处理技术都提出了新的挑战。

(3)处理速度快。大数据时代,数据产生快、更新快、传输快、流数据处理效率也远快于传统方式,让大数据能更高效地为企业创造价值。例如谷歌公司能在 2 到 3 秒内完成 PB 级别数据的查询。

(4)价值密度低。大数据的量虽大,有用的信息却分散在海量数据中,不容易被发现,价值密度远低于传统关系型数据。例如连续不间断的几个小时监控过程中,可能有用的数据仅仅只有一两秒。

(二)大数据的主要类型

数据按照其结构类型来划分,大数据可分为结构化数据、半结构化数据和非结构化数据。

(1)结构化数据,也称作行数据。由二维表来逻辑表达和实现的数据,严格地遵循数据格式与长度规范,主要通过关系型数据库进行存储和管理,如表 1-2 所示。

表 1-2 关系型数据结构表

序号	股票简称	证券代码	日开盘价(元)	日收盘价(元)	日个股交易股数(万股)	日个股交易金额(万元)
1	万科	000002	32.8	32.56	10 121.3	334 237.39
2	中兴通讯	000063	35.66	35.45	10 142.55	359 298.91
3	海王生物	000078	3.69	3.74	12 691.38	46 661.79
4	南方航空	600029	7.27	7.28	6 760.56	49 285.6
5	中信证券	600030	25.74	25.49	35 773.66	915 739.93

(数据来源:CSMAR 数据库)

(2)非结构化数据。非结构化数据是数据结构不规则或不完整,没有预定义的数据模型,不方便用数据库二维逻辑表来表现的数据。常见的非结构化数据有文本、图片、XML、HTML、各类报表、图像和音频/视频信息等。半结构化数据格式一般较为规范,

---

① TB、PB、EB 是计算机中的储存单位。字节(Byte)是存储容量基本单位,1 字节(1Byte)由 8 个二进制位组成。1 KB=1 024 B;1 MB=1 024 KB;1 GB=1 024 MB;1 TB=1 024 GB;1 PB=1 024 TB;1 EB=1 024 PB。

是纯文本数据,可通过某种特定的方式解析得到每项数据。最常见的半结构化数据是日志数据、采用 xml 与 json 等格式的数据,如图 1-1 所示。

```
<student>
    <name>Sophia</name>
    <ID>27</ID>
    <gender>female</gender>
</student>
```

图 1-1　半结构化数据

(三) 大数据在金融领域的应用

如今,传统金融机构转型已经是行业趋势。云计算、大数据、区块链、人工智能等技术正在逐步与金融业务融合,推动行业进行"科技化"升级。其中大数据技术在金融业的应用,大大提升了金融行业的风控能力,优化资源配置能力,带来了创新的金融业务模式。

1. 银行大数据应用场景

传统的银行数据按类型主要分为:交易数据、资产数据、征信数据、客户信息数据等 4 大类。大部分是结构化数据,存储在传统关系型数据库中,具有很强的金融属性。目前,大数据在银行业的商业应用还是以其自身的交易数据和客户数据为主,同时辅以外部机构数据,如社交网络数据、商务经营信息、人行征信数据、收支消费信息、社会关联信息等,进行描述性数据分析、预测性数据建模。常见的银行的大数据应用场景集中在客户画像、精准营销等方面。

(1) 客户画像。客户画像分为个人客户画像和企业客户画像。个人客户画像包括人口统计学特征、消费能力数据、兴趣数据、风险偏好等;企业客户画像包括企业的生产、流通、运营、财务、销售、相关产业链上下游客户数据等。银行拥有的客户信息并不全面,基于银行自身数据有时会出现评估结果的偏差。例如根据内部数据,某位客户每个月平均刷卡 10 次,平均每年打 3 次客服电话,从未有过投诉记录,该客户很可能会被划归为"满意度较高流失风险较低"类型。但如果看到该客户的社交媒体,就会发现该客户多次抱怨和负面评价,该客户很有可能存在流失风险。因此内外部数据资源整合是用户画像分析的前提,商业银行在识别客户需求、估算客户价值、判断客户优劣的过程中,既需要借助银行内部已掌握的数据信息,也需要依赖外部的数据收集和分析,以扩展对客户的了解,这些数据包括:

① 客户在社交媒体上的行为数据。如光大银行建立了社交网络信息数据库,通过打通银行内部数据和外部社会化的数据获得更为完整的客户拼图。

② 客户在电商网站的交易数据。如目前诸多商业银行都通过自己的支付系统收集到用户电商消费数据。

③ 企业客户的产业链上下游数据。银行通过掌握企业所在的产业链上下游的数据,可以更好掌握企业外部环境,从而预测企业发展情况。

④ 其他有利于银行了解客户兴趣爱好的数据,如网络广告界目前正在兴起的 DMP 数据平台的互联网用户行为数据。

（2）精准营销。在客户画像的基础上银行可以有效地开展精准营销,包括:

① 实时营销。比如发现客户短期内的多笔境外消费记录,可以大概率认定该客户正在境外旅游,并且有较大可能每年都从事此类活动,因此及时营销 Visa 信用卡。类似的改变生活状态的事件,例如换工作、改变婚姻状况、置居等均可视为营销机会。

② 个性化推荐。例如根据客户的年龄、资产规模、理财偏好等,对客户群进行精准定位,分析出其潜在金融服务需求,进而有针对性的营销推广。

③ 客户生命周期管理。包括新客户获取、客户防流失和客户赢回等。如招商银行通过构建客户流失预警模型,对流失率等级前 20% 的客户发售高收益理财产品予以挽留,使得金卡和金葵花卡客户流失率分别降低了 15 个和 7 个百分点。

2. 证券大数据应用场景

市场行情预测。证券机构利用大数据技术对海量个人投资者样本进行持续性跟踪监测,对持仓情况、收益率、资金流向情况等一系列指标进行统计分析,了解个人投资者交易行为的变化、投资信心的状态与发展趋势、对市场的预期、市场情绪以及当前的风险偏好等,对市场行情进行预测。大数据技术还被证券行业用于拓宽量化投资数据维度,构建更多元的量化因子,从而使投研模型更加完善。麻省理工学院的学者,根据情绪词预测交易所指数走势。结果发现,无论是像"希望"这类的正面情绪,还是像"害怕""担心"这类的负面情绪,其占总社交软件内容数的比例,都一定程度预测着各交易所指数的走势。美国佩斯大学曾做过另外一个研究,其追踪了星巴克、耐克、可口可乐三家公司在社交媒体上的受欢迎程度,同时比较它们的股价。结果发现在各品牌的社交网络上的粉丝数和股价密切相关。根据品牌的受欢迎程度,几乎可以预测股价在 10 天、30 天之后的走势情况。

3. 保险大数据应用场景

传统的保险代理人销售模式下,代理人的素质及人际关系网是业务开拓的最为关键因素,而大数据时代,越来越多的保险公司采用大数据技术进行欺诈风险控制和运营优化。

（1）欺诈风险控制。保险公司基于企业内外部交易和历史数据,实时或准时地预测和分析骗保等非法行为。

① 医疗保险欺诈风险控制。医疗保险欺诈与滥用,一类是非法骗取保险金;另一类是在保额限度内重复就医、浮报理赔金额等。保险公司能够利用过去数据,寻找影响保险欺诈最为显著的因素及这些因素的取值区间,建立预测模型,并通过自动化计分功能,快速将理赔案件依照欺诈可能性进行分类处理。

② 车险欺诈风险控制。传统的核赔过程中,主要靠核赔人员的经验甄别风险,靠调查人员有意识地排查避免理赔欺诈。但这种情况下,虚报事故、夸大保险事故损失金额的欺诈事件还是经常发生。通过大数据技术,保险公司可以建立历史理赔数据库,任何理赔申请,先经过数据库的检验,利用过去的欺诈事件建立预测模型,将理赔申请分级处理,可以很大程度上解决车险欺诈问题。

（2）精细化运营。精细化运营主要体现在运用大数据对产品优化、运营分析以及代理人甄选等提供支持。

① 产品优化,保单个性化。过去保险公司把众人都放在同一风险水平之上,客户的保单并没有完全解决客户面临的各种风险。现今,保险公司通过自有数据和客户的社交网络数据,为客户制定个性化的保单,获得更准确、更高利润率的保单模型,给每一位顾客提供个性化的解决方案。

② 运营分析。基于保险保单和客户交互数据进行建模,借助大数据平台快速分析和预测再次发生或者新的市场风险、操作风险等。

③ 代理人(保险销售人员)甄选。根据代理人员业绩数据、性别、年龄、入公司前工作年限、工作经验和代理人思维性向测试等,找出销售业绩相对最好的人员特征,优选高潜力销售人员。

任务三　了解数据相关法律法规

一、数据相关法律法规

长期以来,我国不断出台有关数据安全和个人信息保护的立法文件,包括《中华人民共和国民法典》(以下简称《民法典》)、《中华人民共和国刑法》(以下简称《刑法》)、《中华人民共和国网络安全法》(以下简称《网络安全法》)《中华人民共和国电信条例》(以下简称《电信条例》)等,但没有一部专门关于数据或信息安全的相关法律。一直到2020年,全国人大常委会相继提出了《个人信息保护法》(草案)和《数字安全法》(草案),对政府数据开放、个人信息保护和数据交易流通等方面进行了系统、全面的规范。同年2月中国人民银行发布了《个人金融信息保护技术规范》,全国信息安全标准化技术委员会发布了《信息安全技术个人信息安全规范》,显示政府在数据治理、数据发展方面的战略和决心。下面简要叙述相关条例的核心内容。

(一)相关法律

1.《民法典》

根据《民法典》第四篇第六章"隐私权和个人信息保护"规定,自然人的个人信息受法律保护。

(1)数据采集方面:处理个人信息的,征得该自然人或者其监护人同意,但是法律、行政法规另有规定的除外;明示处理信息的目的、方式和范围,应当遵循合法、正当、必要原则,不得过度处理。

(2)数据使用方面。信息处理者不得泄露或者篡改其收集、存储的个人信息;未经自然人同意,不得向他人非法提供其个人信息;信息处理者应当采取技术措施和其他必要措施,确保其收集、存储的个人信息安全,防止信息泄露、篡改、丢失。

2.《刑法》

(1)侵犯公民个人信息罪。《刑法》修正案(九)中将刑法第二百五十三条进行了修订,明确规定"违反国家有关规定,向他人出售或者提供公民个人信息,情节严重的,构成犯罪；在未经用户许可的情况下，非法获取公民个人信息的，情节严重的也将构成侵犯公民个人信息罪"。

（2）非法获取计算机系统数据罪。《刑法》第二百八十五条规定，"……非法获取该计算机信息系统中存储、处理或者传输的数据……情节严重的，处三年以下有期徒刑或者拘役，并处或者单处罚金；情节特别严重的，处三年以上七年以下有期徒刑，并处罚金"。

（3）非法侵入计算机信息系统罪。《刑法》第二百八十六条规定，"违反国家规定，对计算机信息系统中存储、处理或者传输的数据和应用程序进行删除、修改、增加的操作，后果严重的，处五年以下有期徒刑或者拘役；后果特别严重的，处五年以上有期徒刑"。

3.《中华人民共和国网络安全法》（以下简称《网络安全法》）

《网络安全法》于2017年6月1日开始实施，其中第四章网络信息安全规定：

（1）网络运营者应对其收集的用户信息严格保密，并建立健全用户信息保护制度，防止信息泄露、毁损、丢失。

（2）网络运营者收集、使用个人信息，应当遵循合法、正当、必要的原则，公开收集、使用规则、明示收集、使用的目的、方式和范围，并经被收集者同意。

（3）网络运营者不得收集与其提供的服务无关的个人信息，不得违反法律、行政法规的规定。

（4）网络运营者不得泄露、篡改、毁损其收集的个人信息；未经被收集者同意，不得向他人提供个人信息。

4.《中华人民共和国数据安全法》（以下简称《数据安全法》）

《中华人民共和国数据安全法》于2021年6月10日由中华人民共和国第十三届全国人民代表大会常务委员会第二十九次会议通过，2021年9月1日开始实施。该法内容共7章55条，其宗旨在于保护公民、组织与数据有关的权益，鼓励数据合理有效利用、保障数据依法有序自由流动、促进以数据为关键要素的经济发展。其中重点内容如下：

（1）数据分类分级。国家根据数据在经济社会发展中的重要程度，以及一旦遭到篡改、破坏、泄露或者非法获取、非法利用，对国家安全、公共利益或者公民、组织合法权益造成的危害程度，对数据实行分级分类保护。

（2）数据安全审查与管制。针对数据活动建立数据安全审查制度，属于管制物项的数据依法实施出口管制，当数据和数据开发利用技术相关的投资和贸易受到其他国家歧视性限制或禁止等措施时，实行外交反制。重要数据的处理者应当设立数据安全负责人和管理机构，落实数据安全保护责任。

（3）数据安全保障措施。任何组织、个人收集数据，必须采取合法、正当的方式，不得窃取或者非法获取，对收集使用数据的不得超过其目标、范围的限制，开展有利于发展的有促进意义的数据活动及新技术研究开发。

（4）数据安全风险评估和身份核验。从事数据交易中介服务的机构，提出了数据来源和交易双方身份审核的要求，并做好交易记录。对提供在线数据处理的经营者，提出应取得许可证和备案。

（5）政务数据安全与开放。国家机关应当遵循公正、公平、便民的原则，按照规定及时、准确地公开政务数据。提高政务数据的科学性、准确性、时效性；制定政务数据开放目录构建统一规范;建立互联互通,安全可控的政务数据开放平台。

(二)相关草案

2021年4月26日《个人信息保护法(草案)》提请全国人大常委会二次审议。该法规系统、全面个人信息保护问题进行专门立法,全文涵盖了八章七十条的内容。分别对个人信息处理规则、个人信息跨境提供、个人在信息处理中的权利、个人信息处理者的义务、个人信息保护职责的部门及相关法律责任等进行了全面阐述。

(1)自然人的个人信息受法律保护。处理个人信息应当用合法、正当,遵循诚信原则,不得欺诈、误导;应当具有明确、合理的目的,并限定于实现目的的最小范围;应当明示个人信息处理规则;并采取必要措施保障所处理的个人信息的安全。

(2)确立了以"告知—同意"为核心的个人信息处理规则,即处理个人信息应当在事先充分告知的前提下取得个人同意,并且个人有权撤回同意;不得以个人不同意为由拒绝提供产品或者服务;通过自动化决策方式进行商业营销、信息推送,应当同时提供不针对其个人特征的选项,从法律层面消除"大数据杀熟"问题;个人信息处理者不得公开所处理的个人信息,取得同意和法律另有规定的除外,已公开的应符合个人信息被公开时的用途。

(3)个人在信息处理中的权利方面,个人享有知情权、决定权、查阅权、复制权、更正和补充权、删除权,以及要求个人信息处理者对处理规则进行解释说明的权利。

(4)个人信息处理者具有个人信息的安全保障义务,应防止未经授权的访问以及个人信息泄露或被窃取、篡改、删除;有依法委托专业机构开展审计工作的义务;在进行个人信息处理活动前,有进行风险评估的义务;如个人信息泄露,个人信息处理者应当履行的通知义务,并采取相应补救措施。

(5)对违法处理个人信息行为设置了严格的法律责任。侵害个人信息权益的违法行为,没收违法所得,给予警告;拒不改正的,并处100万元以下罚款;情节严重的,并处5 000万元以下或者上一年度营业额5% 以下罚款。

(三)相关规范

《个人金融信息保护技术规范》是中国人民银行发布的金融行业标准,于2020年2月13日正式生效。其目标是加强个人金融信息安全管理、保障信息主体的合法权益,提升金融数据风险防控能力,维护金融稳定。该标准适用于持牌金融业机构(商业银行、证券公司、基金管理公司、保险公司等)和涉及个人金融信息处理的非金融机构(第三方支付机构、证券账户等金融服务机构、代管银行账户等)。

1. 个人金融信息分类分级

《个人金融信息保护技术规范》将个人金融信息按敏感程度、泄露后造成的危害程度从高到低分为C3、C2、C1三个类别。

(1)C3:主要为用户鉴别信息,包括银行卡磁道数据、卡片验证码、银行卡密码、网络支付密码;账号登录密码、交易密码、个人生物识别信息等。

(2)C2:主要为可识别特定个人金融信息主体身份与金融状况的信息,以及用于金融产品与服务的关键信息,包括支付账号、证件信息、手机号码;账户登录用户名;用户鉴别辅助信息,如动态口令、短信验证码、密码提示问题答案等;个人财产信息、交易信息、借贷信息、个人照片和音视频等影像信息、家庭住址等。

(3) C1:主要为机构内部使用的个人金融信息,包括资产账户开立时间、开户机构;基于账户信息产生的支付标记;以及 C2 和 C3 中未包含的其他信息。

2. 安全基本原则

《个人金融信息保护技术规范》规定了个人金融信息在收集、传输、存储、使用、删除、销毁等各环节的安全防护要求,从安全技术和安全管理两个方面对个人金融信息保护提出了规范性要求。

(1) 收集:应根据信息类别确定个人金融信息收集方案。

(2) 传输:传输过程的参与方应保证信息在传输过程中的保密性、完整性和可用性。

(3) 存储:不应留存非本机构的 C3 类信息(除非获得授权),采取必要的技术手段保证存储安全。

(4) 使用:在个人金融信息的展示、共享和转让、公开披露、委托处理、加工处理、汇聚融合、开发测试七个维度实施具体要求。

(5) 删除:保障系统中删除的个人金融信息不可被检索和访问。

(6) 销毁:应建立销毁策略和管理制度,对存储介质销毁过程进行监控、保留有关记录、不再使用的介质应做不可恢复处理。

二、违法判例

(一) 数据违法采集判例

翁某发现淘宝店铺源码存在漏洞,利用该漏洞在源码中植入 url 可以获取访问被植入 url 淘宝店铺所有淘宝用户 Cookies 信息,并可以再次植入实现自动循环,以获取更多淘宝用户信息。经黄某授意,以非法获取 Cookies 数据为目的,编写了用于获取 Cookies 的 JavaScript,存储在其租用的阿里云服务器中,通过上述方法非法获取淘宝用户 Cookies 达 2 600 万余组,并将获取的 Cookies 存放在虚拟队列中。黄某利用翁某事先编写的网络爬虫程序读取虚拟队列中的 Cookies 并获取淘宝用户的交易订单数据(内容包含用户昵称、姓名、商品价格、交易创建时间、收货人姓名、收货人电话、收货地址等)达 1 亿余条。杭州市余杭区人民法院判处黄某犯非法获取计算机信息系统数据罪,判处有期徒刑六年,并处罚金人民币六万元。判处翁某犯非法获取计算机信息系统数据罪,判处有期徒刑五年八个月,并处罚金人民币五万五千元。在本案中,黄某利用爬虫技术获刑,主要不在于爬虫技术本身获取数据行为,而在于爬虫技术所获得 Cookies 信息具备操作权限。

(二) 数据泄露判例

2019 年 7 月至 2021 年 7 月,杨某利用在淮安某商业银行支行担任大堂经理的工作便利,在为客户提供服务的过程中,非法获取客户的手机号码、验证码并把客户手机号码、验证码发至其上线微信群,其上线使用客户手机号码、验证码完成京东、滴滴等网络平台注册账号,杨某非法获利人民币 16 826.93 元。杨某将在提供服务过程中获得的公民个人信息,出售给他人,情节严重,其行为已构成侵犯公民个人信息罪。淮安市淮阴区人民检察院依照《中华人民共和国刑法》第六十四条、第六十七条、第七十二条、第七十三条、第二百五十三条等条例的相关规定,判处杨青拘役五个月,缓刑七个月,并处罚金人民币二万元。

(三)数据非法获取判例

2018 年 11 月起,陈某在某银行信用卡中心工作,负责向客户推广、办理信用卡业务,陈某为规避客户提交社保参保证明信息的繁琐程序,提高所办理的信用卡总量以获得某银行的提成,通过 QQ 向商家以每条社保参保证明信息 3 元的价格购买社保参保证明,共成功购买到社保信息 609 条,另有 65 条因未缴或停缴社保而未成功购买到社保信息。经深圳宝安区人民法院经审理后认为,被告人陈某非法获取属于征信信息和财产信息性质的公民个人信息,情节特别严重,依照《中华人民共和国刑法》第六十四条、第六十七条第三款、第二百五十三条的规定,其行为已构成侵犯公民个人信息罪,对陈某判处有期徒刑三年,并处罚金人民币五千元,没收作案工具二部手机。

思考与练习

一、单项选择题

1. 从金融市场的角度划分金融数据,则政府中长期债券的交易规模属于(　　)。
   A. 货币市场数据　　　　　　B. 资本市场数据
   C. 外汇市场数据　　　　　　D. 黄金市场数据
2. 下列选项中,属于结构化数据的是(　　)。
   A. 文本　　　B. 图片　　　C. 二维表　　　D. 视频
3. 下列(　　)文件中明确规定"违反国家有关规定,向他人出售或者提供公民个人信息,情节严重的,构成犯罪;在未经用户许可的情况下,非法获取用户的个人信息,情节严重的也将构成侵犯公民个人信息罪"。
   A.《民法典》　　　　　　　B.《网络安全法》
   C.《数据安全法》　　　　　D.《刑法》
4. 银行卡磁道数据、卡片验证码、银行卡密码都属于(　　)类别的个人信息。
   A. C1　　　B. C2　　　C. C3　　　D. C4
5. 要了解 600 位银行职员的工资情况,则总体是(　　)。
   A. 600 位银行职员　　　　　B. 每一位银行职员
   C. 600 位银行职员的工资　　D. 每一位银行职员的工资
6. 下列属于数量标志的是(　　)。
   A. 性别　　　B. 身高　　　C. 文化程度　　　D. 健康状况
7. 质量指标的表现形式是(　　)。

A. 绝对数 B. 绝对数和相对数
C. 绝对数和平均数 D. 相对数和平均数

二、多项选择题

1. 统计学中的总体是指所要研究的客观对象的全体，其必须具备的特性包括（　　）。
   A. 大量性　　　B. 同质性　　　C. 变异性　　　D. 实用性
2. 下列选项中，（　　）属于宏观金融数据。
   A. 货币供应量 B. 上市公司的资产负债表
   C. 京沪高铁的融资数据 D. 外汇交易数据
3. 大数据具有的特征包括（　　）。
   A. 数据量大 B. 数据类型繁多
   C. 处理速度快 D. 价值密度低
4. 在客户画像的基础上银行可以有效地开展精准营销，具体包括（　　）。
   A. 实时营销 B. 个性化推荐
   C. 客户生命周期管理 D. 市场行情预测
5. 根据《个人金融信息保护技术规范》，个人金融信息按敏感程度、泄露后造成的危害程度从高到低分为（　　）。
   A. C6 B. C5
   C. C4 D. C3
   E. C2 F. C1
6. 下列选项中，属于结构相对指标的特点的是（　　）。
   A. 分子分母可以互换 B. 分子分母不能互换
   C. 指标值小于 1 D. 指标值之和等于 1
7. 金融机构的类型包括（　　）。
   A. 银行类金融机构 B. 证券类金融机构
   C. 期货类金融机构 D. 基金类金融机构
   E. 保险类金融机构 F. 互联网金融类机构

三、判断题

1. 品质标志指的是用数量描述特征和属性的标志，例如年龄、工龄、销售额等。（　　）
2. 2022 年的人口净增数（年末人口数 － 年初人口数）属于时点指标。（　　）
3. 根据《中华人民共和国网络安全法》，网络运营者在建立了信息保护制度的情况下可以随意收集用户的个人信息。（　　）
4. 非结构化数据是数据结构不规则或不完整，没有预定义的数据模型，不方便用数据库二维逻辑表来表现的数据。（　　）
5. 从经济部门角度划分金融数据，其中政府部门是指广义的政府部门，包括中央政

府、地方政府机构、行政事业单位等。　　　　　　　　　　　　（　　）
　　6. 间接融资是借款人通过发行有价证券等工具融通资金。　　　（　　）
　　7. 中国政府于 2002 年 4 月 15 日正式加入了 GDDS。　　　　　（　　）
　　8. 大数据不仅数据量巨大，还具有较高的价值密度。　　　　　　（　　）

四、简答题

1. 统计数据可分为哪几种类型？不同类型的数据有什么特点？
2. 什么是统计指标？统计指标和标志有什么区别和联系？
3. 请写出 SDDS 与 GDDS 的名称与按国民经济活动划分的部门类别。

项 目 实 训

大数据在金融经济领域应用案例的搜集

纵观金融业的发展史，几乎每次变革都是由科技创新推动的。随着大数据时代的到来，对大数据的研究与应用正在逐步渗透到人类社会的各个角落。金融业作为数据最密集的行业之一，使其成为这场数据变革中的重要参与角色。大数据与金融业的融合，促使了金融大数据这一新兴概念的出现。金融大数据包含了金融交易数据、客户数据、运营数据、监管数据以及各类衍生数据等，其背后蕴含着巨大的利用价值。当前金融大数据已经成为金融发展的新动力，其广泛应用是现代金融发展的必然趋势。

项目要求：搜索大数据在金融经济领域的应用案例，详细描述案例应用场景，介绍其优缺点，并谈谈你对这项应用技术未来发展趋势的看法或观点。以小组为单位开展思辨讨论，大数据时代的同学们应该具备哪些能力、需要掌握哪些技能为将来职业规划做准备。

项目二 金融数据采集

随着大数据技术的应用,越来越多的金融企业也开始投身到大数据应用实践中。麦肯锡公司的一份研究报告显示,金融业在大数据价值潜力指数中排名第一。以银行业为例,截至 2022 年末,中国银行业涉及 94.78 亿张银行卡,超过 10 亿的持卡人,超过两千万商户,核心交易数据都超过了 TB 级。一直以来,金融企业对数据的重视程度非常高,通过提高数据洞察力做出经过良好评估的投资决策。

数据采集是为了在统计和分析数据时有全面且准确的数据源可以使用,从而提高数据统计和分析的效率。因此,在数据采集的过程中,要确保采集到符合实际需求的数据。在现实中进行数据分析的目的不同,对数据采集的要求也不同,了解和掌握不同方式的数据采集方法,有助于大大提高数据采集的效率。

学习目标

知识目标
(1)了解数据类型,数据来源的分类和获取途径,了解数据采集的流程和常见方法。
(2)了解问卷调查数据采集的方法。
(3)了解使用网络爬虫工具采集数据的方法。
(4)理解 Python 语言特征、Python 自动化采集的方法。

能力目标
(1)能够辨别不同类型的数据,能够分清数据的两种来源以及每种数据来源的数据采集途径。
(2)能够设计一份要素完整、思路清晰、目的明确的调查问卷。
(3)能够根据数据采集要求使用八爪鱼采集器进行数据采集。
(4)能够根据实际需求,使用 Python 程序语言进行自动化数据采集。

素养目标

（1）通过学习金融数据采集方法，培养大数据时代的统计思维意识和创新精神。

（2）在数据采集过程中，注重培养诚实守信、科学求真的为人准则和职业素养。

案例导入

想要了解我国的经济发展形势，需要知道以下指标数据：

（1）国内生产总值（GDP）及第一、第二、第三产业的生产总值；

（2）全社会固定资产投资额、社会消费品零售总额、进出口总额（包括出口额和进口额）；

（3）居民人均消费支出、居民消费价格指数、工业生产者出厂价格指数、工业生产者购进价格指数；

（4）财政收入和支出、城镇登记失业率、居民人均可支配收入；

（5）广义货币 M_2 供应量、狭义货币 M_1 供应量、流通中的货币 M_0 供应量、社会融资规模、金融机构本外币贷款余额、贷款市场报价利率（LPR）。

那么，要将以上指标制作成2022年宏观经济数据报表，应该如何进行数据采集呢？

任务一　认识数据采集

一、数据的类型

（一）按数据的计量尺度分类

根据对研究对象计量的不同精确程度，可分为两大层次：定性数据和定量数据。

1. 定性数据

定性数据是指只能用文字或数字代码来表现事物的品质特性或属性特征的数据，具体分为定类数据和定序数据。

定类数据亦称列名数据，是对事物进行分类的结果，表现为类别。例如，人的性别分为男、女，则可用"1"表示男性，用"0"表示女性。需要注意的是，这时的数字仅作为各类的代码，不反映各类的优劣、量的大小或顺序。

定序数据亦称顺序数据，是对事物按照一定的排序进行分类的结果，表现为有顺序的类别，比定类数据的计量尺度更高一级。例如，学生成绩可以分为优、良、中、及格和不及格五类,在这里,定序数据虽然无法表明一个优等于几个良,但却能确切地表明优高于良、良高于中等信息。因此,定序数据所包含的信息量要大于定类数据。

2. 定量数据

定量数据是指用数值来表现事物数量特征的数据,具体分为定距数据和定比数据。

定距数据是一种不仅能反映事物所属的类别和顺序,还能反映事物类别或顺序之间数量差距的数据。例如某日甲、乙、丙三地的最高气温分别为30℃、20℃和10℃,说明甲地与乙地的最高气温差等于乙地和丙地的最高气温差,都是10℃。但需注意的是,定距数据一般只适合进行加减计算,不适合做乘除运算,如甲、丙两地气温分别是30℃和10℃,并不能说明前者的温度是后者温度的三倍。同时气温可以有0℃以及0℃以下的情况,而0℃和0℃以下也并不代表没有温度。这种情况称为不存在绝对零点的现象,类似的还有企业利润等。

定比数据是一种不仅能体现事物之间数量差距,还能通过对比运算,即计算两个测度值之间的比值来体现相对程度的数据。只要是反映存在绝对零点的现象(即零代表没有)的数据,都是可以进行对比运算的定比数据。例如企业利润1 000万元,人的身高175厘米、某地区的人均国内生产总值3万元等,都是定比数据。定比数据是包含信息量最多的数据,绝大多数统计数据都属于这一类。

(二)按对客观现象观察的时间状态分类

根据对客观现象观察的时间状态不同,可分为横截面数据和时间序列数据。

1. 横截面数据

横截面数据又称为静态数据,是指在同一时间对不同单位的某一现象的数量表现进行观察而获得的数据。例如,我国某年各省、市、区的国内生产总值数据就是横截面数据。

2. 时间序列数据

时间序列数据又称为动态数据,是指在不同时间对同一单位、同一现象的数量表现进行观察而获得的数据。例如,把我国1979年以来的国内生产总值数据按时间先后顺序进行排列,就形成了我国国内生产总值的时间序列数据。

(三)按数据的表现形式分类

统计数据通常表现为绝对数、相对数和平均数。

1. 绝对数

绝对数是用以反映现象或事物绝对数量特征的数据,有明确的计量单位。例如企业销售收入为2亿元、利润是0.5亿元,人的身高是176厘米、体重是60千克等。

2. 相对数

相对数是用以反映现象或事物相对数量特征的数据,它通过另外两个相关统计数据的对比来体现现象(事物)内部或现象(事物)之间的联系,其结果主要表现为没有明确计量单位的无名数,少部分表现为有明确计量单位的有名数(限于强度相对数)。

3. 平均数

平均数是用以反映现象或事物平均数量特征的数据,体现现象(事物)某一方面的一般数量水平。例如某班级同学某门课平均成绩85分,某公司销售小组人均销售业绩150万元等。

二、数据的来源

根据数据的来源不同,可以将数据分成一手数据和二手数据。

(一)一手数据

一手数据也称为原始数据,是指通过调查或实验等方式直接获得的数据。获取一手数据的方法有:观察法、采访法、问卷调查法、实验法、报告法、自动生成等。

1. 观察法

观察法是指观察者带着明确的目的到观察现场,借助人的视觉、听觉或录音录像设备,在被调查者不察觉的情况下进行直接观察和计量而获得信息资料的一种收集方法。其特点是资料一般准确,但人力耗费大、时间长。

例如,了解某银行网点营业时间内的客流量情况,需要调查人员亲自到银行网点观察记录来访的客户流量。观察法较多地用于店铺、交通客流量和客户行为的调查。

2. 采访法

采访法是指通过指派调查人员对被调查者提问,据被调查者的答复取得资料的一种调查方法。其特点是资料准确、全面,但需要人手多。

例如,全国人口普查部分资料的收集、一些专题性个案的调查等采用的都是采访法。

3. 问卷调查法

问卷调查法是指把调查项目设计成问卷,通过发放问卷搜集调查对象情况的一种采集资料的方法。其特点是省时省力、灵活性较强、问题回答率高、所得资料便于定量处理和分析,但回收率及资料的质量难以保证,且调查成本相对较高。

4. 实验法

实验法是指通过实验来研究变量之间因果关系的一种特殊的数据搜集方法。它在特殊的实验场所、特殊状态下,对调查对象进行实验以取得所需资料。根据实验场所的不同,实验法可以分为室内实验法和市场实验法。

实验法常用来调查某种因素对市场销售量的影响。例如,某一商品在改变品种、品质、包装、价格等因素时,可以在一定条件下进行小规模实验,通过观察用户的反应来做出是否推广的决策。

5. 报告法

报告法是指通过报告单位根据一定的原始记录和台账,根据统计表的格式和要求,按照隶属关系,逐级向有关部门提供统计资料的一种调查方法。其特点是取得资料快、节省人力物力。

原始记录是基层单位通过一定的表格形式对生产经营活动所做的最初记录。

台账是基层单位根据填报统计表的要求,用一定的表格形式,将分散的原始资料按时间先后顺序进行登记的账册。

6. 自动生成

在大数据时代,数据的产生方式呈现多样化,如从传感器、摄像头自动收集的数据,网络金融产品销售过程中在线交易日志数据、应用服务器日志数据等自动保存的数据都是自动生成的数据。

(二)二手数据

二手数据也称为次级数据,是指那些从同行或者一些媒体上获得的、经过加工整理的数据。比如国家统计局定期发布的各类数据,从报纸、电视上获取的各种数据。

金融经济数据常见的获取途径:

1. 国家统计局网站

国家统计局(http://www.stats.gov.cn/tjsj/)将国家宏观数据分为地区、时间两个维度,此外还有普查数据、国际数据等模块。

(1)按时间划分:主要分为月度、季度、年度三个类型数据。

(2)按地区划分:主要分为省、主要城市、港澳台三个类型。

(3)普查数据:包括人口普查、经济普查、农业普查、R&D资源清查、工业普查、三产普查、基本单位普查7个类型。

(4)国际数据:主要来源于世界银行等国际组织,要包括国际(地区)月度数据、三大经济体月度数据、国际市场月度商品价格、主要国家(地区)年度数据。

2. 中国统计年鉴

《中国统计年鉴》由民政部和国家统计局编辑整理,是我国行政区划、国民经济和社会发展综合资料,反映中国国民经济和社会发展的总量、速度、结构、比例和效益状况及《中国统计年鉴》一般有28个章节和一个附录。第一章是综合说明;第二章是人口;第三章是国民经济核算;第四章是就业和工资;第五章是价格;第六章是人民生活;第七章是财政;第八章是资源环境,从八个方面综合统计本年度中国经济发展指标。第九章到二十三章主要介绍本年度各行业的发展指标。后五章分别为公共管理、城市和农村发展、港澳台地区社会经济指标。

《中国统计年鉴》是我国宏观经济数据和行业数据的重要来源,可以通过国家统计局网站查询。

3. 国家各部门网站

在国家统计局的"部门数据"栏目内,链接国家各部门的网站数据统计页,可以查询到各行业更详尽的指标数据,包括就业和社会保障、财政、资源与环境、能源、对外经济贸易、运输、邮电、金融、科技、教育、卫生和社会服务、文化和旅游、体育、公共管理等,共计37个部门。

比如中国人民银行(http://www.pbc.gov.cn/)、国家外汇管理局(http://www.safe.gov.cn/)、中华人民共和国财政部(http://www.mof.gov.cn/index.htm)、中华人民共和国国家发展和改革委员会(https://www.ndrc.gov.cn/)等。

4. 各级政府统计局网站

通过各级政府统计局官网,可以采集到区域的宏观数据。如浙江省统计局(http://tjj.zj.gov.cn/)、深圳市统计局(http://tjj.sz.gov.cn/)、广西壮族自治区统计局(http://tjj.gxzf.gov.cn/)等。其数据主要以"数据快报""统计月报""统计季报""统计年报"的方式发布。

5. 财经类网站

国内一些知名的财经网站会提供国内外财经资讯、全球金融市场资讯和数据,甚至覆盖股票、行情、债券、基金、期货、黄金、信托、银行、保险、理财、管理等多个方面。比如中证网(https://www.cs.com.cn/)、和讯网(http://www.hexun.com/)、第一财经(https://www.yicai.com/)、新浪财经网(https://finance.sina.com.cn/)、东方财富网(https://www.eastmoney.com/)、同花顺财经(https://www.10jqka.com.cn/)等。

6. 数据商的数据产品

随着大数据时代的到来,国内涌现出越来越多优质的金融数据提供商,专门提供经专业加工的数据库供相关企业、机构使用,如:希施玛、万得、大智慧、东方财富、恒生聚源等提供的数据库产品和数据终端。以 CSMAR 上市公司数据库为例,从学术研究的需求出发,涵盖中国证券、期货、外汇等经济金融数据,是一款高精准研究型数据库,为机构投资和实证研究服务。

三、数据采集的流程

在采集数据之前,要先明确采集的需求,要采集什么样的数据和采集数据的目的,才能提高数据采集的效率和有效性,为数据的处理和分析做好准备。数据采集工作的基本流程为:

(一)明确采集需求

明确采集需求是确保数据采集更为有效的首要条件。例如,投研机构在分析上市公司财务状况时,关注的核心问题是公司的营运能力、成长能力、财务风险等情况,此时,进行数据采集时就应该重点关注公司资产负债表、利润表等报表上的相关指标。

(二)明确分析需求

明确采集需求后,就可以进一步确定分析对象。以上市公司为例,分析对象是竞争对手还是整个行业和市场,是上游企业还是客户,或是合作伙伴等,都直接影响数据采集的进行。例如,机构因投资决策需要而进行同行业内两家上市公司财务状况对比分析,则可以明确需要采集的数据指标包括资产负债率、流动比率、净资产收益率等,将这些数据加以处理并通过后期数据分析,为投资决策提供重要依据。

(三)按需求采集数据

明确分析对象后,就可以开始数据的采集工作,比如,由数据专员整理出需求指标和分析维度,由技术人员根据明确的需求和分析目标进行数据采集,这样既避免了采集无用数据带来的数据冗余现象,又降低了后期数据处理和统计分析的难度。

四、数据采集的方法

数据采集方法从形式上可以分为线下采集和线上采集,线下采集常见的就是用观察、采访、问卷调查等方式获取数据,线上采集则是进行数据下载、复制与爬取等操作。

(一)问卷调查

问卷调查是依据的调查目的和要求,由一系列格式化的问题、备选答案及指导语所组成,用以向被调查者收集资料的一种调查工具。通过问卷来收集资料,可以使调查内容标准化和系统化,便于资料的统计处理、整理和分析。

(二)下载、复制和爬取

对于可以进行线上采集的数据,首先应充分利用线上平台现有的下载功能直接下载;如果平台不具备该功能,则考虑通过复制粘贴的方式采集需要的数据对象;如果复制粘贴的操作也无法实现,则考虑使用各种数据爬取工具爬取数据。就目的而言,由于互联网科技的不断发展,大数据应用越来越广泛,因此线上采集数据的方式显得更加可行和高效。

(三)Python 自动化采集

Python 自动化采集是指通过 Python 语言编写一个自动提取网页信息的程序,来实现数据采集目的的方式方法。随着互联网的迅速发展,网络上承载着大量数据,如何有效地提取并利用这些数据成为一个巨大的挑战。Python 自动化采集就是一种能够快速、高效地采集数据的方法。

任务二 设计调查问卷

问卷调查是线下数据收集最重要的方式之一,当金融机构想通过社会调查的形式来研究一个现象时(比如什么因素影响顾客使用信用卡的满意度),可以使用问卷调查收集数据。在金融产品市场调研、金融行业人才需求等方面,采用问卷调查可以取得大量针对性强、详细而准确的数据资料。

一、问卷设计的原则

问卷设计的目的是设计出符合调研与预测需要,能够获取足够、适用和准确信息资料的调查问卷,以保证调查工作能正确、顺利、圆满地完成。问卷设计的原则可以概括如下:

（一）主题明确

根据调查目的和要求，从实际出发拟题，问题应与调查目的和内容一致，问题目的明确、重点突出。问卷上所列问题应该都是必要的，可要可不要的问题不要列入。

（二）结构合理、逻辑清晰

问题的排列要有一定的逻辑顺序，符合被调查者的思维方式。一般是先易后难、先简后繁、先具体后抽象。

（三）通俗易懂

问卷应当让被调查者一目了然，并愿意如实回答。问卷中语气要亲切，符合被调查者的理解能力和认识能力，避免使用专业术语。对敏感性问题采取一定的技巧提问，避免提出主观性和暗示性问题，以免答案失真。

（四）控制问卷的长度

回答问卷的时间应控制在 20 分钟左右，问卷中既不浪费一个问句，也不遗漏一个问句。

（五）便于资料的校验、整理和统计

问卷调查的目的是收集数据并用于分析数据资料，因此，问卷结束后需要对所采集的信息资料进行检查、数据处理和分析。所以，设计问卷时要充分考虑到在调查完成后，能够方便地检查其正确性和适用性，方便对调查结果进行整理和统计分析。

二、问卷设计的程序

（一）搜集整理相关资料

设计一份好的问卷，需要做好充分的准备工作，尽可能多地收集与主题相关的信息和资料，根据问卷的整体框架，逐一罗列所需资料，分清主次。

（二）分析样本特征

被调者的类型和特点对问卷设计有显著的影响，问卷设计者需了解被调查者的职业、文化程度、性别和年龄等分布状况，以便针对其特征来拟题。

（三）确定数据资料收集的方法

问卷调查的形式包括访问调查、邮寄调查、电话调查和网上调查等。单是访问调查，也可以再细分为街头访问和入户调查等不同形式。不同的调查形式，对问卷的要求会有所不同。比如面对面访问调查时，被调查者可以看到问卷，可以与调查人员面对面互动，因而调查者可以问一些复杂和主观性强的问题。而在电话调查中，被调查者看不到调查

人员,也看不到问卷,询问就宜简短。邮寄调查和网上调查的问卷是自填式的,所有问题必须简单明确,宜给予详细的操作指导和提示说明。

(四)拟订并编排问题

首先构思每项资料需要用什么样的句型来提问,确定问题结构和答案类型,尽量详尽地列出问题,然后对问题进行检查、筛选,删除多余的问题,增补遗漏的问题,修改、替换不恰当的问题。然后对分类问题按一定的规则和格式进行合理编排,编写指导语和结束语等,形成初稿。

(五)进行试调查

发放一定数量的初稿问卷,在小范围内进行试调查,以检查问卷的质量。试调查的作用是可以检验问卷的内容能否被调查对象所理解,能否通过问卷的调查获取所需要的信息资料,确定正式调查所需要的时间,发现问卷可能存在的问题和不足。试调查的调查对象应该与正式调查中的调查对象在背景特征方面类似。一份问卷在没有经过充分的试调查的情况下是不应该被用于正式调查的。

(六)修改、定稿

根据试调查的情况,对问卷进行修改、对经过较大修改和完善的问卷还需要再进行第二次的试调查,再修改,直到完全合格才可以定稿,制成正式问卷。对问卷进行必要的试调查次数越多,所产生的效果也就越好。最后由参与制订问卷的调查人员监督并校对,形成定稿用于正式调查。

三、调查问卷的结构

一份完整的调查问卷应该由标题、说明、问卷主体、被调查者的基本资料和结束语五个部分构成。

(一)标题

标题是问卷的"眼",标题的设计自然十分重要。每一份问卷都有研究主题,调查者要根据主题来设定标题。标题需用词准确、简明扼要,让人一目了然,能增加被调查者填写的兴趣。例如,"杭州市大学生投资理财现状的调查"这个标题,简洁明确地把调查对象和中心主题内容全部表现出来,非常鲜明。不要简单地使用"问卷调查"这样的标题,容易引起被调查者的抵触情绪。

(二)说明

在问卷的开头应有一个说明,一般包括两部分,分别是问卷说明和填写说明。

问卷说明,是对调查项目的目的、意义及有关事项进行解释。其主要作用是引起被调查者的重视和兴趣,争取他们的积极支持和合作。具体内容一般包括调查者自我介绍,包括对调查者所代表的研究机构或调查公司的介绍及本人的职务和姓名;说明本次调查的目的、意义；承诺保密被调查者信息；表达感谢（如有附赠礼品也可写上）等。

填写说明负责指导调查的人员和被调查者如何正确填写问卷，要把回答者设想成从来没有接受过问卷调查。填写说明包括问卷的填写方法、填写要求和有关注意事项，有时也包括对问卷中某些概念的解释。

示 例

尊敬的女士／先生：

您好！

我是××公司的市场调查员，目前我们正在进行一项有关××市信用卡市场需求状况的问卷调查，希望从您这里得到有关消费者对信用卡需求方面的市场信息，以便更好地提升信用卡服务，恳请您花费几分钟时间帮助我们完成这份问卷调查。该问卷不记名，回答无对错之分，按照您的实际情况回答即可。我们准备了小礼品以感谢您对我们工作的支持！

问卷包括两种题目形式：选择题，包括单项选择题和多项选择题；主观题，即该题目需要您用文字或数字表述答案，请按各题目具体要求填写。

（三）问卷主体

问卷主体，即问卷中的问题部分，是对研究主题的具体化。问卷主体作为问卷的核心部分，包括所要了解的各个问题和相对应的备选答案。

（四）被调查者的基本资料

被调查者的基本资料，对于个人而言包括性别、年龄、婚姻状况、文化程度、职业、工作单位性质、职务或职称、民族、个人或家庭收入、所在地区等特征。这部分问题通常放在问卷的后面。基本资料的提问尽可能采用封闭式问题，被调查者只需要从几个答案中做出选择即可。对这些基本信息的掌握，便于调查者对问卷资料进行各种构成分析。但具体到每一份调查问卷，究竟需要列出哪些项目，应视调查目的和分析的要求而定。

（五）结束语

在问卷的末尾可设计结束语，主要是对被调查者的合作再次表示诚挚的谢意。

四、调查问卷中问题的类型

调查问卷中的问题设计是否准确、科学、易懂，将直接影响资料的收集，因此问题的设计是问卷设计的关键。

调查问卷中的问题按答案形式的不同,主要可以分为开放式问题、封闭式问题和半封闭式问题。

(一)开放式问题

开放式问题只有问题,没有备选答案,一般要求被调查者根据实际情况回答。例如,在一项针对大学生网络购物情况的调查中,可以设置一道开放式问题:"您对帮助大学生控制消费欲望理性购物有什么好的建议。"

开放式问题的优点:被调查者可以自由、充分、深入地表达自己的看法和意见,能得到各种可能答案,不会受到预先设置好的答案类别的影响,从而可以获得较为广泛的信息资料,有时还可以获得始料未及的答案。

开放式问题的缺点:因答案标准化程度低,被调查者的答案文字各异,调查结果不易处理,在答案分类整理和分析上增加了难度且相当耗费时间。回答率通常较低,被调查者可能因各种原因而回避问题,或只讲问题的次要方面,从而使调查结果的质量受到影响。

开放式问题一般放在问卷的最后,由于开放式问题往往需要时间来考虑答案并组织语言,放在前面会引起被调查者的厌烦情绪。开放式问题在探索式调研中经常采用,但在大规模的抽样调查中则是弊大于利。

(二)封闭式问题

封闭式问题既有问题又有备选答案。在提出问题的同时,还会给出不同形式的若干答案,被调查者只需要从中做出选择即可。该类型问题在问卷中所占比重较大,是问卷中问题的主要形式。

封闭式问题通常有以下六种类型:

(1)是否式。是否式问题中只有两个答案选项,且两个答案是对立的,被调查者的回答非此即彼。例如:

您同意共享单车进校园吗?

A. 同意　　　　　　　　　　　B. 不同意

(2)多项单选式。多项单选式的问题通常有两个以上的答案,被调查者只能选出其中一个答案。例如:

以下支付方式中,您使用最多的是哪一种?

A. 银行卡支付　　　　　　　　B. 微信支付
C. 支付宝支付　　　　　　　　D. 现金支付

(3)多项多选式。多项多选式的问题通常有两个以上的答案,被调查者可同时选出多个答案。例如:

下列网络购物平台 APP 中您使用过哪几个?

A. 淘宝网　　　　　　　　　　B. 京东
C. 拼多多　　　　　　　　　　D. 当当
E. 网易严选　　　　　　　　　F. 亚马逊

（4）排序问题。排序题是指列出若干选项，由被调查者按重要性程度确定先后顺序。排序问题便于被调查者对其意见、动机、感觉等做出比较性的表述，回答较为简单，也便于对调查结果加以分析。但比较的选项不宜过多，过多则容易分散，很难排序。例如：

在网络购物过程中，以下因素按您重视的重要程度，由强到弱进行排序。

A. 产品价格　　　　　　　　　B. 卖家信用等级
C. 售后服务　　　　　　　　　D. 送货是否及时
E. 网络支付方式的安全性

（5）过滤性问题。过滤性问题是附有根据被调查者的不同回答而对其做出不同回答顺序安排的问题。这种问题是采取投石问路、引水入渠的方法，一步一步地深入，最后引出被调查者对某个所要调查问题的真实想法。这种问句形式通常用于了解被调查者对回答有顾虑或者一时难以直接表达的问题。例如：

① 您是否大学毕业？
A. 是（请接着回答第 2 个问题）
B. 否（请直接从第 3 个问题开始回答）
② 您学的是什么专业？
③ 请问您的文化程度是？

（6）程度评价式。程度评价式问题是对所询问的问题列出几个不同程度的答案，并对每个答案事先按顺序给分，相邻答案的分差相等，由被调查者从中选择一个答案来表达其感受程度，分值的高低代表其满意程度的高低。该类问题将全部调查问卷汇总后，通过统计总分，可以了解被调查者的大致态度。若总得分较高甚至接近满分，表明被调查者的总体看法是肯定的；若总得分较低，则表明被调查者总体上持否定看法。例如：

您对目前学校图书馆借书还书流程的满意程度是？
A. 很满意　　　　　　　　　　B. 满意
C. 一般　　　　　　　　　　　D. 不满意
E. 很不满意

了解以上几种常见的封闭式问题之后，现对封闭式问题的特点总结如下：

封闭式问题的优点：封闭式问题的答案是标准化的，对答案进行编码、数据录入和分析都比较方便；被调查者易于回答，回答率较高，有利于提高问卷的回收率；问题的含义比较清楚，所提供的答案有助于理解题意，这样可以避免被调查者由于不理解题意而拒绝回答；根据调查得到的结果可以直接进行被调查者之间的比较。

封闭式问题的缺点：被调查者对题目理解不正确的情况难以觉察出来；可能产生"顺序偏差"或"位置偏差"，即被调查者选择的答案可能与该答案的排列位置有关；封闭式问题的设计比开放式问题复杂，调查人员需花费较多时间来斟酌答案选项，对调查人员要求较高；因答案只能在所提供的选项中选择合适范围，得出的信息有时不够精确或比较粗糙；难以收集到深度的信息资料。

另外，对于封闭式问题答案的设计也有以下原则需要遵守：① 答案的表达必须简单易懂、标准规范。② 所列答案应包括所有可能的回答。③ 不同答案之间不能相互包含或交叉。④ 每一项答案都应有明确的填答标记,答案与答案之间要留出足够的空格。⑤ 可用隐蔽方式得到的答案,就不必在调查问卷上直接列出。

(三) 半封闭式问题

半封闭式问题介于开放式和封闭式之间,问题的答案既有固定的、标准的,也有让被调查者自由发挥的,在两类问题之间互相取长补短。例如:

在城市里上下班您更喜欢哪一种出行方式?

A. 公共交通工具(如公交、地铁)   B. 网约车(或出租车)

C. 私家车   D. 共享单车

E. 其他,为什么?(请说明主要原因)

调查问卷示例

城市居民家庭投资理财情况调查

尊敬的女士/先生:

您好!我们是××大学××专业在读学生,我们正在进行一项关于城市居民家庭投资理财行为的调查,您的回答将有助于我们研究城市居民家庭投资理财的基本情况和发展趋势预测。我们承诺,本次的问卷调查结果仅作为课题研究使用,绝对不会泄露您的个人信息。希望您可以抽出几分钟时间帮助我们完成这份调查问卷,感谢您的配合!

1. 您进行金融理财的主要目的是( )。

A. 防止资产缩水   B. 获取资产的稳定增值

C. 获取高额投资收益   D. 其他

2. 您的风险承受能力为( )。

A. 不低于收益预期   B. 不低于同期银行存款利率

C. 本金不亏损   D. 本金亏损不超过5%

E. 本金亏损不超过10%   F. 本金亏损可以超过10%

3. 您的家庭年收入为( )。

A. 5万元以下   B. 5万元~20万元

C. 20万元~50万元   D. 50万元~100万元

E. 100万元以上

4. 在您的家庭总资产中,金融资产(包括活期定期存款、黄金、股票、基金、债券、信托或理财型保险等)占比是( )。

A. 10%以下   B. 10%~25%

C. 26%~35%   D. 36%~50%

E. 50%以上

5. 请问您对家庭当前的财务状况的了解程度是（　　）。
   A. 从未了解　　　　　　　　B. 了解较少
   C. 了解一些　　　　　　　　D. 比较了解
   E. 非常了解

6. 您家庭收入的主要来源是（　　）。
   A. 工资　　　　　　　　　　B. 营业收入
   C. 金融投资收入　　　　　　D. 房产租金
   E. 其它

7. 您家庭目前的投资理财方式主要是（　　）。
   A. 银行储蓄　　　　　　　　B. 理财型保险
   C. 股票　　　　　　　　　　D. 债券
   E. 基金（含余额宝等货币类基金）　F. 互联网理财
   G. 贵金属（黄金、白银等）　H. 房地产
   I. 其他（包括期货、艺术收藏、外汇等）

8. 您家庭现在的各种投资方式的比例按大小排序为（　　）。
   A. 银行储蓄　　　　　　　　B. 理财型保险
   C. 股票　　　　　　　　　　D. 债券
   E. 基金（含余额宝等货币类基金）　F. 互联网理财
   G. 贵金属（黄金、白银等）　H. 房地产
   I. 其他（包括期货、艺术收藏、外汇等）

9. 您是从（　　）了解有关金融的基本知识和产品信息。（可多选）。
   A. 报纸、杂志　　　　　　　B. 互联网
   C. 电视、广播媒体　　　　　D. 朋友介绍
   E. 金融公司

10. 您平时（　　）有意识地关注或订阅与家庭投资理财相关的资讯（如微信公众号、微博、报纸等）。
    A. 会　　　　　　　　　　　B. 不会

11. 您（　　）系统地学习过专业的投资理财知识（如学校课程、网络课程、自考证书学习等）。
    A. 有　　　　　　　　　　　B. 没有

12. 您对金属资产等金融基本制度和相关法规的了解程度为（　　）。
    A. 熟悉　　　　B. 一般了解　　　　C. 不知道

13. 您希望选择投资（　　）期限的金融产品。
    A. 1年　　　　　　　　　　 B. 2年
    C. 3年　　　　　　　　　　 D. 5年
    E. 近5年以上

14. 您愿意选择投资（　　）类金融产品。

A. 贵金属

B. 本金安全＋浮动分成

C. 预期同期限银行定期存款利息收益＋浮动分成

D. 预期收益

E. 预期收益＋浮动分成

15. 在您考虑购买金融产品过程中，影响您决策的主要因素（按重要性从大到小依次排序）是（　　）。

A. 预期收益率　　　　　　　　B. 过去金融产品的投资经历

C. 服务质量　　　　　　　　　D. 风险因素

个人基本情况

1. 您的年龄为（　　）。

A. 20 岁以下　　　　　　　　　B. 21～30 岁

C. 31～40 岁　　　　　　　　　D. 41～50 岁

E. 51～60 岁　　　　　　　　　F. 60 岁以上

2. 您的职业是（　　）。

A. 金融业内人士　　　　　　　B. 国家机关干部

C. 事业单位员工　　　　　　　D. 技术人员

E. 商业服务业　　　　　　　　F. 行业生产商

G. 军人　　　　　　　　　　　H. 学生

I. 农民　　　　　　　　　　　J. 医生

K. 教师、科技人员　　　　　　L. 个体户、私营企业主

M. 退休人员　　　　　　　　　N. 其他

3. 您的职位是（　　）。

A. 首席执行官（CEO）/企业高层

B. 总监/企业中高管理层

C. 部门经理/部门主管/企业中层管理人士

D. 一般员工

E. 自由职业者

F. 其他

4. 您的文化程度是（　　）。

A. 初中及以下　　　　　　　　B. 高中或中专

C. 大专　　　　　　　　　　　D. 本科

E. 硕士研究生　　　　　　　　F. 博士研究生

非常感谢您认真填写我们的调查问卷！

任务三　了解网络爬虫工具

网络爬虫,是一种"自动化浏览网页"的程序,可以自动地抓取网络数据和信息,它的目标是从网页上获取新的数据,并加以存储以方便访问。网络爬虫工具因为它能简化并自动化整个爬虫过程而越来越为人们所熟知,使每个人都可以更轻松地访问网络数据资源。不同的爬虫工具有不同的操作方法,下面以一种较为常用的爬虫工具八爪鱼采集器为例介绍网络数据采集方法。

八爪鱼采集器是一款网页数据采集软件,具有使用简单、功能强大等特点。使用八爪鱼采集器采集数据时,其过程涉及新建任务、指定元素、采集数据、保存数据等步骤,下面将通过模板采集、自动识别和手动采集等采集模式,详细介绍八爪鱼采集器的使用方法(以 V8.4.8 版本为例)。由于八爪鱼采集器不断更新升级,以下操作流程仅作为使用方法演示案例,在实际操作中应根据所使用的版本做相应调整。

一、模板采集

下面以京东的"商品搜索"模板为例,介绍模板采集的实现方法,其具体操作如下所示。

(1)在八爪鱼采集器的官方网站上下载该工具,将其安装到计算机上并启动,输入注册的账号和密码,单击"登录"按钮,如图 2-1 所示。

图 2-1　登录八爪鱼采集器

(2)登录后,单击左侧的"新建"按钮,在弹出的下拉列表中选择"模板任务"选项,如图 2-2 所示。

(3)在显示的界面中选择京东对应的模板缩略图,如图 2-3 所示。

(4)此时将显示所有京东采集模板,单击"商品搜索"对应的缩略图,如图 2-4 所示。

图 2-2 新建模板任务

图 2-3 选择网站模板

图 2-4　选择采集模板

（5）打开显示所选模板详情的页面，单击相应的选项卡，可以了解模板的介绍、采集字段、采集参数和示例数据，确认无误后可单击" 立即使用 "按钮，如图 2-5 所示。

图 2-5　模板详情

（6）设置此次采集的任务名、任务组，并配置模板参数，这里在"任务名"文本框中输入"跑步鞋数据采集"，在"搜索关键词"文本框中输入"跑步鞋"，在"页数"文本框中输入"5"，完成后单击左下角的" 保存并启动 "按钮，如图 2-6 所示。

图 2-6　设置任务的基本信息和配置参数

（7）弹出"请选择采集模式"对话框，这里单击"本地采集"下方的"立即启动"按钮，启动数据采集，如图 2-7 所示。

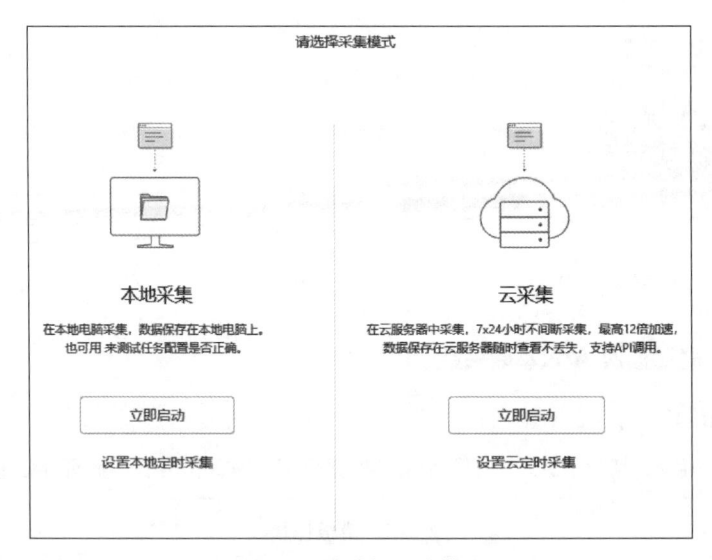

图 2-7　请选择采集模式

（8）八爪鱼采集器开始根据模板设置的内容采集指定的数据，并同步显示采集过程，如图 2-8 所示。

图 2-8　显示采集过程

（9）当完成采集工作后，八爪鱼采集器将自动打开"采集完成"对话框，此时我们可以直接导出采集的数据，单击"导出数据"按钮即可，如图 2-9 所示。

图 2-9　数据采集完成

（10）弹出"导出本地数据"对话框，设置数据的导出方式，这里选中"Excel（xlsx）"选项，单击"确定"按钮，如图 2-10 所示。

（11）弹出"另存为"对话框，设置数据导出的保存位置和文件名称，单击"保存"按钮，如图 2-11 所示。

图 2-10 选择导出方式

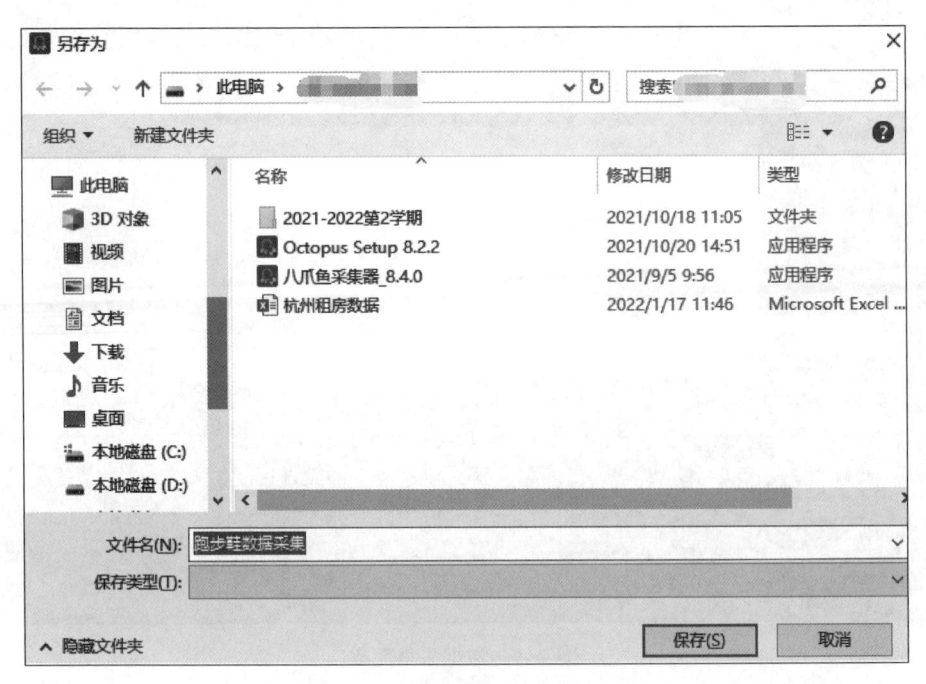

图 2-11 设置保存位置和名称

（12）此时八爪鱼采集器将显示数据的导出进度,当出现导出完成的提示后,可单击"打开文件"按钮,如图 2-12 所示。

（13）此时打开 Excel 软件,并显示采集到的数据结果内容,如图 2-13 所示。

图 2-12　导出数据

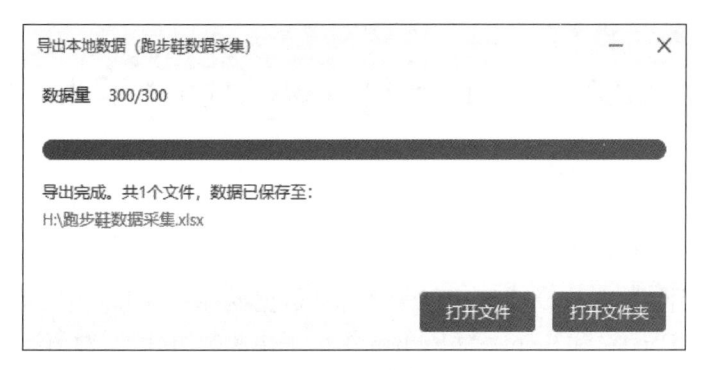

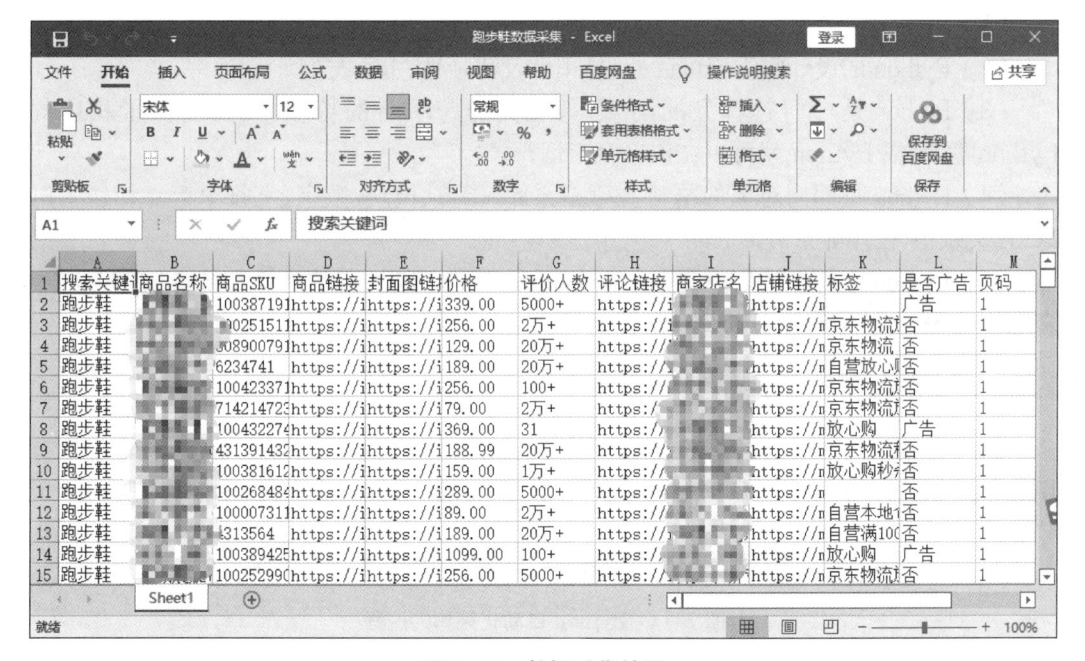

图 2-13　数据采集结果

二、自动识别

当八爪鱼采集器内置的模板无法满足采集需求时,则可以通过自定义采集的方式进行数据采集。采取这种方式时,八爪鱼采集器会根据网页的内容进行自动识别,这一特性极大地简化了自定义采集数据的工作。

三、手动采集

如果需要采集的数据页面既没有模板,也无法识别,则可以通过手动采集的方式采集数据。方法为:新建采集任务,取消自动识别数据的状态,手动采集需要的各个字段,设置字段名称和位置,然后采集数据并导出到 Excel 中即可。

任务四　了解 Python 自动化采集

一、Python 介绍

　　Python 是一个高层次的结合解释性、编译性、互动性和面向对象的语言。该语言简洁、易读、可扩展性强，被广泛应用于科学计算和数据挖掘。Python 中专用的科学计算扩展库如 NumPy、Pandas 和 Scipy，为 Python 提供了快速数组处理、数值运算和分析功能。因此十分适合工程技术、科研人员处理实验数据，甚至开发科学计算应用程序。

　　Python 具有以下特点：

　　（1）Python 是免费的开源软件。

　　（2）Python 的设计侧重于可读性、易用性及清晰性，上手友好。

　　（3）Python 是一门解释型的语言，天生具有跨平台的特征，只要提供了相应的 Python 解释器，Python 就可以在该平台上运行。

　　（4）Python 是面向对象的语言。第三方库、函数、模块、数字、字符串等一切皆为对象，在实践中，使用非常灵活。

　　（5）Python 应用领域广泛，包括 Web 和 Internet 开发、科学计算和统计、游戏开发、多媒体运用、自动采集开发以及人工智能等。

二、Python 自动化采集的流程

　　用户自动采集网络数据的方式是模拟浏览器发送请求（获取网页代码），从中提取有用的数据，最后存放于数据库或文件中。Python 自动化采集的流程，如图 2-14 所示。

　　发送请求　▶　获取相应内容　▶　解析内容　▶　保存数据

图 2-14　Python 自动化采集的流程

　　（1）发送请求。如同浏览网页一样，自动化采集需要先向目标地址发送请求，然后等待目标页面内容全部加载。

　　（2）获取相应内容。如果发送请求成功，服务器正常响应，则会获取整个目标页面的内容，类似于在浏览器中键入网址并回车，然后可以看到整个页面。

　　（3）解析内容。就是从需要采集的网页中提取想要的内容。例如在浏览器中看到的是单支股票的日行情，但是需要采集的是股票的报价，股票价格就是要解析的内容。

　　（4）下载并存储数据。在解析出需要的部分后，便可以将其下载并暂时存储到内存中；下载的数据可能远不止一个，而内存的空间有限且宝贵，需要用到数据库或其他形式来将下载的数据分类且长期存储，以便于后面的数据清洗、查找等各种操作。

三、Python 自动化采集程序

本任务使用 Python3.x 作为工具来进行自动化采集。下面以采集利润表为例,讲解自动化采集程序的设计思路与代码。

（一）Python 库准备

Python 中与自动化采集相关的工具库有很多,本任务使用 request 库、lxml 库、pandas 库。

（1）request 库：HTML 格式的静态网页,常使用 request 库来发送 HTTP 请求,链接网站,进而获取相应的网页内容。

（2）lxml 库：负责对网页信息进行解析。lxml 库是 XML 和 HTML 的解析器,其主要功能是解析和提取 XML 和 HTML 中的数据,利用 XPath 语法和 etree 模块来定位和解析特定的元素及节点信息。

（3）Pandas 库：Pandas 是 Python data analysis（Python 数据分析）的简写短语。Pandas 提供了高级的数据结构和函数,这些数据结构利于进行快速、简单、表格化的数据分析。

在编程中,为了能调用 3 个库的工具包,使用 Python 的 import 函数导入想要的库或模块。具体代码如下：

```
import requests
from lxml import etree
import pandas as pd       ♯导入 pandas 并将其简称为 pd
```

> **知识延伸**
>
> Python 中第三方库及模块可以理解为供用户调用的代码组合。直接调取里面已经封装好的代码,可以大大地提高编程的效率。就好比绘制折线图,不需要用程序代码编写图形,而是直接调用 Excel 里面的图表功能,通过导入数据可直接生成可视化图形。

（二）发送请求

数据采集需要先向目标地址发起请求,通过 requests.get（）函数实现。requests.get（）函数的括号内的变量为网页地址。为了代码明晰、易读,通常先将网页地址赋值给变量,如 url,然后用 requests.get（url）获取 url 值。

具体代码如下：

```
#将浦发银行利润表地址赋值给变量 url
url="http://stock.quote.stockstar.com/finance/profit_600000.shtml"
r=requests.get(url)    #发送请求,再将响应对象存储在变量 r 中
print(r)    #打印结果
```

运行上面的代码,输出结果如下:

```
<Response[200]>
```

发送请求后,返回了 Response[200],其中的 200 是状态代码,表示服务器成功地接受了客户端的请求。

> **知识延伸**
>
> 状态代码是由 3 个数字组成的,其中第一个数字定义了响应的类别。有五种取值,具体如下:
> 1xx:指示信息——表示请求已接收,继续处理。
> 2xx:成功——表示请求已被成功接收、理解、接受。
> 3xx:重定向——要完成请求必须进行更进一步的操作。
> 4xx:客户端错误——请求有语法错误或请求无法实现。
> 5xx:服务器端错误——服务器未能实现合法的请求。

(三)获取内容

发送请求成功后,服务器正常响应,响应对象存储在变量 r 中,使用 r.content 获取整个页面的 HTML 代码,并赋值给 con_code 变量。使用 print(con_code),输出查看。

使用 etree 模块下的函数 etree.HTML()来对网页内容标准化,以便于后续 xpath()方法进行解析。将标准化后的对象,赋值给新变量 selector,方便后续调用。

具体代码如下:

```
con_code=r.content    #获取整个网页内容
print(con_code)
selector=etree.HTML(con_code)    #网页内容标准化,etree.HTML 将传进去的变量 con_code 转变成_Element 对象,将其生成标准网页格式的数据
```

输出运行结果,如图 2-15 所示。

图 2-15 获取内容运行结果图

（四）解析内容

一张网页由许许多多的内容构成，不只是文字，还有图片、音频、视频、HTML 代码、CSS 样式表、JavaScript 脚本等各种元素，为此需要一定的规则来定位到我们所需要采集的元素的具体位置。

那么，怎么从整个页面的 HTML 代码中准确找到某个元素？下面以获取利润表"报告期"元素为例，介绍如何具体地获取其位置的步骤。

（1）可使用"F12"快捷键，打开网页源代码，如图 2-16 所示。

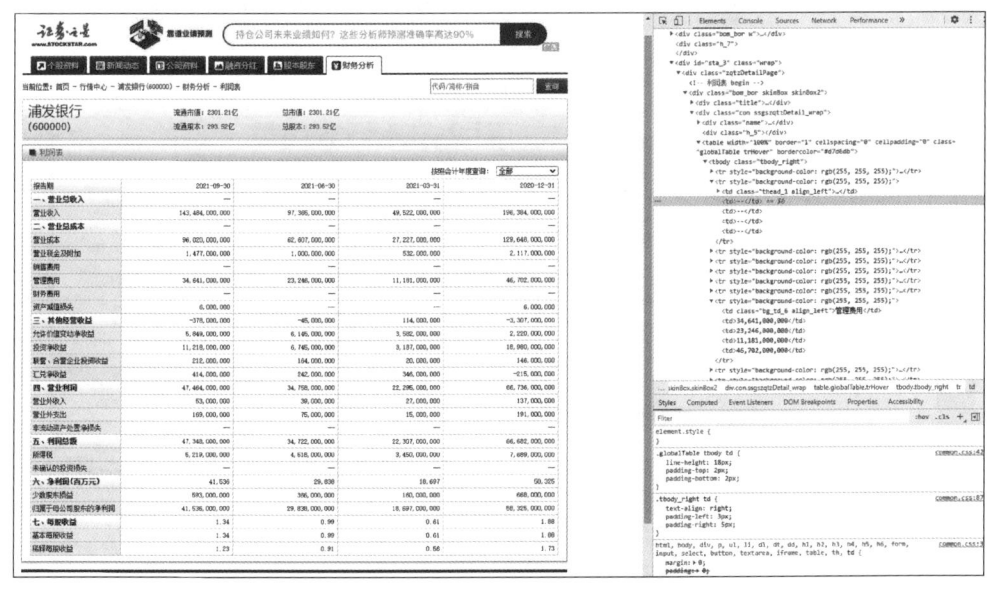

图 2-16 查看网页源代码（以谷歌浏览器为例）

（2）单击源码区域左上方箭头形状的功能键，单击后会发现箭头变为蓝色，如图 2-17 所示。移动鼠标，选择网页需要采集的数据区域，如"报告期"，则右侧的网页源码会定位到相应位置，并且该区域对应的代码变成蓝色。

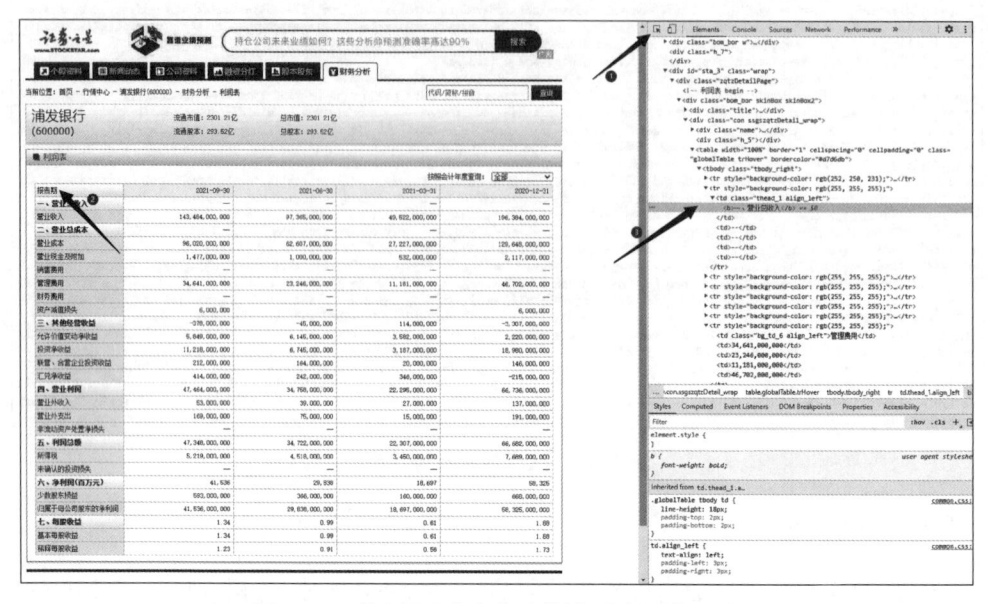

图 2-17　单击源码左上方功能键，选择采集区域

（3）鼠标右键，单击选择"报告期"对应的蓝色代码，在如图 2-18 所示页面中的选择框里，在 Copy 选项下选择"Copy XPath"，拷贝了以 XPath 语法规则来表示的定位位置。

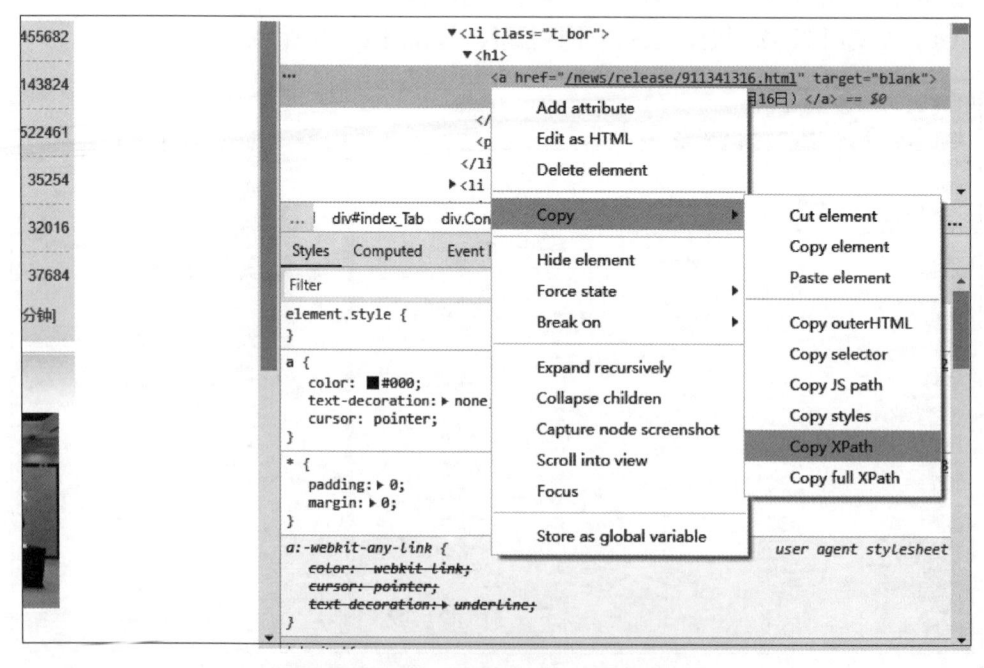

图 2-18　XPath 语法规则获取定位位置

（4）将上一步拷贝的内容复制粘贴至文本编辑器就可得到需要采集的信息（如报告期）的地址，即"//*[@id="sta_3"]/div[1]/div/div[2]/table/tbody/tr[1]/td[1]"。

获取到了所需要采集的具体数据的网页位置后，使用text()函数来选取当前节点中的所有内容，再用selector.xpath函数解析该内容，并将解析结果转换为字符串输出。

代码如下：

```
#字符串类型需要用单引号''或双引号""引用。
Name_xpath='//*[@id="sta_3"]/div[1]/div/div[2]/table/tbody/tr[1]/td[1]/text()'    #获取网页地址的文本内容
Title=str(selector.xpath(Name_xpath)[0])        #解析文本内容，并转为字符串格式
print(Title)
```

输出运行结果如下：

```
报告期
```

要注意的是，变量名称可以自由命名，但是要遵守Python的命名规则。Python语言中变量名可以包括字母、数字、下划线，但数字不能作为开头。例如：name_1是合法变量名，而1_name是错误命名。

若需要爬取整个页面的利润表，每个数据XPath都复制一遍的工作量显然过大，因此可以通过寻找XPath规律通过循环对整体数据进行爬取。

在寻找规律时发现除行名字因为分为一级标题、二级标题，由于XPath格式并非完全一致无法自动识别外，其他数据的XPath皆有规律：

//*[@id="sta_3"]/div[1]/div/div[2]/table/tbody/tr[i]/td[j] 表示表格的第 i 行第 j 列数据，例如XPath后缀为tr[3]/td[3]的数据读取为97,365,000,000，如图2-19所示。

报告期	2021-09-30	2021-06-30	2021-03-31	2020-12-31
一、营业总收入	—	—	—	—
营业收入	143,484,000,000	97,365,000,000	49,522,000,000	196,384,000,000
二、营业总成本	—	—	—	—
营业成本	96,020,000,000	62,607,000,000	27,227,000,000	129,648,000,000
营业税金及附加	1,477,000,000	1,000,000,000	532,000,000	2,117,000,000
销售费用	—	—	—	—
管理费用	34,641,000,000	23,246,000,000	11,181,000,000	46,702,000,000
财务费用	—	—	—	—
资产减值损失	6,000,000	—	—	6,000,000
三、其他经营收益	-378,000,000	-45,000,000	114,000,000	-3,307,000,000
允许价值变动净收益	5,849,000,000	6,145,000,000	3,582,000,000	2,220,000,000
投资净收益	11,218,000,000	6,745,000,000	3,187,000,000	18,980,000,000
联营、合营企业投资收益	212,000,000	164,000,000	20,000,000	146,000,000
汇兑净收益	414,000,000	242,000,000	346,000,000	-215,000,000
四、营业利润	47,464,000,000	34,758,000,000	22,295,000,000	66,736,000,000
营业外收入	53,000,000	39,000,000	27,000,000	137,000,000
营业外支出	169,000,000	75,000,000	15,000,000	191,000,000

图2-19　网页截图

因此首先构建 DataFrame,并设置行列的索引:

```
df=pd.DataFrame(columns=['2021-09-30','2021-06-30','2021-03-31','2020-12-31'],
index=['一、营业总收入','营业收入','二、营业总成本','营业成本','营业税金及附加','销售
费用','管理费用','财务费用','资产减值损失','三、其他经营收益','允许价值变动净收益','投
资净收益','联营、合营企业投资收益','汇兑净收益','四、营业利润','营业外收入','营业外支
出','非流动资产处置净损失','五、利润总额','所得税','未确认的投资损失','六、净利润(百万
元)','少数股东损益','归属于母公司股东的净利润','七、每股收益','基本每股收益','稀释每股
收益'])
```

我们需要爬取表格的 2—28 行、2—5 列,需要提醒的是在网页里是从 1 开始计数,而 Python 是从 0 开始计数。因此写循环时要一一对应。

```
for i in range(2,29):       #区间是左闭右开所以需要到 29
    for j in range(2,6):    #循环嵌套的意思是当行为 2 时,取完 2 行的 2—5 列。之后行数递增,
列每次都枚举取尽

zd_xpath='//*[@id="sta_3"]/div[1]/div/div[2]/table/tbody/tr[%d]/td[%d]/text()'%(i,
j)'    #在这里每次循环都使用 zd_xpath 接受 xpath,%d 表示需要赋值为数值,后面的 %(i,j) 表
示按顺序为之前有 % 占位符的地方赋值
    data = str(selector.xpath(zd_xpath)[0])
    exec('df.iloc[%d-2,%d-2] = data'%(i,j))     #在每次循环之前将相应位置的值放进
DataFrame 对应位置
```

知识延伸

XPath(XML Path)是一种查询语言,根据"地址"来确定"位置"。用 XPath 在源代码中定位位置采集信息可以提高我们的采集效率。

如 //*[@id="toolbar"]/div[1]/h1/a,表示在 id 为 "toolbar" 的标签下第 2 个 <div> 标签下的第 1 个标题下的元素。其中,XPath 计数从 0 开始,因此 div[0] 表示第 1 层级,div[1] 表示第 2 层级;// 表示从任意一级开始,或间隔任意级;/ 从根目录开始,或紧跟上一层开始。

(五)保存数据

通过 .DataFrame() 调用 Pandas 库中生成数据表格对象的方法,生成了一个新数据表格,并将数据表格命名为 df。

最后，调用数据表格对象的 to_excel 方法，设置文件名 profit，扩展名为 xlsx（即保存为 Excel 文件），并将数据保存为 Excel 文件（可以设置需要保存文件的路径）。

具体代码如下：

```
df.to_excel("profit.xlsx")
```

运行上述五行代码即可自动采集数据，并存储到本地文件。文件地址通常和 Python 程序文件位于同一个文件夹，名称为刚才命名的 profit.xlsx，内容如图 2-20 所示。

	A	B	C	D	E
1		2021-09-30	2021-06-30	2021-03-31	2020-12-31
2	一、营业总收入	--	--	--	--
3	营业收入	143,484,000,000	97,365,000,000	49,522,000,000	196,384,000,000
4	二、营业总成本	--	--	--	--
5	营业成本	96,020,000,000	62,607,000,000	27,227,000,000	129,648,000,000
6	税金及附加	1,477,000,000	1,000,000,000	532,000,000	2,117,000,000
7	销售费用				
8	管理费用	34,641,000,000	23,246,000,000	11,181,000,000	46,702,000,000
9	财务费用				
10	资产减值损失	6,000,000	--	--	6,000,000
11	三、其他经营收益	-378,000,000	-45,000,000	114,000,000	-3,307,000,000
12	允许价值变动净收益	5,849,000,000	6,145,000,000	3,582,000,000	2,220,000,000
13	投资净收益	11,218,000,000	6,745,000,000	3,187,000,000	18,980,000,000
14	联营、合营企业投资收益	212,000,000	164,000,000	20,000,000	146,000,000
15	汇兑净收益	414,000,000	242,000,000	346,000,000	-215,000,000
16	四、营业利润	47,464,000,000	34,758,000,000	22,295,000,000	66,736,000,000
17	营业外收入	53,000,000	39,000,000	27,000,000	137,000,000
18	营业外支出	169,000,000	75,000,000	15,000,000	191,000,000
19	非流动资产处置净损失	--			
20	五、利润总额	47,348,000,000	34,722,000,000	22,307,000,000	66,682,000,000
21	所得税	5,219,000,000	4,518,000,000	3,450,000,000	7,689,000,000
22	未确认的投资损失	--	--		
23	六、净利润(百万元)	41,536	29,838	18,697	58,325
24	少数股东损益	593,000,000	366,000,000	160,000,000	668,000,000
25	归属于母公司股东的净利润	41,536,000,000	29,838,000,000	18,697,000,000	58,325,000,000
26	七、每股收益	1.34	0.99	0.61	1.88
27	基本每股收益	1.34	0.99	0.61	1.88
28	稀释每股收益	1.23	0.91	0.56	1.73

图 2-20 采集的数据文件

上述程序代码可用于采集所有静态网页上的数据。只需要事先找到所采集数据的静态网址，将上述程序中的数据源 url 网址、字段的 XPath 规则进行变更即可。

课堂实训——八爪鱼自动采集数据

一、实训目标

本次实训将在安居客网站上采集杭州地区的租房数据，使用八爪鱼自动识别方式完成数据采集任务。

二、操作方法

（1）登录八爪鱼采集器后，单击左侧的"▣"按钮，在弹出的下拉列表中选择"自定义任务"选项，如图 2-21 所示。

图 2-21　自定义任务

（2）打开新建任务的界面，在"网址"文本框中复制浏览器里安居客杭州地区租房信息的网址，然后单击"保存设置"按钮，如图 2-22 所示。

图 2-22　新建任务

（3）此时八爪鱼采集器将访问该网页，开始自动识别网页数据，并显示识别进度，如图 2-23 所示。

图 2-23 自动识别网页数据

（4）识别完成后，界面下方将显示要采集的字段和数据，在"操作提示"面板中可根据需要，选中相应复选框并做相应修改，如这里单击"滚动加载数据"下方的"修改"，如图 2-24 所示。

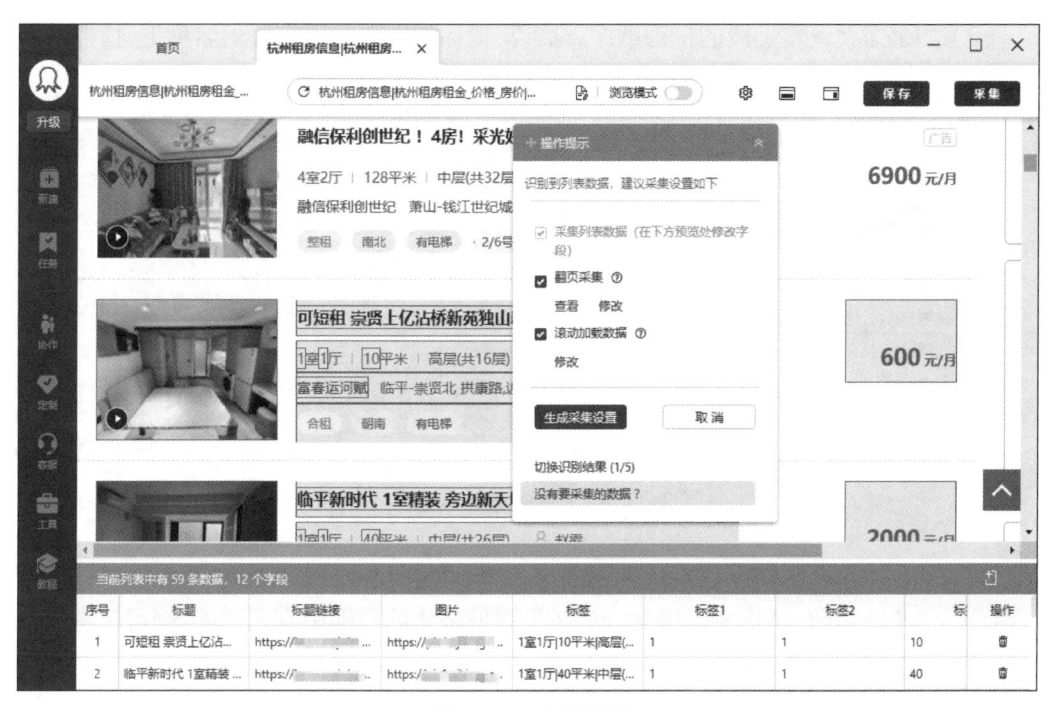

图 2-24 完成识别

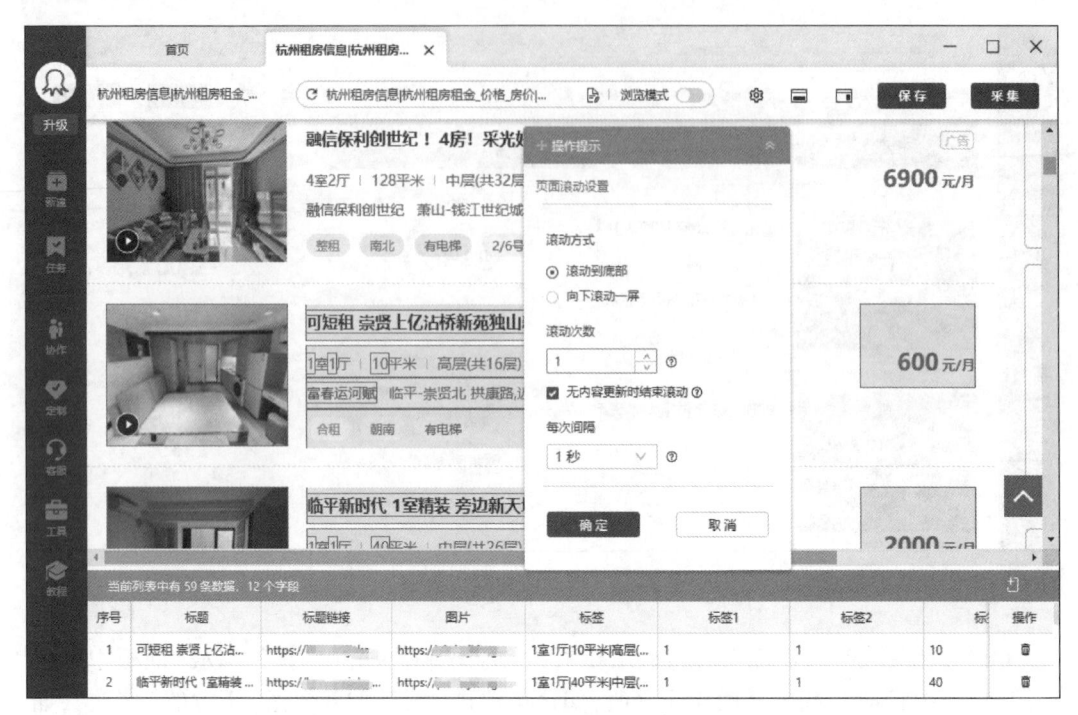

（5）在面板中可重新设置滚动方式、滚动次数和每次间隔时间，完成后单击"确定"按钮，如图2-25所示。

图 2-25 页面滚动设置

（6）如果需要调整字段的排列顺序，则可将鼠标指针移至该字段的名称上，拖拽左侧的"⋮⋮"图标，如图2-26所示。

图 2-26 调整字段排列顺序

（7）如果八爪鱼采集器识别到无用的字段，则可将鼠标指针移至该字段的名称上，单击出现的"🗑"按钮，将该字段删除。如果发现所采集的数据中有无用的，则可单击该行数据对应最右侧的"🗑"按钮，如图2-27所示。

序号	标题	标题链接	图片	标签	标签1	标签2	标	操作
1	嘉信九悦印象 和合...	https://...	https://...	3室1厅|82平米|中层...	3	1	82	🗑
2	崇贤上亿 贤君庭 旭...	https://...	https://...	3室2厅|79平米|低层...	3	2	79	🗑
3	爱干净 安静 整租 直...	https://...	https://...	1室1厅|45平米|高层...	1	1	45	🗑
4	新出竹海水韵庭苑...	https://...	https://...	2室1厅|87平米|中层...	2	1	87	🗑
5	滨江区 滨和路地铁...	https://...	https://...	3室1厅|20平米|中层...	3	1	20	🗑
6	奥体印象城 美戴美...	https://...	https://...	3室1厅|40平米|低层...	3	1	40	🗑
7	钱江湾花园附近 精...	https://...	https://...	3室2厅|136.8平米|共...	3	2	136.8	🗑
8	深蓝国际、直面奥体...	https://...	https://...	3室2厅|115平米|高层...	3	2	115	🗑

图 2-27 删除字段或数据

（8）完成采集字段的调整后，可单击"操作提示"面板中" 生成采集设置 "按钮，如图 2-28 所示。

（9）此时八爪鱼采集器会生成采集设置，继续单击"操作提示"面板中的"保存并开始采集"超链接，如图 2-29 所示。

图 2-28 生成采集设置　　　　图 2-29 开始采集数据

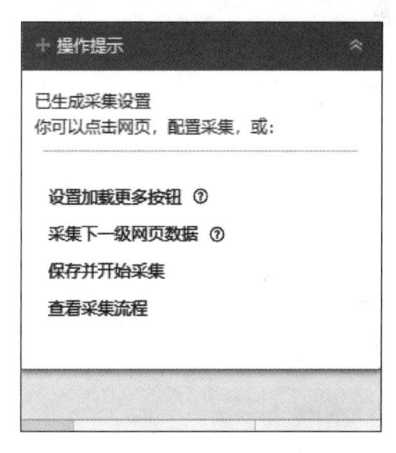

（10）跳出采集模式选择的对话框，单击"本地采集"下方的"立即启动"按钮，开启本地数据采集任务，如图 2-30 所示。

（11）启动本地采集后，八爪鱼采集器开始进行任务数据的采集，并同步显示采集过程，若不需要采集所有的数据，则可在采集过程中，单击"停止"按钮，如图 2-31 所示。

（12）单击"停止"按钮后，弹出提示框，提示是否要停止采集，单击"确定"按钮，如图 2-32 所示。

（13）弹出提示框，提示采集已停止，是否导出数据，单击"导出数据"，如图 2-33 所示。

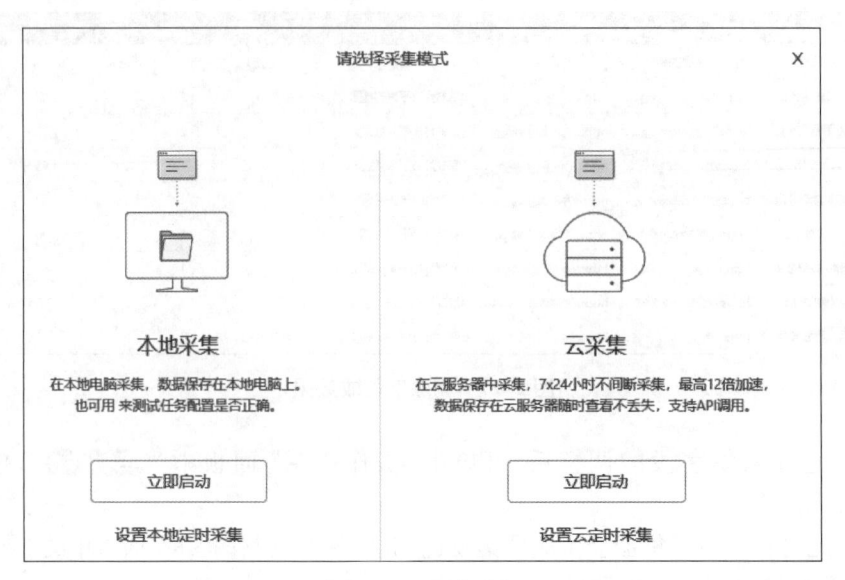

图 2-30　本地采集

图 2-31　同步数据采集

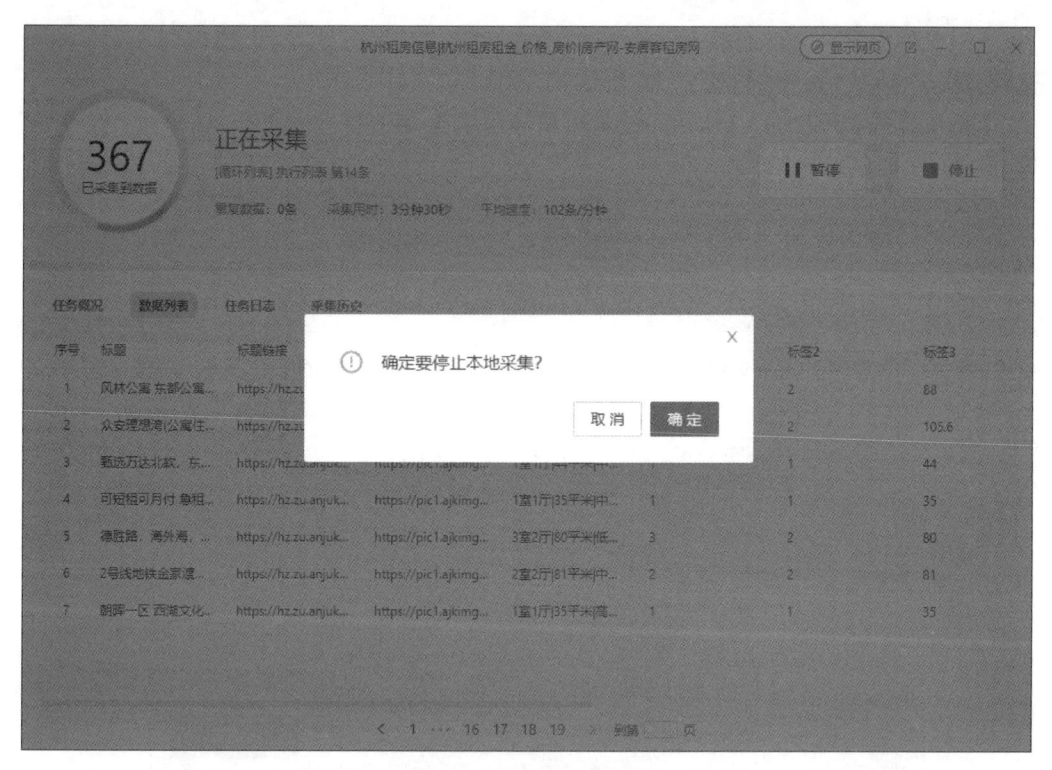

图 2-32　确定停止采集

图 2-33　导出数据

（14）弹出"导出本地数据"对话框，设置数据的导出方式，这里选中"Excel（xlsx）"选项，单击"确定"按钮，如图 2-34 所示。

（15）弹出"另存为"对话框，设置数据导出的保存位置和文件名称，单击"保存"按钮，如图 2-35 所示。

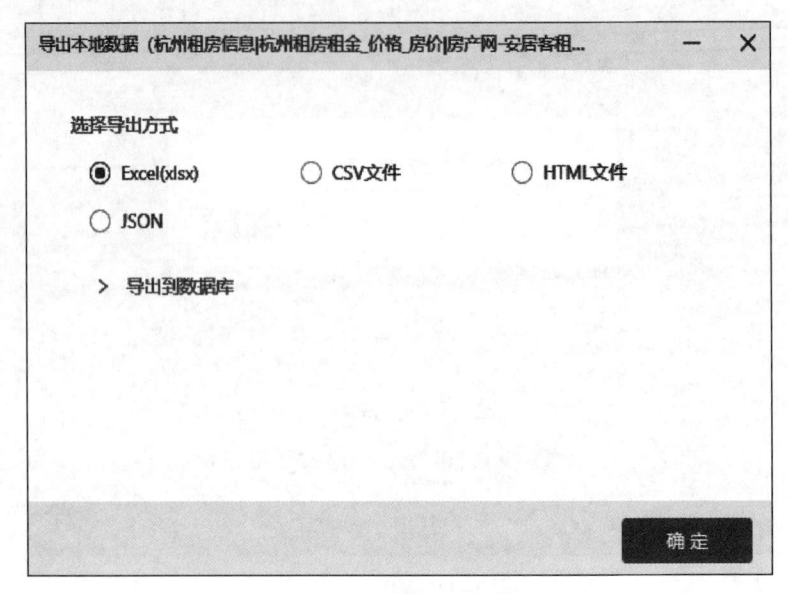

图 2-34　选择导出方式

图 2-35　设置保存位置和名称

（16）导出完成后可单击" 打开文件 "按钮，打开 Excel 表格，显示采集到的租房数据结果，如图 2-36 所示。

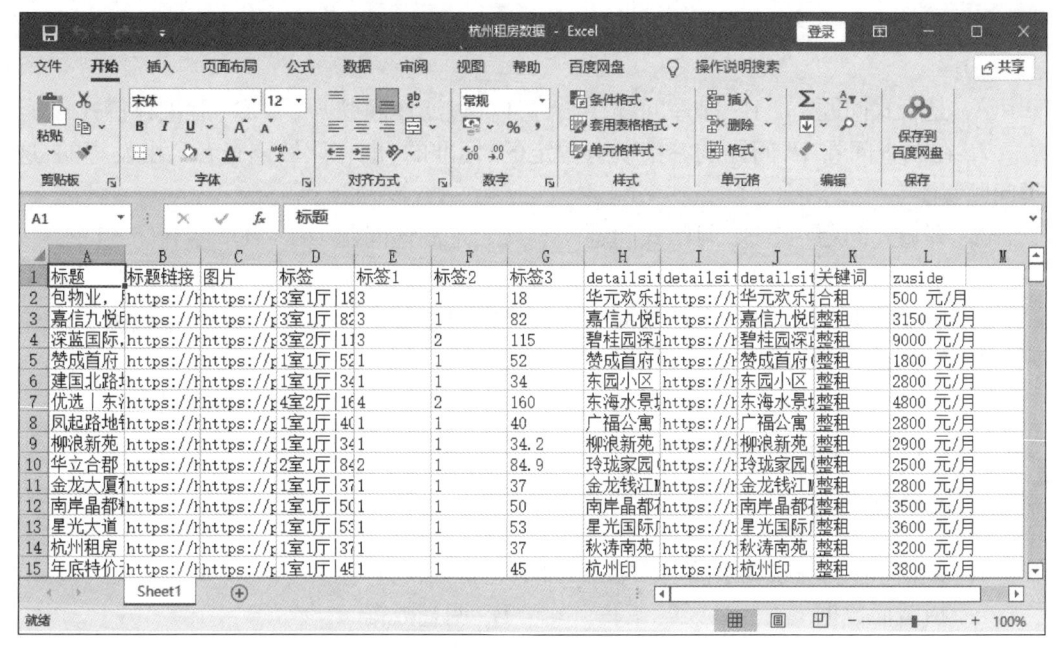

图 2-36　数据采集结果

思考与练习

一、单项选择题

1. 某年我国各省、市、区的对外贸易额属于（　　）。
   A. 横截面数据　　B. 面板数据　　C. 时间序列数据　　D. 实验数据

2. 在问卷调查设计的程序中，第一步应（　　）。
   A. 分析样本特征　　　　　　B. 确定数据资料收集的方法
   C. 搜集整体相关资料　　　　D. 拟定并编排问题

3. 下列状态码中表示请求成功的是（　　）。
   A. 1xx　　　　B. 2xx　　　　C. 3xx　　　　D. 4xx

4. 下列关于 Python 的说法中，错误的是（　　）。
   A. Python 语言的设计侧重于可读性、易用性及清晰性，上手友好。
   B. Python 是需要付费使用的软件
   C. Python 天生具有跨平台的特征，只要提供了相应的 Python 解释器，Python 就可以在该平台上运行
   D. Python 应用领域广泛，包括 Web 和 Internet 开发、科学计算和统计、游戏开发、多媒体运用、自动采集开发以及人工智能等

5. 下列选项中，可以用于发送 HTTP 请求的是（　　）。
   A. lxml 库　　B. Pandas 库　　C. Numpy 库　　D. request 库

6. 根据被调查者的不同回答而对其作出不同回答顺序安排的问题,这种问题为(　　)。
   A. 是否式问题　　B. 排序问题　　C. 过滤性问题　　D. 程度评价式问题
7. 在调查问卷中,问题的答案既有固定的、标准的、也有让被调查者自由发挥的,这类问题属于(　　)。
   A. 开放式问题　　B. 封闭式问题　　C. 过滤性问题　　D. 半封闭式问题
8. 对人的性别分别用"1"表示男,用"0"表示女,所得到的数据为(　　)。
   A. 定类数据　　B. 定序数据　　C. 定距数据　　D. 定量数据
9. 在 Python 中,lxml 库可以用于(　　)。
   A. 发送 HTTP 请求　　　　　　　B. 提供高级的数据结构和函数
   C. 对网页信息进行解析　　　　　D. 绘制图形

二、多项选择题

1. 根据对客观现象观察的时间状态不同,可将数据分为(　　)。
   A. 横截面数据　　　　　　B. 调查数据
   C. 时间序列数据　　　　　D. 实验数据
2. 获取一手数据的方法包括(　　)。
   A. 观察法　　　　　　　　B. 采访法
   C. 问卷调查法　　　　　　D. 通过国家各部门网站查找
3. 在问卷调查中,封闭式问题包括(　　)类型。
   A. 是否式　　B. 多项单选式　　C. 多项多选式　　D. 排序问题
4. 开放式问题具有(　　)的优点。
   A. 调查结果易于处理　　　B. 回答率更高
   C. 能得到各种可能答案　　D. 被调查者不会受到预设答案的影响
5. 一份完整的问卷调查应该包括(　　)。
   A. 标题　　　　　　　　　B. 说明
   C. 问卷主体　　　　　　　D. 调查者的基本资料
   E. 结束语

三、判断题

1. 根据对研究对象计量的不同精确程度可将数据分为定性数据与定量数据,其中定量数据包括定类数据与定序数据。(　　)
2. 在国家统计局网站或中国统计年鉴上获取的数据属于二手数据。(　　)
3. 问卷调查中问题排列的设计要符合被调查者的思维方式,一般是先难后易、先抽象后具体。(　　)
4. 对制成的问卷进行试调查的次数越多,所产生的效果也就越好。(　　)
5. 封闭式问题是调查问卷中问题的主要形式。(　　)
6. 在不同的数据中,定序数据所包含的信息量要大于定类数据。(　　)

项 目 实 训

【一】调查问卷设计任务

从备选题目中任选一题,分小组设计与之匹配的调查问卷,并开展相关调查。(备选题目:1. 大学生互联网理财情况调查;2. 大学生使用网络贷款情况调查;3. 数字经济对大学生消费习惯影响的调查;4. 大学生金融安全意识及行为调查;5. 大学生信用意识及行为情况调查)

项目要求:6~8人一组,每组同学运用所学的调查问卷相关知识,设计一份结构完整的调查问卷,设计调查方案并收集调查问卷相关数据。

【二】爬虫工具采集任务

使用八爪鱼采集器的自定义模板功能,采集"房天下"网站杭州地区租房和二手房相关数据。

项目要求:将采集到的租房和二手房相关数据保存到 Excel 文件中。

【三】自动化采集任务

使用 Python 自动化采集程序,采集"https://www.stockstar.com/"证券之星网站上平安银行利润表数据。

项目要求:将采集到的平安银行利润表数据保存到 Excel 文件中。

项目三　数据的处理和清洗

当今时代，随着计算机和信息技术的发展和普及，在人类社会的生产、生活活动中，人、资金、商品、信息的流动都以数据化的方式呈现，社会的全面数字化、行业数据的爆炸性增长，都促进了大数据的迅猛发展。大数据已经渗透到行业的方方面面，庞大的数据资源已经成为国家和企业的战略资源，引起了学术界、业界和各国政府的高度关注。大数据将带来重大的发展机遇与技术挑战。

大数据资源蕴涵着巨大的社会价值和商业价值，如果能有效地管理这些数据、挖掘数据的深度价值，将对国家治理、社会管理、企业决策和个人生活带来强大的作用和深刻的影响。因此，大数据的研究和应用已经成为全球科技创新和经济发展的重要推动力量。

学习目标

知识目标
（1）掌握数据采集的方法。
（2）掌握缺失值、错误值和重复值的数据处理方法。
（3）能够对数据进行有效的排序和分组。

能力目标
（1）能够运用 Excel 进行数据的清洗。
（2）能够进行数据的统计汇总。

素养目标
（1）养成缘事析理、明辨是非的意识。
（2）勿编造数据，强调数据的真实性、可靠性，树立诚信意识。
（3）养成尊重数据、务实严谨的科学态度。
（4）减少人为误差，分析误差来源，在收集、分析数据资料，讨论疑难问题的过程中，培养团结协作的意识。

> **案例导入**
>
> **2022年浙江省国民经济和社会发展统计公报（节选）**[①]
>
> 　　根据国家统一初步核算，2022年浙江省全省生产总值为77 715亿元，比上年增长3.1%。分产业看，第一、二、三产业增加值分别为2 325亿元、33 205亿元和42 185亿元，比上年分别增长3.2%、3.4%和2.8%，三次产业结构为3.0∶42.7∶54.3。人均地区生产总值为118 496元（按年平均汇率折算为17 617美元），比上年增长2.2%。
>
> 　　全年以新产业、新业态、新模式为主要特征的"三新"经济增加值占GDP的28.1%。数字经济核心产业增加值8 977亿元，比上年增长6.3%。数字经济核心产业制造业增加值增长10.7%，增速比规模以上工业高6.5个百分点，拉动规模以上工业增加值增长1.7个百分点。高技术、战略性新兴、装备和高新技术产业增加值分别增长11.5%、10.0%、6.2%和5.9%，分别拉动规模以上工业增加值增长1.9、3.1、2.8和3.9个百分点。在战略性新兴产业中，新能源、生物、新能源汽车、新一代信息技术产业增加值分别增长24.8%、10.0%、9.4%和9.3%。
>
> 　　根据城乡一体化住户调查，全体及城乡居民人均可支配收入分别为60 302元、71 268元和37 565元，比上年增长4.8%、4.1%和6.6%；扣除价格因素实际增长2.5%、1.9%和4.3%。城乡收入比1.90，比上年缩小0.04。全省低收入农户人均可支配收入18 899元，其中，山区26县低收入农户人均可支配收入17 329元，比上年增长15.8%，增速比全省低收入农户平均水平高1.2个百分点。
>
> 　　全年居民人均生活消费支出38 971元，比上年增长6.3%，扣除价格因素增长4.0%。按常住地分，城镇居民人均生活消费支出为44 511元，增长5.5%，农村居民人均生活消费支出27 483元，增长8.1%，扣除价格因素分别增长3.2%和5.8%。
>
> 　　以上案例中的详细数据资料是经过统计整理后得到的，统计整理在整个统计过程中占有十分重要的地位。

任务一　处　理　数　据

处理数据是指对原始数据或者次级数据进行处理，之后拾取相应数据作为数据集合，方便后期操作的功能。

信息革命将人类带入一个革命性的"大数据时代"，人们通过互联网，利用数据分析、数据集成、数据设计、数据模型、数据决策和数据虚拟化等手段，针对具体的认知对象，对反映其数量、性质、结构、功能、价值、前景等方面的数据，进行全面的收集、整理、分析、综

[①] 浙江省统计局，2022年浙江省国民经济和社会发展统计公报［EB/OL］，http://tjj.zj.gov.cn/art/2023/3/16/art_1229129205_5080307.html，2023-03-16.

观和萃取,然后作为决策和实践的根据。由此,数据收集使人类的认识变得更精确系统、更全面广泛、更快速有效。然而面对收集来的海量数据,究竟如何对其进行归类、计算、建模和解释,却需要高超的智慧。因为数据本身是沉默的,需要依赖能动的认识主体的赋予。

金融数据是指在各项金融活动中产生的数据。金融是国民经济中的重要组成部分,与国民经济的各行各业都建立着密切的关系。金融机构开展金融活动,搞好自身的经营,即是对全社会提供有关资金活动的全方位服务。因此金融活动中产生的数据既是对金融机构自身经营状况的客观描述,也是对国民经济宏观和微观运行状况的综合反映。

金融数据处理是指将收集到的数据,采用一定的手段、按照一定的程序和要求加工成符合目的要求的数据的过程。进行金融数据处理的目的是将收集到的金融数据经过加工处理后形成有利于使用的内容。金融数据除具有数据的一般特性外,还具有真实性、可靠性、连续性、广泛性和综合性等特性。结合金融数据的特性,金融数据处理有三个特点:一是输入数据质量要求高;二是数据安全性要求高;三是需要处理的数据量大。

一、数据排序

数据排序是指将一组数据按一定顺序如大小、高低、优劣等进行依次排列的过程,以便研究者通过浏览数据发现一些明显的特征或趋势,找到解决问题的线索。依据数据在经过排序之后的有序序列中的位置确定的测度成为"顺序统计量"。数据经过排序,有助于了解数据大致的分布状态,包括数据的取值范围、最大值、最小值等。

除此之外,排序还有助于对数据检查纠错,以及为重新归类或分组等提供方便。在某些场合,排序本身就是分析的目的之一,例如,投资者想要购买某一基金,由于证券市场整体环境变化无常,所以在选择时投资者需要考虑一个重要的指标——基金风险控制能力。对于基金来说,其夏普比率越高越好,越能证明是这是一只低风险高收益基金,因此需要将市场上的证券投资基金的夏普比率进行从高到低的排序,为选择提供依据。

二、数据分组

数据分组是指根据事物内在的特点和统计研究的需要,将数据总体按照一定的标志区分为性质不同又有联系的若干组成部分的一种统计方法。数据总体虽然具有同质性的特点,但同质性又是相对的。一方面,分组的结果使各组之间出现了显著的差异,而且无论是量的差异还是质的差异,都能在一定程度上反映出不同的情况。而另一方面,分组的结果在同一组内又保持了相同的性质。例如,若要分析某一金融公司董事、监事及高级管理人员的受教育层次和规模,可以按照其文化程度分为初等教育、中等教育及高等教育,其中把博士、硕士、大学本科、高职高专归类为"高等教育",普通高中、职业高中、中专、技校归类为"中等教育",小学归类为"初等教育"。

(一)数据分组的原则

数据分析人员在从事统计分组工作时,必须遵循两大原则:穷尽原则和互斥原则。

穷尽原则是指使总体中的每一个单位都应有组可归,或者说各分组的空间足以容纳总体的所有单位。互斥原则是指在一定的分组标志下,总体中的任何一个单位只能归属于某一组,不能同时或可能归属于几个组。

(二) 数据分组标志的选择

标志是将总体区分为不同组别的标准或根据,是调查数据分组的核心,标志的选取直接影响调查数据分组的科学性和调查数据整理的准确性,并将最终影响市场预测的准确性。由于任何总体都有很多标志,采用不同的标志分组,其结果会不同。选择分组标志应注意:

1. 从统计研究的具体目的选择分组标志

对同一研究对象,如果研究目的不同,采用的分组标志也应不同。如某一证券投资者想要购买上海证券交易所上市的股票,可以按照行业分类进行选择。根据上海证券交易所官网公布的上证综指行业分布及权重信息来看,行业主要分为金融、工业、原材料、主要消费、信息技术、可选消费、医药卫生、能源、公共事业、通信服务及房地产。其中,工业上市股票数目最多,而金融业所占权重最大。在确定选择某一行业之后,如果要研究该行业中的大、中、小企业的分布,就该选择企业规模为分组标志;要研究某一行业的内部结构,就该选择以不同的部门为分组标志;要研究某一企业的效益情况,就该选择总资产、净资产等为分组标志。总之,分组标志的选择首先要从统计研究的具体目的和任务出发。

2. 选择最能反映现象本质特征的标志

由于社会经济现象复杂多样,各自表现出不同的特征,因此在进行分组时,就需要选择不同的分组标志对社会经济现象总体进行不同的划分。总体的若干标志中,有反映问题本质特征的标志,也有对反映事物本质作用不大的标志,这时应该选择最能反映问题本质特征的标志。例如,对研究企业员工的素质和能力进行分析,在进行统计分组时,就要选择其中最能反映问题本质特征的标志(如专业技术职务任职资格获取情况等)进行分组,这样才能使我们对该企业员工的素质和能力有一个正确的认识。

3. 保证分组标志的适用性

结合研究对象所处的具体时间、地点等历史条件、经济条件和特点选择分组标志,保证分组标志在不同时间、不同场合的适用性。由于社会经济现象并不是一成不变的,它会随着时间、地点环境等条件的变化而变化。同一个标志可能在以前是适用的,但现在就不适用了;或者同一个标志在某处是适用的,到了另外一处就不适用了。即使针对的是同一类事物,也要视具体时间、地点条件的不同而选择不同的分组标志。例如研究我国农民的经济状况,土地革命前后可以选择阶级这个最本质的分组标志,因为它能反映出当时农民与土地的关系,揭示中华人民共和国成立前农村封建的经济关系;20世纪80年代初,实行家庭联产承包责任制以后,则应选择劳动力或经济收入这类标志,因为它们对农民的生产、生活影响很大,能综合地表明农民的经济状况;然而现在条件又发生了变化,原有的土地制度已经不能有效地解决现阶段农民的收入问题,新一轮的土地改革正在逐步推进,所以应选择经营形式、生产规模、机械化程度等标志进行分组。

(三)数据分组的具体方法

在分组标志确定后,当务之急是解决分组方法。通常的数据可以按照其品质标志和数量标志进行分组。其中数量标志分组的数据就是常说的"数"(例如整数、实数等),而按品质标志分组的数据与一般的"数"不同,不能表示数值的大小,只表示字符或者图形等信息。根据标志的种类不同,数据分组的方法有品质标志分组法和数量标志分组法。

1. 品质标志分组法

品质标志分组是指选择反映事物属性差异的品质标志作为分组标志进行分组。按品质标志分组能直接反映事物间品质的差别,给人以明确、具体的概念。因为事物的属性差异是客观存在的,有些品质标志分组,由于界限清晰,分组标志有几种具体表现,就分成几组。有些复杂的品质标志分组可根据统一规定的划分标准和分类目录进行。例如,人口可以按性别、民族、职业、文化程度等分组。但有些时候,有些品质标志分组也很复杂,尤其是相邻组之间的界限不容易划清。有些在理论上容易区分,但在实际社会经济生活中却难于辨别。例如,人口按城乡分组,居民一般分为城市和乡村两组,但因目前还存在一些既具备城市形态又具备乡村形态的地区,分组时就须慎重考虑。其他如部门分类、职业分类也都存在同样的问题。因此,在实际工作中,为了便利和统一,联合国及各个国家都制订有适合一般情况的标准分类目录,如我国国家统计局的官网上就公布有《国民经济行业分类》《统计用产品分类目录》等。

2. 数量标志分组法

数量标志分组是指选择反映事物数量差异的数量标志,根据其变异范围区分各组界限,将总体划分为若干个性质不同的组成部分。例如,研究居民家庭贫富状态时,按恩格尔系数(即食品类支出占整个居民家庭消费支出的比重)分组,将其在60%以上的划分为贫困家庭,50%~60%的为温饱家庭,40%~50%为小康家庭,40%以下的为富裕家庭。又例如我国在研究人的成长状况时,按年龄分组,0~6岁为婴幼儿,7~17岁为少年儿童,18~59岁(其中女性为18~54岁)为中青年,60岁(其中女性55岁)以上为老年。数量标志反映的是事物特定内容的数量特征,其概念是具体明确的。

按数量标志分组的目的并不是单纯确定各组在数量上的差别,而是要通过数量上的变化来区分各组的不同类型和性质。因此,根据变量值的大小来准确划分性质不同的各组界限并不容易,要求在按数量标志分组时,首先分析总体中可能有多少种性质不同的组成部分,然后再研究确定各组成部分之间的数量界限。

(1) 单项式分组。

单项式分组,是指以每一变量值依次作为一组的统计分组。一般适用于离散型变量,且在变量值不多、变动范围有限的条件下采用。例如,某金融机构有职工300人,职工家庭子女最多的有3人,有的还没有子女,若按职工家庭拥有的子女数量对该金融机构全体职工进行分组就可采用单项式分组的方法,如表3-1所示。

如果标志值较多,而且变动范围又大,此时仍采用单项式分组,那必然会出现组数过多的现象,这样不利于反映社会经济现象的特征及其规律性,例如,按职工人数对某市金融企业进行分组,由于各金融企业的职工人数差别很大,采用单项式分组很不现实,这时就需要采用组距式分组。

表 3-1 单项式分组

该金融机构职工家庭拥有的子女数(个)	职工数(人)	比重(%)
0	103	34
1	132	44
2	41	14
3	24	8
合计	300	100

(2)组距式分组。

组距式分组,是指以变量值的一定范围依次为一组所进行的统计分组。当变量值的变动幅度较大,项数较多时应采用此方法,此方法对连续变量与离散变量均适用。若上例按照组距式分组的方法,分析结果如表 3-2 所示。

表 3-2 组距式分组

按金融企业职工人数分组(人)	某市金融机构数(个)	金融机构数比重(%)
200 以下	26	52
201~500	13	26
501~1 000	5	10
1 001~3 000	4	8
3 001 以上	2	4
合计	50	100

组距两端的数值称组限。其中,每组的起点数值称为下限,每组的终点数值称为上限。上限和下限的差称为组距,表示各组标志值变动的范围。组距是同一分组的上限与下限之间的绝对距离。一般有:组距 = 上限 − 下限。

在实际分组过程中,根据组距是否相同,有等距分组和异距分组两种方法。

① 等距分组是指各组保持相等的组距,也就是说各组标志值的变动都限于相同的范围。在等距分组中,各组单位数的多少不会受到组距大小的影响,便于直接比较各组次数的多少,研究次数分布的特征。因此,等距分组是组距分组的基本方法。

等距分组主要包括 5 个步骤,即确定数值的取值范围、确定组数、计算组距、确定组限和分配数据。

第一步:确定数值的取值范围(全距)。取值范围是所有数据中最大值和最小值之间的差距,反映了该组数据取值的变动幅度,一般用 R 表示。

$$R = \max|X| - \min|X|$$

式中,X 为分组对象的全体数据。

第二步:确定组数。组数的确定与数据本身的特点及数据的多少有关。由于分组的目的之一是观察数据分布的特征,因此组数的多少应适中。如组数太少,数据的分布就会过于集中,组数太多,数据的分布就会过于分散,这都不便于观察数据分布的特征和规律。组数的确定应以能够显示数据的分布特征和规律为目的。

在实际分组时,可以按照斯特吉斯提出的经验公式来确定组数,组数一般用 K 表示。

$$K = 1 + \frac{\lg n}{\lg 2}$$

式中,n 是分组对象全体数据的个数,对结果用四舍五入的办法取整数即为组数。但是,经验公式计算出来的组数只是一个参考数值,组距的确定还需要根据研究对象的实际情况,适当增加或减少组数。例如,根据年龄对人群分组时,不管人数有多少,常常用婴幼儿、少年儿童、中青年和老年来进行分组。

第三步:计算组距。当组数确定后,组距就随之确定了。组距通常用 d 表示。

$$d = \frac{R}{K}$$

式中,d 为组数,R 为全距,K 为组数。

在实际应用中,组距应该是整数,为便于计算,组距宜取 5 或 10 的倍数。在确定组距时,必须考虑原始资料的分布状况和集中程度,注意组距的同质性。

第四步:确定组限,确定组限是指规定各组中数值的上限和下限。确定组限需要遵循"不重不漏"的原则。"不重"是指一项数据只能分在其中的某一组,不能在其他组中重复出现;"不漏"是指组别能够穷尽数据,即在所分的全部组别中每项数据都能分在其中的某一组,不能遗漏。

为解决"不重"的问题,统计分组时习惯上规定"上组限不在内",即当相邻两组的上下限重叠时,恰好等于某一组上限的变量值不算在本组内,而计算在下一组内。例如,在对成绩进行分组时,80 分通常被分在"良好"组而不是"中等"组。对于两个边界组,第一组的下限应低于最小变量值,最后一组的上限应高于最大变量值。如果全部数据中的最大值和最小值与其他数据相差悬殊,为避免出现空白组(即没有变量值的组)或个别极端值被漏掉,第一组和最后一组可以采取"小于"及"大于等于"这样的开口组。第一组即最小组,只有上限,用具体数值表示,下限用"××(及)以下"表示;最大组只有下限,用具体数值表示,上限用"××(及)以上"表示。

第五步:分配数据。分配数据是统计整理结果的一种表现形式,分配数据将分组数据按照各自数值的大小分配到各个组中。一般先按照分组标志对原始数据进行排序,然后根据各组的组限水平,将经过排序之后的有序数据进行分段,归入到各个组中。

② 异距分组是指各组组距不尽相等的分组方法,主要是考虑到各组之间数据的数量差距过大,一些分组中的数据过多或过少,会影响数据分布状态的分析,所以采用缩小组距或扩大组距的方法,来拆分数据过多的分组或合并数据过少的分组。

相比异距分组的方法,采用的更多的是等距分组法。统计分组时采用等距分组还是异距分组,取决于研究对象的性质特点。在标志值变动比较均匀的情况下宜采用等距分组。等距分组便于各组单位数和标志值直接比较,也便于计算各项综合指标。在标志值变动很不均匀的情况下宜采用异距分组。异距分组有时更能说明现象的本质特征。

(四)数据分组的作用

数据分组在数据处理认知过程中起着十分重要的作用,可以从以下三个方面来说明:

1. 划分社会经济现象的不同类型

社会经济现象的类型多种多样,各类型之间性质和规律各异,数量特征也互不相同。分析研究这些差异,主要不是研究个别类型的具体差异程度和变化,而是对这些差异加以抽象和概括。数据分组确定了社会经济各类现象的范围和界限,使我们更深刻地认识到它们的本质。

2. 揭示社会现象总体内部结构

数据分组不仅对总体的现象有了一般意义上的认识,而且能在特定意义上揭示总体的内部结构及其各组之间的相互关系。通过计算和比较现象总体与各组的水平,分析各组对总体的影响程度,可以加深对总体量的认识。

3. 探讨事物现象之间的依存关系

客观世界中,任何事物现象都不是彼此孤立的,而是相互联系、相互依存和相互制约的。在一定条件下,当总体一方的标志值发生变化时,会引起另一方标志值的变化。如果要观察相关联现象之间在数量上存在的依存关系,即相互影响的方向、程度和规律性,就必须运用数据分组的方法,才能预见社会经济现象总体量的各种变动可能性。例如:家庭生活水平与家庭人口、家庭就业人数、家庭平均收入之间的依存关系,企业的商品销售额与流通费用率之间的依存关系等。

三、数据处理之一手数据

某证券公司 50 个客户风险承受能力测评问卷的成绩如下:

```
13  41  40  24  12  23  43  19  17  28
27  29  15  20  39  23  11  42  35  24
29  15  28  10  22  37  32  17  40  13
37  26  32  23  41  32  16  20  34  12
26  21  16  14  31  36  31  42  10  21
```

将以上的得分数据分为 4 组,得到表 3-3 客户风险承受能力评估表。

Excel 提供了一个专门用于统计分组的频数分布函数(FREQUENCY),它是以一列垂直数组返回某个区域中数据的分布来描述数据分布状态,函数语法如图 3-1 所示。

表 3–3　客户风险承受能力评估表

	得分下限	得分上限		得分下限	得分上限
保守型	10	18	成长型	28	36
稳健型	19	27	积极型	37	43

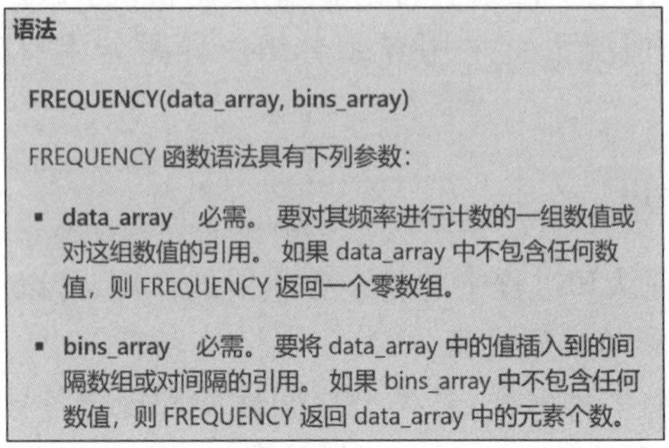

语法

FREQUENCY(data_array, bins_array)

FREQUENCY 函数语法具有下列参数：

- data_array　必需。要对其频率进行计数的一组数值或对这组数值的引用。如果 data_array 中不包含任何数值，则 FREQUENCY 返回一个零数组。
- bins_array　必需。要将 data_array 中的值插入到的间隔数组或对间隔的引用。如果 bins_array 中不包含任何数值，则 FREQUENCY 返回 data_array 中的元素个数。

图 3–1　Excel 中的 FREQUENCY 函数语法

用频数分布函数进行统计分组的操作流程具体见以下步骤：

第一步：将样本数据排成一列，例如"B2：B51"；

第二步：按组距分组要求将各组上限值输入组距分组区域（E2：E5）；

第三步：将鼠标光标移到"F2"单元格，按住鼠标左键，拖动鼠标光标至"F5"单元格，即选中全部输出区域，覆盖住"F2：F5"区域，然后单击"fx"插入函数，搜索并选择函数 FREQUENCY，在"Data_array"中输入原始数据列"B2：B51"，在"Bins_array"中输入组距分组数列"E2：E5"，如图 3-2 所示。

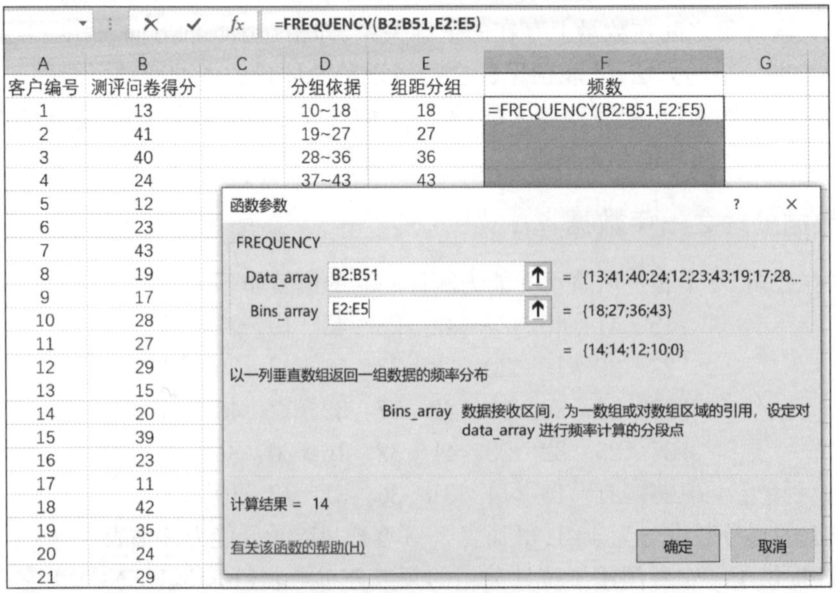

图 3–2　第三步操作步骤

第四步：同时按【Ctrl＋Shift＋Enter】键,即可得到如图3-3所示的频数统计结果。需要注意的是,此处不能单击"确定"按钮,否则只能得到一个单位的频数。【Ctrl＋Shift＋Enter】组合键是Excel软件特别针对矩阵运算的回车符。

A 客户编号	B 测评问卷得分	C	D 分组依据	E 组距分组	F 频数
1	13		10~18	18	14
2	41		19~27	27	14
3	40		28~36	36	12
4	24		37~43	43	10
5	12				
6	23				
7	43				
8	19				

图3-3　第四步统计结果

第五步：在频数分布函数统计分组获得频数的基础上,可用Excel列表计算频数相对应的频率。最终统计结果如图3-4所示。

A 客户编号	B 测评问卷得分	C	D 分组依据	E 组距分组	F 频数	G 频率(%)
1	13		10~18	18	14	28
2	41		19~27	27	14	28
3	40		28~36	36	12	24
4	24		37~43	43	10	20
5	12		合计		50	100
6	23					
7	43					
8	19					
9	17					
10	20					

图3-4　最终统计结果

任务二　清 洗 数 据

清洗数据(data cleaning),是指对数据进行重新审查和校验的过程,目的在于删除重复信息、纠正存在的错误,并提供数据一致性。

清洗数据从名字上也看得出就是把"脏"的"洗掉",是发现并纠正数据文件中可识别的错误的最后一道程序,包括检查数据一致性,处理无效值和缺失值等。因为数据仓库中的数据是面向某一主题的数据的集合,这些数据从多个业务系统中抽取而来而且包含历史数据,这就避免不了有的数据是错误数据、有的数据相互之间有冲突,这些错误的或有冲突的数据显然不是我们想要的数据,称为"脏数据"。按照一定的规则把"脏数据""洗掉",这就是清洗数据的目的。而清洗数据的任务是过滤那些不符合要求的数据,将过滤的结果交给业务主管部门,确认是否过滤掉还是由业务单位修正之后再进行抽取。

不符合要求的数据主要是有不完整的数据、错误的数据、重复的数据三大类。数据的清洗与问卷审核不同,录入后的数据清理一般是由计算机完成而不是人工完成。

一、一致性检查

一致性检查(consistency check)是指根据每个变量的合理取值范围和相互关系,检查数据是否合乎要求,发现超出正常范围、逻辑上不合理或者相互矛盾的数据。例如,用1—7级量表测量的变量出现了0值,体重出现了负数,都应视为超出正常值域范围。SPSS、SAS和Excel等计算机软件都能够根据定义的取值范围,自动识别出每个超出范围的变量值。具有逻辑上不一致性的答案可能以多种形式出现:例如,许多调查对象说自己开车上班,又报告没有汽车;或者调查对象报告自己是某品牌的重度购买者和使用者,但同时又在熟悉程度量表上给了很低的分值。发现不一致时,要列出问卷序号、记录序号、变量名称、错误类别等,便于进一步核对和纠正。

二、无效值和缺失值处理

由于调查、编码和录入误差,数据中可能存在一些无效值和缺失值,需要给予适当的处理。常用的处理方法有:估算,整例删除,变量删除和成对删除。

估算(estimation),是指用某个变量的样本均值、中位数或众数代替无效值和缺失值。这种办法简单,但没有充分考虑数据中已有的信息,误差可能较大。另一种办法就是根据调查对象对其他问题的答案,通过变量之间的相关分析或逻辑推论进行估计。例如,某一产品的拥有情况可能与家庭收入有关,可以根据调查对象的家庭收入推算拥有这一产品的可能性。

整例删除(casewise deletion),是指剔除含有缺失值的样本。由于很多问卷都可能存在缺失值,这种做法的结果可能导致有效样本量大大减少,无法充分利用已经收集到的数据。因此,只适合关键变量缺失,或者含有无效值或缺失值的样本比重很小的情况。

变量删除(variable deletion),是指如果某一变量的无效值和缺失值很多,而且该变量对于所研究的问题不是特别重要,则可以考虑将该变量删除。这种做法减少了供分析用的变量数目,但没有改变样本量。

成对删除(pairwise deletion),是指用一个特殊码(通常是9、99、999等)代表无效值和缺失值,同时保留数据集中的全部变量和样本。但是,在具体计算时只采用有完整答案的样本,因而不同的分析因涉及的变量不同,其有效样本量也会有所不同。这是一种保守的处理方法,最大限度地保留了数据集中的可用信息。

采用数据处理方法可能对分析结果产生影响,尤其是当缺失值的出现并非随机且变量之间明显相关时。因此,在调查中应当尽量避免出现无效值和缺失值,保证数据的完整性。

(一)缺失值修复

1. 保留缺失数据

填补处理只是将未知值以主观估计值来填充补齐,不一定完全符合客观事实,在对不完整信息进行填补的同时,将或多或少地改变原始的统计数据。而且,对空值不正确的填充往往会使数据挖掘产生错误的结果。因此,在许多情况下,仍希望在保持原始信息不发生变化的前提下对数据信息进行处理。保留缺失数据，优点是保证了样本的完整性，但前提是该缺失数据具备保留的意义，否则就应该通过删除或修补操作进行处理。

2. 删除缺失数据

当采集的数据量很大，即使删除若干数据也不会影响样本时，就可以采取删除的方式修复缺失值。具体做法是将存在缺失值的样本（行）或特征（列）直接删除，从而得到一个完整的数据集。

这种方法的优点是简单易行，在对象有多个属性缺失值、被删除的含缺失值的对象与初始数据集的数据量相比非常小的情况下非常有效。而缺点是当缺失数据所占比例较大，特别当缺失数据非随机分布时，这种方法可能导致数据发生偏离、模型性能下降。

课堂实训：请将本书配套数据“出口主要货物数量和金额（2020 年）”中数量未知的品类直接删除整行。

操作步骤如下：

第一步：选中需要筛选的数量 B 列，如图 3-5 所示。

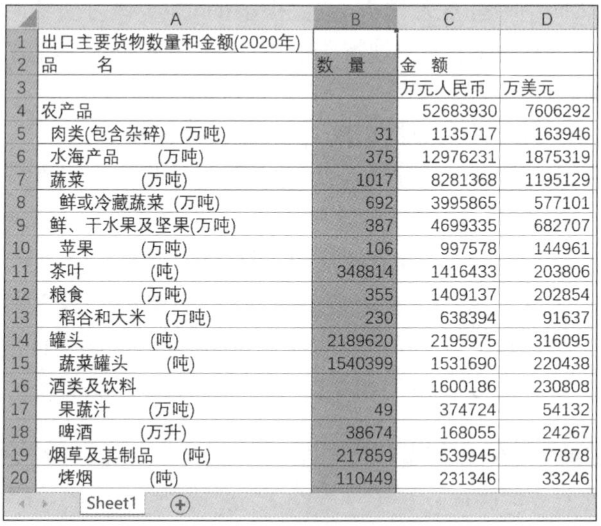

	A	B	C	D
1	出口主要货物数量和金额(2020年)			
2	品　　名	数　量	金　额	
3			万元人民币	万美元
4	农产品		52683930	7606292
5	肉类(包含杂碎)　(万吨)	31	1135717	163946
6	水海产品　　(万吨)	375	12976231	1875319
7	蔬菜　　　(万吨)	1017	8281368	1195129
8	鲜或冷藏蔬菜　(万吨)	692	3995865	577101
9	鲜、干水果及坚果(万吨)	387	4699335	682707
10	苹果　　　(万吨)	106	997578	144961
11	茶叶　　　　(吨)	348814	1416433	203806
12	粮食　　　(万吨)	355	1409137	202854
13	稻谷和大米　(万吨)	230	638394	91637
14	罐头　　　　(吨)	2189620	2195975	316095
15	蔬菜罐头　　(吨)	1540399	1531690	220438
16	酒类及饮料		1600186	230808
17	果蔬汁　　(万吨)	49	374724	54132
18	啤酒　　　(万升)	38674	168055	24267
19	烟草及其制品　(吨)	217859	539945	77878
20	烤烟　　　(吨)	110449	231346	33246

图 3-5　第一步操作步骤

第二步：在打开的“定位条件”对话框中选中“空值”，并确定，Excel 自动定位所有内容为“空值”的单元格，如图 3-6 所示。

第三步：删除定位选中的单元格所在行即可完成删除缺失数据业务操作，如图 3-7 所示。

3. 修补缺失数据

修补缺失数据一般是用一定的值去填充空值，从而使数据集完整化。通常基于统计学原理，根据初始数据集中其余对象取值的分布情况来对一个缺失值进行填充。如果能够判断出缺失数据的内容，则应该及时修补缺失数据；如果无法判断，则可以考虑使用合理的方法预测出缺失数据。但切记不能为了补全数据而任意填写。

图 3-6　第二步操作步骤　　　　　图 3-7　第三步操作步骤

具体而言,填补缺失数据可以采用以下几种方法:

(1)人工填写,这种填补缺失数据的方式,产生偏离的可能性最小,可能是填充效果最好的一种方法。然而当数据规模很大、空值很多的时候,该方法费时费力,是不可行的。

(2)特殊值填充,将空值作为一种特殊值来处理,它不同于其他的任何属性值。如所有的空值都用"unknown"填充,或是对于全是正数的数组填充为"-1",或者极大数、极小数等。这样也可能导致严重的数据偏离,一般不推荐使用。

(3)均值填充,将数据集中的属性分为数值属性和非数值属性来分别进行处理。如果空值是数值型的,就根据该属性其他非空取值的平均值来填充该缺失值;如果空值是非数值型的,就用该属性其他非空取值的众数(即出现频率最高的值)来补齐该缺失值。

(4)回归(regression),这种方法需要基于完整的数据集,建立回归模型。对于包含缺失值的记录,将已知属性值代入方程来估计未知属性值,以此估计值来进行填充。但是当变量不是线性相关或预测变量高度相关时会导致有偏差的估计。

> **课堂实训**:请将本书配套数据"居民消费价格分类指数(2020年)"中指数缺失的数据用数据所在列平均值填充。

操作步骤如下:

第一步:使用 Excel 的 AVERAGE 函数,计算城市和农村列指数的平均值,AVERAGE 函数语法如图 3-8 所示,平均值计算操作步骤如图 3-9 所示,计算出城市和农村列指数的平均值后,同时选中 C65 和 D65 单元格,复制,粘贴数值,操作步骤如图 3-10 所示。

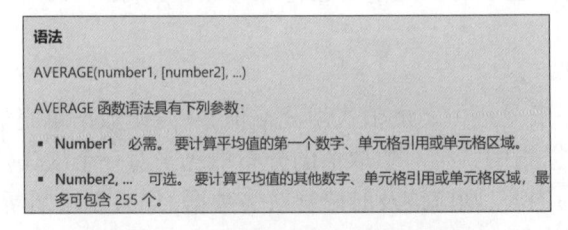

图 3-8　Excel 中的 AVERAGE 函数语法

图 3-9　平均值计算操作步骤

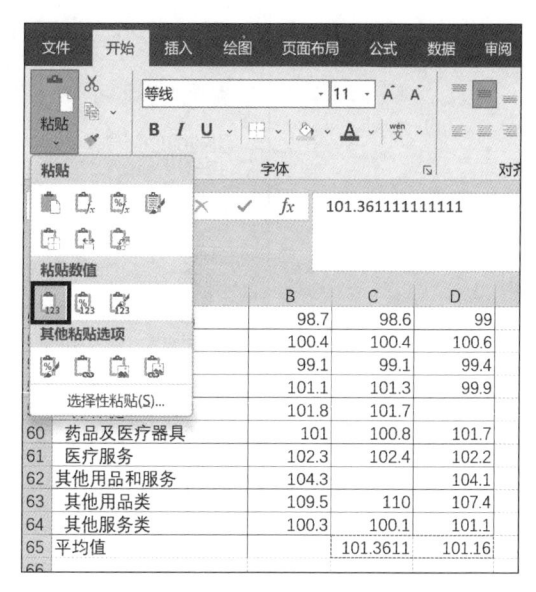

图 3-10　平均值粘贴数值的操作步骤

第二步：先选中需要查找的城市列数据单元格，在打开的"定位条件"对话框中选中"空值"，并确定，Excel 自动定位所有内容为"空值"的单元格，操作步骤如图 3-11 所示。

图 3-11　定位空值的操作步骤

第三步：单击确定后，保持当前单元格所在位置，并在单元格的内容框中输入城市列计算出的平均值，即"=101.4"，然后按【Ctrl+Enter】组合键，进行快速填充操作，操作步骤如图 3-12 所示。

图 3-12　快速填充的操作步骤

第四步：同样的方法将农村列计算出的均值 "101.2" 填充到农村列缺失数据的单元格中。

（二）错误值修复

对于一些明显错误的数据，Excel 会显示错误信息，以提醒用户及时对错误值进行修复。借助此功能，我们可以对采集数据中的错误值进行修复。

1. 屏蔽错误值函数：IFERROR

Excel 中出现错误信息时，一般可以利用 IFERROR 函数实现修复，该函数的语法格式如图 3-13 所示：Excel 中出现错误信息时，一般可以利用 IFERROR 函数实现修复。

语法：=IFERROR（原公式,"错误提示信息"）

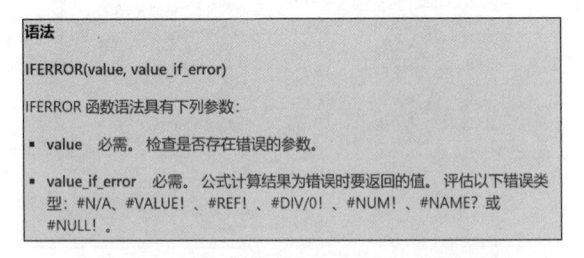

图 3-13　Excel 中的 IFERROR 函数语法

该函数的作用是当公式的计算结果发生错误时，返回指定的值，否则返回公式的结果。第一参数 "value" 表示当不存在错误时的取值，第二参数 "value_if_error" 是公式计算结果为错误值时要返回的值。

课堂实训：请使用 Excel 中的 IFERROR 函数将本书配套数据“市盈率计算”中的股票市盈率计算出来，若存在错误，请输出“错误提示信息”，计算结果保留两位小数。

操作步骤如下：

第一步：在 E3 单元格输入函数计算公式，市盈率的计算公式为市场价格除以每股收益，因此 IFERROR 函数的第一个参数表达式为“C3/D3”，当计算结果为错误值时返回“错误提示信息”参数，操作步骤如图 3-14 所示。

第二步：重复上述操作，使用 IFERROR 函数补全表格。计算结果如图 3-15 所示。

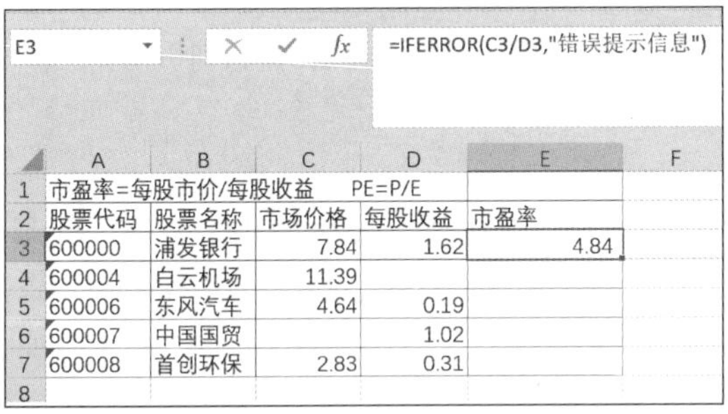

	A	B	C	D	E	F
1	市盈率=每股市价/每股收益		PE=P/E			
2	股票代码	股票名称	市场价格	每股收益	市盈率	
3	600000	浦发银行	7.84	1.62	4.84	
4	600004	白云机场	11.39			
5	600006	东风汽车	4.64	0.19		
6	600007	中国国贸		1.02		
7	600008	首创环保	2.83	0.31		
8						

图 3-14　第一步操作步骤

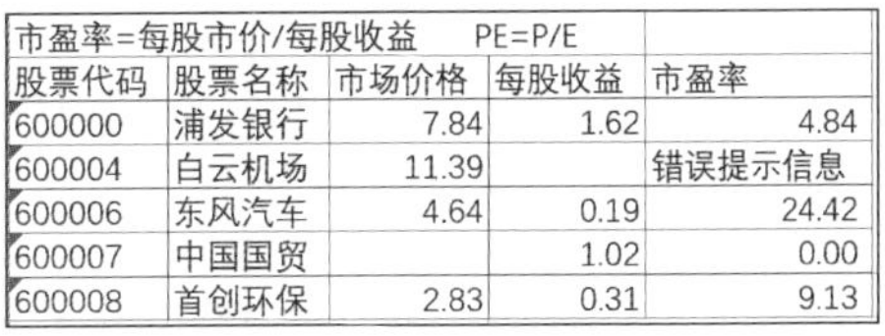

市盈率=每股市价/每股收益		PE=P/E		
股票代码	股票名称	市场价格	每股收益	市盈率
600000	浦发银行	7.84	1.62	4.84
600004	白云机场	11.39		错误提示信息
600006	东风汽车	4.64	0.19	24.42
600007	中国国贸		1.02	0.00
600008	首创环保	2.83	0.31	9.13

图 3-15　第二步计算结果

2. Excel 常见错误信息的含义

在 Excel 中输入公式后，有时不能正确地计算出结果，会在单元格内显示一个错误信息，这些错误的产生，有些是因为公式本身产生的，有些则不是。下面就介绍一些在 Excel 中常见的错误信息的含义，并提出错误信息的解决办法，如表 3-4 所示。

表 3-4　Excel 常见错误信息的含义及解决方法

序号	错误值类型	含义	解决方法
1	######	当列宽不够显示数字，或者使用了负的日期或负的时间时出现错误	适当增加列的宽度或者修改时间
2	#VALUE！	当使用的参数类型出现错误时出现错误	确认公式或函数所需的参数或运算符是否正确，并确认公式引用的单元格所包含均为有效的数值
3	#DIV/0！	当数字被零除时出现错误	修改单元格引用，或者在用作除数的单元格中输入不为零的值
4	#NAME？	公式中使用了未定义的文本名称	确认使用的名称确实存在。如所需的名称没有被列出，添加相应的名称。如果名称存在拼写错误，修改拼写错误

续 表

序号	错误值类型	含义	解决方法
5	#N/A	公式找不到引用的值	如果工作表中某些单元格暂时没有数值,在这些单元格中输入#N/A,公式在引用这些单元格时,将不进行数值计算,而是返回#N/A
6	#REF!	当被引用的单元格区域或被引用的工作表被删除时,返回该错误	更改公式,在删除或粘贴单元格之后,立即单击"撤消"按钮以恢复工作表中的单元格
7	#NUM!	公式或函数中使用无效数字值时	检查数字是否超出限定区域,确认函数中使用的参数类型是否正确。
8	#NULL!	当用空格表示两个引用单元格之间的交叉运算符,但计算并不相交的两个区域的交点时,出现错误。	如果要引用两个不相交的区域,使用和并运算符。

(三)逻辑错误修复

数据的逻辑错误是指违反了逻辑规律产生的错误,这需要数据分析人员具备认真细致的工作态度,也要求相关人员必须具备可靠的专业知识,这样才能更容易地找到逻辑问题。

总体而言,数据出现的逻辑错误包括以下几种常见情况。

1. 数据不合理

如客户年龄 300 岁、消费金额为负数等,明显不符合客观情况的数据。

2. 数据自相矛盾

如投资收益率显示为 15%,但收益金额为负数。

3. 数据不符合规则

如果要求限购 1 件的商品,但购买数量却显示为 5 件。

(四)清理重复数据

当采集的数据量较大时,可以利用 Excel 的删除重复值功能,去掉数据中可能存在的重复记录。导入数据时,重复行是一个常见问题。最好先筛选唯一值,确认结果是所需结果,然后再删除重复值。

课堂实训——销售数据处理

一、实训目标

使用 Excel 表格对“销售数据”中的数据进行规范化清洗，任务包括：

（1）实现单元格内容的快速分列，将销售数据表中的销售地区分为省份、城市两列。

（2）将“销售方式”表中的代理或直销方式合并到“销售数据”表中。

（3）按照销售收入从小到大进行排序，同时按照销售日期从前往后排序，并筛选出销售收入大于 10 000 元的数据。

（4）标记“销售数据”数据表中的重复数据，并删除所有数据中完全重复的多条数据。

（5）数据汇总。

二、操作方法

（1）实现单元格内容的快速分列。原数据中“销售地区”字段既包含省份，又包含城市，需要将其分割为两个字段，一个为“省份”，一个为“城市”，以便于数据的汇总、分类和分析。

在对数据进行分列之前，首先需要对数据进行分析，找出规律，例如本例中省份和城市之间以“，”分隔，所以以此为分隔符进行分列操作，待“分列”数据如图 3-16 所示。

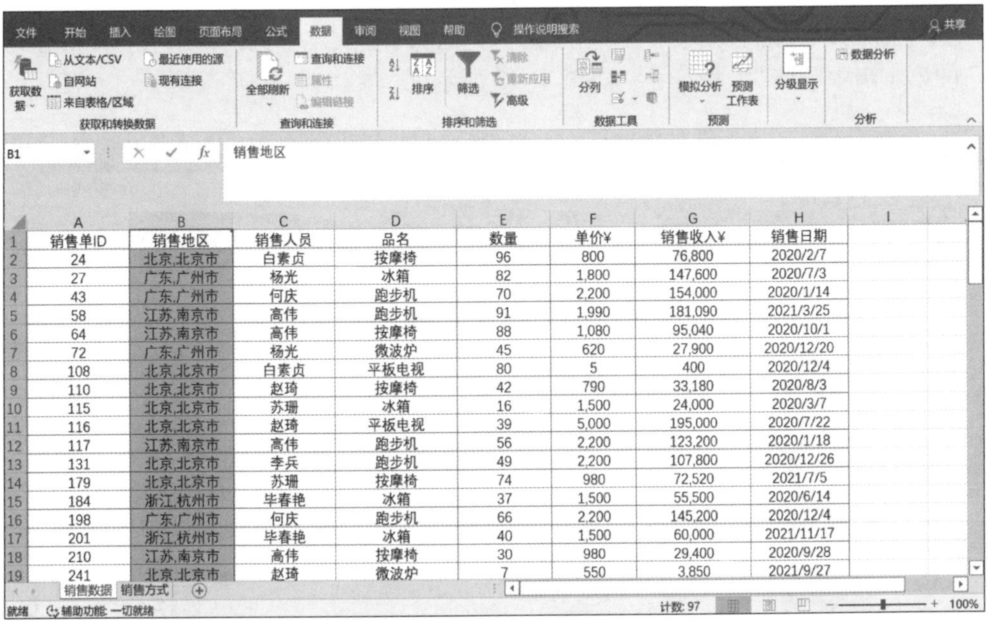

销售单ID	销售地区	销售人员	品名	数量	单价¥	销售收入¥	销售日期
24	北京,北京市	白素贞	按摩椅	96	800	76,800	2020/2/7
27	广东,广州市	杨光	冰箱	82	1,800	147,600	2020/7/3
43	广东,广州市	何庆	跑步机	70	2,200	154,000	2020/1/14
58	江苏,南京市	高伟	跑步机	91	1,990	181,090	2021/3/25
64	江苏,南京市	高伟	按摩椅	88	1,080	95,040	2020/10/1
72	广东,广州市	杨光	微波炉	45	620	27,900	2020/12/20
108	北京,北京市	白素贞	平板电视	80	5	400	2020/12/4
110	北京,北京市	赵琦	按摩椅	42	790	33,180	2020/8/3
115	北京,北京市	苏珊	冰箱	16	1,500	24,000	2020/3/7
116	北京,北京市	赵琦	平板电视	39	5,000	195,000	2020/7/22
117	江苏,南京市	高伟	跑步机	56	2,200	123,200	2020/1/18
131	北京,北京市	李兵	跑步机	49	2,200	107,800	2020/12/26
179	北京,北京市	苏珊	按摩椅	74	980	72,520	2021/7/5
184	浙江,杭州市	毕春艳	冰箱	37	1,500	55,500	2020/6/14
198	广东,广州市	何庆	跑步机	66	2,200	145,200	2020/12/4
201	浙江,杭州市	毕春艳	冰箱	40	1,500	60,000	2021/11/17
210	江苏,南京市	高伟	按摩椅	30	980	29,400	2020/9/28
241	北京,北京市	赵琦	微波炉	7	550	3,850	2021/9/27

图 3-16　待“分列”数据

右击 C 列，选择插入，在原 B 列销售地区右侧插入一个空白列，目的是存放分列的数据，加入空白列后如图 3-17 所示。如果不插入空白列，分列后的数据将会把原始 C 列数据覆盖。

082　项目三　数据的处理和清洗

图 3-17　插入空白列

选中 B 列，单击【数据】选项卡下的"分列"，打开"文本分列向导"，在"文本分列向导"的第 1 步中选择"分隔符号"，如图 3-18 所示。

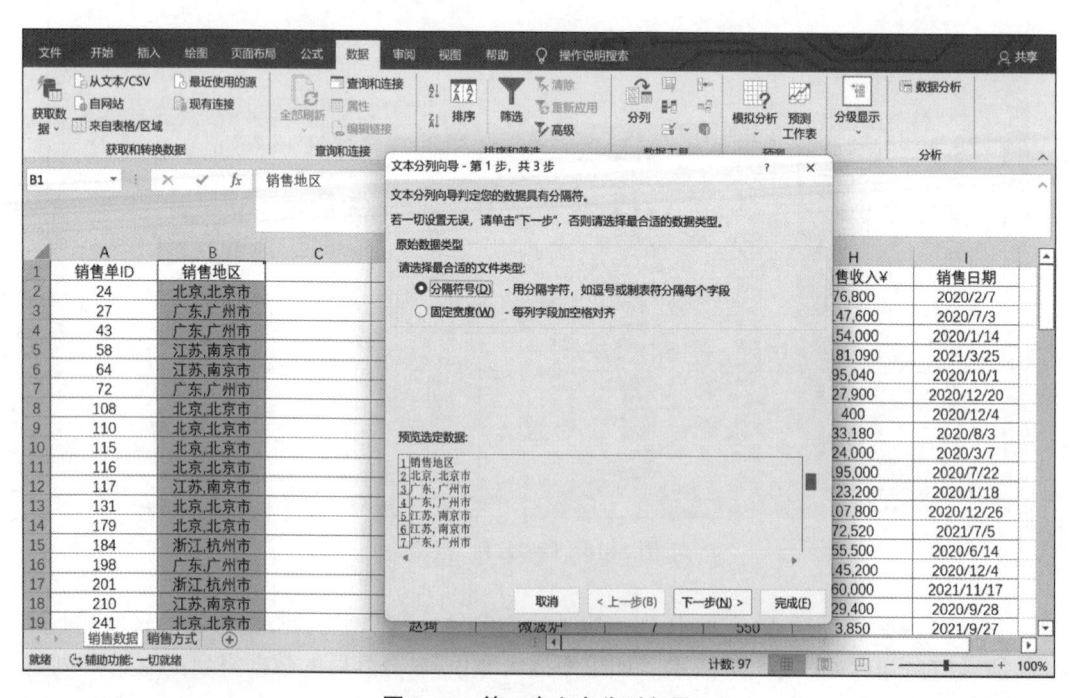

图 3-18　第 1 步文本分列向导

在"文本分列向导"的第 2 步中选择"逗号",可以从下方的"数据预览"窗口查看数据即将分列的情况,如图 3-19 所示。

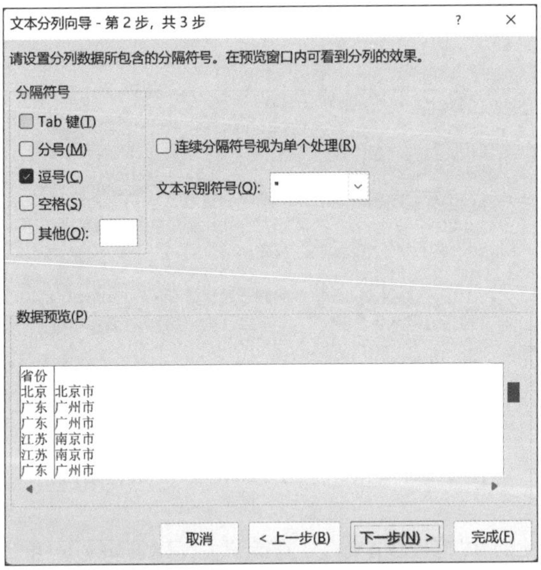

图 3-19 第 2 步文本分列向导

设置数据的格式,单击"完成",则弹出"此处已有数据。是否替换它?"对话框,选择"确定",则得到分列的数据,省份在 B 列,城市在 C 列,修改列的名称为"省份"和"城市",操作结果如图 3-20 所示。

图 3-20 数据分列结果

（2）根据共同字段将多张数据表中的数据进行合并操作，首先要选定两张数据表中的重复字段，例如本题中的"销售人员"，然后利用VLOOKUP函数进行合并，该函数的语法如图3-21所示，语法规则为：VLOOKUP(lookup_value,table_array,col_index_num,[range_lookup])。

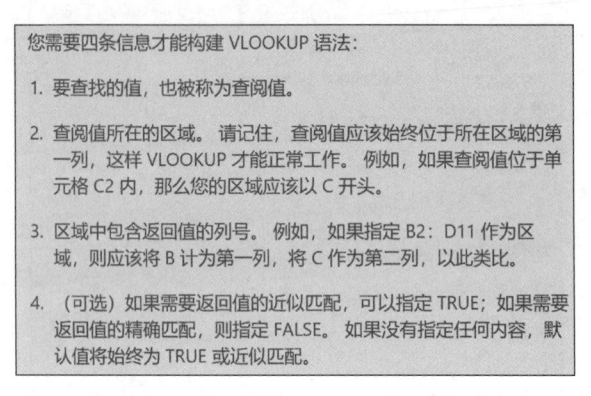

> 您需要四条信息才能构建 VLOOKUP 语法：
>
> 1. 要查找的值，也被称为查阅值。
>
> 2. 查阅值所在的区域。请记住，查阅值应该始终位于所在区域的第一列，这样 VLOOKUP 才能正常工作。例如，如果查阅值位于单元格 C2 内，那么您的区域应该以 C 开头。
>
> 3. 区域中包含返回值的列号。例如，如果指定 B2: D11 作为区域，则应该将 B 计为第一列，将 C 作为第二列，以此类比。
>
> 4. （可选）如果需要返回值的近似匹配，可以指定 TRUE；如果需要返回值的精确匹配，则指定 FALSE。如果没有指定任何内容，默认值将始终为 TRUE 或近似匹配。

图 3-21　Excel 中的 VLOOKUP 函数语法

在"销售数据"表的J2单元格输入公式"=VLOOKUP(D2,销售方式!$A$1:$B$15,2,FALSE)"，其中"D2"表示两张表中的重复字段，"销售方式!$A$1:$B$15"表示从"销售方式"列表中查询的数据范围，"2"表示从"销售方式"数据表中获取的字段对象在查找区域的第几列，"FALSE"表示精确匹配。第二行函数匹配结果，如图3-22所示。

输入公式后确定并填充，为J列数据区域获取匹配的数据，操作结果如图3-23所示。

图 3-22　VLOOKUP 函数匹配结果

图 3-23 使用 VLOOKUP 函数对 J 列填充的结果

（3）排序及筛选。对数据进行排序有助于我们更好地理解、组织和查阅数据，利用 Excel 功能区的排序按钮可以实现数据排序的目的。

选择需要排序的区域后，单击 Excel【数据】选项卡中的"排序"，勾选"排序提醒"中的"扩展到选定区域"并单击"排序"，操作过程如图 3-24 所示。

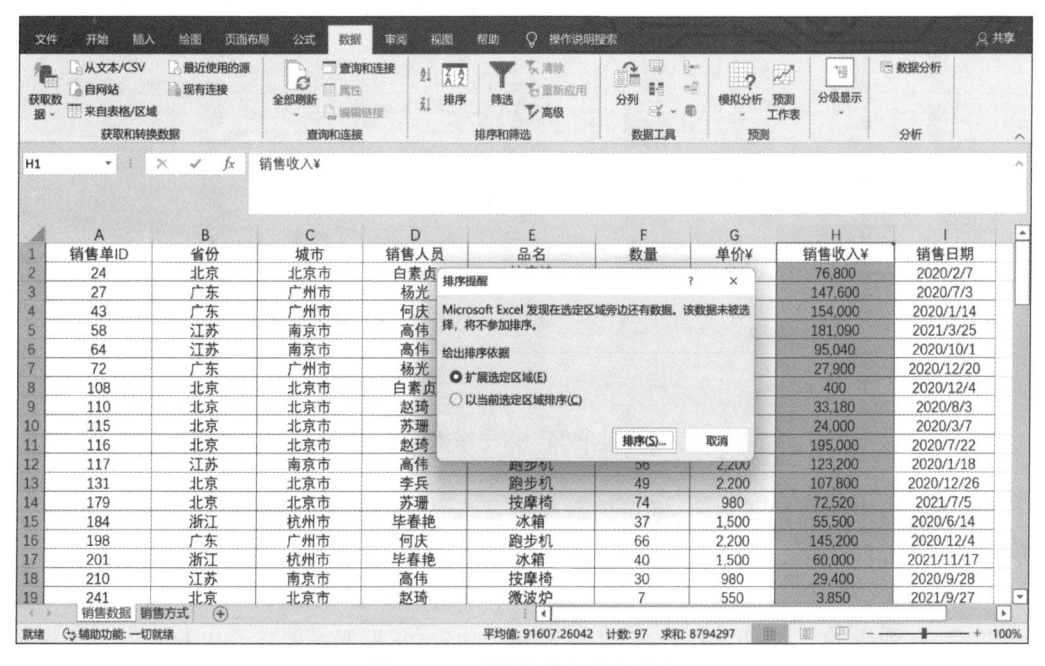

图 3-24 对销售收入进行排序

添加条件,主要关键字选择"销售收入",按照"单元格值"进行排序,次序选择"升序"。在下方添加一个新的条件,次要关键字选择"销售日期",按照"单元格值"进行排序,次序选择"升序",排序条件设置如图 3-25 所示。

图 3-25 排序条件设置

即得到最终排序结果,如图 3-26 所示。

图 3-26 排序结果

如果表格中的数据非常大,则可以通过筛选操作,有目的地显示符合条件的数据,以便查阅和分析。在 Excel 中可以选择预设的条件,进行数据筛选操作。

选中销售收入列 H,单击 Excel 数据选项卡下的"筛选"按钮,在 H 列右侧出现下拉按钮,在弹出的下拉列表中选择"数字筛选"命令,并根据需要在弹出的子列表中选择需要的筛选条件,如图 3-27 所示。

图 3-27　筛选工具选择

在弹出的自定义自动筛选方式对话框中设置题目中的筛选条件"销售收入大于10 000",并单击确定即可。自定义自动筛选方式如图3-28所示。

图 3-28　选择预设的条件进行数字筛选

(4)对于采集到的数据,通常要确定数据表中是否有重复数据,可以使用标记的方式进行查看,再确定是否要删除或其他处理。由于"销售数据"的原始数据中存在重复数据,所以需要先突出显示"销售数据"表中的重复值,再删除完全重复的数据。

选中所有数据后,单击"开始"选项卡下的"条件格式"按钮,再从下拉列表中选择"突出显示单元格规则"下的"重复值",在弹出的对话框中选择默认设置即可,操作过程如图3-29所示。

重复值标记结果如图3-30所示。

图 3-29 突出显示"销售数据"表中的重复值操作过程

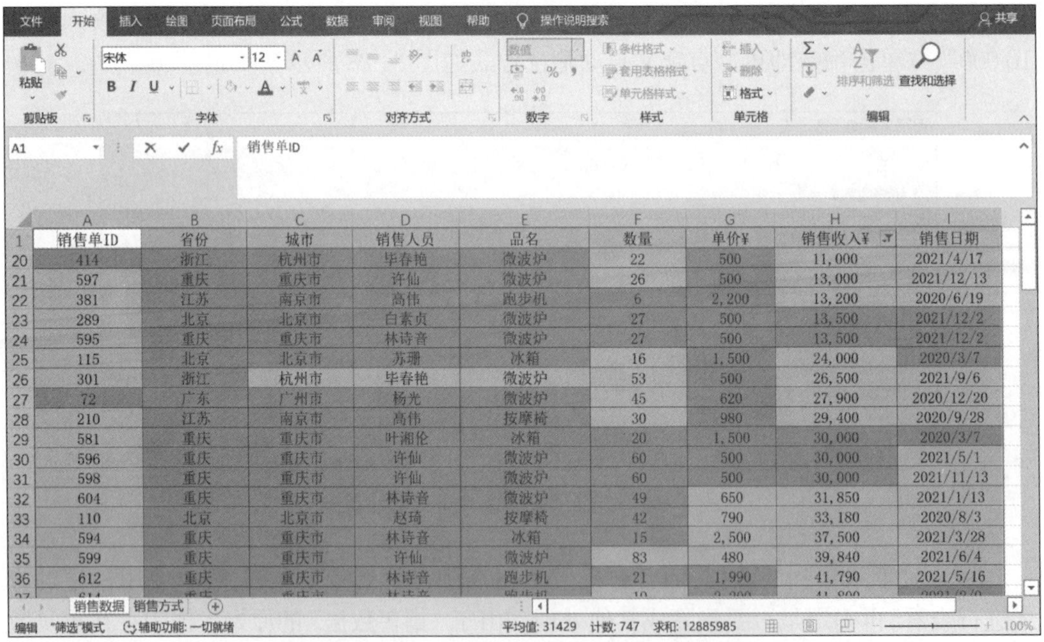

图 3-30 突出显示"销售数据"表中的重复值操作结果

删除重复记录时,选择【数据】选项卡下的"删除重复值",在打开的对话框中设定查询重复的内容,如果把所有的数据列选中,则表示删除完全重复的多条数据。删除重复记录的操作过程,如图 3-31 所示。

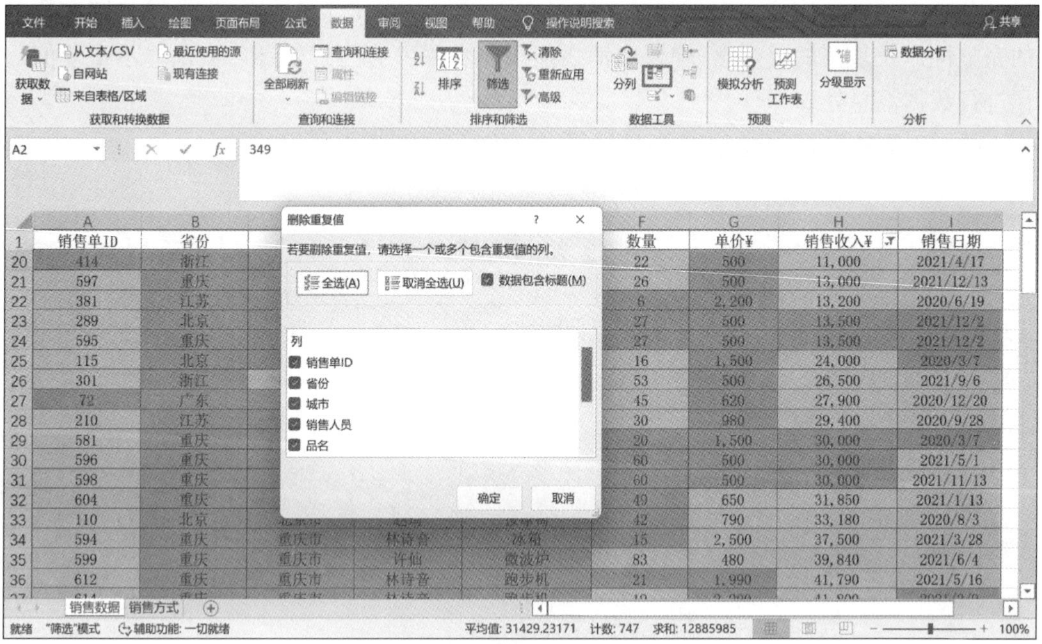

图 3-31　删除重复记录的操作过程

单击"确定"则提示发现了多少重复值,保留了多少唯一值。删除重复记录的操作结果,如图 3-32 所示。

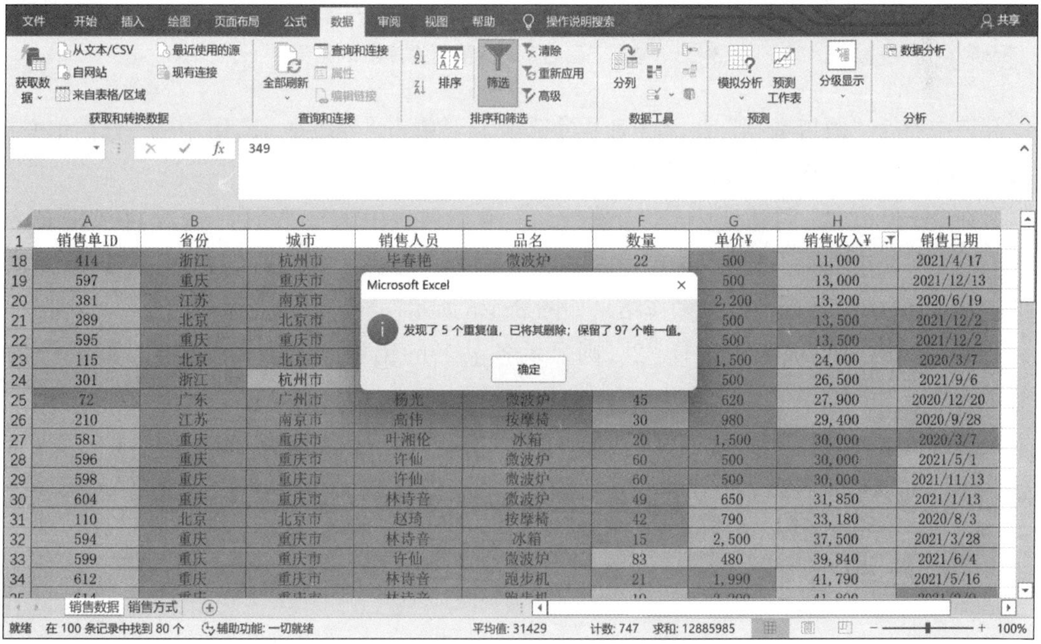

图 3-32　删除重复记录的操作结果

（5）数据汇总是将同类的数据进行汇总处理,便于分析汇总情况。在 Excel 中可以通过分类汇总功能实现对数据的分类以及汇总操作。在实际操作中,为了保障销售数据的完整性以及表格的美观度,建议取消之前操作步骤中的"筛选"和"突出显示重复值",再进行数据汇总处理。

按照"品名"进行重新排序后的结果,如图 3-33 所示。

图 3-33　按照"品名"进行重新排序后的结果

选中整个"销售数据"表,在【数据】选项卡下单击"分级显示"组中的"分类汇总"按钮。操作过程如图 3-34 所示。

在"分类汇总"对话框中的"分类字段"下拉列表中选择"品名"选项,在"汇总方式"下拉列表中选择"求和"选项,在"选定汇总项"列表框中选中"数量"复选框,最后单击"确定"按钮。分类汇总操作结果如图 3-35 所示。

从左侧的显示级别中选择"2",则显示各品名的销售数量合计值,结果如图 3-36 所示。

选择除了"总计"行外的各类数据,单击"插入"选项卡,选择"柱状图"下的"二维柱状图",可以得到各品名的销售数量比较柱状图,如图 3-37 所示。

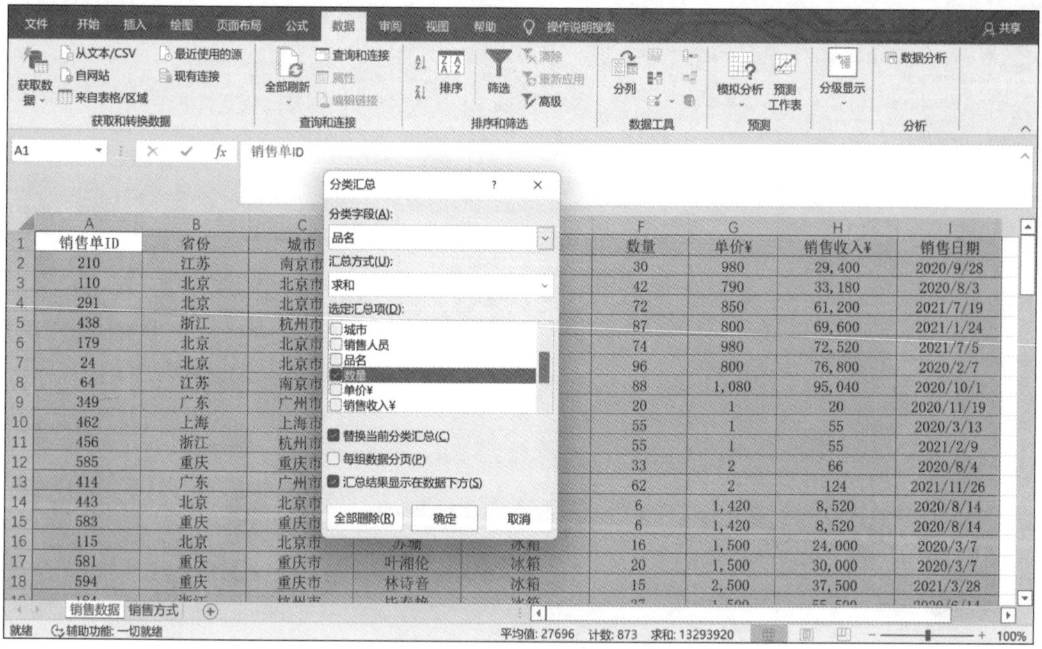

图 3-34 分类汇总操作过程

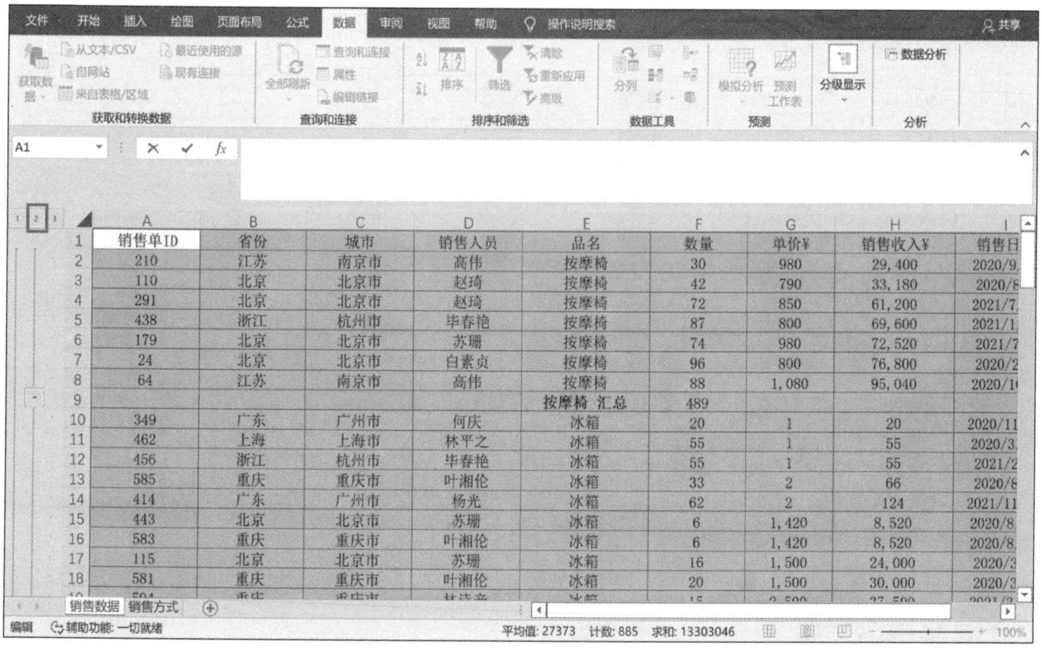

图 3-35 分类汇总操作结果

图 3-36 分类汇总按品名统计数量结果

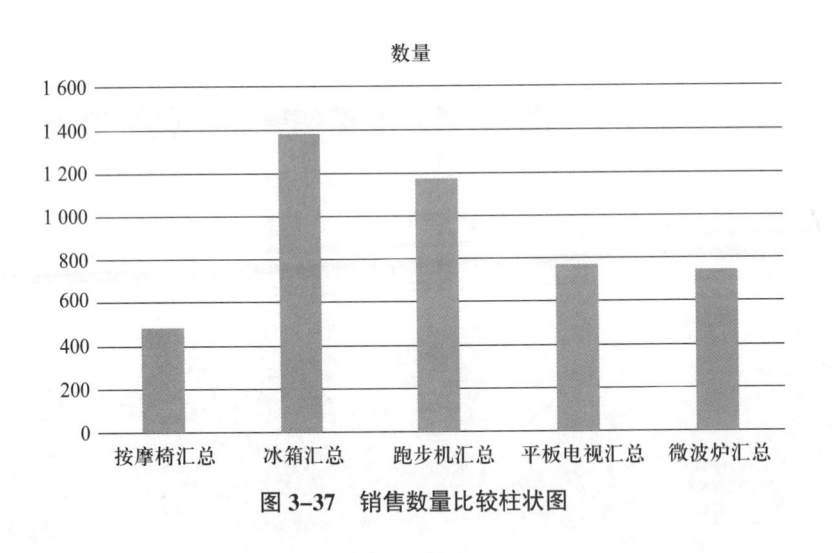

图 3-37 销售数量比较柱状图

《中华人民共和国数据安全法》十大法律要点解析

思考与练习

一、单项选择题

1. 若在实际分组时,可以按斯特奇斯提出的经验公式来确定组数,具体公式为(   )。

A. $K=1+\dfrac{\lg 2}{\lg n}$ B. $K=2+\dfrac{\lg 2}{\lg n}$

C. $K=1+\dfrac{\lg n}{\lg 2}$ D. $K=2+\dfrac{\lg n}{\lg 2}$

2. 对于缺失数据的修补，下列选项中，（　　）时产生偏离的可能性最小。
   A. 人工填充　　B. 特殊值填充　　C. 均值填充　　D. 回归

3. 对于全是正数的数组将其空值填充为"－1"，这种方法属于（　　）。
   A. 人工填充　　B. 特殊值填充　　C. 均值填充　　D. 回归

4. （　　）是组距分组的基本方法。
   A. 单项式分组　　　　　　B. 品质标志分组法
   C. 异距分组　　　　　　　D. 等距分组

5. 用一个特殊码（通常是9、99、999等）代表无效值和缺失值，同时保留数据集中的全部变量和样本。这种处理缺失值的方法属于（　　）。
   A. 估算　　B. 整例删除　　C. 变量删除　　D. 成对删除

6. 为便于计算，组距宜取（　　）。
   A. 1或2的倍数　　　　　　B. 3的倍数
   C. 4的倍数　　　　　　　　D. 5或10的倍数

7. 关于数据分组标志的选择以下不正确的是（　　）。
   A. 根据统计研究的具体目的选择分组标志
   B. 根据具体研究任务，通过对研究对象的理论分析，在若干个标志中选择最能反映现象本质特征的标志。
   C. 结合研究对象所处的具体时间、地点等历史条件、经济条件和特点选择分组标志，保证分组标志在不同时间、不同场合的适用性。
   D. 可随意选择分组标志

二、多项选择题

1. 等距分组主要包括的步骤有（　　）。
   A. 确定数值的取值范围　　　B. 确定组数
   C. 计算组距　　　　　　　　D. 确定组限
   E. 分配数据

2. 不符合要求的数据主要包括（　　）。
   A. 不完整的数据　　　　　　B. 错误的数据
   C. 重复数据　　　　　　　　D. 部分重复的数据

3. 下列选项中，可以用来代替缺失值或无效值的是（　　）。
   A. 均值　　B. 中位数　　C. 众数　　D. 0

4. 对于数据中存在的无效值和缺失值，常用的处理方法有（　　）。
   A. 估算　　B. 整例删除　　C. 变量删除　　D. 成对删除

三、判断题

1. 数据分组必须遵循两大原则,其中穷尽原则是指在一定的分组标志下,总体中的任何一个单位只能归属于某一组,不能同时或可能归属于几个组。（　　）
2. 单项式分组就是以每一变量值依次作为一组的统计分组。一般适用于离散型变量,且在变量值不多、变动范围有限的条件下采用。（　　）
3. 采集数据后,对于缺失数据,不能直接删除。（　　）
4. 在实际生活中,最常用的处理缺失值的方法是删除缺失值。（　　）
5. 对于非数值型的数据,其缺失值可以用该属性其他非空值的众数进行填充。（　　）
6. 对于数据采集中缺失的数据,可以将其保留。（　　）
7. 数据量很大时可以采取删除的方式修复缺失值。这种方法的缺点是当缺失数据所占比例较大,特别当缺失数据非随机分布时,这种方法可能导致数据发生偏离、模型性能下降。（　　）
8. 相比等距分组法,采用的更多的是异距分组法。（　　）
9. 数据分析应使总体中的每一个单位都应有组可归,或者说各分组的空间足以容纳总体的所有单位。（　　）

项 目 实 训

【一】数据分组

在社会经济统计研究中,数据分组的作用在于：划分现象的类型、研究总体的结构与现象之间的依存关系。对于通过调查得到的数据,虽然经过审核、排序等进行了处理,但由于数据庞杂,还不能直接进入对数据的分析阶段。在此之前,有必要对数据进行分组处理,以反映数据分布的特征及规律。

项目要求：请先统计全班同学通过相关专业资格考试的情况,先以通过考试的数量为分组依据,用单项式分组法统计全班同学通过专业相关资格考试的人数及比重,再用组距式分组法以五级制的分数（不合格：60分以下,合格60～70分,中等70～80分,良好80～90分,优秀90分以上）为分组依据,统计每一门考试对应的学生人数和比重。

【二】数据清洗

大数据时代,产生的数据大部分不能直接为研究所用,因此在多数情况下,就需要进行必要的数据清洗。大到整个信息海洋,小到一份简单的财务报表信息,不同的研究领域,不同的研究方法都需要过滤掉无效的信息数据后,才能利用剩余的有效信息进行更符合主题的研究。在当今信息泛滥的时代,这种现象更是尤其突出。数据清洗的重要性还体现在它直接影响了最终的研究结果。没有前期的数据清洗,后续的分析、建模等步骤将无从下手,即使强行进行,得到的结果也不一定准确。

项目要求：使用Excel表格对"2021—2022年6月畜肉类城市居民消费价格指数"数据进行规范化清洗,标记数据表中的重复数据,并删除所有数据中完全重复的多条数据以及无数据的地区行。

项目四　描述性统计分析

　　描述性统计分析是将一系列复杂的数据减少到几个能起到描述作用的关键数字，是对已有数据集的一个整体情况描述，主要体现数据的集中趋势和离散趋势。
　　数据分析是一个由浅入深、由表及里的过程，就像欣赏一幅美术作品，首先大体看作品是山水画还是油画，画的是一座山、一束花、一个人还是一只猫，而后才是更加细致深入地欣赏这幅作品的细节、纹理、创作手法等。同理，描述性统计分析是数据分析的第一步，是了解和认识数据基本特征和结构的方法，只有在完成了描述性统计分析，充分了解和认识数据特征后，才能更好地开展后续变量之间相关性等复杂的数据分析，包括选择分析方法、解读分析结果、异常结果原因分析等。描述性统计分析对调查总体所有变量的有关数据进行统计性描述，主要包括数据的频数分析、集中趋势分析、离散程度分析、分布以及一些基本的统计图形。

学习目标

知识目标
（1）了解集中趋势、离散程度的含义以及偏度和峰度的概念。
（2）掌握算术平均数、中位数和众数的分析方法。
（3）掌握极差、平均差、方差、标准差和变异系数的分析方法。

能力目标
（1）能运用 Excel 进行统计指标的计算。
（2）能运用 Excel 自带的描述统计功能进行数据分析。

素养目标
（1）养成严谨客观、实事求是的数据统计分析态度。
（2）强化信息社会责任感，保证数据真实性，养成尽职尽责、敢于担当的优秀品质。

（3）在分析数据资料过程中，锻炼不畏困难、不惧挫折、积极面对问题，懂得创新与合作的精神。

（4）培养工匠精神，提高社会责任感和职业道德水平。

案例导入

2021年国民经济持续恢复 发展预期目标较好完成（节选）[①]

初步核算，2021年全年国内生产总值1 143 670亿元，按不变价格计算，比上年增长8.1%，两年平均增长5.1%。分季度看，一季度同比增长18.3%，二季度同比增长7.9%，三季度增长同比4.9%，四季度同比增长4.0%；分产业看，第一产业增加值83 086亿元，比上年增长7.1%；第二产业增加值450 904亿元，增长8.2%；第三产业增加值609 680亿元，增长8.2%。

居民收入增长与经济增长基本同步，城乡居民人均收入比缩小。全年全国居民人均可支配收入35 128元，比上年名义增长9.1%，两年平均名义增长6.9%；扣除价格因素实际增长8.1%，两年平均增长5.1%，与经济增长基本同步。按常住地分，城镇居民人均可支配收入47 412元，比上年名义增长8.2%，扣除价格因素实际增长7.1%；农村居民人均可支配收入18 931元，比上年名义增长10.5%，扣除价格因素实际增长9.7%。城乡居民人均可支配收入比为2.50，比上年缩小0.06。全国居民人均可支配收入中位数29 975元，比上年名义增长8.8%。

以上资料涉及了本项目所要介绍的集中趋势的统计分析方法，并运用这些综合指标对国内的相关经济问题进行了描述和分析。

分析数据的分布状态，有集中趋势和离散程度两个主要特征。集中趋势描述的是数据向中心值靠拢的程度，而离散程度描述的是观测值偏离中心位置的趋势。

任务一　分析数据的集中趋势

一、集中趋势的含义

在数据分析中，需要搜集大量数据并对其进行加工整理，大多数情况下数据都会呈现出一种钟形分布，即各个变量值与中间位置的距离越近，出现的次数越多；与中间位置距离越远，出现的次数越少，从而形成了一种以中间值为中心的集中趋势。这个集中趋势是现象共性的特征，也是现象规律性的数量表现。

[①] 国家统计局，2021年国民经济持续恢复 发展预期目标较好完成［EB/OL］，http://www.stats.gov.cn/tjsj/zxfb/202201/t20220117_1826404.html，2022-01-17.

集中趋势又称"数据的中心位置""集中量数"等,它是一组数据的代表值。集中趋势可以表明所研究的对象在一定时间、空间条件下的共同性质和一般水平,在描述数据集中趋势时,平均指标一般可以反映总体分布的集中趋势,是一个重要特征值。集中趋势是用来描述研究对象的重要统计分析指标,常用反应数据集中趋势的指标有平均数、中位数和众数等,它们在不同类型的分布数列中有不同的测定方法,分别用于描述数据的数值平均和位置平均。按照不同的计算方法,平均指标可以分为两大类:一是根据总体所有标志值来计算的平均指标称为数值平均数,常用的有算术平均数、调和平均数、几何平均数。二是根据标志值所处的位置来确定的平均指标称为位置平均数,主要有众数和中位数。它们都能反映总体各单位标志值的一般水平,但它们有不同的意义、不同的计算方法和不同的应用场景。

二、均值

(一)算术平均数

算术平均数也被称为均值。算术平均数就是观测值的总和除以观测值个数的商,是集中趋势测定中最重要的一种,在实际应用中,平均数大部分都是指算术平均数,算术平均数是集中趋势中最主要的测度值。如上文案例导入中的全年全国居民人均可支配收入就是算术平均数。

算术平均数又可以分为简单算术平均数和加权算术平均数。

1. 简单算术平均数

简单算术平均数主要用于未分组的原始数据。

$$\bar{x} = \frac{x_1 + x_2 + \cdots + x_n}{n} = \frac{\sum_{i=1}^{n} x_i}{n}$$

式中 $\bar{x}$ 为算术平均数;x_i 为第 i 个单位的标志值;n 为总体单位数。

例:某销售小组有 5 名销售员,元旦一天的销售额分别为 520 元、600 元、480 元、750 元和 500 元,求该日平均销售额。

解答上述例题,只要用简单算术平均数的算法求出均值,列出公式计算即可。即该日平均销售额 =(520+600+480+750+500)÷5=570(元)。计算结果表明,元旦一天 5 名销售员的平均销售额为 570 元。

在日常数据处理中,可以使用 Excel 进行平均值的计算,平均值函数的语法如图 4-1 所示。

2. 加权算术平均数

算术平均数是加权算术平均数的一种特殊形式(特殊在各项的权重相等)。在实际问题中,当各项权重不相等时,计算平均数时就要采用加权算术平均数;当各项权重相等时,计算平均数时就要采用算术平均数。加权算术平均数是指将各数值乘以相应的权数,然后加总求和得到总体值,再除以总的单位数。加权算术平均数同时受到两个因素的影响,一个是各组数值的大小,另一个是各组分布频数的多少。在数值不变的情况下,一组的频

> **说明**
>
> 返回参数(平均值)平均值。例如,如果公式 A1:A20 范围 数字,则公式 = AVERAGE (A1: A20) 返回这些数字的平均值。
>
> **语法**
>
> AVERAGE(number1, [number2], ...)
>
> AVERAGE 函数语法具有下列参数:
>
> - Number1 必需。要计算平均值的第一个数字、单元格引用或单元格区域。
>
> - Number2, ... 可选。要计算平均值的其他数字、单元格引用或单元格区域,最多可包含 255 个。

图 4-1 Excel 中的 AVERAGE 函数语法

数越多,该组的数值对平均数的作用就大,反之,越小。频数在加权算术平均数中起着权衡轻重的作用,这也是加权算术平均数"加权"的含义。加权算术平均数主要用于处理经过分组整理后的数据。

加权算术平均数的计算公式为:

$$\bar{x} = \frac{x_1 f_1 + x_2 f_2 + \cdots + x_n f_n}{f_1 + f_2 + f_3 + \cdots + f_n} = \frac{\sum_{i=1}^{n} x_i f_i}{\sum_{i=1}^{n} f_i} = \sum_{i=1}^{n} x_i \frac{f_i}{\sum_{i=1}^{n} f_i}$$

式中 $\bar{x}$ 为算术平均数;x_i 为第 i 组的标志值或组中值;f_i 为第 i 组标志值的绝对权数(标志值出现的次数、频数或单位数);$\frac{f_i}{\sum_{i=1}^{n} f_i}$ 为第 i 组标志值的相对权数(标志值出现的频率、比重);n 为组数。

例如,投资者已经购买了两只股票,购买的情况如表 4-1 所示。

表 4-1 投资者购买股票情况

股票名	购买数量(股)	价格(元/股)
股票 A	1 000	8
股票 B	2 000	10

在这里,股票占总股数的比重叫做权重,先计算该投资者所有持有股票的平均价格。解答上述例题,只要用加权算术平均数的算法求出均值,列出公式计算即可。即加权算术平均数 $= \frac{8 \times 1\,000 + 10 \times 2\,000}{1\,000 + 2\,000} \approx 9.33$(元/股)

加权算术平均数中的"权"的表现形式有多种,且由于"权"的变化,其结果就会大相径庭,他的这一特殊性,越来越受到人们的重视,应用也越来越广泛。

例如加权算术平均数在期货中的应用。

一方面,若期货价格高于加权算术平均数时,后者在缓步上移或急速上移,即说明市场状况将易升难跌或持续向好。相反。若期货价格低于加权平均数时,后者在缓步下移或急速下移，即说明市场状况将易跌难升或持续向淡。

另一方面，若期货价格高于加权算术平均数时，后者在窄幅横行或正在下移。即说明市场状况将升势放缓或掉头回跌。相反，若期货价格低于加权平均数时，后者在窄幅横行或正在上移，即说明市场状况后续将跌势放缓或掉头回升。其原因主要是因为期货价格因升势或跌势得不到加权算术平均数的相同移动方向的支持，再升空间或再跌空间会变得有限。须知加权算术平均数会对期货价格产生拉力，阻止其升幅或跌幅扩大。

因此我们同时亦应留意期货价格与加权算术平均数的差距变化，观察差距过窄或过宽时的入市和离市机会。若市场状况依然处于升浪或跌浪中，差距过窄的现象可提供顺势入市造好或造淡的良机。另一方面，即使市场状况依然处于上升或下跌中，差距过宽的现象可提供逆势入市小注造淡或造好的良机。最后，切记不要只因期货价格的累积升幅或累积跌幅巨大，而没有同时计算加权算术平均数的上移幅度或下移幅度的情况下，贸然逆势入市。

算术平均数计算简便，应用非常广泛。但算术平均数也存在比较明显的不足。当数据呈现对称分布或者接近对称分布时，应选择均值作为集中趋势的代表值。但算术平均数易受极端数据的影响，这是因为平均数反应灵敏，每个数据的或大或小的变化都会影响到最终结果，当极值比较大的时候，会使得均值对数据组集中趋势的代表性减弱。

（二）调和平均数

调和平均数又称倒数平均数，是总体各统计变量倒数的算术平均数的倒数。调和平均数是平均数的一种。但统计调和平均数，与数学调和平均数不同，它是变量倒数的算术平均数的倒数。由于它是根据变量的倒数计算的，所以又称倒数平均数，通常用字母"H"或"$\overline{x_H}$"表示。

例如，一组变量标志值为 x_1、x_2、x_3、x_4，则根据定义其调和平均数的计算步骤如下：

第一，求各标志值的倒数：$\dfrac{1}{x_1}$、$\dfrac{1}{x_2}$、$\dfrac{1}{x_3}$、$\dfrac{1}{x_4}$；

第二，再求算术平均数：$\left(\dfrac{1}{x_1}+\dfrac{1}{x_2}+\dfrac{1}{x_3}+\dfrac{1}{x_4}\right)\div 4$；

第三，再求倒数 $4\div\left(\dfrac{1}{x_1}+\dfrac{1}{x_2}+\dfrac{1}{x_3}+\dfrac{1}{x_4}\right)$

调和平均数也有简单调和平均数和加权调和平均数两种。在经济统计中应用更为广泛的是权数为特定形式的加权调和平均数。

1. 简单调和平均数

简单调和平均数是算术平均数的变形，它的计算公式如下：

$$H_n=\dfrac{1}{\dfrac{1}{n}\sum_{i=1}^{n}\dfrac{1}{x_i}}=\dfrac{n}{\sum_{i=1}^{n}\dfrac{1}{x_i}}$$

式中 H 为调和平均数；x_i 为第 i 个单位的标志值；n 为总体单位数。

例如，在市场上购买某种商品，价格分别为甲级 2.0 元/千克，乙级 1.9 元/千克，丙级 1.7 元 / 千克,现各花 5 元买每级商品,试计算平均价格。

计算结果如下:

$$H = \frac{1}{\frac{1}{3}\left(\frac{1}{2} + \frac{1}{1.9} + \frac{1}{1.7}\right)} \approx 1.86(元 / 千克)$$

在 Excel 中,可以使用 HARMEAN 函数计算调和平均数。

该函数的语法为:HARMEAN(number1,number2,…)。其中,number1,number2,…:是用于计算平均值的 1 到 255 个参数,也可以使用单个数组或对数组的引用,而不使用这种用逗号分隔参数的形式。

2. 加权调和平均数

加权调和平均数是加权算术平均数的变形。它与加权算术平均数在实质上是相同的,而仅有形式上的区别,即表现为变量对称的区别、权数对称的区别和计算位置对称的区别。因而其计算公式为:

$$H_n = \frac{1}{\frac{1}{m_1+m_2+\cdots+m_n}\left(\frac{1}{x_1}m_1 + \frac{1}{x_2}m_2 + \cdots + \frac{1}{x_n}m_n\right)} = \frac{\sum_{i=1}^{n} m_i}{\sum_{i=1}^{n} \frac{m_i}{x_i}}$$

式中 x_i 为第 i 组的标志值;m_i 为第 i 组的标志总量。

在很多情况下,由于只掌握每组某个标志的数值总和而缺少总体单位数的资料,不能直接采用加权算术平均数法计算平均数,则应采用加权调和平均数。

例如:某工厂购进材料三批,每批价格及采购金额资料如表 4-2 所示。

表 4-2　工厂采购材料信息表

	价格(元 / 千克)(x)	采购金额(元)(m)	采购数量(千克)(m/x)
第一批	35	10 000	286
第二批	40	20 000	500
第三批	45	15 000	330
合计	—	45 000	1 116

试计算加权调和平均数。

计算结果如下:

$$H_n = \frac{\sum_{1}^{3} m_i}{\sum_{1}^{3} \frac{m_i}{x_i}} = \frac{45\ 000}{1\ 116} = 40.32(元 / 千克)$$

调和平均数具有以下 4 个主要特点:

(1)调和平均数易受极端值的影响,且受极小值的影响比受极大值的影响更大。

（2）只要有一个标志值为0，调和平均数公式的分母将等于无穷大，因而无法求出确定的平均值。

（3）当组距数列有开口组时，其组中值即使按相邻组距计算，假定性也很大，这时的调和平均数的代表性很不可靠。

（4）调和平均数应用的范围较小。在实际应用中，往往由于缺乏总体单位数的资料而不能直接计算算术平均数，这时需用调和平均法来求得平均数。

（三）几何平均数

几何平均数是n个变量连续乘积的n次方根，用字母"G"或"$\overline{x_G}$"表示。几何平均数多用于计算平均比率和平均速度，如平均利率、平均发展速度、平均合格率等。

应用几何平均数应注意以下3个问题：

（1）总体各单位中任何一个标志值不能为0或负数，若有一个标志值为0，则几何平均数为0；若有一个标志值为负数，则计算出的几何平均数就会成为负数或虚数。

（2）它适用于反映特定总体的平均水平，即总体的标志总量不是各单位标志值的总和，而是各单位标志值的连续乘积。对于这类社会经济现象，不能采用算术平均数反映其一般水平，而需要采用几何平均数。

（3）算术平均数（X）、调和平均数（H）和几何平均数（G）三者间存在的数量关系为：H≤G≤X，即算术平均数大于几何平均数，而几何平均数又大于调和平均数。当所有的变量值都相等时，则这三种平均数就相等。

几何平均数可以分为简单几何平均数和加权几何平均数两种形式。

1. 简单几何平均数

简单几何平均数是n个变量值连续乘积的n次方根。其计算公式为：

$$G_n = \sqrt[n]{\prod_{i=1}^{n} x_i} = \sqrt[n]{x_1 x_2 x_3 \cdots x_n}$$

在 Excel 中可用 GEOMEAN 函数来计算非组数据的几何平均值。

该函数语法为：GEOMEAN(number1,number2,…)。其中 number1,number2,…：是用于计算平均值的1到255个参数，也可以不使用这种用逗号分隔参数的形式，而用单个数组或对数组的引用。

2. 加权几何平均数

加权几何平均数，是统计学中的一种动态平均指标，大多数是指社会经济现象的同质总体在时间上变动速度的平均数。当各个变量值的次数（权数）不相同时，应采用加权几何平均数。

$$G_n = \sqrt[\Sigma f]{x_1^{f_1} \times x_2^{f_2} \times \cdots \times x_n^{f_n}} = \sqrt[\sum_{i=1}^{n} f_i]{\prod_{i=1}^{n} x_i^{f_i}}$$

式中G为几何平均数；f_i为第i组的权数（即频数）；n为组数；x_i为第i组的标志值或组中值。

例如，假定某地储蓄年利率（按复利计算）：5%持续1.5年，3%持续2.5年，2.2%

持续 1 年。求此 5 年内该地平均储蓄年利率。

根据几何平均数的计算公式,得到该地平均储蓄年利率

$$G_n = \sqrt[1.5+2.5+1]{1.05^{1.5} \times 1.03^{2.5} \times 1.022^{1}} - 1 = 3.43\%$$

几何平均数具有以下 4 个主要特点:
(1)几何平均数受极端值的影响较算术平均数小。
(2)如果变量值有负值,计算出的几何平均数就会成为负数或虚数。
(3)它仅适用于具有等比或近似等比关系的数据。
(4)几何平均数的对数是各变量值对数的算术平均数。

三、中位数

中位数又称中值,是按顺序排列的一组数据中居于中间位置的数,代表一个样本、种群或概率分布中的一个数值,其可将数值集合划分为相等的上下两部分。对于有限的数集,可以通过把所有观察值高低排序后找出正中间的一个作为中位数。如果观察值有偶数个,通常取最中间的两个数值的平均数作为中位数。

在一个数集中最多有一半的数值小于中位数,也最多有一半的数值大于中位数。如果大于和小于中位数的数值个数均少于一半,那么数集中必有若干值等同于中位数。

例如,找出这组数据:23、29、20、32、23、21、33、25 的中位数。首先将该组数据进行排列(按从小到大的顺序),得到:20、21、23、23、25、29、32、33。

因为该组数据一共由 8 个数据组成,即观测值的个数为偶数,故按中位数的计算方法,得到中位数,即第四个数和第五个数的平均数。

由于中位数是通过排序得到的,它不受最大、最小两个极端数值的影响。部分数据的变动对中位数没有影响,当一组数据中的个别数据变动较大时,常用它来描述这组数据的集中趋势。

在 Excel 中,中位数也可以用函数自动得出,MEDIAN 函数可以用于计算中位数,其语法如图 4-2 所示。

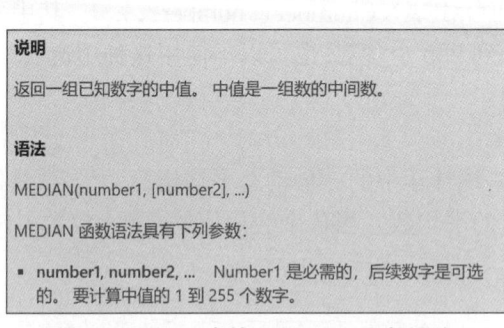

图 4-2 Excel 中的 MEDIAN 函数语法

四、众数

众数是指样本观测值在频数分布表中频数最多的那一组的组中值,主要应用于大面

积普查研究之中,代表数据的一般水平,也是一组数据中出现次数最多的数值。有时众数在一组数中有好几个。众数通常用字母 M 表示。

一组数据中的众数不止一个,如数据 2、3、-1、2、1、3 中,2、3 都出现了两次,那么它们都是这组数据中的众数。

如果所有数据出现的次数都一样,那么这组数据没有众数。例如:1,2,3,4,5 没有众数。

用众数代表一组数据,可靠性较差,不过,众数不受极端数据的影响,并且求法简便。在一组数据中,如果个别数据有很大的变动,选择众数表示这组数据的"集中趋势"就比较适合。众数在 Excel 中可以用 MODE.SNGL 函数计算,其函数语法如图 4-3 所示。

MODE.SNGL 函数

返回在某一数组或数据区域中出现频率最多的数值。

语法

MODE.SNGL(number1,[number2],...)

MODE.SNGL 函数语法具有下列参数:

- **Number1**　必需。要计算其众数的第一个参数。

- **Number2, ...**　可选。要计算其众数的 2 到 254 个参数。也可以用单一数组或对某个数组的引用来代替用逗号分隔的参数。

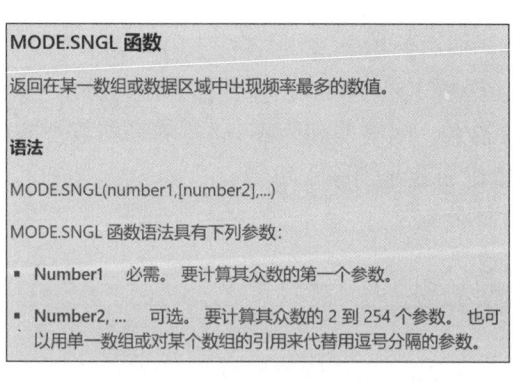

图 4-3　Excel 中的 MODE.SNGL 函数语法

任务二　分析数据的离散程度

一、离散程度的含义

离散程度是指通过随机地观测变量各个取值之间的差异程度,是用来衡量风险大小的指标。

可用来观测变量值之间差异程度的指标有很多,在统计分析中最常用的离散程度的观测指标主要有极差、平均差和标准差等几种。

二、极差

极差又称全距,是观测变量的最大取值与最小取值之间的离差,也就是观测变量的最大观测值与最小观测值之间的区间跨度。极差通常用字母"R"表示,极差的计算公式为:

$$R = Max(x_i) - Min(x_i)$$

式中 $Max(x_i)$ 为观测变量中的最大值, $Min(x_i)$ 为观测变量中的最小值。

因此极差能体现一组数据波动的范围。极差越大,离散程度越大,反之,离散程度越小。

极差指标的含义容易理解,计算也很简便,因此,在某些场合具有特殊的用途。例如,要说明一个地区的温度情况,没有比用温差更好的说明指标了;在描述一种股票的波动情况时,最高价和最低价的差是常用的特征值。但是,极差在计算上只与两个极端值有关,因此它不能反应其他数据的分散情况,就这一点来说,极差只是一个比较粗糙的观测指标。如果需要全面、精确地说明数据离散程度时,就不宜使用极差。

三、平均差

平均差是表示各个变量值之间差异程度的数值之一,是指各个变量值同平均数的离差绝对值的算术平均数。平均差越大,表明各标志值与算术平均数的差异程度越大,该算术平均数的代表性就越小;平均差越小,表明各标志值与算术平均数的差异程度越小,该算术平均数的代表性就越大。因离差和为零,离差的平均数不能将离差和除以离差的个数求得,而必须将离差取绝对数来消除正负号。

平均差(MD)的计算公式:

$$MD=\frac{|x_1-\bar{x}|+|x_2-\bar{x}|+\cdots+|x_n-\bar{x}|}{n}=\frac{\sum_{i=1}^{n}|x_i-\bar{x}|}{n}$$

式中 x_i 为第 i 个单位的标志值;n 为总体单位数;$\bar{x}$ 为总体算术平均数。

平均差的数值代表了所有数据离均值的平均距离,使用该数据说明数据的离散程度,比较容易理解。但因为使用了绝对值,不便于进一步计算,所以在实际应用中不如其他离散指标应用那样广泛。但在预测领域,还常常使用该指标用于误差的说明。

在 Excel 中,使用 AVEDEV 函数,可以快速计算出指定区域的平均差,其语法格式如图 4-4 所示。

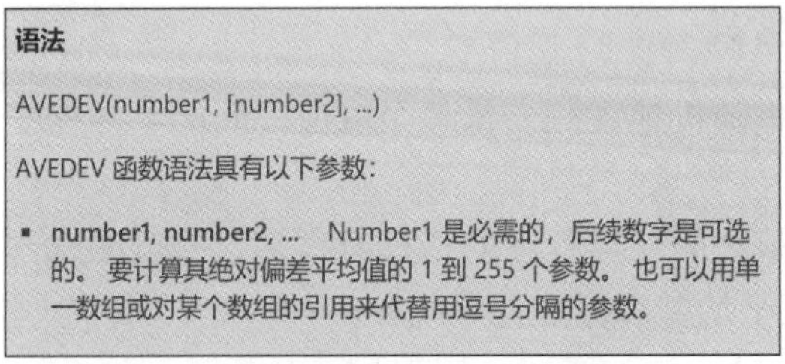

> **语法**
>
> AVEDEV(number1, [number2], ...)
>
> AVEDEV 函数语法具有以下参数:
>
> - **number1, number2, ...**　Number1 是必需的,后续数字是可选的。要计算其绝对偏差平均值的 1 到 255 个参数。也可以用单一数组或对某个数组的引用来代替用逗号分隔的参数。

图 4-4　Excel 中的 AVEDEV 函数语法

四、方差与标准差

方差和标准差是测算离散趋势最重要、最常用的指标。

(一) 方差

方差是样本值与全体样本值的平均数之差的平方值的平均数,用于衡量每一个变量

(观察值)与总体均数之间的差异。当数据分布比较分散(即数据在平均数附近波动较大)时,各个数据与平均数的差的平方和越大,方差就越大;当数据分布比较集中时,各个数据与平均数的差的平方和越小,方差就越小。因此方差越大,数据的波动越大;方差越小,数据的波动就越小。

方差的计算公式:

$$\sigma^2 = \frac{\sum_{i=1}^{n}(x_i - \overline{x})^2}{n}$$

式中 x_i 为第 i 个单位的标志值;n 为总体单位数;$\overline{x}$ 为总体算术平均数。

方差克服了平均差绝对值的问题,成为描述离散程度的一个重要指标。但是,因为方差的单位是数据单位的平方,夸大了数据的离散程度,使人不易直观理解数值意义。因此,通常取方差的算数平方根作为描述离散程度的指标,即标准差。

在统计时,若想得出总体的方差,可以使用 Excel 中的 VAR.P 函数,函数语法如图 4-5 所示。

VAR.P 函数

计算基于整个样本总体的方差(忽略样本总体中的逻辑值和文本)。

语法

VAR.P(number1,[number2],...)

VAR.P 函数语法具有下列参数:

- **Number1**　必需。对应于总体的第一个数值参数。
- **Number2, ...**　可选。对应于总体的 2 到 254 个数值参数。

备注

- VAR.P 假定其参数是整个总体。如果数据代表总体样本,请使用 VAR.S 计算方差。

图 4-5　Excel 中的 VAR.P 函数语法

(二)标准差

标准差是总体各单位标准值与其平均数离差平方的算术平均数的平方根。它反映组内个体间的离散程度,一个较大的标准差,代表大部分数值和其平均值之间差异较大;一个较小的标准差,代表这些数值较接近平均值。标准差的计算结果就是方差的算术平方根。

标准差的计算公式:

$$\sigma = \sqrt{\frac{\sum_{i=1}^{n}(x_i - \overline{x})^2}{n}}$$

式中 x_i 为第 i 个单位的标志值;n 为总体单位数;$\overline{x}$ 为总体算和平均数。

在统计时，若想得出总体的标准差，可以使用 Excel 中的 STDEV.P 函数，函数语法如图 4-6 所示。

> **STDEV.P 函数**
> 计算基于以参数形式给出的整个样本总体的标准偏差（忽略逻辑值和文本）。
> 标准偏差可以测量值在平均值（中值）附近分布的范围大小。
>
> **语法**
> STDEV.P(number1,[number2],...)
> STDEV.P 函数语法具有下列参数：
>
> - **Number1** 必需。对应于总体的第一个数值参数。
>
> - **Number2, ...** 可选。对应于总体的 2 到 254 个数值参数。也可以用单一数组或对某个数组的引用来代替用逗号分隔的参数。

图 4-6 Excel 中的 STDEV.P 函数语法

五、变异系数

当需要比较两组数据离散程度大小的时候，如果两组数据的测量尺度相差太大，或者数据量纲的不同，直接使用标准差来进行比较不合适，此时就应当消除测量尺度和量纲的影响，此时可以用变异系数来进行比较，变异系数（CV）的计算公式为：

$$CV = \frac{标准差}{平均值} = \frac{S}{Mean} \cdot 100\%$$

在进行数据统计分析时，如果变异系数大于 15%，则要考虑该数据可能不正常，应该剔除。离散系数实质上是标准差相对于均值的大小。因此，如果比较均值不相同的两组数据的相对离散程度时，使用离散系数，要比使用标准差更准确。

例如，假定有甲、乙两个工人，甲平均每小时生产 40 个零件，标准差是 5 个。乙平均每小时生产 80 个零件，标准差为 6 个。那么哪个工人的稳定性比较好呢？根据标准差的定义，标准差越小，离散性就越小，所以甲的稳定性要比乙的稳定性要好。我们看到乙的标准差虽然比甲的标准差略高，但是其生产能力却是甲生产能力的 2 倍（80/40）。也就是说，6 个相对于 80 个的变化要小于 5 个相对于 40 个的变化，这个含义就是离散系数。由此可见，乙的离散系数小于甲的离散系数，所以乙要比甲相对稳定。

离散系数是个无名数，这是它与其他离散指标的最大区别。全距、平均差还有标准差，它们都是有名数，其单位与原始数据的单位一致。离散系数的这一特点使其不仅可以说明同类事物的相对离散程度，还可以说明不同类事物的相对离散程度。例如，当我们比较一群人的身高离散程度大，还是体重离散程度大时，其他离散指标都不能用于比较，因为身高与体重的单位不一致。而离散系数就可以比较，因为它完全消除了单位的影响。

任务三 分析数据的分布形态

一、偏度

偏度是描述某总体取值分布对称性的特征统计量。当分布左右对称时,偏度系数为0。当偏度系数大于0时,即重尾在右侧时,该分布为右偏。当偏度系数小于0时,即重尾在左侧时,该分布为左偏。

偏度统计量需要与正态分布相比较,偏度为零表示其数据分布形态与正态分布的偏斜程度相同;

偏度大于零,表示其数据分布形态与正态分布相比为正偏(右偏),如图4-7右侧图所示,即有一条长尾巴拖在右边,数据右端有较多的极端值,数据均值右侧的离散程度强。

偏度小于零,表示其数据分布形态与正态分布相比为负偏(左偏),如图4-7左侧图所示,即有一条长尾拖在左边,数据左端有较多的极端值,数据均值左侧的离散程度强。

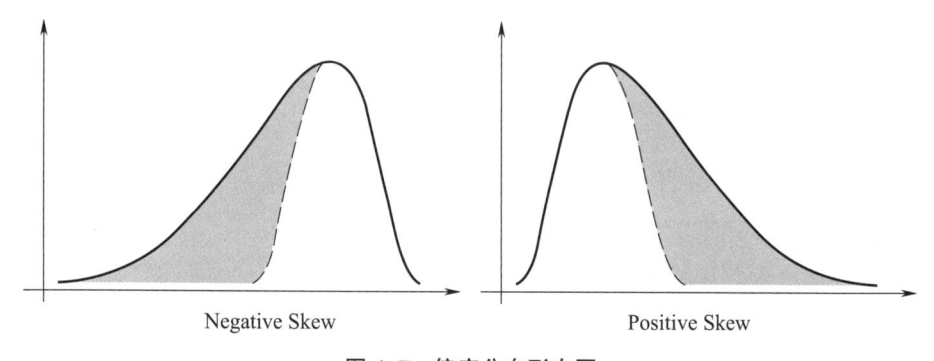

图 4-7 偏度分布形态图

另外,需要注意的是,偏度的绝对值数值越大表示其分布形态的倾斜程度越大。

二、峰度

峰度又称峰态系数。用来反映频数分布曲线顶端尖峭或扁平程度的指标。在正态分布情况下,峰度系数值是3,峰度系数大于3,呈现尖峭峰形态,说明观察量更集中,有比正态分布更短的尾部;峰度系数小于3,呈现平阔峰形态,说明观测量不那么集中,有比正态分布更长的尾部。峰度分布形态图如图4-8所示。

图 4-8　峰度分布形态图

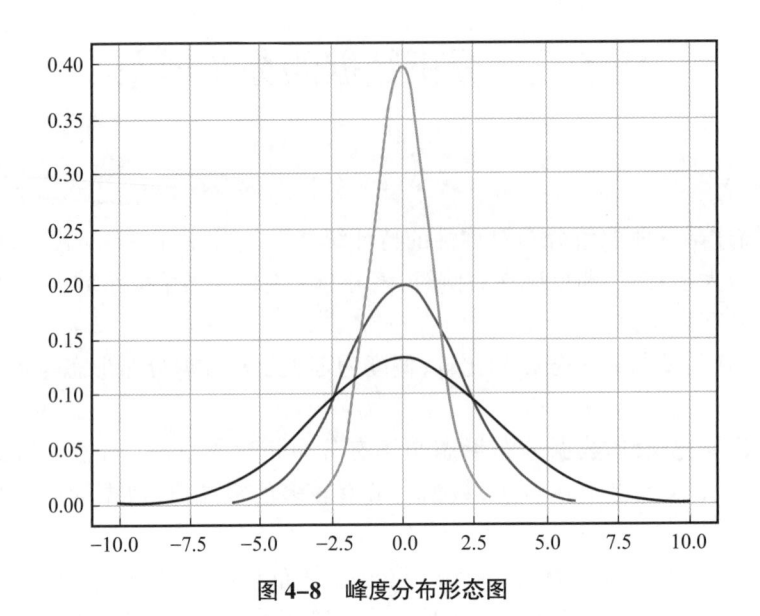

课堂实训——GDP 数据描述性统计分析

一、实训目标

使用 Excel 的描述统计功能，对本书配套数据"世界部分国家人均国内生产总值 .xlsx"工作簿的数据集中趋势和离散程度进行分析。

（1）在指定区域输出数据描述统计结果。
（2）计算每组数据的极差。
（3）计算每组数据的平均差。
（4）计算每组数据的变异系数。

二、操作方法

（1）打开"世界部分国家人均国内生产总值 .xlsx"工作簿，在【数据】选项卡下的【分析】分组中单击"数据分析"按钮。

打开"描述统计"对话框，将输入区域指定为 B4：AP11 单元格区域，"分组方式"选中"逐列"单选项，选中"标志位于第一行"复选框。将输出区域指定为 A13 单元格，选中"汇总统计"复选框和"平均数置信度"复选框，将置信度设置为"95％"后，单击"确定"按钮，操作过程如图 4-9 所示。

描述统计输出结果如图 4-10 所示。

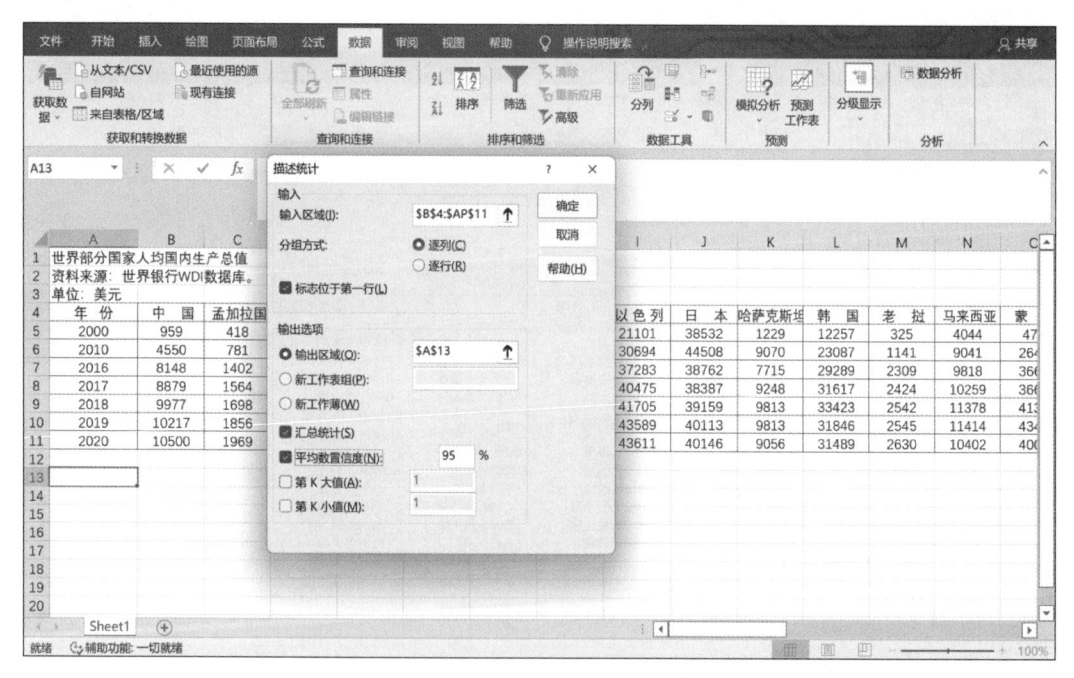

图 4-9 描述统计操作过程

图 4-10 描述统计输出结果

（2）计算各国人均国内生产总值的极差前，先在中国"数据分析"的内容下方"A29"单元格添加"极差"字样。如图 4-11 所示。

图 4-11　添加"极差"字样操作过程

选中"B29"单元格，在编辑栏中输入极差计算公式"＝B25－B24"，从而计算出中国2000－2020 年的人均国内生产总值极差。计算结果如图 4-12 所示。

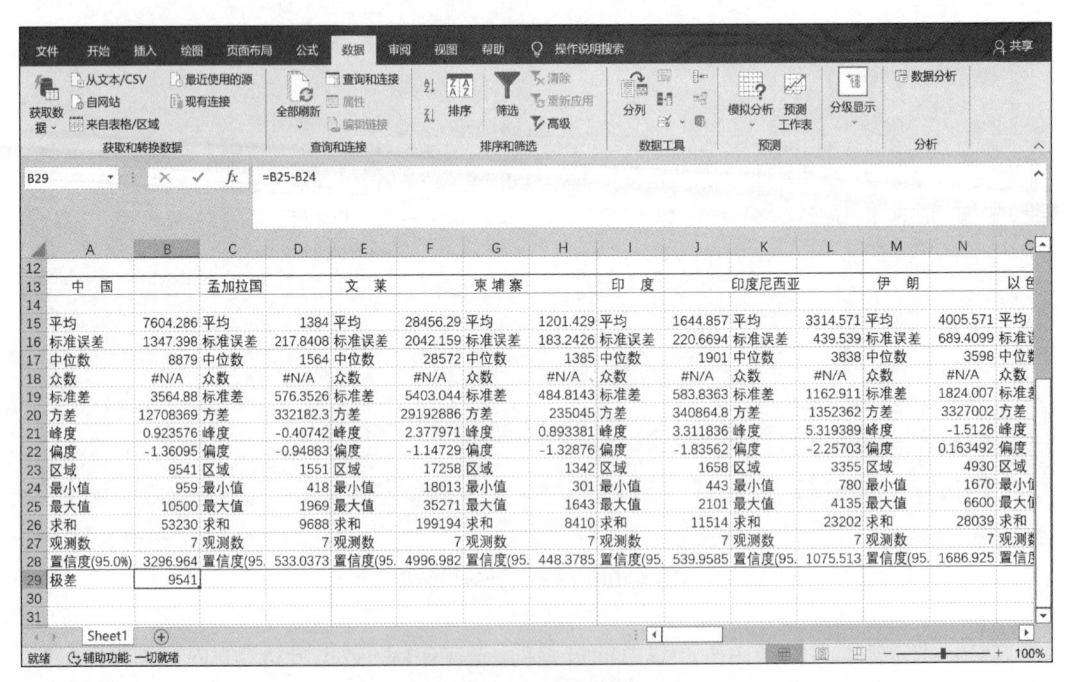

图 4-12　极差计算结果

同时选中"A29"和"B29",按住单元格右下方小黑点向右拖动单元格,直至"CD29"单元格。即可输出其他各国人均国内生产总值极差。结果如图 4-13 所示。

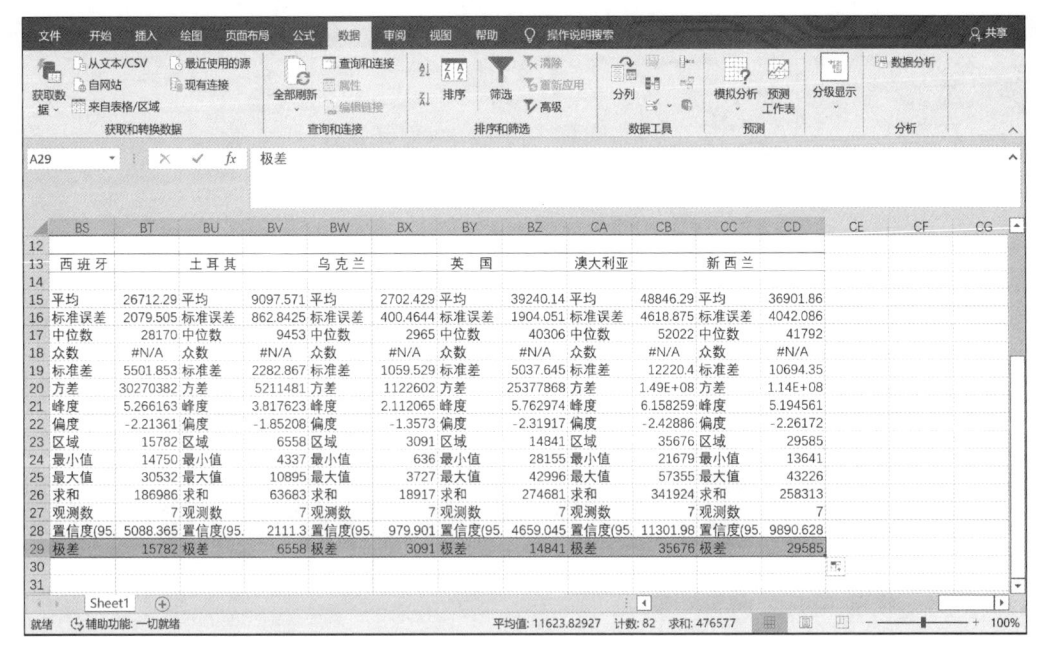

图 4-13　各国人均国内生产总值极差计算结果

(3) 在计算各国人均国内生产总值的平均差之前,先在中国"数据分析"的内容下方"A30"单元格添加"平均差"字样。如图 4-14 所示。

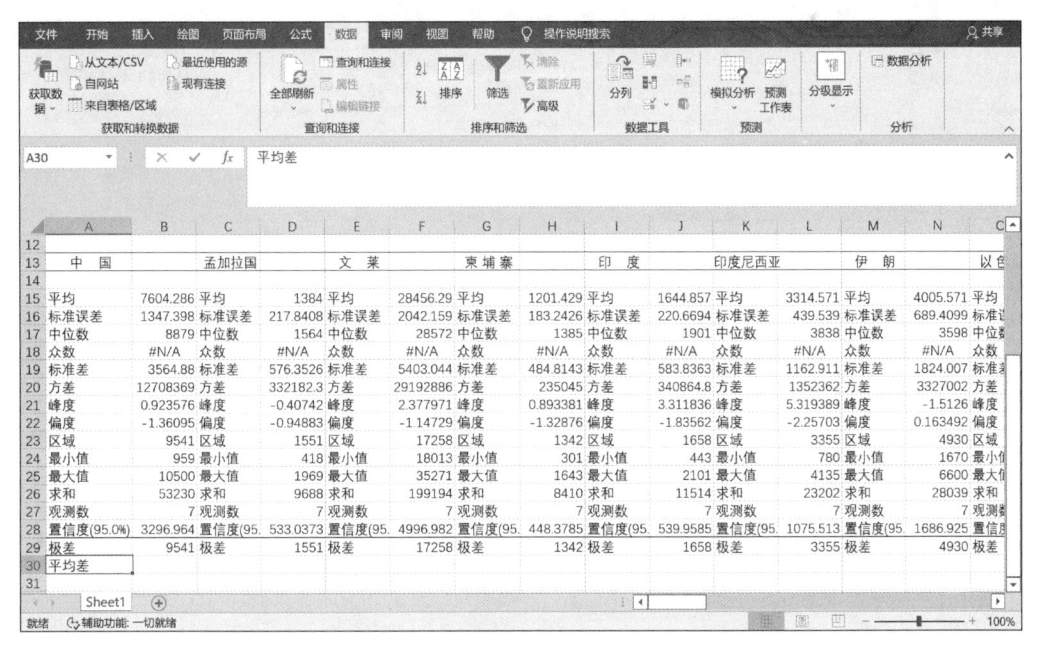

图 4-14　添加"平均差"字样操作过程

选中“B30”单元格，在编辑栏中输入平均差计算公式“=AVEDEV(B5:B11)”，从而计算出中国2000—2020年的人均国内生产总值平均差。计算结果如图4-15所示。

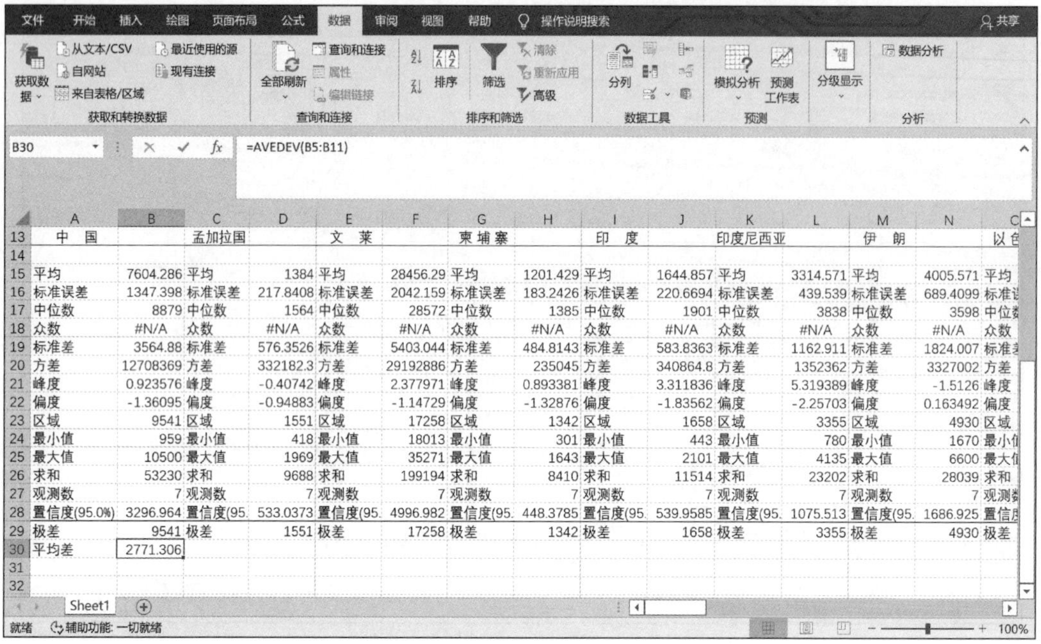

	A	B	C	D	E	F	G	H	I	J	K	L	M	N	O
13	中 国		孟加拉国		文 莱		柬 埔 寨		印 度		印度尼西亚		伊 朗		以色
14															
15	平均	7604.286	平均	1384	平均	28456.29	平均	1201.429	平均	1644.857	平均	3314.571	平均	4005.571	平均
16	标准误差	1347.398	标准误差	217.8408	标准误差	2042.159	标准误差	183.2426	标准误差	220.6694	标准误差	439.539	标准误差	689.4099	标准误
17	中位数	8879	中位数	1564	中位数	28572	中位数	1385	中位数	1901	中位数	3838	中位数	3598	中位数
18	众数	#N/A	众数	#N/A	众数	#N/A	众数	#N/A	众数	#N/A	众数	#N/A	众数	#N/A	众数
19	标准差	3564.88	标准差	576.3526	标准差	5403.044	标准差	484.8143	标准差	583.8363	标准差	1162.911	标准差	1824.007	标准差
20	方差	12708369	方差	332182.3	方差	29192886	方差	235045	方差	340864.8	方差	1352362	方差	3327002	方差
21	峰度	0.923576	峰度	-0.40742	峰度	2.377971	峰度	0.893381	峰度	3.311836	峰度	5.319389	峰度	-1.5126	峰度
22	偏度	-1.36095	偏度	-0.94883	偏度	-1.14729	偏度	-1.32876	偏度	-1.83562	偏度	-2.25703	偏度	0.163492	偏度
23	区域	9541	区域	1551	区域	17258	区域	1342	区域	1658	区域	3355	区域	4930	区域
24	最小值	959	最小值	418	最小值	18013	最小值	301	最小值	443	最小值	780	最小值	1670	最小值
25	最大值	10500	最大值	1969	最大值	35271	最大值	1643	最大值	2101	最大值	4135	最大值	6600	最大值
26	求和	53230	求和	9688	求和	199194	求和	8410	求和	11514	求和	23202	求和	28039	求和
27	观测数	7	观测数	7	观测数	7	观测数	7	观测数	7	观测数	7	观测数	7	观测数
28	置信度(95.0%)	3296.964	置信度(95.	533.0373	置信度(95.	4996.982	置信度(95.	448.3785	置信度(95.	539.9585	置信度(95.	1075.513	置信度(95.	1686.925	置信度
29	极差	9541	极差	1551	极差	17258	极差	1342	极差	1658	极差	3355	极差	4930	极差
30	平均差	2771.306													

图4-15 中国人均国内生产总值平均差计算结果

利用AVEDEV函数计算其他各国人均国内生产总值平均差，结果如图4-16所示。

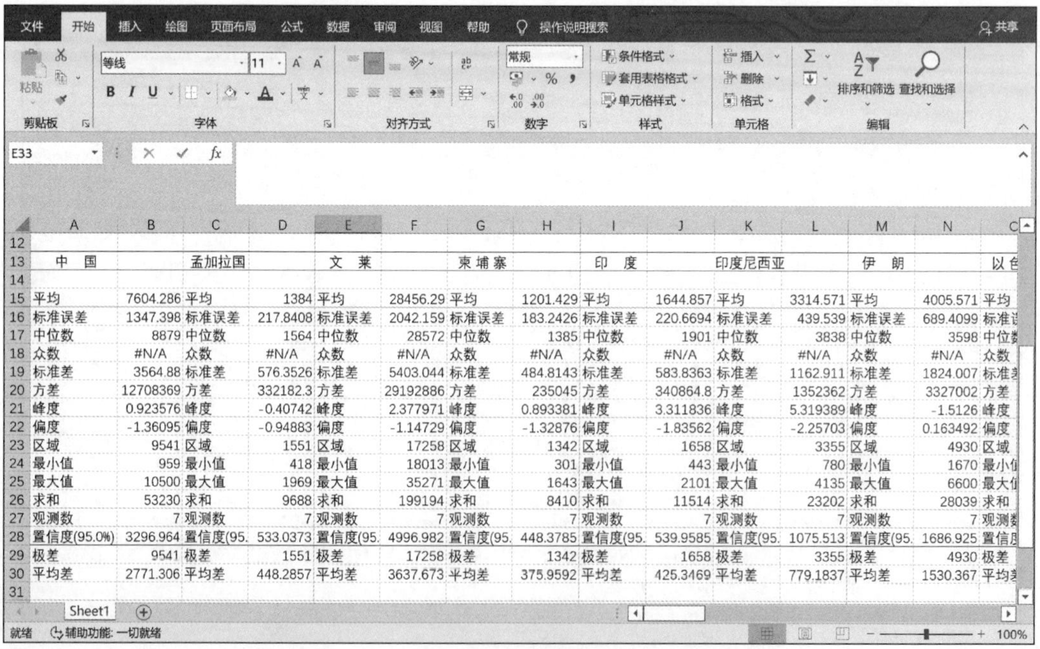

	A	B	C	D	E	F	G	H	I	J	K	L	M	N	O
12															
13	中 国		孟加拉国		文 莱		柬 埔 寨		印 度		印度尼西亚		伊 朗		以色
14															
15	平均	7604.286	平均	1384	平均	28456.29	平均	1201.429	平均	1644.857	平均	3314.571	平均	4005.571	平均
16	标准误差	1347.398	标准误差	217.8408	标准误差	2042.159	标准误差	183.2426	标准误差	220.6694	标准误差	439.539	标准误差	689.4099	标准误
17	中位数	8879	中位数	1564	中位数	28572	中位数	1385	中位数	1901	中位数	3838	中位数	3598	中位数
18	众数	#N/A	众数	#N/A	众数	#N/A	众数	#N/A	众数	#N/A	众数	#N/A	众数	#N/A	众数
19	标准差	3564.88	标准差	576.3526	标准差	5403.044	标准差	484.8143	标准差	583.8363	标准差	1162.911	标准差	1824.007	标准差
20	方差	12708369	方差	332182.3	方差	29192886	方差	235045	方差	340864.8	方差	1352362	方差	3327002	方差
21	峰度	0.923576	峰度	-0.40742	峰度	2.377971	峰度	0.893381	峰度	3.311836	峰度	5.319389	峰度	-1.5126	峰度
22	偏度	-1.36095	偏度	-0.94883	偏度	-1.14729	偏度	-1.32876	偏度	-1.83562	偏度	-2.25703	偏度	0.163492	偏度
23	区域	9541	区域	1551	区域	17258	区域	1342	区域	1658	区域	3355	区域	4930	区域
24	最小值	959	最小值	418	最小值	18013	最小值	301	最小值	443	最小值	780	最小值	1670	最小值
25	最大值	10500	最大值	1969	最大值	35271	最大值	1643	最大值	2101	最大值	4135	最大值	6600	最大值
26	求和	53230	求和	9688	求和	199194	求和	8410	求和	11514	求和	23202	求和	28039	求和
27	观测数	7	观测数	7	观测数	7	观测数	7	观测数	7	观测数	7	观测数	7	观测数
28	置信度(95.0%)	3296.964	置信度(95.	533.0373	置信度(95.	4996.982	置信度(95.	448.3785	置信度(95.	539.9585	置信度(95.	1075.513	置信度(95.	1686.925	置信度
29	极差	9541	极差	1551	极差	17258	极差	1342	极差	1658	极差	3355	极差	4930	极差
30	平均差	2771.306	平均差	448.2857	平均差	3637.673	平均差	375.9592	平均差	425.3469	平均差	779.1837	平均差	1530.367	平均差
31															

图4-16 各国人均国内生产总值平均差计算结果

（4）在计算各国人均国内生产总值的变异系数前，先在中国"数据分析"的内容下方"A31"单元格添加"变异系数"字样。如图 4-17 所示。

图 4-17　添加"变异系数"字样操作过程

选中"B31"单元格，在编辑栏中输入变异系数计算公式"=B19/B15"，从而计算出中国 2000—2020 年的人均国内生产总值变异系数。计算结果如图 4-18 所示。

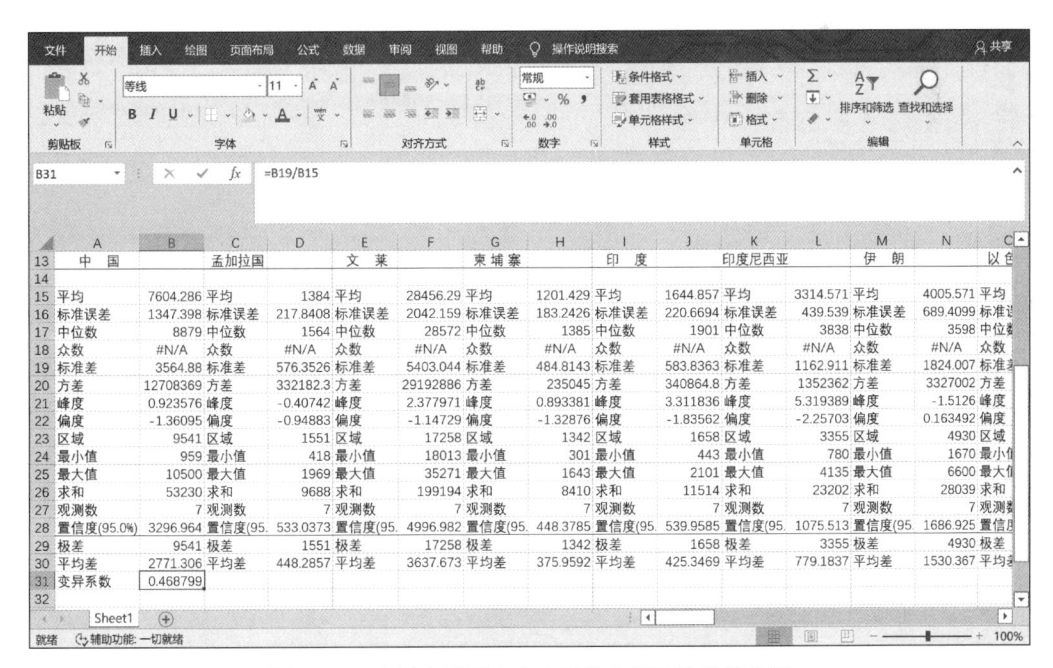

图 4-18　中国人均国内生产总值变异系数计算结果

同时选中"A31"和"B31",按住单元格右下方小黑点向右拖动单元格,直至"CD31"单元格。即可输出其他各国人均国内生产总值变异系数。结果如图4-19所示。

图4-19　各国人均国内生产总值变异系数计算结果

由于变异系数是百分比的格式,因此需选中31行,右键选择"单元格格式",在"设置单元格格式"中选择格式为"百分比",并保留两位小数,操作过程如图4-20所示。

图4-20　设置变异系数为"百分比"格式操作过程

设置单元格格式后,其结果如图 4-21 所示。

图 4-21 变异系数以"百分比"格式呈现结果

此后便可以利用算术平均值、中位数、众数来分析世界部分国家人均国内生产总值的集中趋势;利用极差、平均差、方差、标准差、变异系数来分析人均国内生产总值的离散程度;利用偏度和峰度来分析人均国内生产总值的分布形态,最终掌握世界部分国家人均国内生产总值的数据特征。

正态分布中的平均值

思考与练习

一、单项选择题

1. 若投资者买了价格为 8 元的 A 股票 1 000 股和价格为 10 元的 B 股票 2 000 股,则其拥有股票的平均价格为(　　)元。
   A. 8   B. 9   C. 9.33   D. 9.43
2. 若一组数为 430、500、520、450、50,则其算术平均数为(　　)。
   A. 390   B. 300   C. 200   D. 500
3. 若要计算平均利率,需使用的计算方法是(　　)。
   A. 算术平均数   B. 加权算术平均数
   C. 调和平均数   D. 几何平均数
4. 有一组数据:23、29、20、32、23、21、33、25,其中位数为(　　)。
   A. 23   B. 24   C. 25   D. 26

5. Median 函数用于（　　）。
   A. 返回一组数据的中值　　　　　B. 返回一组数据的均值
   C. 返回一组数据的方差　　　　　D. 返回一组数据的众数
6. 在进行数据统计分析时，如果变异系数大于（　　），则要考虑该数据可能不正常，应该剔除（　　）。
   A. 10%　　　B. 15%　　　C. 20%　　　D. 25%
7. 若一组数据的分布形态呈现尖峭峰形态，则其峰度系数为（　　）。
   A. 3　　　　　　　　　　　　　B. 大于 3
   C. 小于 3　　　　　　　　　　　D. 无法确定
8. 对一组数据：12、18、20、24、36、16，其平均差为（　　）。
   A. 21　　　B. 36　　　C. 6　　　D. 7
9. 算术平均数（X）、调和平均数（H）和几何平均数（G）三者之间存在的数量关系为（　　）。
   A. H>G>X　　B. H>X>G　　C. H≥G≥X　　D. X≥G≥H

二、多项选择题

1. 加权调和平均数的特点包括（　　）。
   A. 易受极端值影响
   B. 不易受极端值影响
   C. 当组距数列有开口组时，调和平均数的代表性很不可靠
   D. 应用范围较小
2. 在统计分析推断中最常用的离散程度的测度指标主要包括（　　）。
   A. 中值　　　B. 极差　　　C. 平均差　　　D. 标准差
3. 下列选项中，可以用几何平均数计算的是（　　）。
   A. 平均利率　　　　　　　　　B. 平均发展速度
   C. 平均合格率　　　　　　　　D. 平均价格

三、判断题

1. 调和平均数受极大值的影响比极小值的影响更大。（　　）
2. 计算一组数据的几何平均数时，允许数据中存在 0 或负数。（　　）
3. 一个数集中最少有一半的数值小于中位数，也最少有一半的数值大于中位数。（　　）
4. 一组数据中可能出现不止一个众数。（　　）
5. 在统计分析的各指标中，极差表示观测变量最大取值与最小取值之间的离差。（　　）
6. 方差的算术平方根就是标准差。（　　）
7. 当一组数据的偏度＞0 时，则其数据分布形态与正态分布相比为左偏。（　　）
8. 一组数据中一定会有众数。（　　）

项 目 实 训

数据的集中趋势和离散程度描述

消费者物价指数（consumer price index），又称居民消费价格指数，简称CPI。该指数是反映一定时期内城乡居民所购买的生活消费品和服务项目价格变动趋势和程度的相对数，是对城市居民消费价格指数和农村居民消费价格指数进行综合汇总计算的结果。通过该指数可以观察和分析消费品的零售价格和服务项目价格变动对城乡居民实际生活费支出的影响程度。

项目要求：请登录国家统计局官网"http://www.stats.gov.cn/"，查询最近24个月的居民消费价格指数数据，并计算数据的集中趋势代表值：均值、中位数和众数，再计算描述数据离散程度的值：极差、标准差和方差，并计算表示数据分布的偏度和峰度的系数值。

项目五　抽样推断法分析

如果需要分析的数据无法全部测度,例如无限总体、动态总体、范围过大或分布很散的总体等,或者由于人力、物力、财力和时间等各方面的因素,不适合进行全面调查的数据,此时就需要使用抽样调查的方式来分析数据,从而才能达到认识其总体特征的目的。

学习目标

知识目标

(1) 理解抽样推断的概念和特点。
(2) 掌握抽样推断的基本概念。
(3) 理解抽样误差产生的原因。
(4) 掌握简单随机抽样推断中的区间估计法。

能力目标

(1) 能够进行抽样平均误差和抽样极限误差的计算。
(2) 能够在统计实践工作中进行区间估计、确认必要抽样数目。

素养目标

(1) 培养对数据知识的兴趣,为将来从事数据基础工作打好基础,提高职业素养。
(2) 培养严谨的科学态度和逻辑思维能力,提高数理基础,能够严谨地对待科学问题,不断地探索、创新。
(3) 了解数据质量对企业和国家的重要性,树立正确的价值观。

案例导入

2022年一季度居民收入和消费支出情况

一、居民收入情况

一季度,全国居民人均可支配收入 10 345 元,比上年名义增长 6.3%,扣除价格因素,实际增长 5.1%(表 5-1)。分城乡看,城镇居民人均可支配收入 13 832 元,增长(以下如无特别说明,均为同比名义增长)5.4%,扣除价格因素,实际增长 4.2%;农村居民人均可支配收入 5 778 元,增长 7.0%(表 5-2),扣除价格因素,实际增长 6.3%。

表 5-1　2022 年一季度全国居民收支主要数据

指标	绝对量(元)	比上年增长(%) (括号内为实际增速)
(一)全国居民人均可支配收入	10 345	6.3(5.1)
按常住地分:		
城镇居民	13 832	5.4(4.2)
农村居民	5 778	7.0(6.3)
按收入来源分:		
工资性收入	5 871	6.6
经营净收入	1 733	5.4
财产净收入	920	6.1
转移净收入	1 822	6.3
(二)全国居民人均可支配收入中位数	8 504	6.1
按常住地分:		
城镇居民	11 720	5.7
农村居民	4 608	6.2
(三)全国居民人均消费支出	6 393	6.9(5.7)
按常住地分:		
城镇居民	7 924	5.7(4.4)
农村居民	4 388	8.6(7.8)

续 表

指标	绝对量（元）	比上年增长（%）（括号内为实际增速）
按消费类别分：		
食品烟酒	2 084	4.9
衣着	453	3.6
居住	1 435	6.7
生活用品及服务	356	4.8
交通通信	791	12.7
教育文化娱乐	583	6.9
医疗保健	528	9.1
其他用品及服务	163	17.1

附注：

① 全国居民人均可支配收入＝城镇居民人均可支配收入×城镇人口比重＋农村居民人均可支配收入×农村人口比重。

② 居民人均可支配收入名义增速＝（报告期居民人均可支配收入÷基期居民人均可支配收入－1）×100%；居民人均可支配收入实际增速＝（报告期居民人均可支配收入÷基期居民人均可支配收入÷报告期居民消费价格指数×100－1）×100%。

③ 全国居民人均收支数据是根据全国十几万户抽样调查基础数据，依据每个样本户所代表的户数加权汇总而成。由于受城镇化和人口迁移等因素影响，各时期的分城乡、分地区人口构成发生变化，有时会导致全国居民的部分收支项目增速超出分城乡居民相应收支项目增速区间的现象发生。主要是在城镇化过程中，一部分在农村收入较高的人口进入城镇地区，但在城镇属于较低收入人群，他们的迁移对城乡居民部分收支均有拉低作用；但无论在城镇还是农村，其增长效应都会体现在全体居民的收支增长中。

④ 比上年增长栏中，括号中数据为实际增速，其他为名义增速。

⑤ 收入平均数和中位数都是反映居民收入集中趋势的统计量。平均数既能直观反映总体情况，又能反映总体结构，便于不同群体收入水平的比较，但容易受极端数据影响；中位数反映中间位置对象情况，较为稳健，能够避免极端数据影响，但不能反映结构情况。

表 5-2 2022 年一季度城乡居民收支主要数据

指标	绝对量（元）	比上年名义增长（%）
（一）城镇居民人均可支配收入	13 832	5.4
按收入来源分：		
工资性收入	8 395	5.7

续表

指标	绝对量(元)	比上年名义增长(%)
经营净收入	1 658	4.8
财产净收入	1 495	4.9
转移净收入	2 283	5.3
(二)城镇居民人均消费支出	7 924	5.7
按消费类别分：		
食品烟酒	2 514	4.6
衣着	565	1.5
居住	1 879	5.4
生活用品及服务	434	3.9
交通通信	957	12.1
教育文化娱乐	727	3.0
医疗保健	632	7.7
其他用品及服务	216	15.5
(三)农村居民人均可支配收入	5 778	7.0
按收入来源分：		
工资性收入	2 566	7.3
经营净收入	1 830	6.2
财产净收入	165	8.4
转移净收入	1 217	7.6
(四)农村居民人均消费支出	4 388	8.6
按消费类别分：		
食品烟酒	1 520	4.8
衣着	306	7.7
居住	854	8.7
生活用品及服务	253	6.0
交通通信	575	13.1
教育文化娱乐	395	15.9

续表

指标	绝对量(元)	比上年名义增长(%)
医疗保健	392	11.1
其他用品及服务	93	19.6

附注：

① 指标解释。居民可支配收入是指居民可用于最终消费支出和储蓄的总和，即居民可用于自由支配的收入，既包括现金收入，也包括实物收入。按照收入的来源，可支配收入包括工资性收入、经营净收入、财产净收入和转移净收入；居民消费支出是指居民用于满足家庭日常生活消费需要的全部支出，既包括现金消费支出，也包括实物消费支出。消费支出包括食品烟酒、衣着、居住、生活用品及服务、交通通信、教育文化娱乐、医疗保健以及其他用品及服务八大类；人均收入中位数是将所有调查户按人均收入水平从低到高顺序排列，处于最中间位置的调查户的人均收入；季度收支数据中未包括居民自产自用部分的收入和消费，年度收支数据包括。

② 调查方法。全国及分城乡居民收支数据来源于国家统计局组织实施的住户收支与生活状况调查，按季度发布。国家统计局采用分层、多阶段、与人口规模大小成比例的概率抽样方法，在全国31个省（区、市）的1 800个县（市、区）随机抽选16万个居民家庭作为调查户。国家统计局派驻各地的直属调查队按照统一的制度方法，组织调查户记账采集居民收入、支出、家庭经营和生产投资状况等数据；同时按照统一的调查问卷，收集住户成员及劳动力从业情况、住房与耐用消费品拥有情况、居民基本社会公共服务享有情况等其他调查内容。数据采集完成后，市县级调查队使用统一的方法和数据处理程序，对原始调查资料进行编码、审核、录入，然后将分户基础数据直接传输至国家统计局进行统一汇总计算。

③ 部分数据因四舍五入的原因，存在总计与分项合计不等的情况。

（资料来源：国家统计局）

一季度，全国居民人均可支配收入中位数8 504元，增长6.1%，中位数是平均数的82.2%。其中，城镇居民人均可支配收入中位数11 720元，增长5.7%，中位数是平均数的84.7%；农村居民人均可支配收入中位数4 608元，增长6.2%，中位数是平均数的79.8%，如图5-1所示。

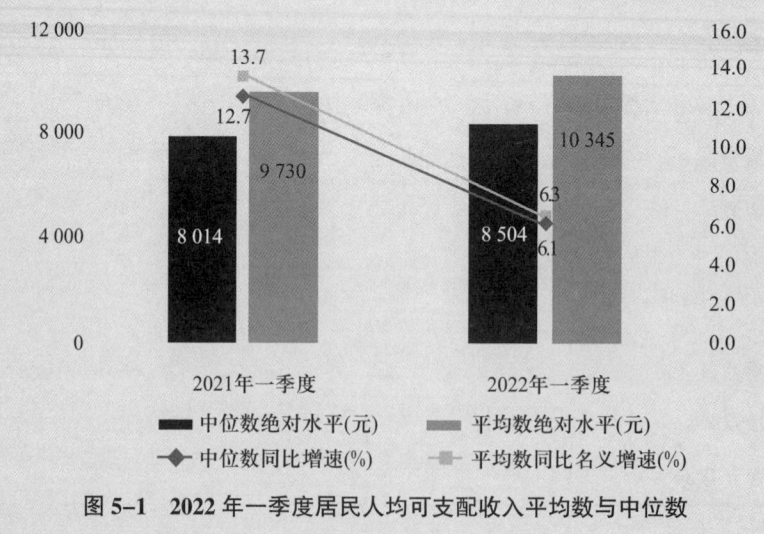

图5-1 2022年一季度居民人均可支配收入平均数与中位数

按收入来源分,一季度,全国居民人均工资性收入 5 871 元,增长 6.6%,占可支配收入的比重为 56.8%;人均经营净收入 1 733 元,增长 5.4%,占可支配收入的比重为 16.7%;人均财产净收入 920 元,增长 6.1%,占可支配收入的比重为 8.9%;人均转移净收入 1 822 元,增长 6.3%,占可支配收入的比重为 17.6%。

二、居民消费支出情况

一季度,全国居民人均消费支出 6 393 元,比上年名义增长 6.9%,扣除价格因素影响,实际增长 5.7%。分城乡看,城镇居民人均消费支出 7 924 元,增长 5.7%,扣除价格因素,实际增长 4.4%;农村居民人均消费支出 4 388 元,增长 8.6%,扣除价格因素,实际增长 7.8%。

一季度,全国居民人均食品烟酒消费支出 2 084 元,增长 4.9%,占人均消费支出的比重为 32.6%;人均衣着消费支出 453 元,增长 3.6%,占人均消费支出的比重为 7.1%;人均居住消费支出 1 435 元,增长 6.7%,占人均消费支出的比重为 22.5%;人均生活用品及服务消费支出 356 元,增长 4.8%,占人均消费支出的比重为 5.6%;人均交通通信消费支出 791 元,增长 12.7%,占人均消费支出的比重为 12.4%;人均教育文化娱乐消费支出 583 元,增长 6.9%,占人均消费支出的比重为 9.1%;人均医疗保健消费支出 528 元,增长 9.1%,占人均消费支出的比重为 8.3%;人均其他用品及服务消费支出 163 元,增长 17.1%,占人均消费支出的比重为 2.5%,如图 5-2 所示。

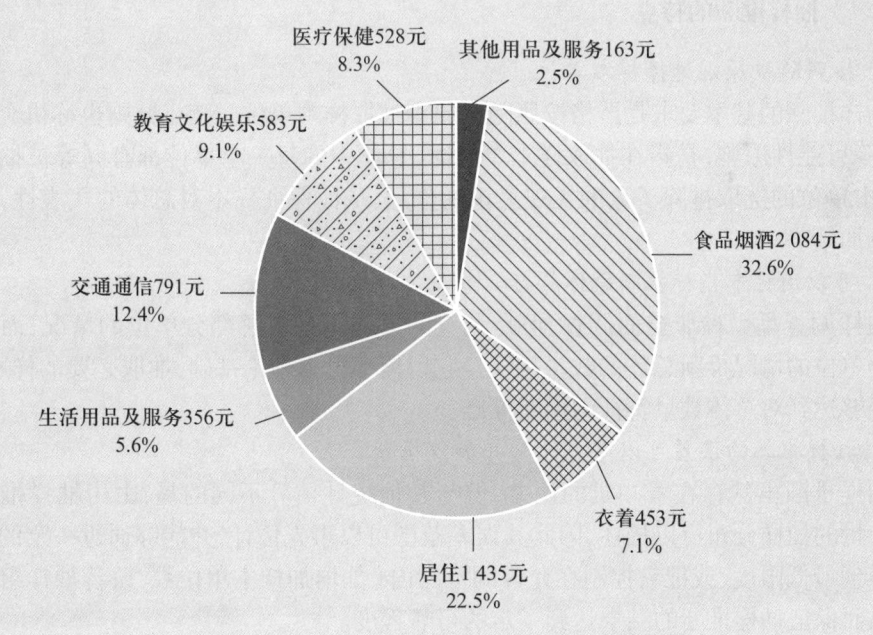

图 5-2　2022 年一季度居民人均消费支出及构成

统计的研究对象是社会经济现象总体的数量方面,也就是说统计研究需要获取统计总体的数据资料。根据统计调查环节的知识体系,统计调查按被研究总体的范围分为全面调查和非全面调查。全面调查能够计算出研究对象总体的各项数

> 量指标来描述总体的特征,但在很多情况下由于调查时间、成本以及被调查对象本身特点的限制,全面调查是很难实现或者是没有必要的。这种情况下就需要非全面调查来进行,比较常用的方法是从总体中按照一定的规则取得一定数量的样本,并通过对样本的分析来推测总体的数量特征,这就是抽样推断。
>
> 抽样推断是非全面调查中最科学、应用最广泛的调查方法,在整个统计调查体系中占有非常重要的地位。抽样推断作为统计分析的基本方法,在科学、医学、政治社会学、商业、体育等领域有着十分广泛的应用。

任务一 认识抽样推断

一、抽样推断的概念、特点与作用

(一)抽样推断的概念

抽样推断是一种非全面调查,是指按照随机原则从总体中抽取一部分的单位进行调查,并以其结果对总体某一数量特征做出估计和推断的一种统计方法。

(二)抽样推断的特点

1. 按照随机原则选择样本单位

抽样推断的基本要求是严格按照随机原则抽取样本单位。随机原则也称机会均等原则、同等可能性原则,是指在抽取样本单位时,总体中的每一个单位都有同等被抽中的机会,样本单位的选取排除了人的主观意识的作用,从而保证样本对总体的代表性,使抽样推断更加精确。

2. 可以用样本指标推断总体指标

抽样调查是一种非全面调查,但是调查的目的不是了解部分单位的情况,而是根据这部分单位的情况推断总体的数量特征。它以概率论为理论基础,抽取必要的样本单位。使其能够达到对总体数量特征的推断标准。

3. 抽样推断的误差可以事先计算并加以控制

抽样推断虽然存在着一定的误差,但与其他统计估算不同的是,由于抽样推断中样本统计量的抽样分布可以描述,因此其误差范围可以事先估计,并能够通过一定的方法把它缩小到最低限度,或把它控制在允许的范围内(如增加样本单位数、改善抽样组织方式等),从而保证抽样推断的结果达到一定的可靠程度。

(三)抽样推断的作用

1. 在不可能进行全面调查的情况下可以使用抽样推断的方法

对于无限总体、动态总体、范围过大或分布很散的有限总体,以及具有破坏性的产品质量检验等,都不能或难以进行全面调查。对于这些现象的认识,只有采用抽样推断的方法,才能达到认识其总体特征的目的。例如,灯泡的耐用时间试验、罐头食品的卫生检查、人体白细胞数量的化验等具有破坏性的检验。又比如要了解全国城镇居民的家庭生活状况、城镇居民收支水平现行结构及社会商品购买力等状况。

2. 理论上可以进行全面调查,但实际办不到或没有必要

例如,职工家庭理财产品投资情况如何等。从理论上讲这是有限总体,可以进行全面调查,但实际上办不到,也没有必要,对这类情况的了解一般采取抽样调查方法。

3. 对全面调查资料进行评价与修正

全面调查的调查单位多,工作量大,参加的人数多,因而登记性和计算性误差就多。因此在全面调查之后,可以抽取一部分单位重新调查一次,计算其差错比率并进行修正,从而进一步提高全面调查的准确性。

4. 用于工业生产管理中的质量控制

抽样调查不但广泛应用于生产结果的核算和估计,而且也有效地应用于对成批或大量连续生产的工业产品在生产过程中的质量控制,检查生产过程是否正常,及时提供有关信息,便于采取措施,预防废品的产生。

5. 能节省人力、物力、财力和时间等资源

抽样调查只是对总体的一部分单位进行调查,所需人力、物力、财力和时间等资源自然比全面调查要少得多。

二、抽样推断的几个基本概念

(一) 全及总体和样本总体

1. 全及总体

全及总体简称总体或母体,是指由研究对象的全部单位组成的整体,由具有某种共同性质的许多个体事物组成。例如,要研究某市职工的工资水平,则该城市全部职工即构成全及总体;要研究某市绿化质量,则该市的全部绿化面积即是全及总体。

通常全及总体的单位数用大写的英文字母 N 来表示。作为全及总体,单位数 N 即使有限,但总是很大,大到几千、几万、几十万、几百万。例如,人口总体,汽车数量总体、粮食产量总体等。对无限总体的认识只能采用抽样调查的方法,而对于有限总体的认识,理论上虽可以应用全面调查来收集资料,但实际上往往由于不可能或不经济而借助抽样调查的方法以求得对有限总体的认识。

2. 样本总体

样本总体简称样本,是从全及总体中随机抽选出来的单位所组成的小总体。抽样总体的单位数通常用小写英文字母 n 表示。对于全及总体单位数 N 来说,n 是个很小的数,它可以是 N 的几十分之一、几百分之一、几千分之一、几万分之一。一般说来,样本单位数达到或超过 30 个称为大样本,而在 30 个以下称为小样本。社会经济现象的抽样调查多取大样本,而自然实验观察则多取小样本。以很小的样本来推断很大的总体,这是抽样调查的一个特点。

全及总体是唯一确定的,而抽样样本是非唯一的,一个全及总体可能抽取很多个抽样

总体,全部样本的可能数目和每一个样本的容量有关,它也和随机抽样的方法有关。不同的样本容量和抽样方法,样本的可能数目也有很大的差别,抽样本身是一种手段,目的在于对总体做出判断,因此,样本容量要多大,要怎样抽样,样本的数目可能有多少,它们的分布又怎样,这些都是关系到对总体判断的准确程度,都需要加以认真的研究。

(二) 总体指标和样本指标

1. 总体指标

总体指标,又称全及指标、总体参数,是指根据全及总体各个单位的标志值或标志特征计算的、反映总体数量特征的综合指标。由于全及总体是唯一确定的,根据全及总体计算的总体参数也是唯一确定的。

在一个总体中,总体指标是唯一确定的量,而且是未知量,需要通过样本资料进行推算。常用的总体指标包括以下几种:

(1) 对于总体中的数量标志,可以计算的全及指标有总体平均数、总体方差和总体标准差。

总体平均数是指总体的标志总量和总体单位总量对比得到的平均数。一般计算公式有两种表示方法:

$$\bar{X} = \frac{\sum X}{N} \quad 或 \quad \bar{X} = \frac{\sum XF}{\sum F}$$

式中 $\bar{X}$ 为总体平均数;X 为总体各标志值;N 为总体单位数;F 为总体各标志值的权数。

总体方差为:

$$\sigma^2 = \frac{\sum(X-\bar{X})^2}{N} \quad 或 \quad \sigma^2 = \frac{\sum(X-\bar{X})^2 F}{\sum F}$$

总体标准差为:

$$\sigma = \sqrt{\frac{\sum(X-\bar{X})^2}{N}} \quad 或 \quad \sigma = \sqrt{\frac{\sum(X-\bar{X})^2 F}{\sum F}}$$

(2) 对于总体中的品质标志,由于各单位品质标志不能用数量表示,因此可以计算的总体指标有总体成数、总体成数方差和总体成数标准差。

当总体的一个现象有两种属性时,其中具体某一种属性的单位数占总体单位数目的比重称为总体成数,它是一种特殊的相对数,通常用大写的英文字母 "P" 表示。而总体中不具有某种标志表现的单位数占总体单位数的比重用 "Q" 表示。设总体单位数为 N,具有某种标志表现的单位数为 N_1,不具有该种标志表现的单位数为 N_0,即 $N_1 + N_0 = N$,则有以下几种公式:

$$P = \frac{N_1}{N}; \quad Q = \frac{N_0}{N}; \quad P + Q = 1$$

总体成数方差为:$\sigma^2 = P(1-P)$

总体成数标准差为:$\sigma = \sqrt{P(1-P)}$

如某公司生产的 50 000 件产品中,有 1 000 件不合格,则产品的不合格率为:

$$P = \frac{N_1}{N} = \frac{1\ 000}{50\ 000} = 2\%$$

产品的合格率为：$Q = 1 - P = 1 - 2\% = 98\%$

产品合格率的标准差为：$\sigma = \sqrt{P(1-P)} = \sqrt{2\% \times (1-2\%)} \approx 0.14$

2. 样本指标

样本指标也称样本统计量，它是根据样本总体各单位的标志值或标志特征计算的反映样本总体某种属性特征的综合指标。由于一个总体可以有多个不同的样本，因此样本指标是非唯一的，随样本的不同而变化，是随机变量。但对于某一个具体的样本而言，其样本指标是确定的，可以计算的，并且可用它来对未知的全及总体指标做出估计和推断。

与总体指标相对应，样本指标又可分为样本平均数、样本成数和样本标准差。

样本平均数是指样本总体各单位标志值的平均数，有两个计算公式：

$$\bar{x} = \frac{\sum x}{n} \quad 或 \quad \bar{x} = \frac{\sum xf}{\sum f}$$

式中 $\bar{x}$ 为样本平均数；x 为样本各标志值；n 为样本单位数；f 为样本各标志值的权数。

其相应的标准差 s 也有两个计算公式，分别为：

$$s = \sqrt{\frac{\sum(x-\bar{x})^2}{n}} \quad 或 \quad s = \sqrt{\frac{\sum(x-\bar{x})^2 f}{\sum f}}$$

样本成数是指样本中具有某种标志表现的单位数占总体单位数的比重，通常用小写的英文字母"p"表示，不具有某种标志表现的单位数占总体单位数的比重用"q"表示。若以 n_1 表示具有某一种标志的单位数，以 n_0 表示不具有该种标志的单位数，即 $n_1 + n_0 = n$，则有以下几种公式：

$$p = \frac{n_1}{n} \quad q = \frac{n_0}{n} \quad p + q = 1$$

样本成数标准差为：

$$s = \sqrt{p(1-p)}$$

总体指标与样本指标的比较如表 5-3 所示。

表 5-3 总体指标与样本指标比较表

	总体	样本
平均指标	$\bar{X} = \frac{\sum X}{N} \quad \bar{X} = \frac{\sum XF}{\sum F}$	$\bar{x} = \frac{\sum x}{n} \quad \bar{x} = \frac{\sum xf}{\sum f}$
成数指标	$P = \frac{N_1}{N} \quad Q = \frac{N_0}{N}$	$p = \frac{n_1}{n} \quad q = \frac{n_0}{n}$
标准差	$\sigma = \sqrt{\frac{\sum(X-\bar{X})^2}{N}} \quad \sigma = \sqrt{P(1-P)}$	$s = \sqrt{\frac{\sum(x-\bar{x})^2}{n}} \quad s = \sqrt{p(1-p)}$

(三)样本容量和样本个数

1. 样本容量

样本容量是指一个样本所包含的单位数,故也称样本单位数,通常用小写的英文字母"n"表示。在抽样推断中,为了保证样本的代表性,一般要求样本容量达到 30 或超过 30,即要达到大样本标准。

2. 样本个数

样本个数是指一个总体最多可能抽取的样本的数量,即一个总体一共可以有多少个不同的样本,也称样本数目,通常用小写的英文字母"m"表示。样本个数的大小取决于抽样方法和样本容量的大小。

(四)重复抽样和不重复抽样

1. 重复抽样

重复抽样也称重置抽样或放回抽样,是指从总体中抽取样本时,随机抽取一个样本单位,登记其序号或标志值之后,又将其放回总体中去重新抽样,再从总体中又随机抽取第二个样本单位,同样登记其序号或标志值之后,又将其放回总体中去,如此反复抽样、反复放回,直到抽完 n 个样本单位为止,因此一个样本单位有多次重复抽中的可能。

重复抽样的特点是:① 在抽样过程中,每次抽样相互独立,总体单位数始终不变,都为 N;② 总体各单位被抽中的概率在每次抽样中都相同,都为 $\frac{1}{N}$;③ 可构成的样本个数为 N^n 个。

2. 不重复抽样

不重复抽样也称不重置抽样或非回置抽样,是指从总体的 N 个单位中随机抽取一个容量为 n 的样本,但每次从总体中抽取一个单位登记其序号或标志值之后,不再放回总体中去重新抽样,如此连续抽取 n 个单位组成样本。因此,不重复抽样实际上是一次同时从总体中抽取 n 个单位组成的样本。

不重复抽样的特点是:① 在抽样过程中,各次抽样不是相互独立的,每一次抽样结果都影响下一次抽样,每抽一次总体单位数就减少一个;② 总体各单位被抽中的概率在各次抽样中是不同的;③ 可构成的样本个数为 P_N^n。

任务二 选择抽样调查的组织形式

抽样调查分为概率抽样和非概率抽样。概率抽样也称随机抽样,是指按照随机原则从总体中抽取样本。非概率抽样也称非随机抽样,是指从研究目的出发,根据调查者的经验或判断,从总体中有意识地抽取若干单位构成样本。非概率抽样的特点是选择样本时的非随机原则,这就使得调查的结果掺杂了调查者的主观倾向性,易受调查者的经验、主观判断和专业知识的限制,产生倾向性误差。常用的组织形式有简单随机抽样、分层抽样、等距抽样、整群抽样、多阶段抽样等。

一、简单随机抽样

简单随机抽样又称纯随机抽样。它是对总体中的所有单位不进行任何分组、排队，完全随机地从总体中抽取样本单位进行调查，它可使总体中的各个单位具有同等被抽中的机会。这种抽样方法简单易行，是抽样调查中最基本的方式。其具体方法又有以下几种：

（一）直接抽选法

直接抽选法是指从调查对象中直接抽选样本，例如，从仓库中存放的所有同类产品中随机指定若干箱产品进行质量检验，从粮食仓库中不同的地点取出若干粮食样本进行含杂量、含水量的检验等。

（二）抽签法

抽签法是指先给每个单位编上序号，将号码写在纸片上，掺和均匀后从中抽选，抽到哪个单位就调查哪个单位，直到抽够预定的数量为止。这种方法简单易行，若总体单位数目不多时可以使用。

二、分层抽样

分层抽样法，也称类型抽样法，是将总体单位按其属性特征分成若干类型或层，然后在类型或层中随机抽取样本单位。分层抽样的特点是，由于通过划类分层，增大了各类型中单位间的共同性，容易抽出具有代表性的调查样本。该方法适用于总体情况复杂，各单位之间差异较大，单位较多的情况。

分层抽样的具体程序是：把总体各单位分成两个或两个以上的相互独立的完全的组（如男性和女性），从两个或两个以上的组中进行简单随机抽样，样本相互独立。总体各单位按主要标志加以分组，分组的标志与关心的总体特征相关。例如，正在进行有关程序员工资水平的调查，初步判别，在程序员这个职业里面，男性的数量远大于女性，那么性别应是划分层次的适当标准。如果不以这种方式进行分层抽样，分层抽样就得不到什么效果，花再多时间、精力和物资也是白费。

三、等距抽样

等距抽样，也称机械抽样或系统抽样，是将总体各单位按一定标志或次序排列成为图形或一览表式（也就是通常所说的排队），然后按相等的距离或间隔抽取样本单位。

等距抽样的特点是抽出的单位在总体中是均匀分布的，且抽取的样本可少于纯随机抽样。等距抽样既可以用同调查项目相关的标志排队，也可以用同调查项目无关的标志排队。等距抽样是实际工作中应用较多的方法，目前我国城乡居民收支等调查，都是采用这种方式。

四、整群抽样

整群抽样也称成组抽样。它是先将总体各单位划分为许多群,然后以群为单位,从中随机抽取部分群,对选中群的所有单位进行全面调查。其缺点是由于样本在总体中太集中,分布不均匀,与其他几种抽样方式相比较,误差较大,代表性较差。但是如果群内差异大而群间差异小,即群内方差大,群间方差小,则样本代表性提高,抽样误差减少。考虑到编制名单和抽选样本的工作比其他各种组织形式省事,调查也集中方便,这时整群抽样又是有益的。

五、多阶段抽样

多阶段抽样又称多级抽样,是指在抽取样本时,分为两个及两个以上的阶段从总体中抽取样本的方法。例如,调查一线城市的居民生活质量,第一阶段抽取了某个一线城市后,可以进一步按区县将该城市总体分割为不同的群,并选择其中的某个区县做进一步分析。

任务三　测量抽样误差

一、抽样误差的概念及影响抽样误差的因素

(一) 统计误差的种类和抽样误差的概念

1. 统计误差的种类

在实际抽样调查过程中会产生两种统计误差,即登记性误差和代表性误差。

登记性误差也称调查误差或工作性误差,它是在任何统计调查过程中都可能发生的,由于主客观原因在登记、记录、汇总和计算上所产生的人为误差。这种误差是完全可以避免的。

代表性误差又可分为系统性误差和偶然性误差两种。系统性误差是指由于违背抽样调查的随机原则,有意选择较好或较差的单位进行调查,从而造成样本的结构不完全等同于总体的结构,即样本的代表性不足所引起的误差。这种误差是可以防止和避免的。偶然性误差则是抽样调查所特有的误差,称为抽样误差。这种误差是由于抽样调查时只抽取一部分单位进行调查,无论样本选取有多么公正、设计多么完善,都必然会损失掉一些信息,或多或少地存在着一些误差,这种误差是无法避免的,只能加以控制。

2. 抽样误差的概念

抽样误差是指由于随机抽样的偶然因素使样本各单位结构不足以代表总体各单位结构,从而引起的样本指标与总体指标之间的离差,如样本平均数与总体平均数的离差($\bar{x}-\bar{X}$),样本成数与总体成数的离差($p-P$)等。

抽样误差是抽样所固有的误差，凡进行抽样就一定会产生抽样误差，并且这种抽样误差是无法计算的，因为全及总体平均数 $\bar{X}$ 或全及总体成数 P 是无法得知的未知数，所以实际的抽样误差无从求得。

（二）影响抽样误差的主要因素

影响抽样误差的主要因素有以下 4 个方面：

1. 全及总体各单位标志值的变异程度

在其他条件不变的情况下，抽样误差的大小与标志变异的程度成正比。变异程度越大，则抽样误差越大，反之抽样误差就越小。这是因为全及总体标志变异越小，表明各单位标志值之间的差异也越小，样本指标与总体指标之间的差异也就越小。如果全及指标的各单位标志值都相等，即标志变异程度等于 0，这时样本指标和总体指标的差异也就不存在了。

2. 样本单位数的多少，即样本容量的大小

在其他条件不变的情况下，所抽取的样本单位数越多，则抽样误差越小，反之抽样误差就越大。即样本单位数与抽样误差成反方向变化。如果抽样数目等于总体单位数 N，则抽样调查就变为全面调查，抽样误差也就不存在了。

3. 抽样方法

抽样方法不同，抽样误差也不同，一般来讲，重复抽样的抽样误差比不重复抽样的抽样误差要大些。

4. 抽样的组织形式

不同的抽样组织形式有不同的抽样误差。一般而言，进行分类随机抽样时，由于总体经过分组，同组内各单位之间的差异比较小，因而它的抽样误差要比简单随机抽样误差和等距抽样误差小；而整群抽样的误差受样本单位分布极不均匀的影响，其误差是最大的。

二、抽样平均误差

（一）抽样平均误差的概念

抽样误差是每一个样本指标与总体真实指标之间的离差，它虽然是客观存在的，但也是无法测算的，并且它随着样本的随机性变化而变化，是一个随机变量，有多少种可能的样本就有多少种可能的抽样实际误差。实际工作中是以抽样平均误差来衡量抽样误差大小的。

抽样平均误差是指所有可能样本的样本指标与全及总体指标之间的平均离差，即所有可能出现的样本指标的标准差。

根据抽样平均误差的概念可得其理论计算公式为：

$$\mu_{\bar{x}} = \sqrt{\frac{\sum (\bar{x}-\bar{X})^2}{M}}$$

$$\mu_p = \sqrt{\frac{\sum(p-P)^2}{M}}$$

式中 $\mu_{\bar{x}}$ 为抽样平均数的平均误差;μ_p 为抽样成数的平均误差;$\bar{x}$ 为样本平均数;$\bar{X}$ 为总体平均数;p 为样本成数;P 为总体成数;M 为全部可能的样本个数。

上述公式从理论上说明了抽样平均误差的计算方法,但由于总体平均数和总体成数是未知的,而且也不可能计算出全部的样本指标,所以按上述公式来计算抽样平均误差是无法实现的。

(二)抽样平均误差的计算

1. 样本平均数的抽样平均误差(即样本平均数的抽样误差)

在重复抽样条件下,样本平均数的抽样平均误差计算公式为:

$$\mu_{\bar{x}} = \sqrt{\frac{\sigma^2}{n}} = \frac{\sigma}{\sqrt{n}}$$

式中 $\mu_{\bar{x}}$ 为样本平均数的抽样平均误差;σ^2 为全及总体平均数方差;σ 为全及总体平均数标准差;n 为样本单位数。

由上述公式可以看出,抽样平均误差的大小与总体标准差成正比,而与样本单位数的平方根成反比。

在不重复条件下,样本平均数的抽样平均误差计算公式为:

$$\mu_{\bar{x}} = \sqrt{\frac{\sigma^2}{n}\left(\frac{N-n}{N-1}\right)}$$

在总体单位数 N 很大的情况下,上述公式可近似地表示为:

$$\mu_{\bar{x}} = \sqrt{\frac{\sigma^2}{n}\left(1-\frac{n}{N}\right)}$$

式中 $1-\frac{n}{N}$ 为修正系数。

从上述公式可以看出,抽样平均误差与总体标准差成正比,而与样本单位数呈反向变动。由于总体标准差是不能改变的,因此,要减少抽样平均误差只能增大样本单位数 n。另外由于修正系数值是大于 0 而小于 1 的正数,所以不重复抽样平均误差必然小于重复抽样平均误差。

应用上述公式时应注意:公式中的 σ 是全及总体指标的标准差,但事实上,全及总体指标是未知的,所以通常都用样本总体的标准差来代替。实践证明,用样本的标准差来代替总体的标准差,只要组织工作得当,抽样数目足够,一般都能获得满意的效果。

例 5-1

某地有居民 10 000 户,对其进行月收入调查,随机抽取 1% 户进行抽样调查,数据如表 5-4 所示,计算样本平均数的抽样平均误差。

表 5-4 某地居民月收入调查表

月收入（元）	居民数（户）
200 以下	5
200~400	18
400~600	30
600~800	25
800~1 000	12
1 000 及以上	10
合计	100

解：根据上表计算的平均月收入和标准差分别为：

$$\bar{x}=\frac{\sum xf}{\sum f}\approx 602$$

$$s=\sqrt{\frac{\sum (x-\bar{x})^2 f}{\sum f}}\approx 264.57$$

在重复抽样条件下，抽样平均误差为：

$$\mu_{\bar{x}}=\sqrt{\frac{\sigma^2}{n}}=\frac{\sigma}{\sqrt{n}}=\frac{264.57}{\sqrt{100}}\approx 26.64$$

在不重复抽样条件下，抽样平均误差为：

$$\mu_{\bar{x}}=\sqrt{\frac{\sigma^2}{n}\left(1-\frac{n}{N}\right)}=\sqrt{\frac{264.57^2}{100}\times\left(1-\frac{100}{10\ 000}\right)}\approx 26.32$$

2. 样本成数的抽样平均误差（即样本成数的抽样误差）

在重复抽样条件下，样本成数的抽样平均误差计算公式为：

$$\mu_p=t\sqrt{\frac{P(1-P)}{n}}$$

式中 μ_p 为样本成数的抽样平均误差；P 为总体成数；n 为样本单位数。

在不重复抽样的情况下，样本成数的抽样平均误差计算公式为

$$\mu_p=t\sqrt{\frac{P(1-P)}{n}\left(1-\frac{n}{N}\right)}$$

同样，若得不到总体成数资料时，也可以用实际抽样的样本成数来代替。

例 5-2

有一批银行卡共 6 000 张，随机抽取 100 张进行抽查，发现有 6 张不合格，求合格率的抽样平均误差？

解： 合格率为 $p = \frac{100-6}{100} = 0.94 = 94\%$

在重复抽样条件下，合格率的抽样平均误差为：

$$\mu_p = \sqrt{\frac{P(1-P)}{n}} = \sqrt{\frac{0.94 \times (1-0.94)}{100}} = 0.0237 \approx 2.37\%$$

在不重复抽样条件下，合格率的抽样平均误差为：

$$\mu_p = \sqrt{\frac{P(1-P)}{n}\left(1-\frac{n}{N}\right)} = \sqrt{\frac{0.94 \times (1-0.94)}{100} \times \left(1-\frac{100}{6\,000}\right)} \approx 0.0235 = 2.35\%$$

三、抽样极限误差

（一）抽样极限误差的概念

抽样极限误差是从另一个角度来考虑抽样误差的问题。用样本指标推断总体指标时，要想达到完全准确和毫无误差几乎是不可能的，样本指标和总体指标之间总会有一定的差距，所以在估计总体指标时就必须同时考虑误差的大小。

抽样极限误差是指样本指标和总体指标之间抽样误差的可能范围，通常用符号"Δ"表示。由于总体指标是一个确定的数，而样本指标是围绕着总体指标变动的量，它与总体指标可能产生正的离差，也可能产生负的离差，样本指标与总体指标之差的绝对值就可以表示为抽样误差的可能范围。

设 $\Delta \bar{x}$ 与 Δp 分别表示样本平均数和样本成数的抽样极限误差，则有：

$$|\bar{x} - \bar{X}| \leqslant \Delta \bar{x}; |p - P| \leqslant \Delta p$$

如用不等式表示，则有：

$$\bar{X} - \Delta \bar{x} \leqslant \bar{x} \leqslant \bar{X} + \Delta \bar{x}$$

$$P - \Delta p \leqslant p \leqslant P + \Delta p$$

上述公式表明样本平均数 $\bar{x}$（或成数 p）是以总体平均数 $\bar{X}$（或总体成数 P）为中心，在 $\bar{X} - \Delta \bar{x}$ 至 $\bar{X} + \Delta \bar{x}$（或 $P - \Delta p$ 至 $P + \Delta p$）之间变动的，区间 $[\bar{X} - \Delta \bar{x}, \bar{X} + \Delta \bar{x}]$（或区间 $[P - \Delta p, P + \Delta p]$）称为样本平均数（或样本成数）的估计区间，在这个区间内样本平均数（或样本成数）和总体平均数（或总体成数）之间的绝对离差不超过 $\Delta \bar{x}$ 或 Δp。

由于总体平均数和总体成数是未知的，需要用实测的样本平均数和样本成数来估计，因此抽样极限误差的实际意义是希望估计区间 $[\bar{x} - \Delta \bar{x}, \bar{x} + \Delta \bar{x}]$ 能以一定的可靠程度覆盖总体平均数 $\bar{X}$，区间 $[p - \Delta p, p + \Delta p]$ 能以一定的可靠程度覆盖总体成数 P，因而上面的不等式应变为：

$$\bar{x} - \Delta \bar{x} \leqslant \bar{X} \leqslant \bar{x} + \Delta \bar{x}$$

$$p - \Delta p \leqslant P \leqslant p + \Delta p$$

从这两个不等式中可以看出,只要知道样本平均数和样本成数以及抽样极限误差,就可以估计全及总体平均数和全及总体成数。

(二)抽样极限误差的计算

基于概率估计的要求,抽样极限误差通常需要以抽样平均误差 $\mu_{\bar{x}}$ 或 μ_p 为标准单位来衡量,即 $\Delta \bar{x} = t\mu_{\bar{x}}$ 或 $\Delta p = t\mu_P$,t 即为 $\dfrac{\Delta \bar{x}}{\mu_{\bar{x}}}$ 或 $\dfrac{\Delta P}{\mu_P}$,表示误差范围是抽样平均误差的若干倍,称为抽样误差的概率度。而总体平均数 $\bar{X}$(或总体成数 P)落在区间 $[\bar{x} - t\mu_x, \bar{x} + t\mu_{\bar{x}}]$ 或区间 $[p - t\mu_P, p + t\mu_P]$)的概率称为概率保证程度或可靠程度,用"F(t)"表示。由上式可知,当 μ 已知,t 数值越大,抽样极限误差的范围越大(即估计的精确度越低),则总体指标落在 $(\bar{x} \pm \Delta \bar{x})$ 或 $(P \pm \Delta p)$ 的可能性越大,即概率保证程度越大;t 数值越小,抽样极限误差的范围越小(即估计的精确度越高),则总体指标落在 $(\bar{x} \pm \Delta \bar{x})$ 或 $(P \pm \Delta p)$ 的可能性越小,即概率保证程度越小。由此可见,估计的精确度与概率保证程度是一对矛盾的概念,进行抽样估计时必须在两者之间谨慎权衡。在统计抽样推断中常用的概率度 t 与概率保证程度 $F(t)$(即可靠程度)的对照如表 5-5 所示。

表 5-5 常用的概率度 t 与概率保证程度 $F(t)$ 对照表

概率度 t	概率保证程度 $F(t)$(%)
0.50	38.29
1.00	68.27
1.96	95.00
2.00	95.45
2.58	99.00
3.00	99.73

根据抽样误差范围估计的可靠程度,可知抽样极限误差的计算公式,

在重复抽样条件下为:

$$\Delta \bar{x} = t\mu_{\bar{x}} = t \frac{\sigma}{\sqrt{n}} \quad \text{或} \quad \Delta p = t\mu_p = t\sqrt{\frac{P(1-P)}{n}}$$

在不重复抽样条件下为:

$$\Delta \bar{x} = t\mu_{\bar{x}} = t\sqrt{\frac{\sigma^2}{n}\left(1 - \frac{n}{N}\right)}$$

$$\Delta p = t\mu_p = t\sqrt{\frac{P(1-P)}{n}\left(1 - \frac{n}{N}\right)}$$

例 5-3

仍用例 5-1 某地居民月收入的例子,计算该地居民平均月收入的抽样极限误差,并要求抽样的可靠程度为 95.45%。

解:根据表 5-3 可知 t＝2,则可知抽样极限误差的计算公式,

在重复抽样条件下:$\Delta \bar{x} = t\mu_{\bar{x}} = 2 \times 26.46 = 52.92$(元)

在不重复抽样条件下:$\Delta p = t\mu_p = 2 \times 26.32 = 52.64$(元)

任务四 确定抽样推断方法与样本容量

抽样推断是指用样本统计量推断估计总体参数的方法,参数估计是指用计算的样本统计量去推断相应总体指标的方法。一般抽样推断的方法有两种:点估计和区间估计。

一、点估计

点估计是指以样本指标直接作为总体指标的估计方法,也称定值估计,它是以抽样得到的样本统计量作为总体参数的估计量,并以样本统计量的实际值直接作为总体未知参数估计值的一种推断方法。例如,对某高校的金融类学生随机抽取 300 名进行调查,得出其中有 72% 的学生会进行理财投资,每月理财支出在 300 元以上的占 20%,进而就可以以此样本指标作为总体指标。点估计方法虽然简单,但在实际工作中一般不单独使用,因为在抽样估计中样本统计量完全等于总体指标的可能性极小。

点估计的优点是原理直观,计算简便。其不足之处是,这种估计方法没有考虑到抽样估计的误差,更没有指明误差在一定范围内的概率保证程度。要解决这些问题,就要采用区间估计的方法。

二、区间估计

(一)区间估计的概念

区间估计就是把样本指标和抽样极限误差结合起来,推断总体参数的可能范围,并给出总体参数落在这个区间的概率保证程度。区间估计是抽样估计的主要方法,它包括对总体平均数的区间估计和对总体成数的区间估计两种。

(二)区间估计的构成要素

区间估计必须具备三个要素:

(1)点估计量。可以是样本平均数 $\bar{x}$,也可以是样本成数 p。

(2)置信区间。误差范围,即抽样极限误差范围 Δ,通常是由样本指标(点估计量)±抽样极限误差来表示总体指标的估计区间,这个区间也叫置信区间,区间中的最小值称为置信下限,最大值称为置信上限。

(3)概率度 t。反映抽样极限误差的相对程度,根据概率度可确定总体指标落在估计区间的概率保证程度。

(三)区间估计的步骤

(1)抽取样本,计算样本指标,即样本平均数、样本成数、样本标准差。
(2)根据样本资料,计算抽样平均误差。
(3)根据概率保证程度,确定概率度 t,从而计算抽样极限误差。
(4)根据抽样极限误差,确定总体指标的估计区间。

例 5-4

对我国某城镇进行居民年人均旅游消费支出调查,该城镇总共有居民 150 000 人,随机抽取 1 800 人,调查得知居民年人均旅游消费支出额为 900 元,标准差为 200 元,试以 95.45% 的可靠程度推断该城镇年人均旅游消费支出额。

解: 已知 $\bar{x}=900, \sigma=200$。根据 $F(t)=95.45\%$ 查表可知 $t=2$,则:

$$\mu_{\bar{x}}=\sqrt{\frac{\sigma^2}{n}\left(1-\frac{n}{N}\right)}=\sqrt{\frac{200^2}{1\ 800}\times\left(1-\frac{1\ 800}{150\ 000}\right)}\approx 4.69$$

$$\Delta\bar{x}=t\mu_{\bar{x}}=2\times 4.69=9.38$$

该城镇年人均旅游消费支出额的上限为:$900+9.38=909.38$(元)
该城镇年人均旅游消费支出额的下限为:$900-9.38=890.62$(元)
即以 95.45% 的可靠程度估计该城镇居民年人均旅游消费支出额在 890.62~909.38 元。

三、对全及总量指标的推算

抽样估计只能估计出总体平均数或总体成数,而不能直接得到总体总量指标,因此,还有必要根据样本平均数或样本成数与另外一个有关的总量指标之间的关系,直接或间接地对总体的总量指标进行推算。常用的方法有直接推算法和修正系数法。

(一)直接推算法

直接推算法是指利用样本指标乘以全及总体单位数,推算总体总量指标的方法。

1. 利用点估计资料计算

基本公式为:

总体总量指标 = 样本平均数点估计值 × 总体单位数
总体总量指标 = 样本成数点估计值 × 总体单位数

用符号表示为: $Q=\bar{x}N; Q=pN$

式中 Q 为总体总量指标推算值,其他符号同前。

例 5-5

某地区有居民家庭 80 000 户,根据抽样调查的结果,该地区居民家庭户均投资额为

19.5万元,试推算该地区居民家庭总投资额为多少。

解:该地区居民家庭总投资额 = 80 000 × 19.5 = 1 560 000(万元)

2. 利用区间估计资料计算

基本公式为:

$$总体总量指标 = 总体指标的区间估计值 \times 总体单位数$$
$$总体总量指标 = 总体成数的区间估计值 \times 总体单位数$$

用符号表示为:

$$Q = [(\bar{x} - \Delta\bar{x})N, (x + \Delta\bar{x})N]; Q = [(p - \Delta p)N, (p + \Delta p)N]$$

例 5-6

以例 5-4 的资料为例,以 95.45% 的可靠性推断该市旅游消费年总支出额的数量范围。

解:已知该城镇年人均旅游消费支出额估计区间为 [890.62, 909.38](元)

因此,该城镇旅游消费年总支出额的数量范围为 [133 593 000, 136 407 000](元)

(二)修正系数法

修正系数法又称系数换算法。它是用抽样调查资料与相应范围的全面调查资料对比,计算出修正系数,并以此修正、补充全面调查的结果。该方法有两大作用:用来推算未知的总量指标;用来修正已有的总量指标。

四、必要样本容量的确定

在抽样调查中,抽样一般采用大样本,但样本单位数的多少不仅仅与抽样误差有关,还与调查经费有直接关系。如果样本单位数过大,虽然抽样误差小,但抽样调查的工作量增大,耗用的时间和费用也会增多,体现不出抽样调查的优点;反之,如果样本单位数太小,抽样误差增大,抽样调查就会失去意义。因此,在抽样调查设计中应该重视研究现象的变异程度、估计误差的要求和样本单位数之间的关系,做出科学的选择。

必要的样本单位数,就是指在抽样误差不超过给定的允许范围的条件下至少应抽取的样本单位数。

(一)确定样本单位数的方法

由于样本单位数 n 是抽样极限误差公式的组成部分,所以可以根据抽样极限误差公式推导出样本单位数。以简单随机抽样为例,确定总体平均数或总体成数所必需的样本单位数 n,公式如下。

重复抽样下的必要样本单位数:

$$n_{\bar{x}} = \frac{t^2 \sigma^2}{\Delta_{\bar{x}}^2} \text{ 或 } n_p = \frac{t^2 P(1-P)}{\Delta_P^2}$$

不重复抽样下的必要样本单位数:

$$n_{\bar{x}}=\frac{Nt^2\sigma^2}{N\Delta_{\bar{x}}^2+t^2\sigma^2} \text{ 或 } n_p=\frac{Nt^2P(1-P)}{N\Delta_P^2+t^2P(1-P)}$$

在确定必要样本单位数时应注意,公式中的总体指标一般可以用以前的经验数据或样本数据来代替,原则上一切抽样调查在计算必要样本单位数时,都可以用重复抽样公式计算。

(二) 影响样本单位数的因素

影响样本单位数的因素主要有以下 3 个。

1. 总体标准差

在其他条件不变的情况下,总体标准差与必要样本单位数成正比。总体标准差越大,说明总体各单位标志值的差异程度越大,则必要样本单位数就越多;反之,总体标准差越小,则必要样本单位数就越少。

2. 抽样极限误差

在其他条件不变的情况下,抽样极限误差与必要样本单位数成反比。允许的误差范围越大,意味着推断的精确度要求越低,必要样本单位数就越少;反之,允许误差范围越小,意味着推断的精确度要求越高,必要样本单位数就越多。

3. 抽样方法及抽样的组织形式

根据抽样方法和抽样的组织形式不同,必要样本单位数的多少也不同。在其他条件不变的情况下,重复抽样条件下的必要样本单位数多于不重复抽样条件下的必要样本单位数;一般类型抽样比简单随机抽样的必要样本单位数少。

课堂实训——抽样推断的 Excel 运用

本实训利用 Excel 来实现区间估计的操作,掌握使用 Excel 进行数据的抽样估计分析的方法。

一、实训目标

了解中国股票的股价情况,利用整群抽样的方法抽取 2018 年至 2021 年沪深 300 指数 4 年的收盘价进行分析,估算出高于 4 250 收盘价的比例。本次实训属于大样本的抽样估计,可以认为样本服从正态分布,因此可以利用总体均值的区间估计和总体比例的区间估计方法进行操作,具体操作方法如下。

二、操作方法

(1) 单击"数据"选项卡下的"分析",出现"数据分析"对话框,打开"数据分析"对话框,在"分析工具"列表框中选择"描述统计"选项,单击"确定"按钮,如图 5-3 所示。

(2) 打开"描述统计"对话框,将输入区域指定为 B2:B974 单元格区域,"分组方式"选中"逐列",将输出区域指定为 E3 单元格,选中"汇总统计",复选框"平均数置信度"复选框,将置信度设置为"95%",然后选中"第 K 大值"和"第 K 小值"复选框,单击"确

140　项目五　抽样推断法分析

定"按钮,如图 5-4 所示。

（3）选择 I3 单元格,单击编辑栏中的"插入函数"按钮"fx",打开"插入函数"对话框,在"或选择类别"下拉列表中选择"统计"选项,在"选择函数"列表框中选择"NORM.S.INV"选项,单击"确定"按钮,如图 5-5 所示。

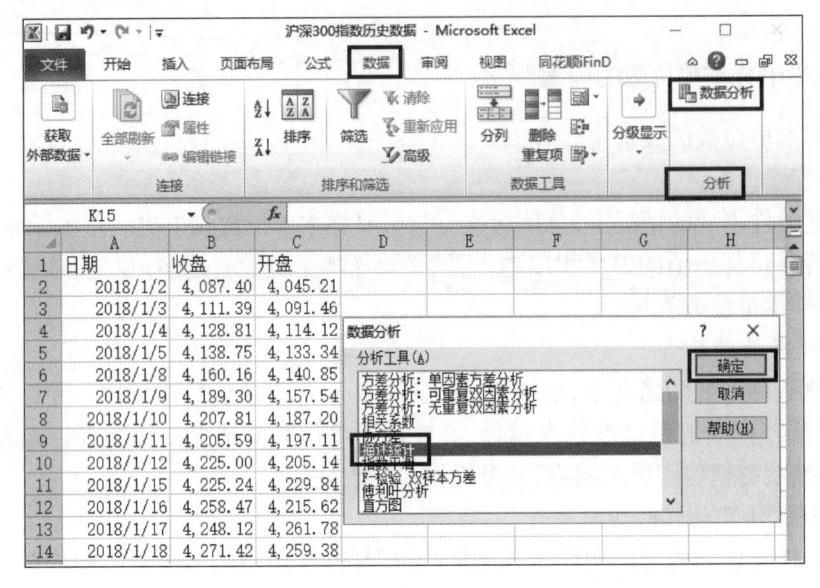

图 5-3　选择分析工具

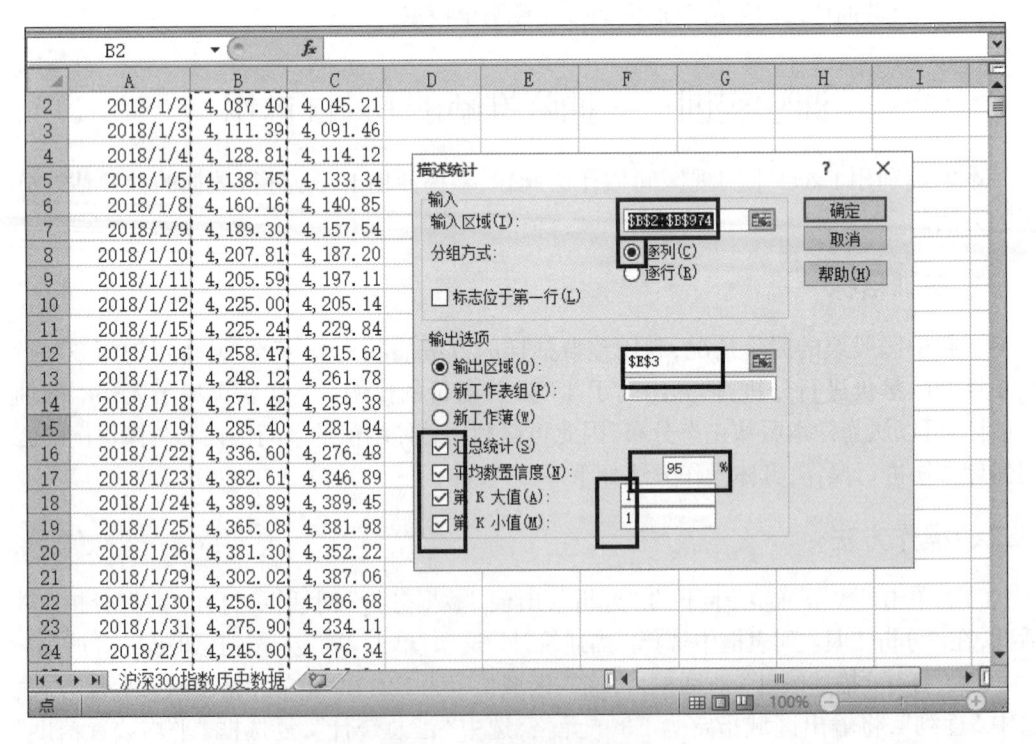

图 5-4　设置描述统计参数

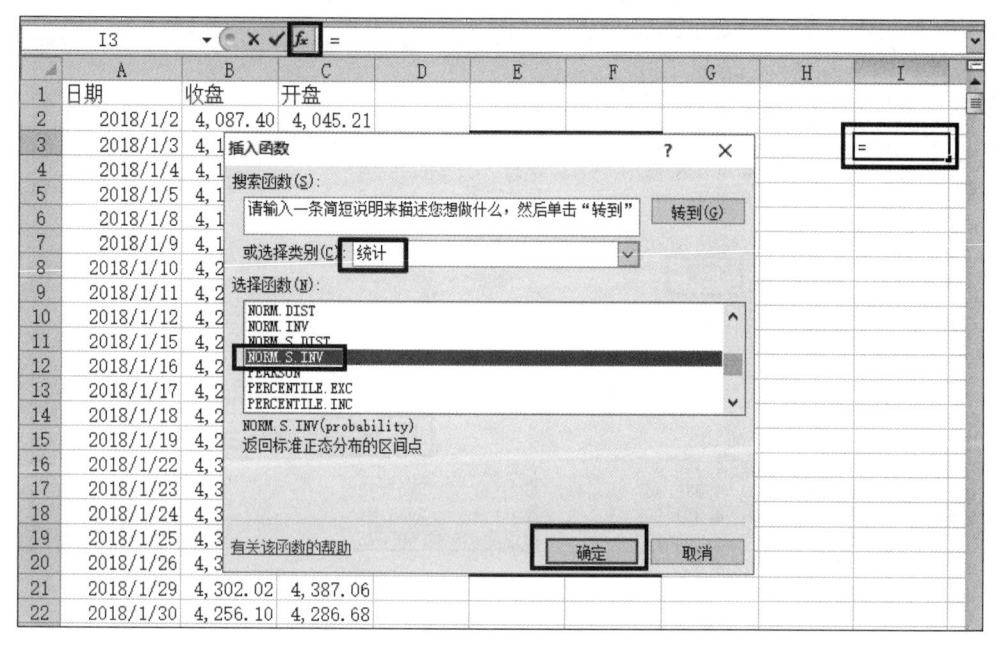

图 5-5 选择函数

（4）打开"函数参数"对话框，在"Probability"文本框中输入"0.025"，单击"确定"按钮，如图 5-6 所示。计算总体均值的区间估计时，如果总体标准差未知，可用样本标准差代替，此时计算公式为 $\bar{x} \pm z_{\alpha/2} \dfrac{s}{\sqrt{n}}$，计算公式里的 $\bar{x}$、s、n 等变量都通过描述统计计算出来了，因此需要计算 $z_{\alpha/2}$ 这个变量，上述 NORM.S.INV 函数便是计算该变量的专用函数。由于本例的置信水平为 95%，$(1-\alpha)=0.95$，因此 $\alpha=0.05$，则 $\dfrac{\alpha}{2}=0.025$，因此该函数的 Probability 参数应设置为"0.025"，如图 5-6 所示。

（5）得到所有变量后，可利用公式计算总体均值置信区间的置信下限和置信上限。选择 I5 单元格，在编辑栏中输入"＝F5－(－I3)*F9/SQRT(F17)"，其中"－I3"表示将 I3 单元格中的负数调整为正数，SQRT 函数表示开平方根，按【Enter】键计算结果，如图 5-7 所示。

（6）选择 J5 单元格，在编辑栏中输入"＝F5＋(－I3)*F9/SQRT(F17)"，按【Enter】键计算结果，如图 5-8 所示。对此结果的把握程度为 95%。

（7）分析总体比例的区间估计。若总体比例未知，可用样本比例代替。这里首先计算样本比例。选择 I7 单元格，单击编辑栏中的"插入函数"按钮"f_x"，打开"插入函数"对话框，在"或选择类别"下拉列表中选择"统计"选项，在"选择函数"列表框中选择"COUNTIF"选项，单击"确定"按钮，如图 5-9 所示。

图 5-6 设置函数参数

图 5-7 计算置信下限的值

图 5-8 计算置信上限的值

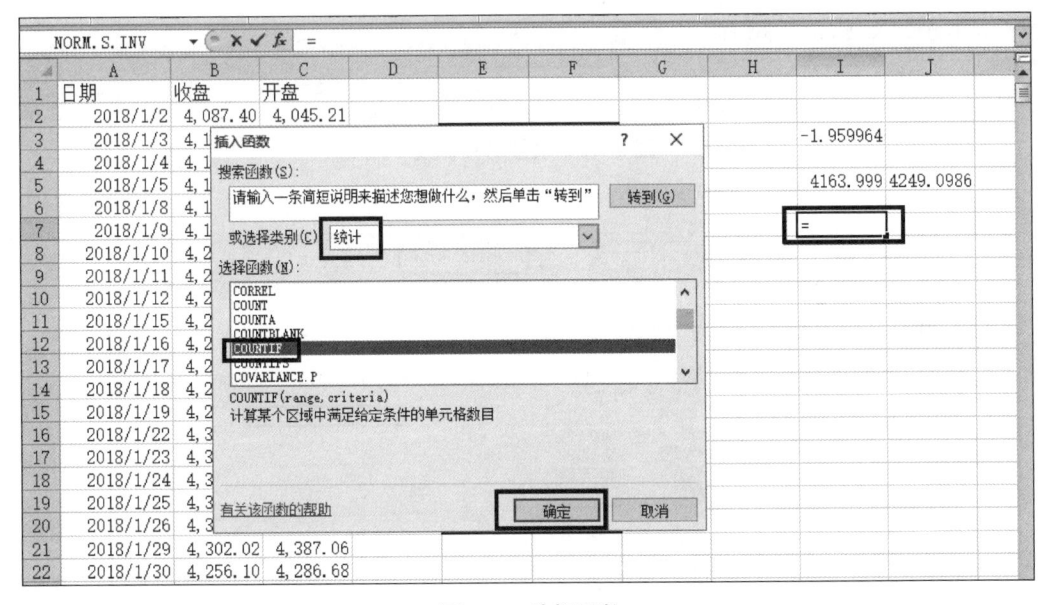

图 5-9 选择函数

（8）打开"函数参数"对话框，在"Range"文本框中引用 B2:B974 单元格区域，在"Criteria"文本框中输入">4 250"，表示统计 B2:B974 单元格区域中数据大于 4 250 的单元格个数，单击"确定"按钮，如图 5-10 所示。

（9）继续在编辑栏中的公式后输入"/COUNT（B2:B974）"，按【Enter】键计算出样本比例，如图 5-11 所示。

（10）利用公式计算总体比例置信区间的置信下限。选择 I9 单元格在编辑栏中输入"=I7-（-I3）*SQRT（I7*（1-I7）/F16）"，按【Enter】键返回结果，如图 5-12 所示。

（11）选择J9单元格,在编辑栏中输入"=I7+(−I3)*SQRT(I7*(1−I7)/F16)",按【Enter】键返回结果,如图5-13所示。说明高于4 250的收盘价比例在39.11%～39.20%,对此结果的把握程度为95%。

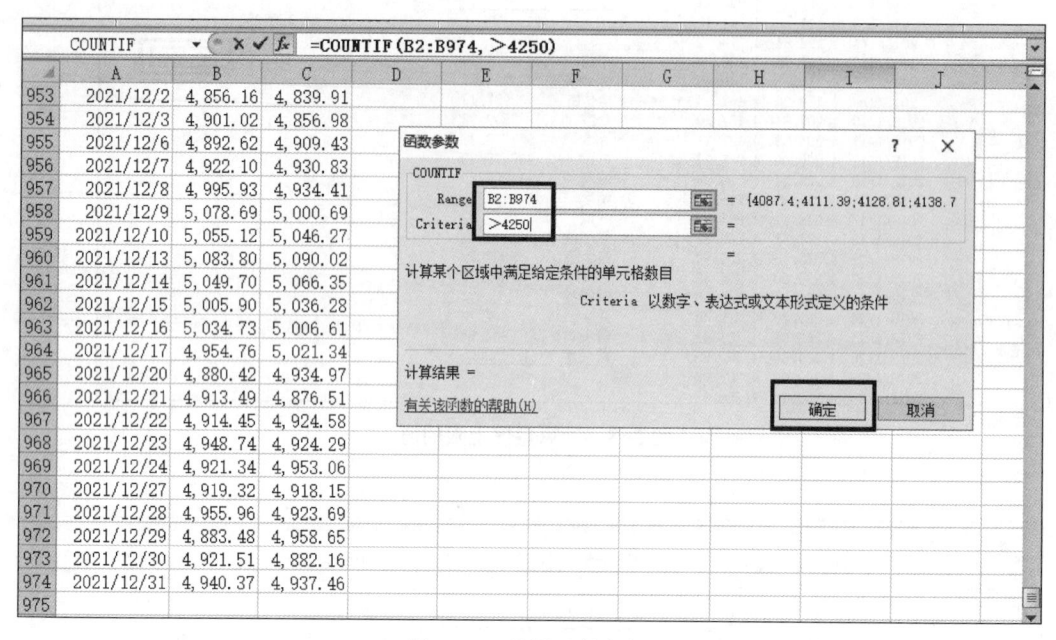

图 5-10　设置函数参数

图 5-11　计算样本比例

图 5-12 计算置信下限的值

图 5-13 计算置信上限的值

思考与练习

真实性乃数据质量之基础

一、单项选择题

1. 一般来说,样本单位数达到或超过( )个称为大样本。
   A. 20   B. 30   C. 9.35   D. 9.40
2. 直接抽选法属于( )。
   A. 整群抽样   B. 分层抽样   C. 等距抽样   D. 简单随机抽样
3. "先给每个单位编上序号,将号码写在纸片上,掺和均匀后从中抽选,抽到哪个单位就调查哪个单位,直到抽够预定的数量为止",此类方法为( )。

A. 直接抽选法　　B. 分层抽样　　　C. 抽签法　　　　D. 等距抽样

二、多项选择题

1. 抽样推断的特点包括（　　　　）。
A. 按照随机原则选择样本单位
B. 可以用样本指标推断总体指标
C. 抽样推断的误差可以事先计算并加以控制
D. 抽样推断的误差无法控制
2. 下列选项中，属于抽样推断的作用的是（　　　　）。
A. 在无法进行全面调查的情况下可以使用抽样推断
B. 对全面调查资料进行评价与修正
C. 用于工业生产管理中的质量控制
D. 能节省人力、物力、财力和时间等资源
3. 影响抽样误差的主要因素包括（　　　　）。
A. 全及总体各单位标志值的变异程度　　B. 样本单位数的多少
C. 抽样方法　　　　　　　　　　　　　D. 抽样的组织形式
4. 点估计的优点包括（　　　　）。
A. 考虑到了抽样估计的误差
B. 确定了误差在一定范围内的概率保证程度
C. 原理直观
D. 计算简便

三、判断题

1. 抽样调查可以对数据量大的全面调查进行修正。（　　）
2. 样本容量是指一个总体最多可能抽取的样本的数量。（　　）
3. 重复抽样指从全及总体中抽取样本时，随机抽取一个样本单位，登记其序号或标志值之后，又将其放回全及总体中去重新抽取，再从全及总体中又随机抽取第二个样本单位，同样登记其序号或标志值之后，又将其放回全及总体中去，如此反复抽样、反复放回，直到抽完 n 个样本单位为止。（　　）
4. 在实际抽样调查过程中会产生两种统计误差，即登记性误差和代表性误差，其中登记性误差是无法避免的。（　　）
5. 抽样的误差可以通过计算得到。（　　）
6. 偶然的代表性误差无法避免，只能加以控制。（　　）
7. 用样本指标推断总体指标时，可以忽略误差值。（　　）
8. 点估计是抽样估计的主要方法。（　　）
9. 总体标准差越大则必要的样本单位数越多；反之则越少。（　　）

四、简答题

1. 优良估计量的标准是什么？
2. 区间估计必须具备的要素有哪些？
3. 进行区间估计的步骤有哪些？
4. 分层抽样的特点是什么？

项目实训

了解中国股票的股价情况

2012—2022年这十年，中国资本市场走了一条艰难探索的道路，在中国金融和资本市场不断开放的过程中爆发了2015年股市危机；2018年7月，由美国政府挑起的中美贸易战，以及后来的科技战，给中国经济和中国资本市场带来了全面的考验。从数据上看，中国资本市场在这十年也发生了较大变化，这种变化是积极的变化，上市公司数量有了大幅增加。2012年底，中国上市公司有2 494家，到2022年7月1日已经达到了4 733家。上市公司的数量在全球排第二位。

项目要求：利用随机抽样的方法分别抽取上证指数2012—2016年和2017—2021年的收盘价进行数据分析，对比这两个时间段股价之间的差异。

项目六　统计指数分析

自 20 世纪中期以来,随着有关金融结构、金融发展与经济增长的理论探讨逐渐深入,关于金融发展这一问题的研究范畴也在不断拓展,主要围绕在对金融发展水平的量化,分析金融效能、金融状况、金融稳定、金融风险、金融包容等问题上。这些问题因为研究的对象较为复杂,涵盖的内容和范围较为广泛,单一或几个指标已不能全面地代表金融发展的水平和程度,而采用多指标的指标体系或合成指数衡量的方法来说明一个较为复杂的宏观金融现象或范畴渐成趋势。统计指数不仅直观地反映了人们所关心的研究对象在数量上的变动,还能更好地反映出长期变动的规律及趋势,对于经济分析而言十分便利。

学习目标

知识目标

（1）了解统计指数的概念、作用和种类。
（2）掌握综合指数与平均指数的编制方法及编制特点。
（3）了解指数在社会经济问题中的应用。
（4）熟悉建立指数体系并从绝对数和相对数两个方面进行因素分析的方法。

能力目标

（1）能够编制综合指数和平均指数,并把握统计指数的现实意义。
（2）能根据实际资料构建总量指标和平均指标的指数体系并进行因素分析。

素养目标

（1）通过统计指数分析培养严谨细致的职业态度。
（2）在分析社会经济问题时,具备科学创新思维,发挥创新思维构建科学合理的模型分析现实问题,以便更好地解决问题。

> **案例导入**
>
> 2021年9月浙江省居民消费价格指数高于全国居民消费价格指数平均水平,如表6-1所示。
>
> **表6-1　2021年9月浙江省居民消费价格指数与全国比较**
>
> | 项目名称 | 浙江省(%) | 全国(%) | 差距(%) |
> | --- | --- | --- | --- |
> | 居民消费价格指数 | 101.1 | 100.7 | 0.4 |
> | 一、食品烟酒类 | 98.2 | 97.2 | 1 |
> | 二、衣着类 | 100 | 100.5 | −0.5 |
> | 三、居住类 | 101 | 101.3 | −0.3 |
> | 四、生活用品及服务类 | 101.2 | 100.5 | 0.7 |
> | 五、交通和通信类 | 105.6 | 105.8 | −0.2 |
> | 六、教育文化和娱乐类 | 105.3 | 103.2 | 2.1 |
> | 七、医疗保健类 | 100.6 | 100.4 | 0.2 |
> | 八、其他用品和服务类 | 94.9 | 97.2 | −2.3 |
>
> (资料来源:国家统计局网站)
>
> 居民消费价格指数是反映一定时期内城乡居民所购买的消费品和服务项目价格水平变动情况的宏观经济指标。居民消费品和服务项目所包含的是一个复杂的社会经济总体,无法简单地进行直接对比来了解该总体的综合变动方向和程度,居民消费价格指数的编制,则能够有效地解决这一问题。

任务一　认识统计指数

一、统计指数的概念

统计指数是分析社会经济现象数量变化的一种重要的统计方法。它产生于18世纪后半叶,当时欧洲物价骤然上涨,引起了社会的普遍关注。经济学家为了测定物价的变动,开始尝试编制物价指数。在此后的二百多年里,统计指数的理论和应用不断发展,逐步扩展到工业生产、进出口贸易、铁路运输、工资、成本、生活费用和股票证券等各个方面。其中有些指数,如居民消费价格指数(CPI)、零售商品物价指数等,同人们的生活休戚相关。例如生产资料价格指数、股票价格指数等,直接影响到人们的投资活动,成为社会经济的晴雨表。目前,统计指数已经成为分析社会经济和预测社会经济景气度的重要工具。

从广义上讲,凡是表明社会经济现象总体数量变动的相对数,都是指数。广义的指数所研究的现象总体是简单现象总体,即总体中的单位数或标志值可以直接加以总计。如某一种产品的产量、成本、产值和利润等。根据统计指数广义的概念,前面讲过的比较相对数、动态相对数、计划完成程度相对数等,都可以称为统计指数。

然而,在研究诸如各种商品销售量动态变化时,由于各种商品的计量单位不同,就不能采取直接相加的办法求出各个时期的总销售量,也无法将两个不同时期的总销售量直接进行对比来说明全部商品销售量的总动态,因此,必须利用一种特殊的相对指标,这就是狭义的统计指数。狭义的统计指数就是综合反映不能直接加总计算的多种事物复杂现象数量变动情况的相对数。社会经济问题中常见的统计指数有居民消费价格指数、工业生产指数、股票价格指数等。本项目研究的指数主要是指狭义的统计指数。

二、统计指数的作用

统计指数被广泛用于分析研究社会经济现象的数量关系,其主要作用如下:

(1)综合反映复杂现象总体数量变动的方向和程度。复杂社会经济现象总体往往是由不能直接相加的许多个别事物构成的,统计指数的主要作用就在于能够对这些复杂总体进行科学综合,并反映其总的变动方向和变动程度。例如,某市商品零售价格总指数为110%,它反映该市各种具有不同经济用途和不同计量单位的商品总的零售价格水平报告期比基期上涨了,且上涨幅度为10%。

(2)分析复杂现象总体中各因素的变动对总体变动的影响方向和程度。复杂现象总体的变动是由各因素变动综合影响的,而各因素变动的程度和方向往往并不一致,他们对总体变动的影响也不相同。例如,工业总产值的变动,不仅受工业产品产量多少的影响,而且还要受其价格高低的影响,两个因素的共同影响结果表现为工业产值的总变动。利用指数体系理论,可以深入分析和测定这两个因素的变动及其对工业总产值变动的影响方向和影响程度。

(3)分析复杂现象平均水平变动中各个因素的变动,及其对总平均水平变动的影响方向和程度。总体平均水平的变动不仅受各组水平变动的影响,还受总体内部结构变动的影响。例如,城镇就业人口平均工资水平的变动,既受各行业职工工资水平高低的影响,也受各行业职工构成(比例)变动的影响。利用指数体系理论,可以对全体就业人口的工资水平变动进行分析,同时可以分析各行业职工平均工资变动和各行业职工所占比例的变动及其对全体就业人口平均工资水平变动的影响。

(4)研究现象总体的长期变动趋势。通过编制一系列反映同类现象变动情况的指数形成的指数时间序列,可以反映被研究现象的长期变动趋势。例如,根据2003—2022年这二十年的零售商品的价格资料,编制19个环比价格指数,形成零售商品价格指数数列,由此数列可以揭示商品价格在二十年内的变动方向、变化程度和变化趋势,从而研究物价变动对经济建设和人民生活水平的影响程度。

三、指数的种类

从不同角度出发,统计指数可以作以下分类。

(一)按反映现象的范围不同,统计指数分为个体指数和总指数

1. 个体指数

个体指数又称单项指数,是说明个别单项事物数值变动的相对数,一般用符号"k"表示。它适用于同类简单现象数量变动的计算,如某一产品价格指数、销售量指数和成本指数等。个体指数的计算公式为:

$$个体指数 = \frac{报告期指标}{基期指标}$$

用符号表示为:

$$k_q = \frac{q_1}{q_0}; k_p = \frac{p_1}{p_0}$$

式中k_q为数量指标个体指数;k_p为质量指标个体指数;q为数量指标(下标数1表示报告期;下标数0表示基期);p为质量指标(下标数1表示报告期;下标数0表示基期)。

2. 总指数

总指数是综合说明复杂现象全部要素综合变动的相对数。其特点是多种事物的计量单位不同,不能够直接相加。总指数一般用符号"$\bar{K}$"表示。例如,反映多种商品销售量变动的总指数用符号"$\bar{K}_q$"表示;反映多种商品价格变动的总指数用符号"$\bar{K}_p$"。

指数分析常常与统计分组结合运用,即对总体进行分类或分组,并按类(组)编制指数。这样在总指数与个体指数之间又产生了一系列类(组)指数。例如工业总产量指数分为重工业指数和轻工业指数,居民消费价格指数分为食品类、衣着类和日用品类价格指数等。类(组)指数实质上也是总指数,因为它也是对不能直相加的复杂现象总体的综合反映。

(二)按反映现象的性质不同,统计指数分为数量指标指数和质量指标指数

数量指标指数是综合反映现象总体规模数量变动状况的相对数,如多种商品销售量指数、职工人数指数等。

质量指标指数是综合反映现象总体内在数量关系变动情况的相对数,如多种商品的价格指数、职工平均工资指数、劳动生产率指数等。

(三)按对比的基期不同,统计指数分为定基指数、环比指数和年距指数

定基指数是反映社会现象的报告期数量与某一固定时期的数量进行对比的相对数。环比指数是反映社会现象报告期数量与报告期前一期的数量进行对比的相对数。年距指数是反映报告期数量与上年同期(同日、同月、同季)的同类现象数量对比的相对数。

(四)按编制的方法不同,统计指数分为综合指数和平均指数

综合指数是指通过同度量因素,将两个时期不能同度量的现象指标过渡到能够同度

量的指标,然后再计算得出的指数。它是总指数编制的基本形式。综合指数又可分为数量指标综合指数和质量指标综合指数两类。

平均指数是指从个体指数出发,通过对个体指数进行加权平均计算而编制的指数。平均指数又可分为加权算术平均数指数和加权调和平均数指数两类。

任务二 编制总指数

通常所说的指数实际上是指总指数,它是个体指数的综合。编制总指数的方法分为综合指数的编制方法和平均数指数的编制方法。

一、综合指数的编制

(一)综合指数的概念

综合指数是计算总指数的一种基本形式。它是将两个同类但不能同度量的复杂现象的数量转化为可同度量的数量,之后再进行加总和对比以说明复杂现象数量变动情况的相对数。

(二)综合指数编制的基本原理

编制综合指数首先必须明确两个概念:一是"指数化指标",二是"同度量因素"。指数化指标就是编制综合指数所要测定的因素,如商品价格综合指数所要测定的因素是价格,所以价格就是一个指数化指标;同度量因素是指媒介因素,借助媒介因素把不能直接加总的因素过渡到可以加总,所以称其为同度量因素。编制综合指数的目的是测定指数化指标的变动,因此,在对比的过程中对同度量因素应加以固定。

编制综合指数的基本方法是"先综合,后对比"。例如,编制价格综合指数反映市场商品价格总变动,其步骤是:首先把市场各种商品价格乘以同度量因素加以综合,然后再进行对比。

(三)综合指数的分类及其编制

综合指数分为数量指标综合指数和质量指标综合指数。综合指数编制的关键是同度量因素的选择和同度量因素时期的确定。无论是数量指数还是质量指数,同度量因素都可以选择固定在基期或报告期。

固定的时期不同,编制综合指数时选择的方法就不同,具体分为拉氏指数编制方法和帕氏指数编制方法两种。拉氏指数是德国统计学家拉斯贝尔斯于1864年提出的,其特点是将同度量因素固定在基期水平上,因此也称为基期综合指数。帕氏指数是由德国另一位统计学家帕舍于1874年提出的,其特点是将同度量因素固定在报告期水平上,因此也称为报告期综合指数。

1. 数量指标综合指数的编制

当编制的综合指数的指数化因素是数量指标时,得到的就是数量指标综合指数。常见的有商品销售量指数、工业产品产量指数、农副产品产量指数、职工人数指数等。下面以计算商品销售量指数为例来说明数量指标综合指数的编制。

例 6-1

某商场三种商品的销售资料如表 6-2 所示,试计算三种商品的销售量指数。

表 6-2 三种商品销售资料

商品名称	计量单位	销售量 基期 q_0	销售量 报告期 q_1	销售价格(元) 基期 p_0	销售价格(元) 报告期 p_1
A 商品	件	600	510	100	110
B 商品	台	60	60	300	270
C 商品	支	800	840	10	10

分析: 三种商品的销售量指数是数量指标综合指数。从资料上看,三种商品的计量单位都不相同,所以不能将三种商品销售量直接加总来进行对比,这种计算是毫无意义的。必须引进同度量因素——商品销售价格,从而把不能直接加总的商品销售量指标过渡为可以加总的商品销售额指标。作为同度量因素的商品价格可以固定在基期(即拉氏指数),也可以固定在报告期(即帕氏指数),采用不同时期的商品价格计算商品销售量指数可以得到不同的结果。那么,究竟选择哪一个时期,应该由指数的经济含义和指数体系的要求来决定。下面分别利用拉氏指数和帕氏指数进行计算,分析两种方法的优劣,并作出判断。

(1)以基期价格作为同度量因素,即采用拉氏指数法,其计算公式为:

$$\bar{K}_q = \frac{\sum q_1 p_0}{\sum q_0 p_0}$$

按表 6-1 中的资料计算,得到三种商品的销售量指数为:

$$\bar{K}_q = \frac{\sum q_1 p_0}{\sum q_0 p_0} = \frac{510 \times 100 + 60 \times 300 + 840 \times 10}{600 \times 100 + 60 \times 300 + 800 \times 10} = \frac{77\ 400}{86\ 000} = 90\%$$

$$\sum q_1 p_0 - \sum q_0 p_0 = 77\ 400 - 86\ 000 = -8\ 600(元)$$

计算结果表明,虽然三种商品的销售量有升有降,变动程度不同,但是将三种商品销售量综合起来看,在基期价格水平下报告期销售量下降了 10%,分子分母的差额表明将商品价格固定在基期的条件下,因商品销售量下降导致销售额减少了 8 600 元。

(2)以报告期价格作为同度量因素,即采用帕氏指数法,其计算公式为:

$$\bar{K}_q = \frac{\sum q_1 p_1}{\sum q_0 p_1}$$

按表 6-2 中的资料计算,得到三种商品的销售量指数为:

$$\bar{K}_q = \frac{\sum q_1 p_1}{\sum q_0 p_1} = \frac{510 \times 110 + 60 \times 270 + 840 \times 10}{600 \times 110 + 60 \times 270 + 800 \times 10} = \frac{80\ 700}{90\ 200} \approx 89.47\%$$

$\sum q_1 p_1 - \sum q_0 p_1 = 80\ 700 - 90\ 200 = -9\ 500$（元）

计算结果表明：在报告期价格条件下三种商品报告期销售量比基期下降了 10.53%，分子、分母的差额表明将商品价格维持在报告期水平不变的条件下，因商品销售量下降导致销售额减少 9 500 元。

由以上两种计算方法可见，如果用拉氏数量指数公式计算，即将同度量因素固定在基期，得到的销售额指标的变动中仅包含了商品销售量因素的变动，也就是在原有的价格水平基础上测定商品销售量的综合变动，这与编制商品销售量综合指数的目的相吻合。而如果采用帕氏数量指数公式计算，即将同度量因素固定在报告期，这时商品价格虽然固定不变，但是报告期价格 p_1 是由基期价格 p_0 变化而来，而商品销售额指标按照报告期价格计算，这时在销售额指标中实际上已经包含了商品价格的结构变动。这也就意味着用帕氏数量指数公式所计算的商品销售量综合指数不仅包含了商品销售量的综合变动，也包含了商品价格的结构变动，这与编制商品销售量综合指数的目的不一致。

因此，编制数量指标综合指数时，应将同度量因素固定在基期，一般用拉氏指数计算公式，这也是编制数量指标综合指数时选择同度量因素的一般原则。

2. 质量指标综合指数的编制

当编制的综合指数的指数化因素是质量指标时，就称为质量指标综合指数。常见的有商品销售价格指数、单位成本指数、劳动生产率指数等。

仍以表 6-1 的资料为例，计算该公司三种商品销售价格综合指数，以说明质量指标综合指数的编制方法。从资料上看，三种商品的价格不能直接加总来进行对比。由于商品销售价格乘以商品销售量得到商品销售额后即可同度量，所以，计算商品销售量价格综合指数，就应引进商品销售量作为同度量因素。与编制数量指数综合指数一样，作为同度量因素的商品销售量既可以固定在基期（即拉氏指数），也可以固定在报告期（即帕氏指数）。下面同样分别利用拉氏指数和帕氏指数进行计算，分析两种方法的优劣，并作出判断。

（1）以基期销售量作为同度量因素，即采用拉氏指数法，其计算公式为：

$$\bar{K}_p = \frac{\sum p_1 q_0}{\sum p_0 q_0}$$

按表 6-1 中的资料计算，得到三种商品的销售量指数为：

$$\bar{K}_p = \frac{\sum p_1 q_0}{\sum p_0 q_0} = \frac{110 \times 600 + 270 \times 60 + 10 \times 800}{100 \times 600 + 300 \times 60 + 10 \times 800} = \frac{90\ 200}{86\ 000} \approx 104.88\%$$

$\sum q_1 p_0 - \sum q_0 p_0 = 90\ 200 - 86\ 000 = 4\ 200$（元）

计算结果表明，在基期销售量水平下三种商品价格平均上升了 4.88%，由于商品销售价格上升,使商品销售额报告期比基期增加了 4 200 元。

(2)以报告期价格作为同度量因素,即采用帕氏指数法,其计算公式为:

$$\bar{K}_p = \frac{\sum p_1 q_1}{\sum p_0 q_1}$$

按表 6-2 中的资料计算,得到三种商品的销售量指数为:

$$\bar{K}_p = \frac{\sum p_1 q_1}{\sum p_0 q_1} = \frac{110 \times 510 + 270 \times 60 + 10 \times 840}{100 \times 510 + 300 \times 60 + 10 \times 840} = \frac{80\ 700}{77\ 400} \approx 104.26\%$$

$$\sum q_1 p_1 - \sum q_0 p_1 = 80\ 700 - 77\ 400 = 3\ 300(元)$$

计算结果表明:在报告期销售量条件下三种商品价格平均上升了 4.26%,由于销售价格的上升,使商品销售额报告期比基期增加了 3 300 元。

可见,在编制商品价格综合指数时若采用拉氏质量指数公式计算,即将同度量因素固定在基期,其计算结果表明在基期商品销售量及商品结构条件下商品价格水平的变动方向和程度。分子、分母相减所得到的差额说明由于商品价格水平变动,居民按照基期商品销售量及商品结构购买这三种商品所支出的金额变动情况,这显然是没有现实经济意义的。若采用帕氏质量指数公式计算,即将同度量因素固定在报告期,其计算结果表明在报告期商品销售量及商品结构条件下商品价格水平的变动方向和程度。分子、分母相减所得到的差额说明由于商品价格水平变动,居民按照报告期商品销售量及商品结构购买这三种商品所支出的金额变动情况,这虽然包含了商品销售量的结构变动,但是它更符合编制商品价格综合指数的意义。

因此,计算质量指标综合指数时,同度量因素一般固定在报告期,用帕氏指数计算公式,这也是编制质量指标综合指数时选择同度量因素的一般原则。

二、平均指数的编制

运用综合指数法计算总指数,需要占用全面的统计资料,但在有些情况下却难以取得全面的资料。针对物价指数而言,它不仅要有全部商品的价格和销售量资料,而且还要有不同时期的系统记录。在统计工作中,要搜集到全部商品不同时期的价格和销售量资料,显然存在着一定困难。因此,除了在范围较小且商品品种较少的情况下直接采用综合指数法编制总指数外,在一般情况下较多采用平均指数法来计算总指数。平均指数是以个体指数为基础来计算总指数的,也是总指数的一种重要形式,有其独立应用意义。平均指数根据应用的范围和计算方法不同分为加权算术平均指数和加权调和平均指数。

(一) 综合指数变形的平均指数的编制与应用

1. 加权算术平均指数的编制

加权算术平均指数是指以个体指数为变量值,以一定时期的总值资料为权数,对个体指数进行加权算术平均得到的总指数。

例 6-3

以某商场三种商品销售资料为例(表6-3)计算销售量总指数。(注:为理解加权算术平均指数的应用,仍使用表6-1的例子,但对已知资料的形式作了调整。)

表 6-3 某商场三种商品销售资料

商品名称	计量单位	销售量 基期 q_0	销售量 报告期 q_1	个体指数 $k_q = \dfrac{q_1}{q_0}$ (%)	基期销售额 $p_0 q_0$(元)
A 商品	件	600	510	85	60 000
B 商品	台	60	60	100	18 000
C 商品	支	800	840	105	8 000
合计	—	—	—	—	86 000

解:由于掌握的资料不全,无法直接运用综合指数的公式计算总指数,需公式变形后使用。设 k_q 为商品销售量个体指数,则公式为:

$$k_q = \frac{q_1}{q_0}$$

所以

$$q_1 = k_q q_0$$

$$\bar{K}_q = \frac{\sum q_1 p_0}{\sum q_0 p_0} = \frac{\sum k_q p_0 q_0}{\sum q_0 p_0}$$

式中的 $p_0 q_0$ 为权数。

将表6-3中的资料代入上式得到销售量总指数为:

$$\bar{K}_q = \frac{\sum k_q p_0 q_0}{\sum q_0 p_0} = \frac{0.85 \times 60\,000 + 1 \times 18\,000 + 1.05 \times 8\,000}{86\,000} = \frac{77\,400}{86\,000} = 90\%$$

$$\sum k_q p_0 q_0 - \sum q_0 p_0 = 77\,400 - 86\,000 = -8\,600(元)$$

计算结果表明:三种商品报告期销售量比基期下降了10%,因为商品销售量的下降使销售额减少了8 600元。这与利用拉氏数量指标综合指数计算的结果相同。

从上例可知,当已知个体数量指标指数 k_q 和相应的各项基期总价值指标 $q_0 p_0$ 时,就可以利用加权算术平均数的公式计算数量指标总指数,这样可以极大地简化统计工作。

(2)加权调和平均指数的编制。加权调和平均指数是指以个体指数为变量值,以一定时期的总值资料为权数,对个体指数进行加权调和平均得到的总指数。

在计算质量指标指数时,若掌握了质量指标的个体指数 k_p 和报告期各价值量 $p_1 q_1$ 时,就能以 $p_1 q_1$ 为权数,对个体指数 k_p 按加权调和平均指数形式编制质量指标指数。其

计算公式为:

$$\bar{K}_p = \frac{\sum p_1 q_1}{\sum \frac{1}{k_p} p_1 q_1}$$

式中 $p_1 q_1$ 为权数。

由于 $k_p = \frac{p_1}{p_0}$,代入上式,可得到如下公式:

$$\bar{K}_p = \frac{\sum p_1 q_1}{\sum p_0 q_1}$$

这就说明,用报告期总价值 $p_1 q_1$ 作为权数,采用加权调和平均法得到的加权调和平均指数公式,实际上也是帕式质量指数公式,所以说该公式是质量指标综合指数的变形公式。

例 6-4

以某商场三种商品销售资料为例(表 6-4)计算销售价格总指数。(注:仍使用表 6-1 的例子,但对已知资料的形式做了调整。)

表 6-4 某商场三种商品销售资料

商品名称	计量单位	销售量 基期 p_0	销售量 报告期 p_1	个体指数 $k_p = \frac{p_1}{p_0}$ (%)	基期销售额 $p_1 q_1$(元)
A 商品	件	100	110	110	56 100
B 商品	台	300	270	90	16 200
C 商品	支	10	10	100	8 400
合计	—	—	—	—	80 700

解: 由于掌握的资料不全,无法直接运用综合指数的公式计算销售价格总指数,需公式变形后使用。

$$\bar{K}_p = \frac{\sum p_1 q_1}{\sum p_0 q_1} = \frac{\sum p_1 q_1}{\sum \frac{1}{k_p} p_1 q_1}$$

将表 6-3 中的资料代入上式,得到销售价格总指数为:

$$\bar{K}_p = \frac{\sum p_1 q_1}{\sum \frac{1}{k_p} p_1 q_1} = \frac{80\ 700}{\frac{1}{1.1} \times 56\ 100 + \frac{1}{0.9} \times 16\ 200 + \frac{1}{1} \times 8\ 400} = \frac{80\ 700}{77\ 400} \approx 104.26\%$$

$$\sum p_1 q_1 - \sum \frac{1}{k_p} p_1 q_1 = 80\ 700 - 77\ 400 = 3\ 300(元)$$

计算结果表明：三种商品价格平均上升了 4.26%。由于商品销售价格的上升,使该公司商品销售额报告期比基期增加了 3 300 元。这一结果与用帕氏质量指数公式计算的结果完全一致。

总之,平均指数与综合指数都是总指数的基本形式,都是为了说明复杂现象总体数量的综合变动程度。

2. 固定权数平均指数的编制与应用

前面介绍的由综合指数变形而来的加权算术平均指数和加权调和平均指数计算公式中的权数都是以绝对数的形式出现的,但在实际应用中,常常把这些权数以比重的形式固定下来,一段时间内不作变动,这种权数称为固定权数,用字母"w"表示,$\sum w = 100$。编制固定权数平均指数也可以分为固定权数算术平均指数法和固定权数调和平均指数法两种,两种方法的计算公式分别为:

$$\bar{K} = \frac{\sum kw}{\sum w} = \frac{\sum kw}{100}$$

$$\bar{K} = \frac{\sum w}{\sum \frac{1}{k} w} = \frac{100}{\sum \frac{1}{k} w}$$

在我国的统计实践中,例如商品零售价格指数、居民消费价格指数、农副产品收购价格指数等都是采用固定加权平均数法制的。而由于固定权数加权调和平均指数法在实际中极少应用,这里不予举例介绍,仅以编制我国零售商品价格指数为例,介绍固定权数加权算术平均指数的应用。

例 6-5

某地区某年零售商品价格个体指数及固定权数资料如表 6-5 所示(表中各类零售商品为简单分类,最后一栏为计算栏),利用固定权数计算该地区零售商品价格总指数。

表 6-5　某地区某年零售商品价格个体指数及固定权数资料

项目	价格指数 k_p(%)	固定权数 w(%)	$k_p w$(%)
食品烟酒类	99.9	35	34.965
衣着类	100.6	12	12.072
日用品类	99.9	14	13.986
文化娱乐用品	101.0	11	11.11
书报杂志	100.9	3	3.027
药品及医疗用品	99.6	10	9.96
建筑材料	103.7	9	9.333
燃料	120.3	6	7.218
合计	—	100	101.671

解：由上式计算可得，该地区零售商品价格总指数为：

$$\overline{K}_p = \frac{\sum k_p w}{\sum w} = \frac{101.671\%}{100\%} = 101.67\%$$

计算结果说明，该地区零售商品价格总指数报告期比基期上升了 1.67%。

任务三　了解经济指数的编制及应用

指数作为一种重要的经济分析指标和方法，在社会经济实践中获得了广泛的应用。下面介绍我国乃至世界上几种常见的经济指数。

一、居民消费价格指数

居民消费价格是指居民支付购买消费品和获得服务项目的价格，这与人民的生活水平密切相关，在国民经济体系中占有重要的地位。居民消费价格指数是综合反映各种消费品和生活服务项目价格变动趋势和程度的相对数，通常记为 CPI。它可用来分析居民实际收入水平和生活水平的变化情况，是党和政府研究、制定价格政策和分配政策的重要依据。

我国居民消费价格指数是采用固定加权算术平均指数方法编制的。其主要编制过程和特点如下：

（1）将全国城乡居民消费的商品与服务划分为八大类，包括食品烟酒、衣着、居住、生活用品及服务、交通和通信、教育文化和娱乐、医疗保健以及其他用品和服务。各个大类又分为若干中类，各个中类又分为若干小类。

（2）选择代表规格品，即从以上各类中挑选出具有代表性的商品项目（含服务项目）入编指数，利用有关对比时期的价格资料分别计算个体价格指数。

（3）依据有关时期内各种商品的销售额构成比确定代表规格品的比重权数，它不仅包括代表规格品本身的权数（直接权数），而且还要包括该代表规格品所属的那一类消费品中其他消费品所具有的权数（附加权数），以此提高入编项目对于所有消费品的一般代表性。

（4）按从低到高的顺序，采用固定加权算术平均指数公式，编制各小类、中类的消费价格指数和居民消费价格总指数。其计算公式为：

$$\overline{K}_p = \frac{\sum k_p w}{\sum w}$$

式中的权数 w 通常根据家庭生活收支调查资料确定。

按照统计制度规定，我国 CPI 每五年进行一次基期轮换。每次基期轮换后，调查分类目录、代表规格品和调查网点均有调整，分类权数也有变化，以反映居民消费结构的最新变动。2021 年 1 月开始编制和发布以 2020 年为基期的 CPI。该轮基期仍分为食品烟酒、衣着、居住、生活用品及服务、交通通信、教育文化娱乐、医疗保健、其他用品及服务 8 个大类,基本分类增加至 268 个。

例 6-6

以某市居民生活消费资料为例(表 6-6),介绍居民消费价格指数的编制方法。

表 6-6 某市居民生活消费价格指数计算表

商品类别与名称	规格等级	计量单位	平均价格(元) 基期	平均价格(元) 报告期	个体指数 k_p(%)	权数 w(%)	指数×权数 $k_p w$(%)
一、食品烟酒					99.9	29	28.97
二、衣着					100.6	3	3.02
三、居住					101.6	22	22.35
四、生活用品及服务					100.8	11	11.09
五、交通和通信					105.64	13	13.73
1. 交通工具	普通	辆	150 000	155 000	102.84	(60)	61.70
小型轿车	100	辆	8 400	8 550	103.33	(50)	51.67
摩托车	型	辆	336	360	101.79	(45)	45.81
自行车	660 m				107.14	(5)	5.36
2. 通信工具		部	198	176	109.85	(40)	43.81
固定电话	中档	部	1 955	2 250	88.89	(20)	17.78
手机	中档				115.09	(80)	92.07
六、教育文化和娱乐					103.1	10	10.31
七、医疗保健					100.7	9	9.06
八、其他用品和服务					99.5	3	2.99

解:

(1) 计算各代表规格品的个体消费价格指数,如手机的个体价格指数为:

$$k_{手机}=\frac{p_1}{p_0}=\frac{2\,250}{1\,955}\approx 115.09\%$$

(2) 将各权数乘以各代表规格品的个体消费指数,得到 $k_p w$,例如表 6-6 中最后一列的数据。如摩托车对应的 $k_p w$ 值为:

$$k_p w=1.017\,9\times 45\%\approx 45.81\%$$

(3) 根据上式计算各中类商品消费价格指数,如交通工具类价格指数和通信工具类价格指数分别为:

$$\bar{K}_{交通} = \frac{\sum k_p w}{\sum w} = \frac{51.67 + 45.81 + 5.36}{50 + 45 + 5} \approx 102.84\%$$

$$\bar{K}_{通信} = \frac{\sum k_p w}{\sum w} = \frac{17.78 + 92.07}{20 + 80} \approx 109.85\%$$

（4）把各中类指数乘以相应的权数后，按上式计算大类指数，如交通和通信大类的价格指数为：

$$\bar{K}_{交通通信} = \frac{61.70 + 43.94}{60 + 40} \approx 105.64\%$$

（5）该市居民消费价格总指数为：

$$\bar{K}_p = \frac{28.97 + 3.02 + 22.35 + 11.09 + 13.73 + 10.31 + 9.06 + 2.99}{29 + 3 + 22 + 11 + 13 + 10 + 9 + 3} \approx 101.52\%$$

我国的商品零售价格指数编制程序与居民消费价格指数基本相同，也是采用固定加权算术平均指数公式计算的。目前，商品零售价格指数将商品按用途划分为16个大类，197个基本分类，其中不包括服务项目（1994年以前包含一部分对农村居民销售的农业生产资料，但自1994年取消），对商品的分类方式与居民消费价格指数有所不同这些都决定了两种价格指数在分析意义上的差别：居民消费价格指数综合反映城乡居民所购买的各种消费品和生活服务的价格变动程度，商品零售价格指数则反映城乡市场各种零售商品（不含服务）的价格变动程度。

二、住宅销售价格指数

住宅销售价格指数（HPI），是反映房地产价格水平总体变化趋势和变化幅度的相对数，是房地产价格变化趋势定量分析的指标，为宏观经济管理部门提供管理决策依据。

住宅销售价格指数编制的方法是，在全国70个大中城市的市辖区（不包括县）中，确定住宅销售价格调查单位，计算各基本分类价格指数，然后采用加权平均法由上而下计算出各类别价格指数。住宅可分为经济适用房、普通住房、高档公寓等几种类型，其计算公式为：

$$\bar{K}_p = \frac{\sum k_p w}{\sum w}$$

三、农副产品收购价格指数

农副产品收购价格指数是反映国家农副产品收购价格变动趋势和程度的相对数，利用该指数可以研究农副产品收购价格变化对农民收入、国家财政支出等的影响，同时也是计算工农业产品综合比价指数的依据。

我国农副产品收购价格指数的编制方法是，从11个大类农副产品中选择若干种主要产品，以各类农副产品报告期实际收购金额作为权数，以各类代表规格品收购价格个体指数为变量值，采用加权调和平均得到各类别的农副产品收购价格指数和农副产品收购价格总指数。其计算公式为：

$$\bar{K}_p = \frac{\sum p_1 q_1}{\sum \frac{1}{k_p} p_1 q_1}$$

四、货币购买力指数

货币购买力指数是指单位货币所能购买到的消费品和服务的数量。

货币购买力的变动可以直接反映币值的变动情况，如果货币发行量过多，货币就会贬值，货币购买力就会下降显然货币购买力的大小同商品和服务价成反比关系，根据这种统计关系，即可以通过编制居民消费价格指数来反映货币购买力的变动。其计算公式为：

$$货币购买力指数 = \frac{1}{居民消费价格指数} \times 100\%$$

由于物价的变动影响货币购买力，所以在计算居民（职工）收入（工资）变化水平时，必须考虑物价变动或货币购买力的变化，它们之间存在如下关系：

$$实际收入（工资）指数 = 货币收入（工资）指数 \times 货币购买力指数$$

五、股票价格指数

股票价格指数是表明股票交易市场价格变动的一种价格动态相对数，通常是以某一特定日期的价格为基期股价，基数指定为100或1 000，此后各期股价同基期股价相比，即为各期股价指数。一般由证券交易所、金融服务机构、咨询研究所或者新闻单位编制和发布。编制股票价格指数的步骤如下：

（1）根据上市公司的行业分布、经济实力、资信等级等因素，选择适当数量的有代表性的股票作为编制指数的样本股票。样本股票可以随时更换或作数量上的增减，以保持良好的代表性。

（2）按期到股票市场上采集样本股票的价格，简称采样。

（3）利用科学的方法和先进的手段计算指数值。

（4）通过新闻媒体向社会公众公开发布价格指数信息。

股票价格指数的编制方法主要有简单算术平均法、综合平均法、加权法等。

1. 简单算术平均法

简单算术平均法是先计算各样本股票的个体价格指数，再求其算术平均数，计算求得股票指数。其计算公式为：

$$简单算术平均股价指数 = \frac{1}{n} \sum \frac{p_1}{p_0}$$

式中 p_1 为报告期某种样本股票的价格；P_0 为基期同种样本股票的价格。

使用此法求出的股价指数可以灵敏地反映股价的短期波动。英国《经济学家》杂志普通股股价指数就是采用此方法编制的。

2. 综合平均法

综合法是指将报告期样本股票价格之和除以基期样本股票价格之和来计算股票价格指数。其计算公式为：

$$综合股价指数 = \frac{\sum p_1}{\sum p_0}$$

著名的美国道琼斯指数就是用这种方法编制的。道琼斯指数目前的入编股票有65种，其中包括30种工业股、20种运输业股和15种公用事业股。

3. 加权法

加权股票指数法是根据各期样本股票的相对重要性予以加权，其权数可以是成交量、股票发行量等。这种方法采用基期或报告期的交易量或发行量加权计算，其计算公式按权数所属时期不同分为两种：

$$\bar{K}_{p拉氏} = \frac{\sum Q_0 P_1}{\sum Q_0 P_0}$$

$$\bar{K}_{p帕氏} = \frac{\sum Q_1 P_1}{\sum Q_1 P_0}$$

式中 P_1 为报告期某种样本股票的价格；P_0 为基期同种样本股票的价格；Q_1 为报告期的发行量或交易量；Q_0 为基期的发行量或交易量。

其中，Q 相当于权数，按时间划分，权数可以是基期权数，也可以是报告期权数。以基期成交量（或发行量）为权数的指数称为拉氏指数；以报告期成交量（或发行量）为权数的指数称为帕氏指数。目前世界上大多数股票指数采用帕氏指数。

下面举一个简单的例子来说明它的编制原理。

例 6-7

假设有三种股票，其股价和发行股数资料如表6-7所示。

表 6-7 股价和发行股数

股票名称	发行量 Q（股）	股价（元/股）				
		基日 P_0	计算日			
			P_1	P_2	P_3	P_4
A	15 000	15	18	16	16	19
B	20 000	9	9	10	11	11
C	28 000	8	10	11	11	12

根据标准资料，计算四个计算日的股价指数如下：

第一日：$\dfrac{\sum P_1 Q}{\sum P_0 Q} = \dfrac{18 \times 15\,000 + 9 \times 20\,000 + 10 \times 28\,000}{15 \times 15\,000 + 9 \times 20\,000 + 8 \times 28\,000} = \dfrac{730\,000}{629\,000} \approx 116.06\%$

第二日：$\dfrac{\sum P_2 Q}{\sum P_0 Q} = \dfrac{16\times15\,000+10\times20\,000+11\times28\,000}{15\times15\,000+9\times20\,000+8\times28\,000} = \dfrac{748\,000}{629\,000} \approx 118.92\%$

第三日：$\dfrac{\sum P_3 Q}{\sum P_0 Q} = \dfrac{16\times15\,000+11\times20\,000+11\times28\,000}{15\times15\,000+9\times20\,000+8\times28\,000} = \dfrac{768\,000}{629\,000} \approx 122.10\%$

第四日：$\dfrac{\sum P_4 Q}{\sum P_0 Q} = \dfrac{19\times15\,000+11\times20\,000+12\times28\,000}{15\times15\,000+9\times20\,000+8\times28\,000} = \dfrac{748\,000}{629\,000} \approx 133.70\%$

这说明到第四日股价上涨33.70点。

我国香港的恒生指数,是香港股市价格的重要指标。其中股票已增至50种(其中包括12种金融业股、5种公用事业股、11种地产业股和2种工商业股),总市值占香港联合交易所市场资本总额相当大的比重,由恒生银行属下恒指服务有限公司负责计算。它采用帕氏加权法计算,以发行量为权数,最初以1964年7月31日为基期,基点为100;后来因为技术原因改为以1984年1月13日为基期,基期指数定为975.47。恒生指数现已成为反映香港政治、经济和社会状况的主要风向标。

我国的上证综合指数和上证成分指数(简称上证180指数),是反映上海证券市场股票价格变化的指数。其中,上证综合指数包括上海证券交易所的全部上市股票,以报告期发行量为权数,以1990年12月19日为基期,基点为100。上证180指数是从上海证券市场所有A股股票中选取最具市场代表性的180种股票,以报告期流通量为权数,以2002年6月28日上证30指数收盘指数3 299.05为基点。

我国的深证综合指数和深证成分指数(简称深证100指数),是反映深圳证券市场股票价格变化的指数。其中,深证综合指数包括深圳证券交易所的全部上市股票,以报告期发行量为权数,以1991年4月3日为基期,基点为100。深证100指数是从深圳证券市场所有A股股票中选取最具市场代表性的100种股票,以报告期流通量权数,以2002年12月31日为基期,基点为1 000。

任务四 构建指数体系及因素分析

指数不仅可以反映社会经济现象总体数量的变动程度,而且还可以分析影响总量变动的各个因素的作用。因素分析是借助于指数体系来进行的。

一、指数体系

(一)指数体系的概念和特点

指数体系是指由三个或三个以上具有内在联系的指数构成的有一定数量对等关系的整体。指数体系的形式不是随意的,社会经济现象之间相互联系、相互影响的关系是客观存在的,有些社会经济现象之间的联系可以用经济方程式表现出来。例如:

$$商品销售额 = 商品销售量 \times 商品销售价格$$

生产总成本＝产品产量 × 单位产品成本
原材料费用总额＝产品产量 × 单位产品原材料消耗量 × 单位产品原材料价格

上述这些现象在数量上存在的联系,表现在动态变化上,就可以形成如下指数体系:

商品销售额指数＝商品销售量指数 × 商品销售价格指数
生产总成本指数＝产品产量指数 × 单位产品成本指数
原材料费用总额指数＝产品产量指数 × 单位产品原材料消耗量指数 ×
单位产品原材料价格指数

在统计分析中,将上述这种由三个或三个以上具有内在联系,且彼此在数量上存在推算关系的统计指数所构成的有机整体称为指数体系。这种指数体系内部的数量对等关系,不仅表现在相对数之间,也表现在绝对数之间,即:

商品销售额的增减额＝销售量变动影响的增减额＋销售价格变动影响的增减额
生产总成本的增减额＝产品产量变动影响的增减额＋单位成本变动影响的增减额
原材料费用的增减额＝产量变动影响的增减额＋单位产品消耗原材料数量
变动影响的增减额＋原材料价格变动影响的增减额

在一个指数体系中,等式左边为分析对象总指数,等式右边为各因素指数连乘积。指数体系有如下特点:

（1）具备三个或三个以上的指数。

（2）体系中的指数之间在数量上能相互推算,如在两因素体系的三个指数中,已知其中任意两个指数即可以推算出第三个指数。

（3）现象总指标变动总差额等于各个因素引起总指标变动差额的和。

（二）指数体系的作用

指数体系主要有以下三方面的作用。

（1）指数体系是进行因素分析的依据,即利用指数体系可以分析复杂经济现象总体变动中各因素变动影响方向的程度。

（2）可以利用指数间的相互联系进行指数间的相互推算。例如,我国商品销售量指数往往就是根据商品销售额指数和价格指数进行推算的,即:

商品销售量指数＝销售额指数 ÷ 价格指数

（3）为确定同度量因素时期提供依据。指数体系是进行因素分析的根据,这就要求各个指数之间在数量上要保持一定的联系。因此,如果编制产品产量指数就必须用基期价格作为同度量因素,如果编制产品价格指数就必须用报告期的产品产量作为同度量因素。

二、因素分析

（一）因素分析的含义

因素分析是指根据指数体系理论、通过对因素进行分解来分析各个因素在社会经济现象总变动中的影响方向和程度的一种方法。例如,用指数体系来分析价格、销售量的变动对销售额的影响；分析工资水平、职工结构、职工人数的变动对工资总额的影响等。

因素分析的研究对象是复杂的经济现象，这些复杂现象受两个或两个以上的因素变动的共同影响。因素分析的目的，就是测定各个因素对总体的影响方向和程度。

因素分析的基本依据是指数体系。现象总指数等于若干因素指数的连乘积，现象总变动的差额等于若干因素影响差额的总和，这是因素分析法计算的依据。

因素分析的基本特点是以假定一个因素变动、其余因素不变为前提。如果是三个因素对总体有影响，必须假定其中两个因素不变，只测定另一个因素的影响。依因素分步进行，每一步只测定诸因素中的一个因素的影响方向和程度。

因素分析的作用是揭示复杂现象总变动和影响复杂现象变动的各种因素变动的相对数和绝对数的变动方向与程度，为经济活动分析和决策提供可靠依据。

（二）因素分析的种类

（1）按分析时包含的因素数量，因素分析可分为两因素分析和多因素分析。

两因素分析是指研究对象包含两个因素变动的分析，它是因素分析的基本方法。例如，销售额受销售价格和销售量两因素影响的分析。

多因素分析是指研究对象包含有两个以上因素变动的分析。例如，原材料支出额受产量、原材料单耗、原材料价格三个因素影响的分析。

（2）按分析的指标种类不同，因素分析可分为总量指标因素分析和平均指标因素分析。

总量指标因素分析是指对复杂现象总量指标和总量指标分解后各类因素的分析。例如，同一单位不同时期产值受产量、出厂价格因素影响的分析。

平均指标因素分析是指对现象的平均指标及其影响因素的分析。例如，同一单位不同时期职工平均工资受各类职工工资水平和职工人数构成因素影响的分析。

（三）因素分析的程序

因素分析首先应建立指数体系，并根据指数体系从相对数与绝对数两个方面进行计算分析。其具体程序为：

（1）根据现象之间的经济关系建立指数体系。
（2）计算被分析指标的总变动程度和增减变动的绝对数。
（3）计算各因素的变动程度及其对分析指标影响的绝对数。
（4）对指数体系间的等量关系进行综合说明。

三、总量指标的因素分析

（一）总量指标的两因素分析

总量指标的两因素分析是指一个现象的总变动受两个因素影响时，每个因素的变动对总变动影响方向和程度的分析。

以商品销售额为例，商品销售额是总量指标，它包含价格和销售量两个影响因素。对销售额的变动进行因素分析就是要测定价格和销售量分别对销售额变动影响的相对程度和影响的绝对量。

例 6-8

某商场三种商品的价格和销售量资料如表 6-8 所示,试分析商品价格、销售量的变动对销售额的影响。

表 6-8 某商场三种商品的价格和销售量资料

商品	单位	销售量 基期	销售量 报告期	价格/元 基期	价格/元 报告期	$q_0 p_0$	$q_1 p_1$	$q_1 p_0$
甲	件	210	200	280	300	58 800	60 000	56 000
乙	米	500	560	75	78	37 500	43 680	42 000
丙	台	400	500	160	188	64 000	94 000	80 000
合计	—	—	—	—	—	160 300	197 680	178 000

商品销售额、销售量和销售价格之间的变动关系表现为:

销售额指数 = 销售价格指数 × 销售量指数

$$\bar{K}_{qp} = \frac{\sum q_1 p_1}{\sum q_0 p_0} = \frac{\sum q_1 p_0}{\sum q_0 p_0} \times \frac{\sum q_1 p_1}{\sum q_1 p_0} = \bar{K}_q \times \bar{K}_p$$

$$\sum q_1 p_1 - \sum q_0 p_0 = (\sum q_1 p_0 - \sum q_0 p_0) + (\sum q_1 p_1 - \sum q_1 p_0)$$

利用该指数体系进行分析的步骤如下:

(1)计算销售额总指数及其增减额:

$$\bar{K}_{qp} = \frac{\sum q_1 p_1}{\sum q_0 p_0} = \frac{197\ 680}{160\ 300} \approx 123.32\%$$

$$\sum q_1 p_1 - \sum q_0 p_0 = 197\ 680 - 160\ 300 = 37\ 380(元)$$

(2)计算销售价格总指数及其影响的增减额:

$$\bar{K}_p = \frac{\sum q_1 p_1}{\sum q_1 p_0} = \frac{197\ 680}{178\ 000} \approx 111.06\%$$

$$\sum q_1 p_1 - \sum q_1 p_0 = 197\ 680 - 178\ 000 = 19\ 680(元)$$

(3)计算销售量总指数及其影响的增减额:

$$\bar{K}_q = \frac{\sum q_1 p_0}{\sum q_0 p_0} = \frac{178\ 000}{160\ 300} \approx 111.04\%$$

$$\sum q_1 p_0 - \sum q_0 p_0 = 178\ 000 - 160\ 300 = 17\ 700(元)$$

（4）建立指数体系：

从相对数分析：$\bar{K}_{qp} = \bar{K}_q \times \bar{K}_p$，即 123.32％＝111.06％×111.04％

从绝对数分析：

$$\sum q_1 p_1 - \sum q_0 p_0 = (\sum q_1 p_0 - \sum q_0 p_0) + (\sum q_1 p_1 - \sum q_1 p_0)$$

19 680 元 ＋17 700 元 ＝ 37 380（元）

计算结果表明：三种商品销售额报告期比基期增长了 23.32％，绝对额增加了 37 380 元，其中，三种商品销售量平均增长了 11.04％，使销售额增加了 17 700 元；商品销售价格平均上涨了 11.06，使销售额增加了 19 680 元。

（二）总量指标的多因素分析

总量指标的多因素分析是指一个现象总变动受三个或三个以上因素影响时，每个因素的变动对总变动方向和程度影响的分析。当一个总量指标可以表示为三个或三个以上因素指标的连乘积时，就可以利用指数体系进行多因素分析。例如：

$$商品利润总额 = 商品销售量 \times 销售价格 \times 利润率$$
$$月产值指数 = 人数指数 \times 日数指数 \times 时劳动生产率指数$$

多因素分析法与两因素分析法基本相同，但由于包括的因素较多，有如下几个问题需要注意：

（1）运用多因素分析法时，一定要注意各因素的排列顺序。要根据现象总体的经济内容和经济联系，按照"数量指标因素在前，质量指标因素在后"的原则对各因素进行排序。

（2）注意相邻因素之间的经济意义。各因素的排序还要考虑相邻因素相乘后的经济意义。一般数量指标在前，质量指标在后。例如在分析企业利润额变动时，影响利润额变动的各因素排列的顺序应为销售量、销售价格、利润率。

（3）使用连环代替法原则逐项确定同度量因素。在多因素分析中，为了分析某一因素的影响，要求将其余因素固定不变。具体方法是，当分析第一个因素的影响时，把其他所有因素固定在基期；当分析第二个因素的变动影响时，则已经分析过的因素要以报告期代替基期，没有分析过的因素仍固定在基期，以此类推，各因素顺次逐项代替、逐项分析；当分析最后的影响因素时，将之前所有的因素都固定在报告期。

在多因素的分析中，指数体系及绝对量的关系为：

$$\bar{K}_{qmp} = \frac{\sum q_1 m_1 p_1}{\sum q_0 m_0 p_0} = \frac{\sum q_1 m_0 p_0}{\sum q_0 m_0 p_0} \times \frac{\sum q_1 m_1 p_0}{\sum q_1 m_0 p_0} \times \frac{\sum q_1 m_1 p_1}{\sum q_1 m_1 p_0} = \bar{K}_q \times \bar{K}_m \times \bar{K}_p$$

$$\sum q_1 m_1 p_1 - \sum q_0 m_0 p_0 = (\sum q_1 m_0 p_0 - \sum q_0 m_0 p_0) + (\sum q_1 m_1 p_0 - \sum q_1 m_0 p_0) + (\sum q_1 m_1 p_1 - \sum q_1 m_1 p_0)$$

利用相关公式，就可以对受三个因素影响的总量指标形成的指数体系进行因素分析。

例 6-9

某企业三种产品产量及原材料资料如表 6-9 所示,试对原材料费用总额变动原因进行分析。

表 6-9 某企业三种产品产量及原材料资料

产品	计量单位	产量 基期	产量 报告期	单位原材料消耗量/百公斤 基期	单位原材料消耗量/百公斤 报告期	单位原材料价格/元 基期	单位原材料价格/元 报告期	$q_1 m_1 p_1$	$q_0 m_0 p_0$	$q_1 m_0 p_0$	$q_1 m_1 p_0$
甲	件	210	200	0.35	0.35	380	400	28 000	27 930	26 600	26 600
乙	米	500	560	0.40	0.36	50	56	11 289.6	10 000	11 200	10 080
丙	台	400	500	12.00	11.00	12	14	77 000	57 600	72 000	66 000
合计	—	—	—	—	—	—	—	116 289.6	95 530	109 800	102 680

(1)原材料费用总额总指数:

$$\bar{K}_{qmp} = \frac{\sum q_1 m_1 p_1}{\sum q_0 m_0 p_0} = \frac{116\ 289.6}{95\ 530} \approx 121.73\%$$

$\sum q_1 m_1 p_1 - \sum q_0 m_0 p_0 \approx 20\ 759.60$(元)

(2)产量总指数:

$$\bar{K}_q = \frac{\sum q_1 m_0 p_0}{\sum q_0 m_0 p_0} = \frac{109\ 800}{95\ 530} \approx 114.94\%$$

$\sum q_1 m_0 p_0 - \sum q_0 m_0 p_0 \approx 14\ 270$(元)

(3)单位原材料消耗总指数:

$$\bar{K}_m = \frac{\sum q_1 m_1 p_0}{\sum q_1 m_0 p_0} = \frac{102\ 680}{109\ 800} \approx 93.52\%$$

$\sum q_1 m_1 p_0 - \sum q_1 m_0 p_0 = -7\ 120$(元)

(4)原材料价格总指数:

$$\bar{K}_p = \frac{\sum q_1 m_1 p_1}{\sum q_1 m_1 p_0} = \frac{116\ 289.6}{102\ 680} \approx 113.25\%$$

$\sum q_1 m_1 p_1 - \sum q_1 m_1 p_0 = 13\ 609.60$(元)

(5)指数体系计算结果:

从相对数分析:$\bar{K}_{qmp} = \bar{K}_q \times \bar{K}_m \times \bar{K}_p$,

即 $121.73\% = 114.94\% \times 93.52\% \times 113.25\%$。

从绝对数分析:

$$\begin{aligned}\sum q_1 m_1 p_1 - \sum q_0 m_0 p_0 &= (\sum q_1 m_0 p_0 - \sum q_0 m_0 p_0) + (\sum q_1 m_1 p_0 - \sum q_1 m_0 p_0) \\ &\quad + (\sum q_1 m_1 p_1 - \sum q_1 m_1 p_0) \\ &= 14\,270 + (-7\,120) + 13\,609.60 \\ &= 20\,759.60(元)\end{aligned}$$

计算结果表明:三种产品原材料费用总额报告期较基期增长了 21.73%,绝对额增加了 20 759.6 元,这是由于三种产品产量平均提高了 14.94%,使原材料费用总额多支出了 14 270 元,三种产品原材料消耗量平均下降了 6.48%,使原材料费用总额少支出了 7 120 元,原材料价格平均上涨了 13.25%,使原材料费用总额多支出了 13 609.6 元,三个因素共同影响的结果。

四、平均指标指数的因素分析

由综合指数的定义可知,当一个总量指标可以分解为两个因素的乘积时,可以计算出每一个因素变动对总量指标的影响,同样,对于加权算术平均数来说,由于受变量值 x 和频数结构 $\frac{f}{\sum f}$ 两个因素的影响,如果要测定平均指标 $\bar{x}$ 的动态变化,也可以采用上述方法,即利用指数体系,根据变量值 x 及频数结构 $\frac{f}{\sum f}$ 的变动对平均指标变动的影响进行分析。

与编制综合指数的原理相似,要分析变量值 x 及频数结构 $\frac{f}{\sum f}$ 的变动对总平均数 $\bar{x}$ 变动的影响,需要编制关于变量 x 的指数及频数结构 $\frac{f}{\sum f}$ 的指数,从而形成指数体系,进而进行平均指标变动的绝对数和相对数分析。

编制平均指标指数体系,必须遵循如下原则:

(1)编制关于变量 x 的指数时,把同度量因素 $\frac{f}{\sum f}$ 固定在报告期。

(2)编制关于频数结构 $\frac{f}{\sum f}$ 的指数时,把同度量因素 x 固定在基期。

按照这一原则,平均指标两因素分析的指数体系为:

$$\frac{\sum x_1 \frac{f_1}{\sum f_1}}{\sum x_0 \frac{f_0}{\sum f_0}} = \frac{\sum x_1 \frac{f_1}{\sum f_1}}{\sum x_0 \frac{f_1}{\sum f_1}} \times \frac{\sum x_0 \frac{f_1}{\sum f_1}}{\sum x_0 \frac{f_0}{\sum f_0}}$$

即

$$\frac{\bar{x}_1}{\bar{x}_0} = \frac{\bar{x}_1}{\bar{x}_n} \times \frac{\bar{x}_n}{\bar{x}_0}$$

式中 $\bar{x}_0 = \sum x_0 \frac{f_0}{\sum f_0}$ 为基期算术平均数; $\bar{x}_n = \sum x_0 \frac{f_1}{\sum f_1}$ 为假定算术平均数; $\bar{x}_1 = \sum x_1$

$\dfrac{f_1}{\sum f_1}$ 为报告期算术平均数；

上述指数的含义如下。

（1）$\dfrac{\overline{x}_1}{\overline{x}_0}$ 称为可变构成指数，用符号"$\overline{K}_{可变}$"表示，它反映了平均指标由基期到报告期的实际变动方向和程度，分子与分母的差值 $\overline{x}_1-\overline{x}_0$ 表示平均指标报告期相对基期增减的绝对量。

（2）$\dfrac{\overline{x}_1}{\overline{x}_n}$ 称为固定构成指数，用符号"$\overline{K}_{固定}$"表示，它固定了频数结构 $\dfrac{f}{\sum f}$ 的影响，反映了变量 x 由基期到报告期的变动方向和程度，分子与分母的差值 $\overline{x}_1-\overline{x}_n$ 表示变量 x 报告期相对基期变动对总平均指标影响的绝对数。

（3）$\dfrac{\overline{x}_n}{\overline{x}_0}$ 称为结构影响指数，用符号"$\overline{K}_{结构}$"表示，它反映了频数结构 $\dfrac{f}{\sum f}$ 变动的方向和程度，分子与分母的差值 $\overline{x}_n-\overline{x}_0$ 表示频数结构 $\dfrac{f}{\sum f}$ 报告期相对基期变动对平均指标影响的绝对数。

三个指数在相对数上的关系为：

$$\overline{K}_{可变}=\overline{K}_{固定}\times\overline{K}_{结构}$$

在绝对数上的关系为：

$$\overline{x}_1-\overline{x}_0=(\overline{x}_1-\overline{x}_n)+(\overline{x}_n-\overline{x}_0)$$

例 6-10

某企业职工工资情况如表 6-10 所示。根据表中资料分析职工工资水平和职工结构的变动对企业职工总平均工资的影响。

表 6-10 某企业职工工资情况表

职工类别	月平均工资（元） 基期 x_0	月平均工资（元） 报告期 x_1	职工数（人）基期 频数 f_0	职工数（人）基期 频率 $\dfrac{f_0}{\sum f_0}$（%）	职工数（人）报告期 频数 f_1	职工数（人）报告期 频率 $\dfrac{f_1}{\sum f_1}$（%）
工种 A	600	650	80	14.3	160	25.0
工种 B	800	900	200	35.7	300	46.9
工种 C	1 200	1 300	280	50.0	180	28.1
合计	—	—	560	100.0	640	100.0

解：（1）可变构成指数为：

$$\overline{K}_{可变}=\dfrac{\sum x_1\dfrac{f_1}{\sum f_1}}{\sum x_0\dfrac{f_0}{\sum f_0}}=\dfrac{650\times 0.25+900\times 0.469+1\ 300\times 0.281}{600\times 0.143+800\times 0.357+1\ 200\times 0.500}=\dfrac{950}{971.43}\approx 97.79\%$$

平均工资的增加额为 $\sum x_1 \frac{f_1}{\sum f_1} - \sum x_0 \frac{f_0}{\sum f_0} = 950 - 971.43 = -21.43$（元）

（2）固定构成指数为：

$$\bar{K}_{固定} = \frac{\sum x_1 \frac{f_1}{\sum f_1}}{\sum x_0 \frac{f_1}{\sum f_1}} = \frac{650 \times 0.250 + 900 \times 0.469 + 1\,300 \times 0.281}{600 \times 0.250 + 800 \times 0.469 + 1\,200 \times 0.281} = \frac{950}{862.50} \approx 110.14\%$$

平均工资的增加额为 $\sum x_1 \frac{f_1}{\sum f_1} - \sum x_0 \frac{f_1}{\sum f_1} = 950 - 862.5 = 87.5$（元）

（3）结构影响指数为：

$$\bar{K}_{结构} = \frac{\sum x_0 \frac{f_1}{\sum f_1}}{\sum x_0 \frac{f}{\sum f}} = \frac{600 \times 0.250 + 800 \times 0.469 + 1\,200 \times 0.281}{600 \times 0.143 + 800 \times 0.357 + 1\,200 \times 0.500} = \frac{862.40}{971.43} \approx 88.78\%$$

平均工资的增加额为 $\sum x_0 \frac{f_1}{\sum f_1} - \sum x_0 \frac{f_0}{\sum f_0} = 862.5 - 971.43 = -108.93$（元）

（4）计算结果分析：

从相对数分析：$\bar{K}_{可变} = \bar{K}_{固定} \times \bar{K}_{结构}$，即 $97.79\% = 110.14\% \times 88.79\%$。

从绝对数分析：

$$\sum x_1 \frac{f_1}{\sum f_1} - \sum x_0 \frac{f_0}{\sum f_0} = \left(\sum x_1 \frac{f_1}{\sum f_1} - \sum x_0 \frac{f_1}{\sum f_1} \right) + \left(\sum x_0 \frac{f_1}{\sum f_1} - \sum x_0 \frac{f_0}{\sum f_0} \right)$$

$$= 87.5 - 108.93$$

$$= -21.43（元）$$

计算结果说明，该企业全体职工月平均工资报告期比基期下降了2.21%，其绝对额减少了21.43元，原因是：① 职工工资水平提高了10.14%，使月平均工资增加了87.5元；② 各工种职工人数结构发生了变动，使月平均工资减少了108.93元。月平均工资水平的变动是上述两个因素共同影响的结果。

课堂实训——产品信息指数分析

一、实训目标

某公司生产3种产品，各产品的单位成本与产量在基期和报告期均发生了变化，该公司需要利用这些数据在Excel中完成单位成本与产量的综合指数与平均指数的计算和分析。

二、操作方法

（1）打开"总成本分析.xlsx"工作簿，其中事先采集了3种产品在基期和报告期的产量与单位成本。下面首先计算基期个体产品的总成本，选择I3:I5单元格区域，在编辑栏中输入公式"=C3*E3"，按【Ctrl+Enter】组合键返回计算结果，如图6-1所示。

图 6-1 计算基期总成本

（2）选择 J3:J5 单元格区域，在编辑栏中输入"=C3*F3"，按【Ctrl+Enter】组合键返回计算结果，如图 6-2 所示。

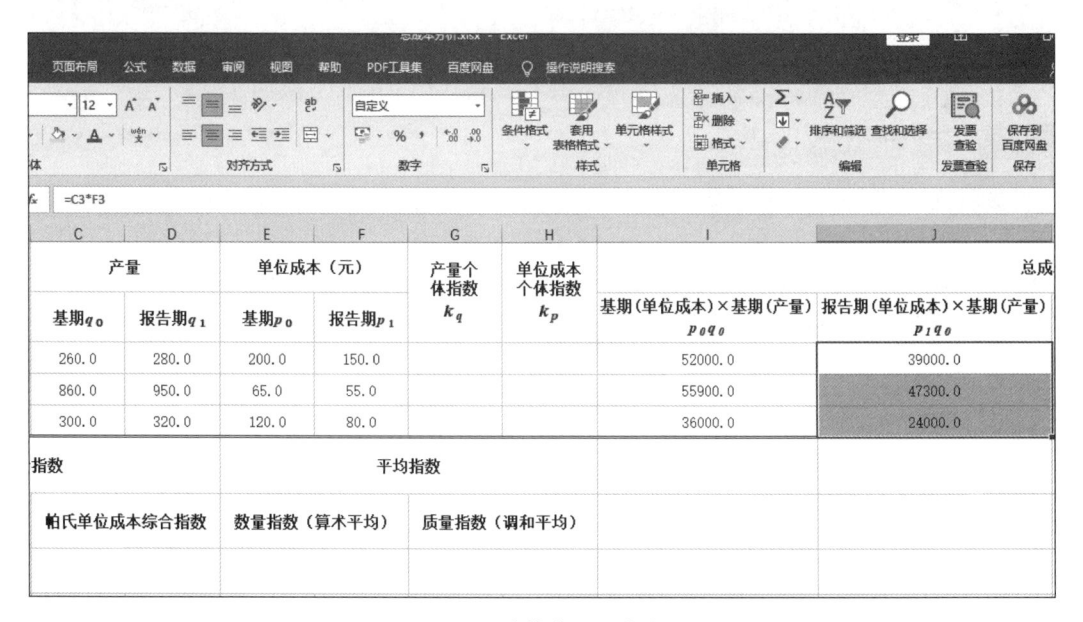

图 6-2 计算产品总成本 1

（3）选择 K3:K5 单元格区域，在编辑栏中输入"=D3*E3"，按【Ctrl+Enter】组合键返回计算结果，如图 6-3 所示。

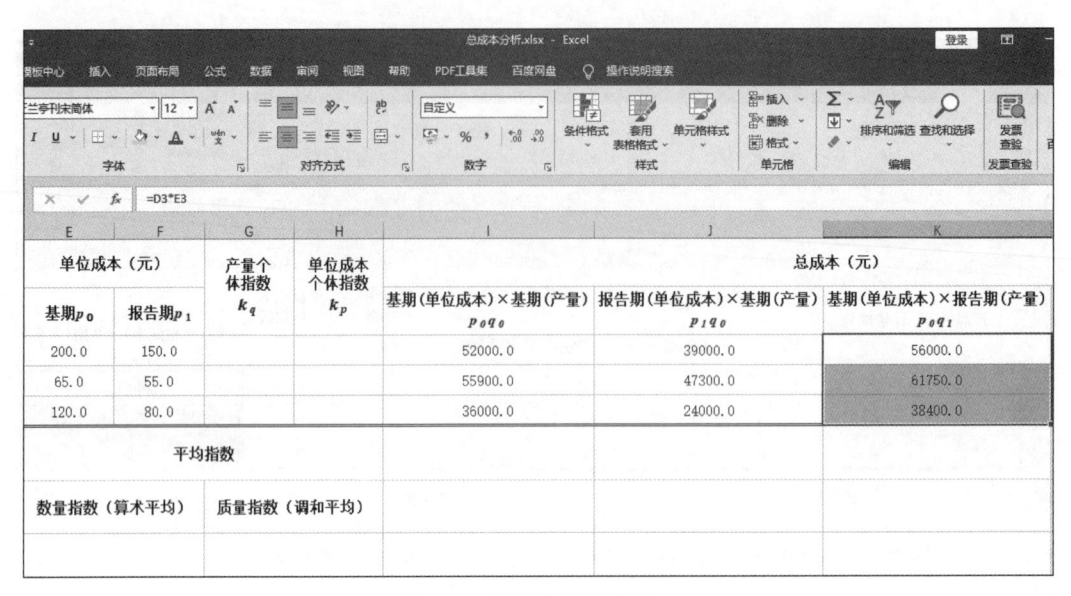

图 6-3 计算产品总成本 2

单位成本（元）		产量个体指数 k_q	单位成本个体指数 k_p	总成本（元）		
基期p_0	报告期p_1			基期(单位成本)×基期(产量) p_0q_0	报告期(单位成本)×基期(产量) p_1q_0	基期(单位成本)×报告期(产量) p_0q_1
200.0	150.0			52000.0	39000.0	56000.0
65.0	55.0			55900.0	47300.0	61750.0
120.0	80.0			36000.0	24000.0	38400.0

平均指数

数量指数（算术平均） 质量指数（调和平均）

图 6-3 计算产品总成本 2

（4）选择 L3：L5 单元格区域，在编辑栏中输入"＝D3*F3"，按【Ctrl＋Enter】组合键返回计算结果，如图 6-4 所示。

总成本（元）			
基期(单位成本)×基期(产量) p_0q_0	报告期(单位成本)×基期(产量) p_1q_0	基期(单位成本)×报告期(产量) p_0q_1	报告期(单位成本)×报告期(产量) p_1q_1
52000.0	39000.0	56000.0	42000.0
55900.0	47300.0	61750.0	52250.0
36000.0	24000.0	38400.0	25600.0

图 6-4 计算报告期总成本

（5）选择 G3：G5 单元格区域，在编辑栏中输入"＝D3/C3"，按【Ctrl＋Enter】组合键返回计算结果，如图 6-5 所示。

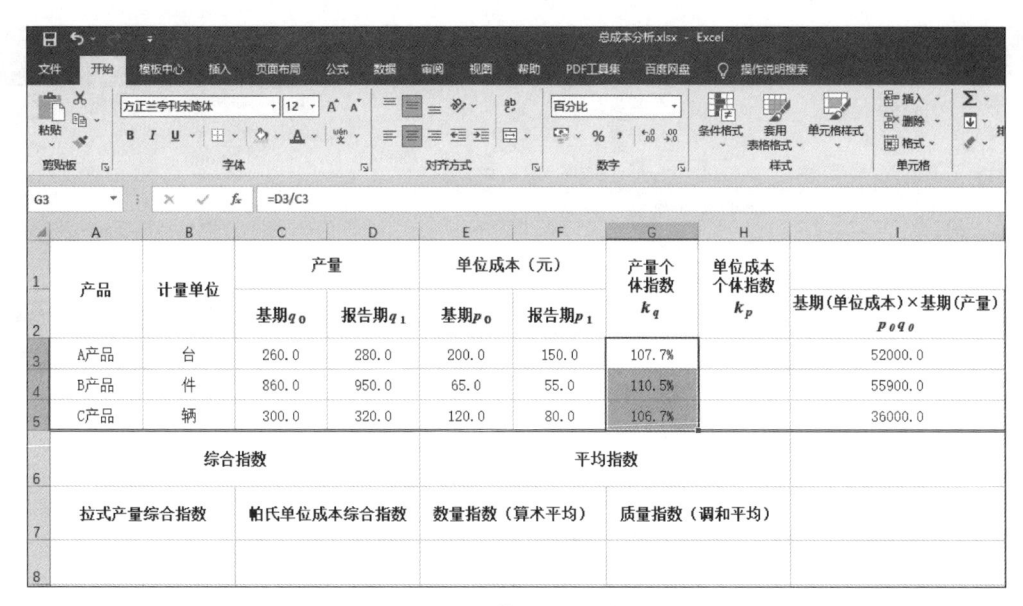

图 6-5　计算产量个体指数

（6）选择 H3:H5 单元格区域，在编辑栏中输入"=F3/E3"，按【Ctrl+Enter】组合键返回计算结果，如图 6-6 所示。

图 6-6　计算单位成本个体指数

（7）选择 A8 单元格，在编辑栏中输入"=SUM(K3:K5)/SUM(I3:I5)"，利用拉氏数量指数公式 $\overline{K_q} = \dfrac{\sum q_1 p_0}{\sum q_0 p_0}$，计算三种产品产量的变动情况。按【Ctrl+Enter】组合键返回计算结果，说明在维持基期单位成本不变的前提下，报告期三种产品的产量总体大约增加了 8.51%，如图 6-7 所示。

产品	计量单位	产量		单位成本（元）		产量个体指数 k_q	单位成本个体指数 k_p	基期（单位成本）×基期（产量） p_0q_0
		基期 q_0	报告期 q_1	基期 p_0	报告期 p_1			
A产品	台	260.0	280.0	200.0	150.0	107.7%	75.0%	52000.0
B产品	件	860.0	950.0	65.0	55.0	110.5%	84.6%	55900.0
C产品	辆	300.0	320.0	120.0	80.0	106.7%	66.7%	36000.0

综合指数 / 平均指数

拉式产量综合指数	帕氏单位成本综合指数	数量指数（算术平均）	质量指数（调和平均）
108.51%			

图 6-7 计算拉氏产量综合指数

（8）选择 C8 单元格，在编辑栏中输入"=SUM(L3:L5)/SUM(K3:K5)"，利用帕氏质量指数公式 $\bar{K}_q = \frac{\sum p_1 q_1}{\sum p_0 q_1}$，计算三种产品单位成本的变动情况。按【Ctrl+Enter】组合键返回计算结果，说明在维持报告期产量不变的前提下，报告期三种产品的单位成本总体大约下降了 23.25%，如图 6-8 所示。

（9）选择 E8 单元格，在编辑栏中输入"=(G3*I3+G4*I4+G5*I5)/SUM(I3:I5)"，利用帕氏质量指数公式 $\bar{K}_q = \frac{\sum k_q p_0 q_0}{\sum q_0 p_0}$，计算三种产品平均产量的变动情况。按【Ctrl+Enter】组合键返回计算结果，说明该指数与拉氏产量综合指数的结果是一致的，当无法采集完整资料时，可以利用加权算术平均指数的数量指数计算拉氏综合数量指数，如图 6-9 所示。

（10）选择 E8 单元格，编辑栏输入"=SUM(L3:L5)/(1/H3*L3+1/H4*L4+1/H5*L5)"，利用帕氏质量指数公式 $\bar{K}_p = \frac{\sum p_1 q_1}{\sum \frac{1}{k_p} p_1 q_1}$，计算三种产品平均单位成本的变动情况。按【Ctrl+Enter】组合键返回计算结果，说明该指数与帕氏单位成本综合指数的结果是一致的，当无法采集完整资料时，可以利用调和平均指数的质量指数计算帕氏综合质量指数，如图 6-10 所示。

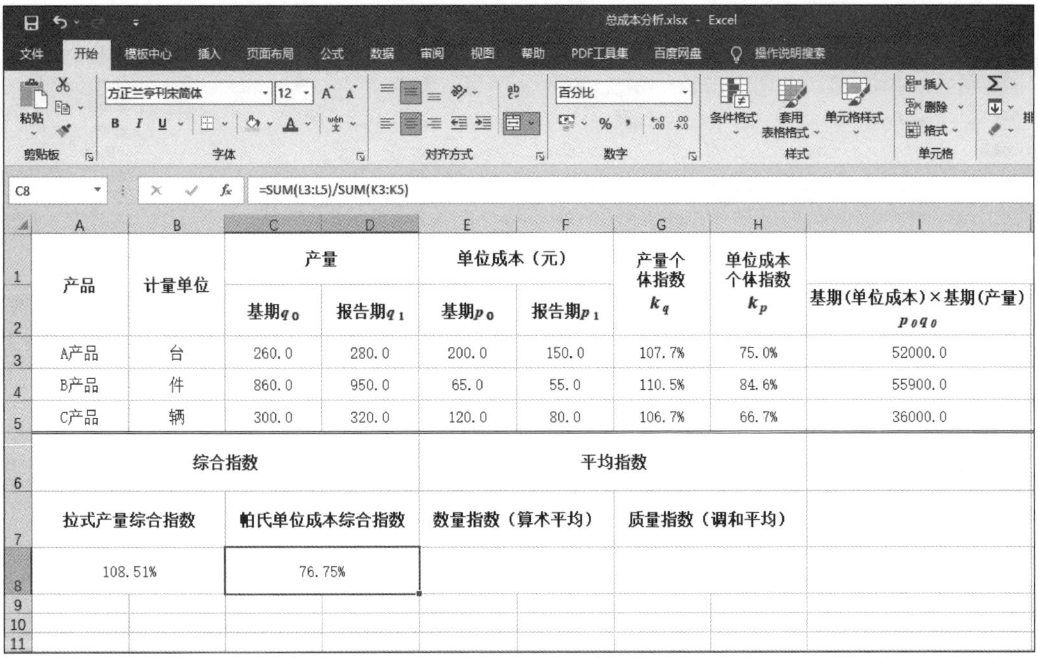

图 6-8 计算帕氏单位成本综合指数

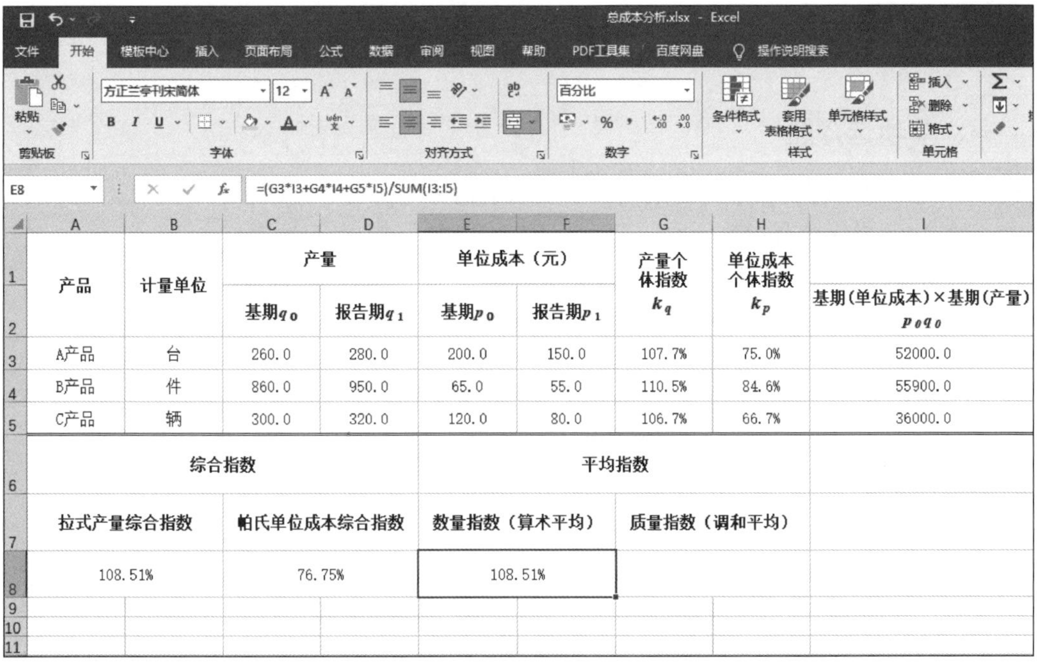

图 6-9 计算产量的加权算术平均指数

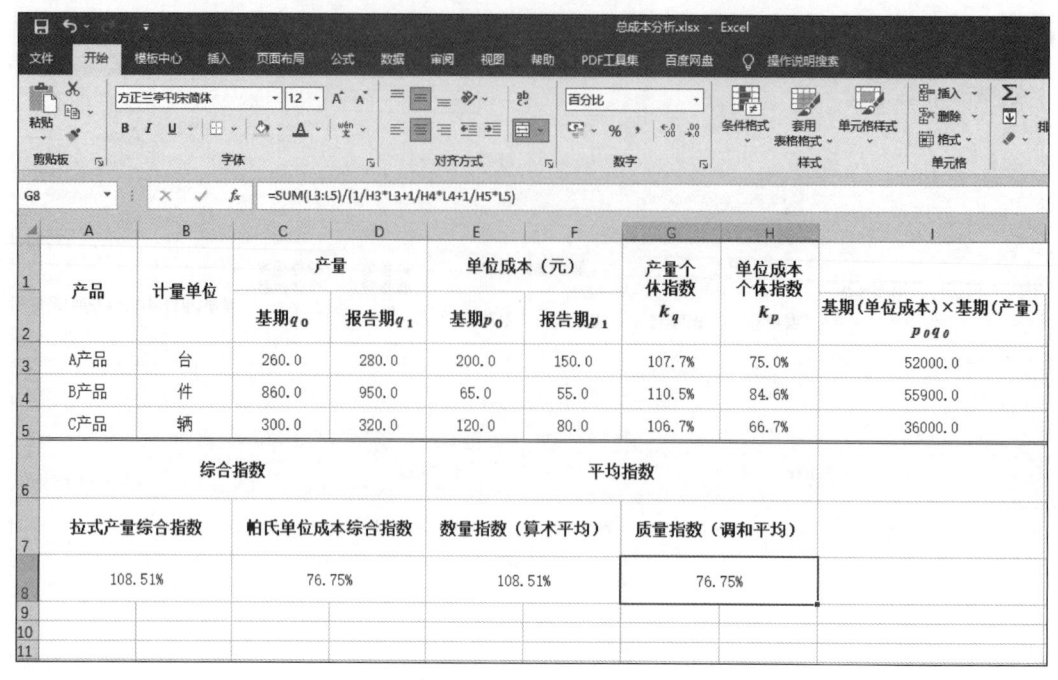

图 6-10　计算单位成本的调和平均指数

思考与练习

一、单项选择题

1. 当编制的综合指数的指数化因素是数量指标时,得到的数据是(　　)。
   A. 数量指标综合指数　　　　　　B. 质量指标综合指数
   C. 加权算术平均指数　　　　　　D. 加权调和平均指数
2. 商品零售价格指数将商品按用途划分为(　　)类。
   A. 15　　　　B. 16　　　　C. 17　　　　D. 18
3. 货币购买力指数与居民消费价格指数的关系是(　　)。
   A. 相等　　　B. 互为相反数　　C. 互为倒数　　D. 相加等于 1
4. 标准普尔 500 指数的基期指数为(　　)。
   A. 1　　　　B. 10　　　　C. 100　　　　D. 1 000
5. 因素分析的程序中第一部为(　　)。
   A. 计算各因素的变动程度及其对分析指标影响的绝对数
   B. 计算被分析指标的总变动程度和增减变动的绝对数
   C. 根据现象之间的经济关系建立指数体系
   D. 对指数体系间的等量关系进行综合说明

二、多项选择题

1. 下列选项中,关于指数的作用说法正确的是( )。
   A. 综合反映复杂现象总体数量变动的方向和程度
   B. 分析复杂现象总体中各因素的变动对总体变动的影响方向和程度
   C. 分析复杂现象平均水平变动中各个因素的变动及其对总平均水平变动的影响方向和程度
   D. 研究现象总体的长期变动趋势

2. 常见的质量指标综合指数有( )。
   A. 商品销售量指数 B. 商品销售价格指数
   C. 单位成本指数   D. 劳动生产率指数

3. 关于CPI,下列说法正确的是( )。
   A. 表示居民消费价格指数
   B. 表示社会零售品消费总额
   C. 可用于分析居民实际收入水平和生活水平的变化情况
   D. 将全国城乡居民消费的商品与服务划分为八大类

4. 居民消费价格指数将我国城乡居民消费的商品与服务划分为八大类,其中包括( )。
   A. 食品烟酒   B. 衣着   C. 居住   D. 生活用品及服务
   E. 交通和通信 F. 其他用品和服务

5. 下列选项中,会编制和发布的股票价格指数的是( )。
   A. 证券交易所   B. 金融服务机构
   C. 咨询研究所   D. 新闻单位编制和发布

6. 下列选项中,各指数构成指数体系的是( )。
   A. 生产总成本 = 产品产量 × 单位产品成本
   B. 货币购买力指数 = $\dfrac{1}{\text{居民消费价格指数}} \times 100\%$
   C. 商品销售额指数 = 商品销售量指数 × 商品销售价格指数
   D. 生产总成本指数 = 产品产量指数 × 单位产品成本指数

三、判断题

1. 居民消费价格指数反映了各种消费品和生活服务项目价格变动趋势和程度的相对数。( )
2. 货币购买力指数越大,单位货币所能购买到的消费品和服务就越多。( )
3. 货币发行量越多,则货币购买力指数越大。( )
4. 股票价格指数是表明股票交易市场价格变动的一种价格静态相对数。( )
5. 指数体系内部的数量对等关系仅表现在相对数之间。( )

6. 因素分析的研究对象是受两个或两个以上的因素变动影响的复杂经济现象。(   )
7. 多因素分析是指研究对象包含三个以上因素变动的分析。   (   )
8. 运用多因素分析法时,对各因素可随意排列顺序。   (   )
9. 指数体系至少由三个具有内在联系且有一定数量关系的指数构成。   (   )

四、计算题

1. 某商店商品销售资料如表 6-11 所示。

表 6-11　某商店商品销售资料

商品名称	计量单位	商品销售量 基期	商品销售量 报告期	基期价格(元)
甲	件	600	800	30
乙	个	180	160	25

计算:
(1) 商品销售量个体指数。
(2) 商品销售量总指数及由于销售量变动而影响销售额变动的绝对值。

2. 已知某商店三种商品基期和报告期的销售数据如表 6-12 所示。

表 6-12　某商店三种商品基期和报告期的销售资料

商品	计量单位	销售量 基期	销售量 报告期	价格 基期	价格 报告期
A 商品	套	3 500	3 700	60	62
B 商品	台	180	160	200	220
C 商品	支	5 000	5 600	12	10

要求:
(1) 计算三种商品的个体指数。
(2) 计算商品价格总指数和销售量总指数。
(3) 从相对量和绝对量角度分析所有商品的销售量与价格对所有商品销售额的影响情况。

项 目 实 训

低碳经济主题股指编制

低碳经济强调节能减排和新能源发展已经被国家越来越重视,"低碳经济"在未来很长一段时间内都将持续。依照我国发展低碳经济的路径,即节能—减排—新能源—中国清洁发展机制(CDM),低碳经济相关领域的龙头公司会有较好的发展前景。

项目要求:请运用指数的相关知识,选取 10 家优质的低碳经济相关公司股票,编制低碳经济主题股票价格指数。

项目七　相关分析与回归分析

相关分析与回归分析是了解变量之间是否存在关系的典型分析方法,二者是相辅相成的,相关分析是回归分析的前提,回归分析是相关分析的延续。本项目将详细介绍相关分析与回归分析的具体实现方法,掌握确定变量关系的方法。

学习目标

知识目标
(1) 了解金融数据分析中相关关系和回归分析的基本概念、目的以及流程。
(2) 掌握相关分析中相关系数的计算与意义。
(3) 明确相关分析与回归分析的区别与联系。
(4) 掌握回归分析的基本理论与方法。
(5) 掌握一元线性回归方程的求解与应用。
(6) 了解多元线性回归方程的构建原理和分析方法。

能力目标
(1) 能够表述金融数据分析中相关关系的一般流程,能够区分相关系数来辨别变量间的相关关系程度。
(2) 能够区分相关关系和回归关系的原理与意义。
(3) 能够建立一元线性回归模型,通过模型结果进行数据分析。
(4) 能够明确构建多元线性回归模型的条件和适用范围。

素养目标
(1) 通过课实实训,小组合作分析研发与销售的关系,培养团结协作、集思广益的团队精神。
(2) 通过相关分析与回归分析培养学生自我探索、深度思考的创新精神。

案例导入

1947年,美国宝丽来公司创始人埃德温·赫伯特·兰德宣布,他们在研究即时显像的技术方面迈出了新的一步,这使得一分钟成像成为可能。并在随后的几年中,他们不断地在化学、光学和电子学方面进行试验和研究,生产出具有更高品质、更高可靠性和更为便利的摄影系统。

衡量摄影材料感光度的测光计可以提供许多有关于胶片特性的信息,如它的曝光时间范围、感光速率等。为了研发出更符合消费者需求的胶卷,宝丽来中心感光实验室的科学家们把即时显像胶片置于一定的温度和湿度下,使实验环境近似于消费者购买后的保存条件,然后再对其进行系统的抽样检验和分析。他们选择专业彩色摄影胶卷,抽取了分别已保存1—13个月不等的胶卷,以便研究它们的保存时间和感光速率之间的联系。调查数据显示,感光速率随保存时间的延长而下降,它们之间相应变动的关系可用一条直线即线性关系近似表示。

同时宝丽来公司的科学家们运用回归分析建立起一个能反映出胶卷保存时间长短对感光速率变动的影响的方程式:

$$\hat{y}=a+bx$$

式中 $\hat{y}$ 为胶卷感光速率的变动值,x 为胶卷保存时间(月)。

通过实验数据他们得出了如下的回归方程:

$$\hat{y}=-19.8-7.6x$$

从这一方程式可以看出,胶卷的感光速率的变动幅度平均每月下降7.6个单位。该结果为宝丽来公司的生产决策提供了相关的信息,有助于宝丽来公司把消费者的购买和使用结合起来考虑,生产出更能满足消费者需求的胶卷,从而抢占更多的市场份额。

在本案例中,宝丽来公司的科学家们描绘出了胶卷保存时间与感光速率变动之间的关系,并建立起回归方程来说明两变量之间的相关关系。如何描绘两变量之间的关系,依据什么来建立回归方程进行测度,在本项目的学习中将为读者一一解答。

任务一 理解相关分析的意义和种类

一、相关分析的意义

在自然界和社会中存在着许多事物和现象,它们彼此之间是相互联系、相互依赖和相互制约的。在社会经济领域中,现象之间具有一定的联系性,一种现象的变化往往依赖于其他现象的变化。而所有这些现象之间的相互联系,可以通过数量关系反映出来。这种客观现象之间确实存在的数量上的依存关系称为相关关系;对现象之间相关关系密切程度的研究则称为相关分析,相关分析是从数量方面来分析研究现象与现象之间关系的一种统计分析方法,通过从数量上研究现象之间有无关系以及相关关系的密切程度来探讨某一变量(或某几个变量)对另一变量(或另外几个变量)的变动影响,为经济预测和决策、正确分析经济活动过程提供依据。

客观现象之间的数量依存关系可以区分为以下两种不同的类型。

(一)函数关系

函数关系是指现象之间在数量上存在着严格的、确定性的依存关系,在这种关系中,对于某一变量的每一个数值都有另一个变量的确定值与之相对应,并且这种关系可以用一个数学表达式精确表示出来。例如,圆的面积 S 和半径 r 之间存在着函数关系 $S=\pi r^2$,圆的半径确定以后,圆的面积也随之确定。又比如,在价格一定的条件下,商品销售量与商品销售额之间就形成了对应的确定性的数量关系。自然界中广泛存在着这样的函数关系。

统计学上,如果变量 y 随变量 x 一起变化,并完全依赖于 x,当变量 x 取某个数值时,变量 y 按照确定的关系取相应的值,则称 y 是 x 的函数,记为 $y=f(x)$,其中称 x 为自变量,y 为因变量,函数关系示意图如图 7-1 所示。

(二)相关关系

与函数关系相对应,相关关系是指变量之间存在一种不确定的数量关系,即一个变量发生变化,另一个变量也会发生变化,但具体变化的数量不是确定的,只是在一定的范围内而已。生活中,相关关系是非常普遍的,如父母身高与子女身高的关系,商品消费量与居民收入的关系,考察它们的关系时,由于其他因素的存在,二者之间的量化关系就不是完全确定的,而是有随机的成分。

相关关系是指存在于现象之间的一种非确定性的数量依存关系。这种关系可以用 $y=f(x)+\varepsilon$ 来表示,其中 ε 称为随机变量。若 $f(x)$ 为直线函数,则 x 与 y 的相关关系如图 7-2 所示。如图 7-2 所示,所有观测点分布在一条直线的周围。

图 7-1 函数关系示意图   图 7-2 相关关系示意图

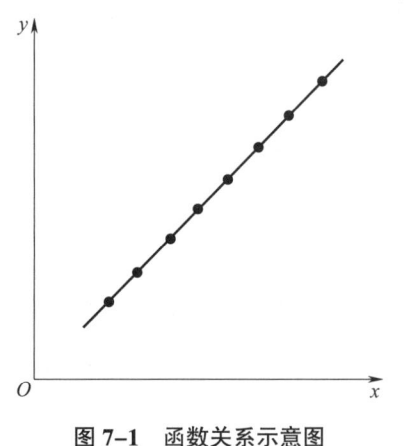

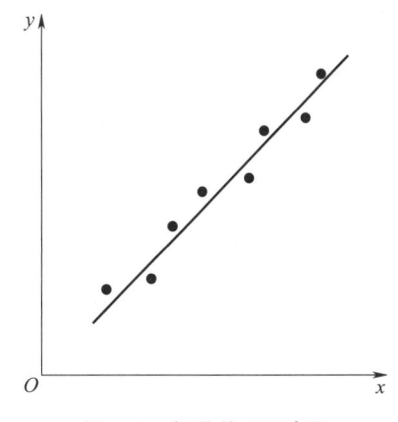

理解相关关系要把握以下两个要点。

（1）相关关系是指现象之间确实存在数量上的相互依存关系。两个现象之间，一个现象发生数量上的变化，另一个现象也会相应地发生数量上的变化。例如，劳动生产率提高，相应地会使成本降低、利润增加等。

（2）现象之间数量依存关系的具体关系值是不固定的。在相关关系中，对其中一个变量的某一数值，另一个变量可能有若干个数值与之相对应，这些数值之间表现出一定的波动性，但又总是围绕着它们的平均数并遵循一定的规律而波动。例如，生育率与人均 GDP 之间就属于典型的相关关系，人均 GDP 高的国家生育率往往较低，但二者没有唯一确定的关系，这是因为除了经济因素外，生育率还受教育水平、城市化水平以及不易测量的民族风俗、宗教和其他随机因素的共同影响。但即使如此，它们之间仍然存在一定的规律性，即在其他条件不变的情况下，生育率会随着人均 GDP 的提高而相应地降低。

相关关系与函数关系既有区别，也有联系。区别在于，函数关系反映确定性的数量关系，而相关关系表明的是非确定性的数量关系。联系在于，从广义上看，函数关系是相关关系的特例。但在实践中，由于有观察或测量误差等原因，函数关系在实际统计调查结果中往往表现为非确定性的相关关系；而在研究相关关系时，又常常将函数关系作为工具，以一定的函数关系表现相关关系的数量联系。因此，相关关系是相关分析的研究对象，而函数关系是相关分析的工具。

二、相关的种类

现象之间的相互关系是复杂的，它们各以不同的方向、不同的程度相互作用着，并表现出不同的类型和形态。

（一）按相关的密切程度不同划分

按相关密切程度的不同划分，相关关系可分为完全相关、不完全相关和不相关。

1. 完全相关

两种现象中一种现象的数量变化随另一种现象的数量变化而确定，这两种现象之间的依存关系就称为完全相关。例如 $S=\pi r^2$，在这种情况下相关关系就是函数关系。

2. 不完全相关

两种现象之间的关系介于完全相关和不相关之间，称为不完全相关。一般的相关现象都是指不完全相关，它是相关分析的研究对象。

3. 不相关

两种现象的数量表现各自独立、互不影响，称为不相关。例如，企业生产成本和工人年龄之间、证券市场上股票的价格和降雨量之间一般是不相关的。不相关也是相关关系的特例。

（二）按相关的表现形态不同划分

按相关的表现形态不同划分，相关关系可分为直线相关和曲线相关。

1. 直线相关

相关关系是一种数量上不严格的相互依存关系,如果这种关系近似地表现为一条直线,则称为直线相关,也称线性相关,有正相关与负相关之分,如图7-3所示。

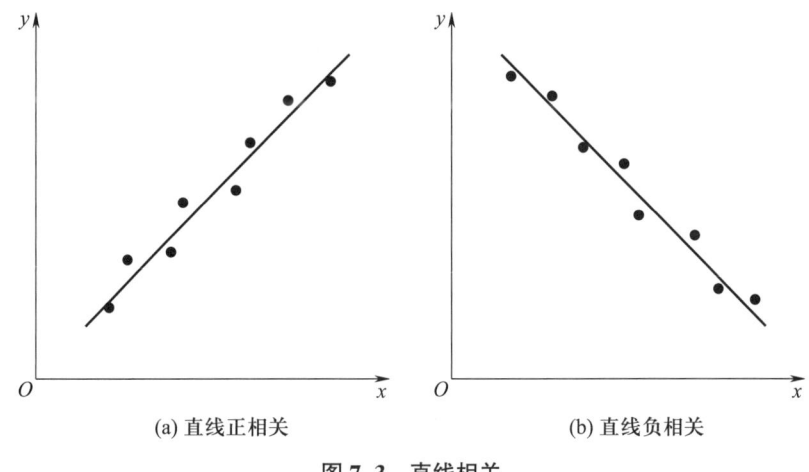

图 7-3　直线相关

(a) 直线正相关　　(b) 直线负相关

2. 曲线相关

如果相关关系近似地表现为一条曲线,则称为曲线相关,也称为非线性相关,如图7-4所示。曲线相关又分为不同的种类,如抛物线、指数曲线和双曲线等。

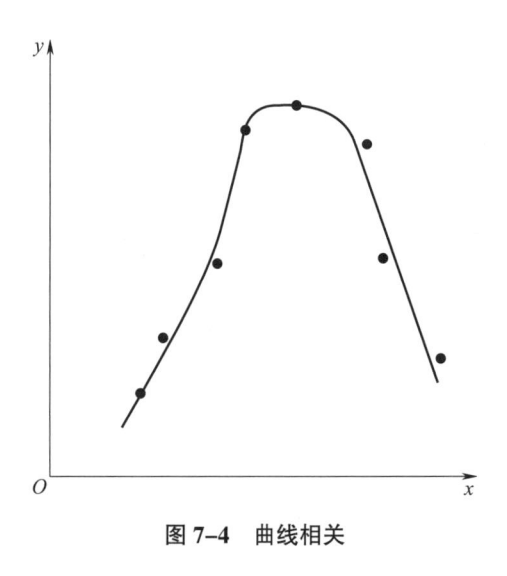

图 7-4　曲线相关

研究现象的相关关系究竟属于哪种形态,要对现象的性质做出理论分析,并根据实际经验,才能得到较好的判断。

(三) 按直线相关的不同方向划分

按直线相关的不同方向划分,相关关系可分为正相关和负相关。

1. 正相关

若自变量 x 的数值增加，因变量 y 的数值也相应地增加，则称为正相关。例如，施肥量增加，亩产量也随之增加；居民的收入增加，购买力也随之增加。

2. 负相关

若自变量 x 的数值增加（减少），因变量 y 的数值相应减少（增加），则称为负相关。例如，产量越高，生产成本就越低；商品价格越低，销售量就越高。

（四）按相关的影响因素多少划分

按相关的影响因素多少划分，相关关系可分为一元相关和多元相关。

1. 一元相关

只涉及两个现象（变量）之间的相关称为一元相关，也称单相关，即研究时只涉及一个自变量和一个因变量。

2. 多元相关

涉及三个或三个以上现象（变量）之间的相关称为多元相关，即一个现象的数量变化是由其他两个或两个以上现象的数量变化的协同作用引起的。在多元相关中，若研究某一变量与其余全部变量之间的总相关程度，称为复相关；若研究其中两个变量的相关程度并假定其余变量是固定的，则称为偏相关。

三、相关分析的主要内容

相关分析是对客观现象具有的相关关系进行分析，其目的就是从现象的复杂关系中消除非本质的偶然影响，从而找出现象间相互依存的形式、密切程度以及依存关系变动的规律性，以便做出某种判断，并进行相关的推算和预测。相关分析的主要内容如下。

（一）确定现象间有无关系及其表现形式

确定现象间有无关系及其表现形式是相关分析的出发点。有相互依存关系才能用相关方法进行分析，如果没有关系而当作有关系会使认识发生错误。一般通过一定的理论分析，结合相关图表的绘制来进行相关关系的判定。

（二）确定相关关系的密切程度

相关分析的目的之一，就是从不严格的关系中判断其关系的密切程度。一般来讲，在简单一元线性相关下，判断相关关系密切程度的方法主要是计算相关系数，在两变量间曲线相关下，则是计算非线性相关系数，对多元相关则计算复相关系数和偏相关系数（本项目仅介绍相关系数的计算方法）。

（三）选择合适的数学模型

确定了现象之间确实有相关关系及密切程度，就要选择合适的数学模型，对变量之间的联系给予近似的描述。它是相关分析的必然延伸。

如果现象之间的关系表现为直线相关,则采用配合直线的方法;如果现象之间的关系表现为某种曲线,则采用配合曲线的方法。根据确定的数学模型能找到现象之间相互依存关系和数量上的规律性。这是进行判断、推算的根据。

(四)测定因变量估计值的准确程度

配合直线方程或曲线方程后,可反映现象之间的变化关系,即自变量变化时因变量有多大变化。根据这个数量关系,可测定因变量的估计值。把估计值与实际值对比,如果它们差别小,说明估计得较准确;反之就不够准确。这种因变量估计值的准确程度通常用估计标准差来衡量。

(五)进行显著性检验

对现象之间变量关系的研究通常是从两方面进行的:① 研究变量之间关系的密切程度,这种研究称为相关分析;② 将自变量和因变量之间的变动关系用数学表达式表述,这种研究称为回归分析。

回归分析要以现象之间存在相关关系为前提,然后对自变量和因变量的变动拟合适当的回归方程、确定其数学关系式,再对所拟合的回归方程进行显著性检验,最后利用所求得的关系式进行推算和预测。

任务二　掌握简单线性相关分析

进行简单线性相关分析需要分为两个步骤:第一步,利用相关表、相关图判断相关关系的有无;第二步,计算相关系数确定关系的密切程度。

一、相关表和相关图

在进行相关分析之前,首先要判断现象之间是否存在相关关系,是何种形式的相关关系。这种判断的方法有两种:定性分析和定量分析。最初是对研究对象进行定性分析,在初步确认有相关关系后,还要运用大量的实际观察资料编制相关表,绘制相关图。利用相关图表进一步判断相关关系的形式,为相关分析奠定基础。

(一)相关表

相关表就是根据所掌握的有关变量一定数量的原始对应资料编制的统计表,该表可以直观地表明因变量和自变量的关系。根据给定资料是否分组,相关表分为简单相关表和分组相关表两种。

1. 简单相关表

简单相关表是指利用未分组的原始资料,将两个变量的值一一对应地填列在同一张表格上而形成的相关表。其编制程序是:首先确定自变量和因变量;其次,将两个变量的变量值一一对应,按自变量的变量值从小到大顺序排列。例如,为了研究固定资产和工业产值的关系,通过调查资料可编制相关表(为方便只列举10个企业有关的原始对应资料),如表7-1所示。

表7-1 10个企业固定资产和工业产值资料(单位:十万元)

企业编号	固定资产	工业产值
1	20	40
2	30	55
3	40	70
4	50	90
5	70	100
6	80	110
7	100	125
8	110	140
9	120	140
10	130	160

从表7-1中可看出,随着固定资产的提高,工业产值有相应增加的趋势,尽管存在不同固定资产对应的工业产值表现相同的情况,但是两者之间仍然存在一定的依存关系。

简单相关表仅在总体单位数比较少的情况下适用。如果总体单位数比较多,则编制的简单相关表会很长,使用起来不方便,在这种情况下应编制分组相关表。

2. 分组相关表

分组相关表就是将原始资料进行分组而编制的相关表。根据分组的情况不同,分组相关表又分为以下两种:

(1)单变量分组表。它是将自变量分组并计算频数,而对应的因变量不分组,只计算其平均值。其编制程序是:首先,将自变量分为若干组(资料情况可以是单项式,也可以是组距式);其次,计算各组频数;最后,计算各组对应的因变量的平均值。例如,200个女大学生身高和体重相关表,如表7-2所示。

表7-2 200个女大学生身高和体重相关表

体重(千克)	学生数(人)	平均身高(厘米)
45以下	1	151
45~47.5	12	154
47.5~50	46	155
50~52.5	65	158

续 表

体重（千克）	学生数（人）	平均身高（厘米）
52.5～55	43	160
55～57.5	19	162
57.5～60	11	163
60～62.5	2	167
62.5 及以上	1	170
合计	200	—

这种单变量分组表是实际工作中使用最多的一种，它能使资料简化，可以更直接、更清晰地反映出两变量之间的相关关系。

（2）双变量分组表。它是将自变量和因变量都进行分组而制成的相关表。这种表的形状如同盘，故又称棋盘式表。其编制程序是：首先，分别对自变量和因变量进行分组；其次，按两个变量的组数设计表格；最后，计算各组频数，并将其填入表格相应的位置。例如，根据表7-2资料编制的双变量分组表，如表7-3所示。

表 7-3　200个女大学生身高和体重相关表

体重（千克）	身高（厘米）							学生数（人）
	<150	150～154	154～158	158～162	162～166	166～170	≥170	合计
≥62.5							1	1
60～62.5							2	2
57.5～60			1	3	3	4		11
55～57.5					8	7	4	19
52.5～55		1	4	10	14	12	2	43
50～52.5	1	2	12	21	23	6		65
47.5～50		2	15	14	10	5		46
45～47.5	1		6		5			12
<45		1						1
合计	2	6	37	46	63	33	13	200

（二）相关图

相关图又称散点图，是将相关表中的原始对应数值在平面直角坐标系用坐标点描绘出来。以横轴代表自变量，纵轴代表因变量，在坐标系中将相关表中两个变量的对应数值画出坐标点,每个坐标点在这里称为相关点,所有相关点组成的图形就叫相关图或散点图。通过相关图中所有点的分布情况,可以直观地、大致地看出两个现象间相关的形态和方向。例如,根据表7-1中的资料绘制的相关图,如图7-5所示。

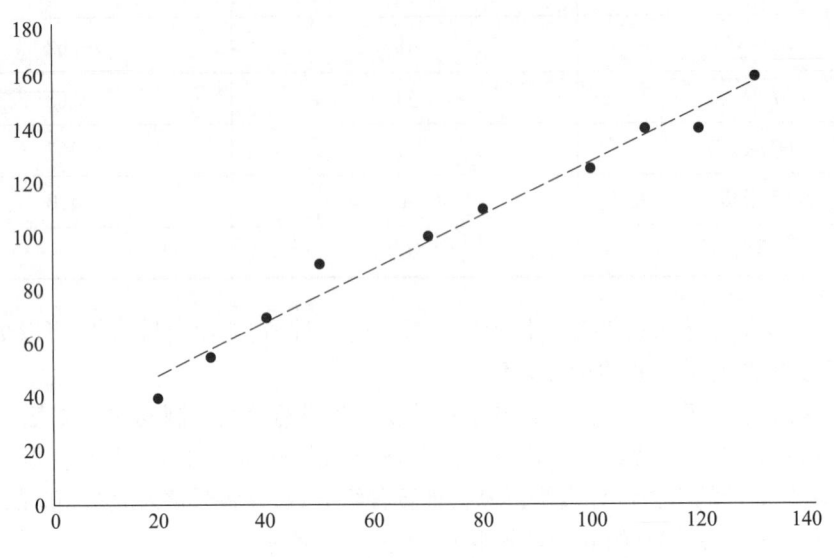

图7-5　10个企业固定资产和工业产值的散点图

从图7-5中可以看出,工业产值随着固定资产的增加而增加,并且散点图的分布近似地表现为一条直线,由此可判断固定资产与工业产值两个变量之间存在着直线正相关关系。

二、相关系数

(一)相关系数的意义

相关分析首先需要判断变量之间是否存在相关关系,如果存在,还需要分析相关关系的形态、方向和程度。解决这些问题,最常使用的就是散点图和相关系数这两种工具。虽然散点图能直观地看出变量之间的大致关系,包括该关系的形态、方向和程度,但不能准确反映变量之间关系的密切程度。此时就需要利用相关系数来解决这个问题。

根据相关表和相关图可以直观地判断两个现象是否相关及相关的形态,但不能准确判断相关的密切程度,因此还需要运用数学解析方法,构建一个适当的数学模型来显示现象之间相关关系及其密切程度。相关系数是在直线相关条件下,说明两个现象之间相关关系密切程度的统计分析指标,通常用字母"r"表示。

(二)相关系数的计算

计算相关系数的方法有多种,最简单的一种方法是积差法,这种方法直接来源于数理统计中相关系数的定义,其计算公式为:

$$r = \frac{\sigma_{xy}^2}{\sigma_x \sigma_y}$$

式中 r 为相关系数，σ_{xy}^2 为自变量数列和因变量数列的协方差，σ_x 为变量 x 的标准差，σ_y 为变量 y 的标准差。

积差法相关系数在计算过程中要使用两个变量的平均值，计算比较烦琐，因此，上式可以转化为以下公式：

$$r=\frac{\sum (x-\bar{x})(y-\bar{y})}{\sqrt{\sum (x-\bar{x})^2 \cdot \sum (y-\bar{y})^2}}$$

可以利用代数推算的方法形成如下的简明公式：

$$r=\frac{n\sum xy-\sum x\sum y}{\sqrt{n\sum x^2-(\sum x)^2} \cdot \sqrt{n\sum y^2-(\sum y)^2}}$$

式中 n 为变量 x 和 y 的数量，x 为变量 x 的实际观察值，y 为变量 y 的实际观察值。

协方差表示的是两个变量的总体的误差，方差是协方差的一种特殊情况，当两个变量相同时，两个变量就变为一个变量，此时的协方差就等效于方差。

（三）相关系数的性质

实际上，并不是只能通过散点图才能发现变量之间的相关关系，通过相关系数的取值，更能准确说明相关关系的具体情况。

（1）计算相关系数时，不需要区分自变量和因变量，两变量是对等关系。

（2）相关系数的数值范围在 -1 和 $+1$ 之间，即 $-1\leqslant r\leqslant 1$。

（3）相关系数有正负号，分别表示正相关和负相关。

（4）相关系数的值越接近于 -1 或 $+1$（即绝对值越接近于1），表示相关关系越强；越接近于0，表示相关关系越弱。若相关系数等于 ± 1，则表示两个变量完全相关；若相关系数为0，则表示两个变量之间不存在线性相关关系（但并不意味着不存在非线性关系）。

（5）一般情况下，通过相关系数判断相关关系的密切程度的标准，如图 7-6 所示：

① 当 $0\leqslant |r|<0.3$ 时为无关，其中 $r=0$ 时，为无线性相关；

② 当 $0.3\leqslant |r|<0.5$ 时为低度相关；

③ 当 $0.5\leqslant |r|<0.8$ 时为显著相关；

④ 当 $0.8\leqslant |r|\leqslant 1$ 时为高度相关，其中 $r=\pm 1$ 时，为完全正（负）相关。

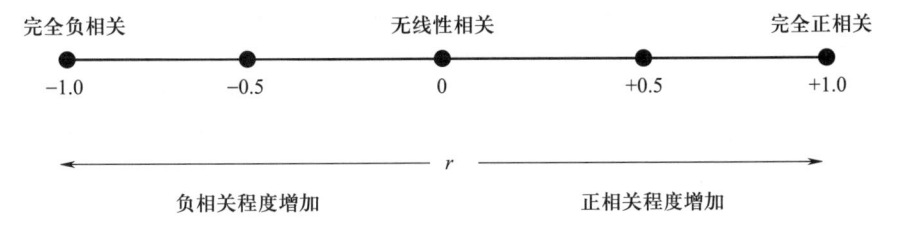

图 7-6 相关系数的取值范围

需要指出的是,有时两变量之间并不存在相关关系,但却可能出现较高的相关系数,这就是虚假相关,导致这种现象发生的原因往往是存在另一个共同影响两变量的因素,如果利用该结果就会得出错误的结论。

任务三 掌握回归分析

一、回归分析的概念和特点

(一)回归分析的概念

相关关系是一种数量关系不严格的依存关系,相关系数能说明相关关系的方向和密切程度,但不能说明变量之间数量变动的因果关系。当给定自变量某一数值时,不能根据相关系数来估计或预测因变量可能发生的数值。回归分析就是对具有相关关系的两个或两个以上的变量之间数量变化的一般关系进行测定,确定一个相应的数学表达式,以便进行估计或预测的统计方法。其所建立的数学表达式称为回归方程,而代表现象之间一般数量关系的直线或曲线称为回归直线或回归曲线。"回归"一词是英国科学家弗朗西斯·高尔顿首先提出的。高尔顿通过测量父母亲和孩子的身高,发现了"向均数回归"这一现象,即身高特别高的父母所生的孩子其身高并非特别高,而身高特别矮的父母所生的孩子其身高并非特别矮,子辈身高有向父辈平均身高逼近的趋向。这也是近代回归分析的起源。现代回归分析虽然沿用了"回归"一词,但内容已有很大变化,现在往往用来泛指变量之间的一般数量关系。

回归分析是对具有密切关系的两个变量,根据其相关形式,选择一个合适的数学关系式,以此来表现变量之间平均变化程度的一种统计分析方法。它可以将具有相关关系的变量之间不确定的数量关系通过函数表达式表现出来,用以说明变量之间的数量依存关系。

(二)回归分析的特点

回归分析和相关分析比较,具有以下特点。

(1)在相关分析中,各变量之间是对等关系;而回归分析是通过建立回归方程来反映变量之间数值的变化关系,必须区分哪个是自变量,哪个是因变量。

(2)在两个变量互为根据的情况下,回归分析需要建立两个不同的回归方程,一个是以 x 为自变量,y 为因变量的"y 依 x 的回归方程";另一个是以 y 为自变量,x 为因变量的"x 依 y 的回归方程"。显然,如果两个变量是单向因果关系,则回归分析就只能建立一个回归方程。

(3)在相关分析中,各变量都是随机变量;而回归分析中,因变量是随机变量,自变量不是随机变量,而是一系列给定的值。

(4)利用回归方程,可以根据自变量的数值估计和预测因变量的可能值,一个回归方程对同一自变量数值只能做一次推算。

回归分析可按不同的标准分类,从变量间回归关系的表现形式看,可分为线性回归分析和非线性回归分析;按回归分析所涉及的自变量的多少又可分为一元回归分析和多元回归分析。如把两者结合起来,回归分析可分为一元线性回归分析和多元线性回归分析,一元非线性回归分析和多元非线性回归分析。这里只讨论线性回归分析的情况。

二、一元线性回归分析

回归分析的重要内容之一就是根据变量观测值构建回归直线方程,对现象间存在的一般数量关系进行描述。用直线方程来表示两个变量之间的变动关系,并进行估计推算的分析方法称为一元线性回归分析,或简单线性回归分析。一元线性回归分析是回归分析中最简单且应用最广泛的一种。

(一) 构建回归方程应具备的条件

1. 现象间确实存在着相互依存关系

只有当两个变量存在着高度密切的相关关系时,所构建的回归模型才有意义,用以进行的分析预测才有价值。

2. 现象间存在着直线相关关系

一元线性回归方程在图形上表现为一条直线,因此,只有当两个变量的相关关系表现为直线关系时,所拟合的直线方程才是对客观现象的真实描述,才可以进行统计分析。如果现象之间的相关关系表现为曲线,却拟合为一条直线,则必然会得出错误的结论,实际中一般会先通过绘制散点图来判定现象之间是否呈直线相关。

3. 具备一定数量的变量观测值

回归方程是根据自变量和因变量的样本观测值来求得的,因此变量 x 和 y 两者应有一定数量的观测值,这是构建直线方程的依据。如果观测值过少,受随机因素的影响较大,就不易观测出现象之间的变动规律性,所拟合的直线回归方程也就没有多大意义。

(二) 一元线性回归模型

一元线性回归方程的基本形式为:

$$\hat{y}=a+bx$$

式中 $\hat{y}$ 为因变量的估计值,它是根据回归方程推算出来的回归直线上的理论值,x 为自变量,a 为回归直线的起点值,数学上称之为 y 的截距,b 为回归直线的斜率,又称为回归系数,它表示自变量每增加一个单位时因变量的平均增加值。

上式中的 a、b 均为待定参数,是需要根据实际资料求解的数值,一旦解出 a 和 b,表明变量之间一般关系的具体回归直线也就确定了。

估计这些参数可用不同的方法,统计中使用最多的是最小二乘法,用这种方法求出的回归线是原资料的最适合线,就 y 依 x 的回归线来讲有:

$$\sum (y-\hat{y})^2 = 最小值$$

根据上式可得到两个标准方程：

$$\begin{cases} \sum y = na + b\sum x \\ \sum xy = a\sum x + b\sum x^2 \end{cases}$$

从以上联立方程中可解出 a 和 b：

$$\begin{cases} b = \dfrac{n\sum xy - \sum x \sum y}{n\sum x^2 - (\sum x)^2} \\ a = \dfrac{\sum y - b\sum x}{n} \end{cases}$$

用这两个公式可计算出 a 和 b，从而得出 y 依 x 的回归方程 $\hat{y} = a + bx$。利用这个方程，每当给定一个 x 的值时，就可以求得相应的 y 的估计值。

（三）最小二乘估计

最小二乘估计是指采用最小二乘法使因变量 x 的观察值与估计值之间的离差平方和达到最小，以此来求得参数 a 和 b 的方法，即

$$Q = \sum (y - \hat{y})^2 = \sum (y - a - bx)^2 = 最小$$

之所以采用最小二乘法来估计参数 a 和 b，是因为用最小二乘法拟合的直线来代表 x 和 y 之间的关系与实际数据的离差比其他任何直线都小。最小二乘法的计算示意如图 7-7 所示，即散点图中的点与该直线之间的距离的平方和，小于散点图中的点与任何其他拟合直线之间距离的平方和。

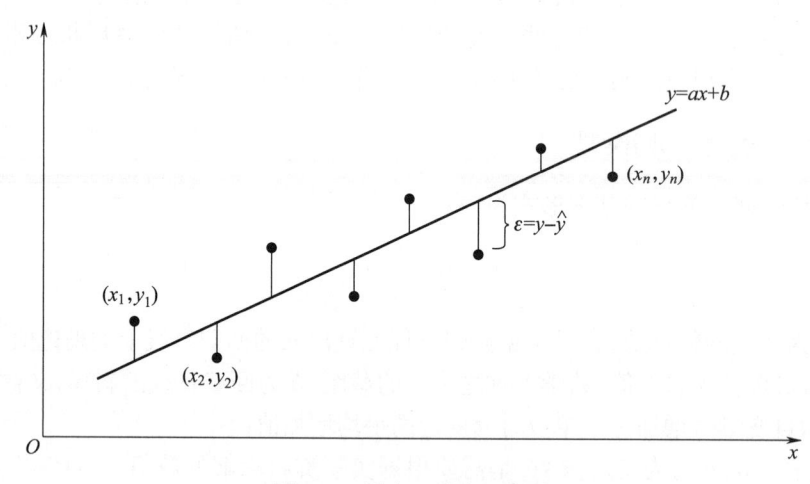

图 7-7 最小二乘法示意图

由此，利用最小二乘法可以求得参数 a 和 b，其计算方程组如下：

$$\frac{\partial Q}{\partial a} = 2\sum (y - a - bx)(-1) = 0$$

$$\frac{\partial Q}{\partial b}=2\sum (y-a-bx)(-x)=0$$

求解上述方程组,可得参数 b 和 a 的值分别如下:

$$b=\frac{n\sum xy-\sum x\sum y}{n\sum x^2-(\sum x)^2}$$

$$a=\bar{y}-b\bar{x}$$

(四)建立回归方程的相关注意事项

建立回归方程后应注意以下几个问题。

(1)建立回归方程后,只能通过给定的自变量的值来计算因变量的估计值,而不能反过来计算。如上例中,只能通过给定的固定资产来估计工业产值,而不能反过来用工业产值估计固定资产。如果是两个互为因果的变量,既要由 x 估计 y,又需要由 y 估计 x,那就必须建立两个回归方程,即:一个是 $\hat{y}=a+bx$;另一个是 $\hat{x}=c+dy$ 中(c、d 与 a、b 的含义相同,只是数值不同)。总之,不能只用一个回归方程求 x、y 两个变量的估计值。

(2)不要把根据直线回归方程求出的因变量估计值 $\hat{y}$ 看作确定的变量值,它只是许多可能值的平均数,是把非确定性的数量关系一般化、平均化的结果。

(3)回归系数 b 的值有正负号,正回归系数表示两个变量为正相关关系,在图形上表现为一条上升直线;负回归系数表示负相关,在图形上表现为一条下降直线。另外,由于回归系数数值的大小与相关表中原数列使用的计量单位有关,所以它不能表明两个变量之间变化的密切程度,只能反映两个变量之间数值变化的比例关系,即只能表明自变量每变化一个单位,因变量平均变化的量。

(4)对由样本数据求出的回归方程,应进行一系列的统计检验,以检查方程对资料的拟合是否有效,是否显著。

(五)一元线性回归检验

虽然可以根据总体数据或样本数据建立一元线性回归方程,但该方程能否用于对变量的预测与控制,是否具备较高的准确性等,都需要通过统计学意义上的检验与判断才能决定。下面重点介绍一元线性回归方程最常见的检验方法,即拟合优度检验和显著性检验。

1. 拟合优度检验

回归直线与各观测点的接近程度称为回归直线对数据的拟合优度。如果观测点越靠近直线,则说明回归直线对数据的拟合度越好;如果观测点越远离直线,则说明回归直线对数据的拟合度越差。

(1)判定系数。判定系数一般用 R^2 表示,其含义是通过因变量 y 的变差来解释的。对于某一个观察值来说,其变差的大小可以用实际观察值 y 与其均值的离差 $y-\bar{y}$ 来表示;对于 n 个观察值来说,其变差的总和应由这些变差的平方和 $\sum(y-\hat{y})^2$ 来表示。

（2）估计标准误差。估计标准误差反映的是实际观测值 y 与估计值 $\hat{y}$ 之间偏离程度的测量指标，是对回归方程误差项 ε 的方差的一个估计值，是残差平方和 $\sum(y-\hat{y})^2$ 除以自由度 $n-k-1$ 后的平方根，用 S_ε 表示，其计算公式如下所示：

$$S_\varepsilon = \sqrt{\frac{\sum(y-\hat{y})^2}{n-k-1}}$$

式中 k 为自变量的个数，在一元线性回归方程中，$k=1$。

虽然利用最小二乘法拟合的回归直线比用其他方法拟合的回归直线所造成的总误差要小，但也没有完全消除估计值与实际值之间的误差。因此，估计标准误差这一检验指标，正好可以说明回归直线的拟合优度。S_ε 越大，说明实际观测值 y 与估计值 $\hat{y}$ 之间的偏离程度越大，回归效果就越差，R^2 的值越小；相反，S_ε 越小，说明实际观测值 y 与估计值 $\hat{y}$ 之间的偏离程度越小，回归效果就越好，R^2 的值也越大。

2. 显著性检验

显著性检验可以分析自变量与因变量之间的线性关系是否显著。一元线性回归方程的显著性检验包括回归方程的 F 检验和回归系数的 t 检验。

（1）F 检验。F 检验是通过构建 F 统计量，检验自变量 x 和因变量 y 之间的线性关系是否显著，通过了 F 检验则表明变量之间的线性关系显著。

（2）t 检验。t 检验是通过构建 t 统计量，检验自变量 x 和因变量 y 的影响是否显著，通过了 t 检验则表明自变量 x 对因变量 y 的影响显著，就可以用自变量 x 来解释因变量 y 的变化。

对于初学者而言，F 检验和 t 检验的原理与计算方法都非常复杂，这里可以利用 Excel 的数据分析功能，直接对比显著性水平 α 来判断因变量与自变量的关系。对于 F 检验而言，如果名义上的 F 的数值小于 α，就表明自变量 x 和因变量 y 之间有显著的线性关系；对于 t 检验而言，如果 P-value 的数值小于 α，就表明自变量 x 对因变量 y 的影响是显著的。

三、多元线性回归分析与检验

现实生活中的各种现象往往是被多个因素共同影响的结果，如果某个现象与多个影响因素之间呈线性关系时，如果要分析它们之间关系的程度，就是多元线性回归分析的范畴。

（一）多元线性回归模型

多元线性回归模型可表示如下。

$$y = \beta_0 + \beta_1 x_1 + \beta_2 x_2 + \cdots + \beta_k x_k + \varepsilon$$

该模型中，因变量 y 是 $x_1, x_2, \cdots, x_k$ 的线性函数与误差项 ε 的结果，$\beta_0, \beta_1, \beta_2, \cdots, \beta$ 称为模型的参数。

（二）多元线性回归方程

统计中，涉及两个及两个以上自变量的线性回归分析称为多元线性回归分析。

多元线性回归分析研究自变量和多个因变量间的线性关系,这种关系可用数学模型来表示。一般地,设有 n 个自变量 $x_1, x_2, \cdots, x_n$ 与一个因变量 y 呈线性相关,则可建立 n 元线性回归模型:

$$\hat{y} = a + b_1 x_1 + b_2 x_2 + \cdots + b_n x_n$$

式中 a 为常数项;b_i 为 y 对 x_i 的回归系数($i=1,2,\cdots,n$),表明在其他自变量不变的情况下,自变量 x 变动一个单位而引起因变量 y 的平均变动量。

二元线性回归方程是最典型的多元线性回归方程,通过观察求解二元线性回归方程参数的过程,就可了解其他类型的多元线性回归方程参数的求解方法。设二元线性回归方程为:

$$\hat{y} = a + b_1 x_1 + b_2 x_2$$

要确定该回归方程,须先求解 a、b_1 和 b_2 三个参数。用最小二乘法求得方程组:

$$\begin{cases} \sum y = na + b_1 \sum x_1 + b_2 \sum x_2 \\ \sum x_1 y = a \sum x_1 + b_1 \sum x_1^2 + b_2 \sum x_1 x_2 \\ \sum x_2 y = a \sum x_2 + b_1 \sum x_1 x_2 + b_2 \sum x_2^2 \end{cases}$$

根据该方程组可求解出 a、b_1 和 b_2 三个参数,进而二元线性回归方程式 $\hat{y} = a + b_1 x_1 + b_2 x_2$ 就可确定了。给定 x_1、x_2 的值,即可估计推算出 $\hat{y}$ 的值。

(三)拟合优度检验

多元线性回归分析的拟合优度检验,会涉及多元判定系数 R^2 和估计标准误差的计算,这与一元线性回归分析拟合优度检验的方法类似。

1. 多元判定系数 R^2

在多元线性回归分析中,需要用多元判定系数 R^2 来判断回归方程的拟合程度。多元判定系数 R^2 反映了在因变量 y 的变差中由多元线性回归方程来解释的比例,其取值范围为 $[0,1]$,计算公式为:

$$R^2 = \frac{SSR}{SST} = 1 - \frac{SSE}{SST}$$

在多元线性回归模型中,增加自变量数量一般会使预测误差变小,从而减少残差平方和 SSE,使回归平方和 SSR 增大,这样多元判定系数 R^2 的值就会增加。因此,为了避免因自变量数量的增加而高估自变量对因变量变化的影响,可使用修正的多元判定系数 R_a^2,其计算公式为:

$$R_a^2 = 1 - (1 - R^2) \times \frac{n-1}{n-k-1}$$

2. 估计标准误差

多元线性回归方程的估计标准误差的含义与一元线性回归方程的估计标准误差的含

义相似,计算公式完全相同,只是多元线性回归方程中的估计标准误差反映的是在方程中所有自变量的影响下,实际观测值 y 与估计值 $\hat{y}$ 之间的平均偏离程度,其计算公式为:

$$S_\varepsilon = \sqrt{\frac{\sum (y-\hat{y})^2}{n-k-1}}$$

式中 k 为自变量的个数。

3. 显著性检验

在一元线性回归分析中,回归系数 b 的显著性检验(t 检验)与回归方程的线性关系检验(F 检验)的结果是一致的。但在多元线性回归分析中,却不能将回归系数 b 的显著性检验与回归方程的线性关系检验等同看待。

多元回归系数的显著性检验需要对每个回归系数分别进行检验,如果某个自变量没有通过检验,就意味着该自变量对因变量的影响不显著,就不能进入回归模型中。与此相反,在进行多元线性回归方程的线性关系检验时,如果多个自变量中有一个自变量与因变量的线性关系显著,就能通过检验。

与一元线性回归检验类似,可以利用 Excel 的数据分析功能,直接对比显著性水平 α 来判断因变量与自变量的关系。对于 F 检验而言,如果 F 的数值小于 α,就表明 k 个自变量 x 和因变量 y 之间有显著的线性关系;对于 t 检验而言,如果 P—value 的数值小于 α,就表明自变量 x_i 对因变量 y 的影响是显著的。

四、估计标准误差

(一)估计标准误差的概念

根据前述回归方程可以由自变量的给定值推算因变量的数值。但是,推算出的因变量的数值并不是一个精确值,只是一个可能值、理论值或者说是一个平均值,因此它和实际数值之间必然会出现差异。实际问题中不仅要用回归方程推算已有实际值的估计值,还要推算未知的因变量值。这样就有了推算的数值与实际值相差多大的需求,这直接关系到推算估计的准确性。从另一方面讲,这种差别大小也反映着回归直线的代表性大小。

估计标准误差是用来说明回归方程推算结果准确程度的统计分析指标,或者说是反映回归直线代表性大小的统计分析指标。估计标准误差值越小,说明因变量的实际值与其估计值间的差异越小,组合的回归直线方程越精确,代表性越大;估计标准误差值越大,说明因变量的实际值与其估计值间的差异越大,即拟合的回归直线方程越不精确,代表性越小。

(二)简单直线回归估计标准误差的计算

简单直线回归估计标准误差的计算公式为:

$$S_{yx} = \sqrt{\frac{\sum (y-\hat{y})^2}{n-m}}$$

式中 S_{yx} 为估计标准误差,其下标 yx 代表变量 y 依 x 的回归,$n-m$ 为自由度,其中 n 为样本单位数，m 为变量个数。

由于在一元线性回归方程中有 a、b 两个参数，所以要由 n 减去 2 表示估计的回归线已失去了两个自由度。

从计算公式可以看出，计算的结果实际上也是一个平均误差，但不是简单平均，而是经过乘方、平均、再开方得到的平均误差，这和标准差的计算过程是一样的。它的作用是说明估计的准确程度，所以称为估计标准误差，又称估计标准差或回归标准差。上述计算估计标准误差的方法是用平均误差来表现的，但是计算比较麻烦，必须计算出所有的估计值。因此，在已有直线回归方程的情况下，可利用如下公式计算：

$$S_{yx}=\sqrt{\frac{\sum y^2-a\sum y-b\sum xy}{n-2}}$$

课堂实训——分析研发与销售的关系

本项目主要介绍了相关与回归分析的知识，主要包括相关关系、相关系数、一元线性回归分析与检验，以及多元线性回归分析与检验等内容。其中需要重点掌握的是相关系数以及一元线性回归的分析与检验等内容。下面将利用 Excel 对商品的研发投入与销售额的关系进行相关分析和回归分析，进一步巩固所学的知识。

一、实训目标

某上市公司从其下属的研发中心中随机抽样获得 20 次产品的研发投入金额数据以及估计的销售额数据，并将产品对应的实际销售额数据进行收集和汇总，希望找出研发投入金额数据和实际销售额数据之间存在的关系。下面将利用相关分析和回归分析找出研发投入金额数据与实际销售额数据之间可能存在的关系，并通过回归方程预测在研发投入金额为 20 万元时产品销售额的估计结果，具体操作思路如图 7-8 所示。

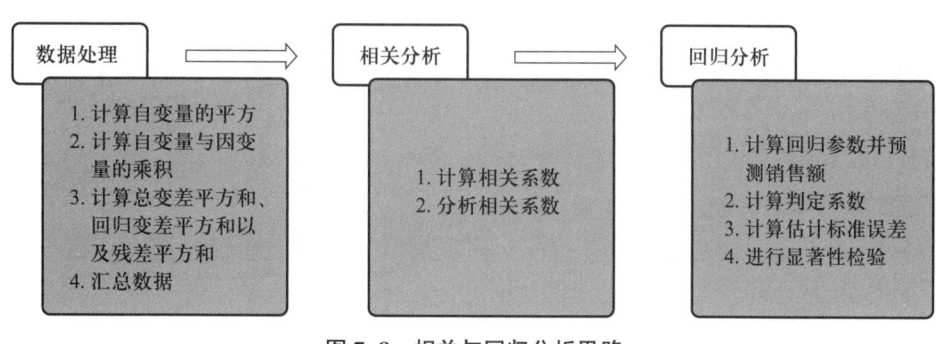

图 7-8 相关与回归分析思路

二、操作方法

（1）打开"研发分析.xlsx"工作簿，选择 E3:E22 单元格区域，在编辑栏中输入"=B3^2"，按【Ctrl+Enter】组合键计算自变量研发投入的平方数，如图 7-9 所示。

（2）选择 F3：F22 单元格区域，在编辑栏中输入“=B3*C3”，按【Ctrl+Enter】组合键计算自变量研发投入与因变量产品销售额的乘积，如图 7-10 所示。

（3）选择 G3：G22 单元格区域，在编辑栏中输入“=(C3−AVERAGE($C$3:$C$22))^2”，即利用公式 $(y-\bar{y})^2$ 计算总变差的平方，按【Ctrl+Enter】组合键返回计算结果，其中产品销售额的平均值需要绝对引用，如图 7-11 所示。

E3 =B3^2

	A	B	C	D	E	F	G	H	I
1	单位：万元								
2	序号	研发投入 x	产品实际销售额 y	产品销售额估计值 $\hat{y}$	x^2	xy	SST	SSR	SSE
3	1	9.56	22.37	18.00	91.39				
4	2	6.29	18.28	20.00	39.56				
5	3	5.90	17.23	17.00	34.81				
6	4	7.84	20.05	18.00	61.47				
7	5	8.05	20.05	19.00	64.80				
8	6	7.71	19.18	17.00	59.44				
9	7	9.57	25.06	19.00	91.58				
10	8	6.48	16.32	19.00	41.99				
11	9	8.86	20.71	21.00	78.50				
12	10	10.31	22.33	20.00	106.30				
13	11	5.87	15.29	16.00	34.46				
14	12	6.76	17.69	18.00	45.70				
15	13	7.10	19.57	18.00	50.41				
16	14	9.81	26.49	24.00	96.24				
17	15	6.74	18.95	16.00	45.43				
18	16	10.03	25.99	24.00	100.60				
19	17	8.18	20.96	23.00	66.91				
20	18	9.83	22.88	24.00	96.63				
21	19	8.21	20.21	19.00	67.40				
22	20	6.84	19.37	16.00	46.79				
23	合计								
24	相关系数								

图 7-9 计算自变量的平方数

F3 =B3*C3

	A	B	C	D	E	F	G	H	I
1	单位：万元								
2	序号	研发投入 x	产品实际销售额 y	产品销售额估计值 $\hat{y}$	x^2	xy	SST	SSR	SSE
3	1	9.56	22.37	18.00	91.39	213.86			
4	2	6.29	18.28	20.00	39.56	114.98			
5	3	5.90	17.23	17.00	34.81	101.66			
6	4	7.84	20.05	18.00	61.47	157.19			
7	5	8.05	20.05	19.00	64.80	161.40			
8	6	7.71	19.18	17.00	59.44	147.88			
9	7	9.57	25.06	19.00	91.58	239.82			
10	8	6.48	16.32	19.00	41.99	105.75			
11	9	8.86	20.71	21.00	78.50	183.49			
12	10	10.31	22.33	20.00	106.30	230.22			
13	11	5.87	15.29	16.00	34.46	89.75			
14	12	6.76	17.69	18.00	45.70	119.58			
15	13	7.10	19.57	18.00	50.41	138.95			
16	14	9.81	26.49	24.00	96.24	259.87			
17	15	6.74	18.95	16.00	45.43	127.72			
18	16	10.03	25.99	24.00	100.60	260.68			
19	17	8.18	20.96	23.00	66.91	171.45			
20	18	9.83	22.88	24.00	96.63	224.91			
21	19	8.21	20.21	19.00	67.40	165.92			
22	20	6.84	19.37	16.00	46.79	132.49			
23	合计								
24	相关系数								

图 7-10 进行自变量与因变量的乘积

G3	=(C3-AVERAGE($C$3:$C$22))^2							
	A	B	C	D	E	F	G	H	I
1	单位：万元								
2	序号	研发投入 x	产品实际销售额 y	产品销售额估计值 $\bar{y}$	x^2	xy	SST	SSR	SSE
3	1	9.56	22.37	18.00	91.39	213.86	3.69		
4	2	6.29	18.28	20.00	39.56	114.98	4.70		
5	3	5.90	17.23	17.00	34.81	101.66	10.36		
6	4	7.84	20.05	18.00	61.47	157.19	0.16		
7	5	8.05	20.05	19.00	64.80	161.40	0.16		
8	6	7.71	19.18	17.00	59.44	147.88	1.61		
9	7	9.57	25.06	19.00	91.58	239.82	21.26		
10	8	6.48	16.32	19.00	41.99	105.75	17.05		
11	9	8.86	20.71	21.00	78.50	183.49	0.07		
12	10	10.31	22.33	20.00	106.30	230.22	3.54		
13	11	5.87	15.29	16.00	34.46	89.75	26.62		
14	12	6.76	17.69	18.00	45.70	119.58	7.61		
15	13	7.10	19.57	18.00	50.41	138.95	0.77		
16	14	9.81	26.49	24.00	96.24	259.87	36.49		
17	15	6.74	18.95	16.00	45.43	127.72	2.25		
18	16	10.03	25.99	24.00	100.60	260.68	30.70		
19	17	8.18	20.96	23.00	66.91	171.45	0.26		
20	18	9.83	22.88	24.00	96.63	224.91	5.91		
21	19	8.21	20.21	19.00	67.40	165.92	0.06		
22	20	6.84	19.37	16.00	46.79	132.49	1.16		
23	合计								
24	相关系数								

图 7-11 计算总变差的平方

（4）选择 H3:H22 单元格区域，在编辑栏中输入"=(D3-AVERAGE($C$3:$C$22))^2"，即利用公式 $(y-\bar{y})^2$ 计算回归变差的平方，按【Ctrl+Enter】组合键返回计算结果，产品销售额的平均值同样需要绝对引用，如图 7-12 所示。

（5）选择 I3:I22 单元格区域，在编辑栏中输入"=(C3-D3)^2"，即利用公式 $(y-\bar{y})^2$ 计算残差的平方，按【Ctrl+Enter】组合键返回计算结果，如图 7-13 所示。

H3	=(D3-AVERAGE($C$3:$C$22))^2							
	A	B	C	D	E	F	G	H	I
1	单位：万元								
2	序号	研发投入 x	产品实际销售额 y	产品销售额估计值 $\bar{y}$	x^2	xy	SST	SSR	SSE
3	1	9.56	22.37	18.00	91.39	213.86	3.69	6.00	
4	2	6.29	18.28	20.00	39.56	114.98	4.70	0.20	
5	3	5.90	17.23	17.00	34.81	101.66	10.36	11.90	
6	4	7.84	20.05	18.00	61.47	157.19	0.16	6.00	
7	5	8.05	20.05	19.00	64.80	161.40	0.16	2.10	
8	6	7.71	19.18	17.00	59.44	147.88	1.61	11.90	
9	7	9.57	25.06	19.00	91.58	239.82	21.26	2.10	
10	8	6.48	16.32	19.00	41.99	105.75	17.05	2.10	
11	9	8.86	20.71	21.00	78.50	183.49	0.07	0.30	
12	10	10.31	22.33	20.00	106.30	230.22	3.54	0.20	
13	11	5.87	15.29	16.00	34.46	89.75	26.62	19.79	
14	12	6.76	17.69	18.00	45.70	119.58	7.61	6.00	
15	13	7.10	19.57	18.00	50.41	138.95	0.77	6.00	
16	14	9.81	26.49	24.00	96.24	259.87	36.49	12.61	
17	15	6.74	18.95	16.00	45.43	127.72	2.25	19.79	
18	16	10.03	25.99	24.00	100.60	260.68	30.70	12.61	
19	17	8.18	20.96	23.00	66.91	171.45	0.26	6.51	
20	18	9.83	22.88	24.00	96.63	224.91	5.91	12.61	
21	19	8.21	20.21	19.00	67.40	165.92	0.06	2.10	
22	20	6.84	19.37	16.00	46.79	132.49	1.16	19.79	
23	合计								
24	相关系数								

图 7-12 计算回归变差的平方

序号	研发投入 x	产品实际销售额 y	产品销售额估计值 $\hat{y}$	x^2	xy	SST	SSR	SSE
1	9.56	22.37	18.00	91.39	213.86	3.69	6.00	19.10
2	6.29	18.28	20.00	39.56	114.98	4.70	0.20	2.96
3	5.90	17.23	17.00	34.81	101.66	10.36	11.90	0.05
4	7.84	20.05	18.00	61.47	157.19	0.16	6.00	4.20
5	8.05	20.05	19.00	64.80	161.40	0.16	2.10	1.10
6	7.71	19.18	17.00	59.44	147.88	1.61	11.90	4.75
7	9.57	25.06	19.00	91.58	239.82	21.26	2.10	36.72
8	6.48	16.32	19.00	41.99	105.75	17.05	2.10	7.18
9	8.86	20.71	21.00	78.50	183.49	0.07	0.30	0.08
10	10.31	22.33	20.00	106.30	230.22	3.54	0.20	5.43
11	5.87	15.29	16.00	34.46	89.75	26.62	19.79	0.50
12	6.76	17.69	18.00	45.70	119.58	7.61	6.00	0.10
13	7.10	19.57	18.00	50.41	138.95	0.77	6.00	2.46
14	9.81	26.49	24.00	96.24	259.87	36.49	12.61	6.20
15	6.74	18.95	16.00	45.43	127.72	2.25	19.79	8.70
16	10.03	25.99	24.00	100.60	260.68	30.70	12.61	3.96
17	8.18	20.96	23.00	66.91	171.45	0.26	6.51	4.16
18	9.83	22.88	24.00	96.63	224.91	5.91	12.61	1.25
19	8.21	20.21	19.00	67.40	165.92	0.06	2.10	1.46
20	6.84	19.37	16.00	46.79	132.49	1.16	19.79	11.36

图 7-13 计算回归变差的平方

（6）选择 B23:I23 单元格区域，在编辑栏中输入"=SUM(B3:B22)"，按【Ctrl+Enter】组合键汇总各项目数值之和，如图 7-14 所示。

（7）选择 B24 单元格，在编辑栏中输入"=CORREL( )"，然后单击左侧的"插入函数"按钮，如图 7-15 所示。

序号	研发投入 x	产品实际销售额 y	产品销售额估计值 $\hat{y}$	x^2	xy	SST	SSR	SSE
1	9.56	22.37	18.00	91.39	213.86	3.69	6.00	19.10
2	6.29	18.28	20.00	39.56	114.98	4.70	0.20	2.96
3	5.90	17.23	17.00	34.81	101.66	10.36	11.90	0.05
4	7.84	20.05	18.00	61.47	157.19	0.16	6.00	4.20
5	8.05	20.05	19.00	64.80	161.40	0.16	2.10	1.10
6	7.71	19.18	17.00	59.44	147.88	1.61	11.90	4.75
7	9.57	25.06	19.00	91.58	239.82	21.26	2.10	36.72
8	6.48	16.32	19.00	41.99	105.75	17.05	2.10	7.18
9	8.86	20.71	21.00	78.50	183.49	0.07	0.30	0.08
10	10.31	22.33	20.00	106.30	230.22	3.54	0.20	5.43
11	5.87	15.29	16.00	34.46	89.75	26.62	19.79	0.50
12	6.76	17.69	18.00	45.70	119.58	7.61	6.00	0.10
13	7.10	19.57	18.00	50.41	138.95	0.77	6.00	2.46
14	9.81	26.49	24.00	96.24	259.87	36.49	12.61	6.20
15	6.74	18.95	16.00	45.43	127.72	2.25	19.79	8.70
16	10.03	25.99	24.00	100.60	260.68	30.70	12.61	3.96
17	8.18	20.96	23.00	66.91	171.45	0.26	6.51	4.16
18	9.83	22.88	24.00	96.63	224.91	5.91	12.61	1.25
19	8.21	20.21	19.00	67.40	165.92	0.06	2.10	1.46
20	6.84	19.37	16.00	46.79	132.49	1.16	19.79	11.36
合计	159.94	408.98	386.00	1320.41	3347.59	174.44	160.60	121.75

图 7-14 计算回归变差的平方

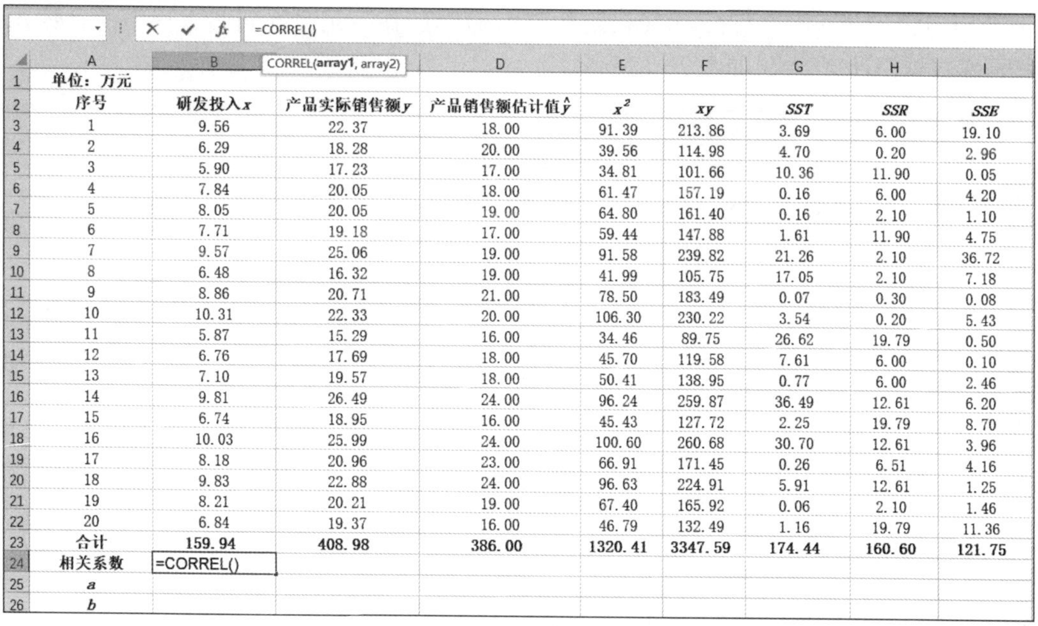

	A	B	C	D	E	F	G	H	I
1	单位：万元								
2	序号	研发投入 x	产品实际销售额 y	产品销售额估计值 $\hat{y}$	x^2	xy	SST	SSR	SSE
3	1	9.56	22.37	18.00	91.39	213.86	3.69	6.00	19.10
4	2	6.29	18.28	20.00	39.56	114.98	4.70	0.20	2.96
5	3	5.90	17.23	17.00	34.81	101.66	10.36	11.90	0.05
6	4	7.84	20.05	18.00	61.47	157.19	0.16	6.00	4.20
7	5	8.05	20.05	19.00	64.80	161.40	0.16	2.10	1.10
8	6	7.71	19.18	17.00	59.44	147.88	1.61	11.90	4.75
9	7	9.57	25.06	19.00	91.58	239.82	21.26	2.10	36.72
10	8	6.48	16.32	19.00	41.99	105.75	17.05	2.10	7.18
11	9	8.86	20.71	21.00	78.50	183.49	0.07	0.30	0.08
12	10	10.31	22.33	20.00	106.30	230.22	3.54	0.20	5.43
13	11	5.87	15.29	16.00	34.46	89.75	26.62	19.79	0.50
14	12	6.76	17.69	18.00	45.70	119.58	7.61	6.00	0.10
15	13	7.10	19.57	18.00	50.41	138.95	0.77	6.00	2.46
16	14	9.81	26.49	24.00	96.24	259.87	36.49	12.61	6.20
17	15	6.74	18.95	16.00	45.43	127.72	2.25	19.79	8.70
18	16	10.03	25.99	24.00	100.60	260.68	30.70	12.61	3.96
19	17	8.18	20.96	23.00	66.91	171.45	0.26	6.51	4.16
20	18	9.83	22.88	24.00	96.63	224.91	5.91	12.61	1.25
21	19	8.21	20.21	19.00	67.40	165.92	0.06	2.10	1.46
22	20	6.84	19.37	16.00	46.79	132.49	1.16	19.79	11.36
23	合计	159.94	408.98	386.00	1320.41	3347.59	174.44	160.60	121.75
24	相关系数	=CORREL()							
25	a								
26	b								

图 7-15　输入 CORREL 函数

（8）打开"函数参数"对话框，在"Array1"文本框中引用 B3:B22 单元格区域的地址，在"Array2"文本框中引用 C3:C22 单元格区域的地址，单击"确定"按钮，如图 7-16 所示。

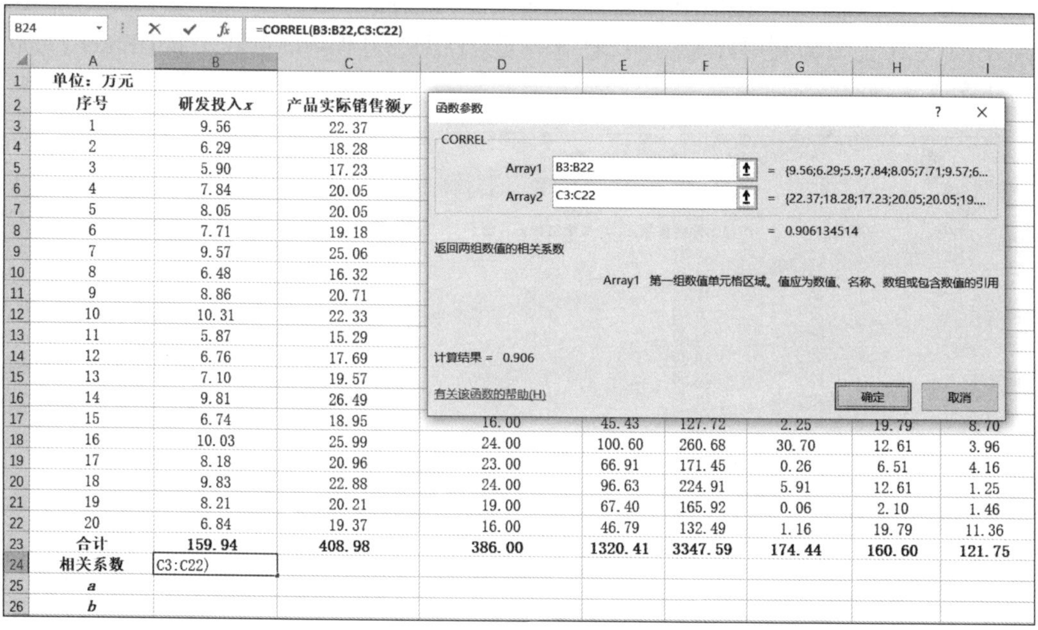

图 7-16　设置函数参数

（9）返回相关系数的结果为"0.906"，当 $0.8 \leqslant |r| \leqslant 1$ 时，说明变量之间属于高度线性相关。继续选择 B26 单元格，在编辑栏中输入"=（20*F23－B23*C23）/（20*E23－B23^2）"，

即利用公式 $(n\sum xy - \sum x \sum y)/(n\sum x^2 - (\sum x)^2)$ 计算一元线性回归方程中的参数 b，按回车键返回计算结果，如图 7-17 所示。

序号	研发投入 x	产品实际销售额 y	产品销售额估计值 $\hat{y}$	x^2	xy	SST	SSR	SSE
1	9.56	22.37	18.00	91.39	213.86	3.69	6.00	19.10
2	6.29	18.28	20.00	39.56	114.98	4.70	0.20	2.96
3	5.90	17.23	17.00	34.81	101.66	10.36	11.90	0.05
4	7.84	20.05	18.00	61.47	157.19	0.16	6.00	4.20
5	8.05	20.05	19.00	64.80	161.40	0.16	2.10	1.10
6	7.71	19.18	17.00	59.44	147.88	1.61	11.90	4.75
7	9.57	25.06	19.00	91.58	239.82	21.26	2.10	36.72
8	6.48	16.32	19.00	41.99	105.75	17.05	2.10	7.18
9	8.86	20.71	21.00	78.50	183.49	0.07	0.30	0.08
10	10.31	22.33	20.00	106.30	230.22	3.54	0.20	5.43
11	5.87	15.29	16.00	34.46	89.75	26.62	19.79	0.50
12	6.76	17.69	18.00	45.70	119.58	7.61	6.00	0.10
13	7.10	19.57	18.00	50.41	138.95	0.77	6.00	2.46
14	9.81	26.49	24.00	96.24	259.87	36.49	12.61	6.20
15	6.74	18.95	16.00	45.43	127.72	2.25	19.79	8.70
16	10.03	25.99	24.00	100.60	260.68	30.70	12.61	3.96
17	8.18	20.96	23.00	66.91	171.45	0.26	6.51	4.16
18	9.83	22.88	24.00	96.63	224.91	5.91	12.61	1.25
19	8.21	20.21	19.00	67.40	165.92	0.06	2.10	1.46
20	6.84	19.37	16.00	46.79	132.49	1.16	19.79	11.36
合计	159.94	408.98	386.00	1320.41	3347.59	174.44	160.60	121.75
相关系数	0.906							
a								
b	1.86							

图 7-17 计算一元线性回归方程参数（1）

（10）选择 B25 单元格，在编辑栏中输入"=AVERAGE(C3:C22)-B26*AVERAGE(B3:B22)"，即利用公式 $y - bx$ 计算一元线性回归方程中的参数 a，按【Enter】键返回计算结果，如图 7-18 所示。

序号	研发投入 x	产品实际销售额 y	产品销售额估计值 $\hat{y}$	x^2	xy	SST	SSR	SSE
1	9.56	22.37	18.00	91.39	213.86	3.69	6.00	19.10
2	6.29	18.28	20.00	39.56	114.98	4.70	0.20	2.96
3	5.90	17.23	17.00	34.81	101.66	10.36	11.90	0.05
4	7.84	20.05	18.00	61.47	157.19	0.16	6.00	4.20
5	8.05	20.05	19.00	64.80	161.40	0.16	2.10	1.10
6	7.71	19.18	17.00	59.44	147.88	1.61	11.90	4.75
7	9.57	25.06	19.00	91.58	239.82	21.26	2.10	36.72
8	6.48	16.32	19.00	41.99	105.75	17.05	2.10	7.18
9	8.86	20.71	21.00	78.50	183.49	0.07	0.30	0.08
10	10.31	22.33	20.00	106.30	230.22	3.54	0.20	5.43
11	5.87	15.29	16.00	34.46	89.75	26.62	19.79	0.50
12	6.76	17.69	18.00	45.70	119.58	7.61	6.00	0.10
13	7.10	19.57	18.00	50.41	138.95	0.77	6.00	2.46
14	9.81	26.49	24.00	96.24	259.87	36.49	12.61	6.20
15	6.74	18.95	16.00	45.43	127.72	2.25	19.79	8.70
16	10.03	25.99	24.00	100.60	260.68	30.70	12.61	3.96
17	8.18	20.96	23.00	66.91	171.45	0.26	6.51	4.16
18	9.83	22.88	24.00	96.63	224.91	5.91	12.61	1.25
19	8.21	20.21	19.00	67.40	165.92	0.06	2.10	1.46
20	6.84	19.37	16.00	46.79	132.49	1.16	19.79	11.36
合计	159.94	408.98	386.00	1320.41	3347.59	174.44	160.60	121.75
相关系数	0.906							
a	5.57							
b	1.86							

图 7-18 计算一元线性回归方程参数（2）

（11）得到参数 a 和参数 b 的数值,可以得到一元线性回归方程为"＝5.57+1.86x",此时便可预计当研发投入为 20 万元时产品销售额的数值。选择 B27 单元格,在编辑栏中输入"＝B25+B26*20",按回车键返回计算结果,说明如果产品的研发投入为 20 万元,产品的销售额预计为 42.78 万元,如图 7-19 所示。

序号	研发投入x	产品实际销售额y	产品销售额估计值$\hat{y}$	x^2	xy	SST	SSR	SSE
单位：万元								
1	9.56	22.37	18.00	91.39	213.86	3.69	6.00	19.10
2	6.29	18.28	20.00	39.56	114.98	4.70	0.20	2.96
3	5.90	17.23	17.00	34.81	101.66	10.36	11.90	0.05
4	7.84	20.05	18.00	61.47	157.19	0.16	6.00	4.20
5	8.05	20.05	19.00	64.80	161.40	0.16	2.10	1.10
6	7.71	19.18	17.00	59.44	147.88	1.61	11.90	4.75
7	9.57	25.06	19.00	91.58	239.82	21.26	2.10	36.72
8	6.48	16.32	19.00	41.99	105.75	17.05	2.10	7.18
9	8.86	20.71	21.00	78.50	183.49	0.07	0.30	0.08
10	10.31	22.33	20.00	106.30	230.22	3.54	0.20	5.43
11	5.87	15.29	16.00	34.46	89.75	26.62	19.79	0.50
12	6.76	17.69	18.00	45.70	119.58	7.61	6.00	0.10
13	7.10	19.57	18.00	50.41	138.95	0.77	6.00	2.46
14	9.81	26.49	24.00	96.24	259.87	36.49	12.61	6.20
15	6.74	18.95	16.00	45.43	127.72	2.25	19.79	8.70
16	10.03	25.99	24.00	100.60	260.68	30.70	12.61	3.96
17	8.18	20.96	23.00	66.91	171.45	0.26	6.51	4.16
18	9.83	22.88	24.00	96.63	224.91	5.91	12.61	1.25
19	8.21	20.21	19.00	67.40	165.92	0.06	2.10	1.46
20	6.84	19.37	16.00	46.79	132.49	1.16	19.79	11.36
合计	159.94	408.98	386.00	1320.41	3347.59	174.44	160.60	121.75
相关系数	0.906							
a	5.57							
b	1.86							
预计投入20万元的产品销售额	42.78							

图 7-19　预售销售额

（12）选择 B28 单元格,在编辑栏中输入"＝H23/G23",即利用公式 $\dfrac{SSR}{SST}$ 计算一元线性回归方程的判定系数,按【Enter】键返回计算结果。由于判定系数的数值为"0.92",说明在产品销售额的总变差中,有 92% 可由实际销售额与研发投入金额之间的线性关系来解释,或者说,在产品销售额的变动中,有 92% 是由研发投入金额所决定的,如图 7-20 所示。

（13）选择 B29 单元格,在编辑栏中输入"＝SQRT(I23/(20-1-1))",即利用公式 $\sqrt{\dfrac{\sum(y-\hat{y})^2}{n-k-1}}$ 计算一元线性回归方程的估计标准误差,按【Enter】键返回计算结果。由于估计标准误差的数值为"2.24",如图 7-21 所示。

（14）在【数据】→【分析】组中单击"数据分析"按钮,打开"数据分析"对话框,在"分析工具"列表框中选择"回归"选项,单击"确定"按钮,如图 7-22 所示。

（15）打开"回归"对话框,在"Y 值输入区域"文本框中引用因变量所在的数据区域,在这里引用 C3:C22 单元格区域,在"X 值输入区域"文本框中引用自变量所在的数据区域,这里引用 B3:B22 单元格区域,选中"输出区域"单选项,引用 K2 单元格的地址,单击"确定"按钮,如图 7-23 所示。

序号	研发投入 x	产品实际销售额 y	产品销售额估计值 $\hat{y}$	x^2	xy	SST	SSR	SSE
1	9.56	22.37	18.00	91.39	213.86	3.69	6.00	19.10
2	6.29	18.28	20.00	39.56	114.98	4.70	0.20	2.96
3	5.90	17.23	17.00	34.81	101.66	10.36	11.90	0.05
4	7.84	20.05	18.00	61.47	157.19	0.16	6.00	4.20
5	8.05	20.05	19.00	64.80	161.40	0.16	2.10	1.10
6	7.71	19.18	17.00	59.44	147.88	1.61	11.90	4.75
7	9.57	25.06	19.00	91.58	239.82	21.26	2.10	36.72
8	6.48	16.32	19.00	41.99	105.75	17.05	2.10	7.18
9	8.86	20.71	21.00	78.50	183.49	0.07	0.30	0.08
10	10.31	22.33	20.00	106.30	230.22	3.54	0.20	5.43
11	5.87	15.29	16.00	34.46	89.75	26.62	19.79	0.50
12	6.76	17.69	18.00	45.70	119.58	7.61	6.00	0.10
13	7.10	19.57	18.00	50.41	138.95	0.77	6.00	2.46
14	9.81	26.49	24.00	96.24	259.87	36.49	12.61	6.20
15	6.74	18.95	16.00	45.43	127.72	2.25	19.79	8.70
16	10.03	25.99	24.00	100.60	260.68	30.70	12.61	3.96
17	8.18	20.96	23.00	66.91	171.45	0.26	6.51	4.16
18	9.83	22.88	24.00	96.63	224.91	5.91	12.61	1.25
19	8.21	20.21	19.00	67.40	165.92	0.06	2.10	1.46
20	6.84	19.37	16.00	46.79	132.49	1.16	19.79	11.36
合计	159.94	408.98	386.00	1320.41	3347.59	174.44	160.60	121.75
相关系数	0.906							
a	5.57							
b	1.86							
预计投入20万元的产品销售额	42.78							
R^2	0.92							
S_ε								

图 7-20 计算判定系数

图 7-21 计算估计标准误差 (B29: =SQRT(I23/(20-1-1)), S_ε = 2.60)

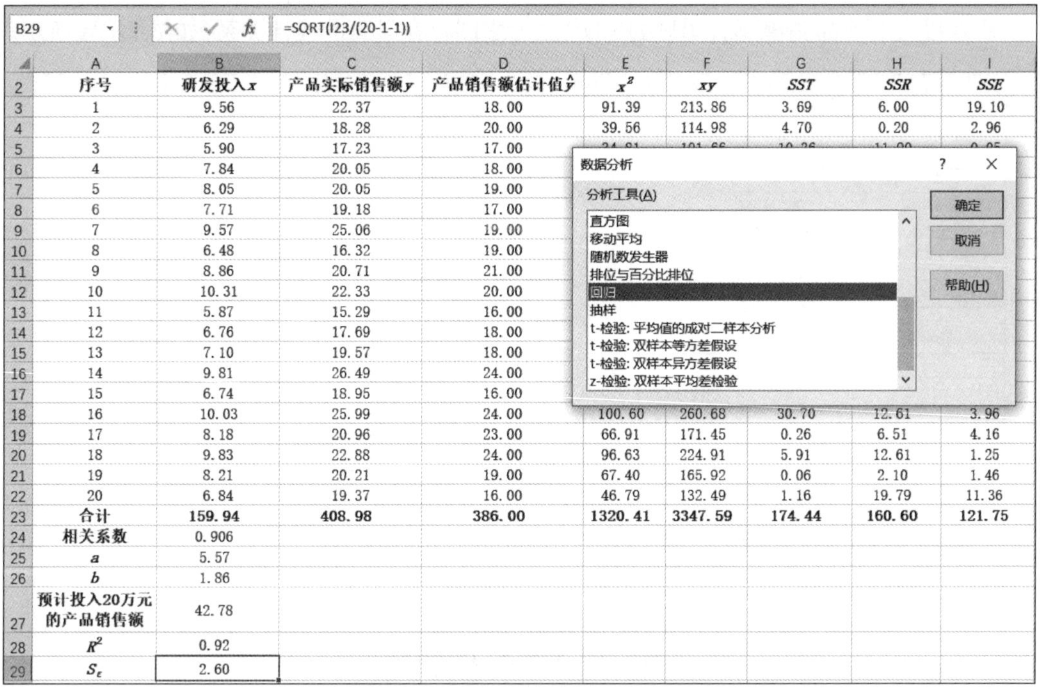

图 7-22 使用回归工具

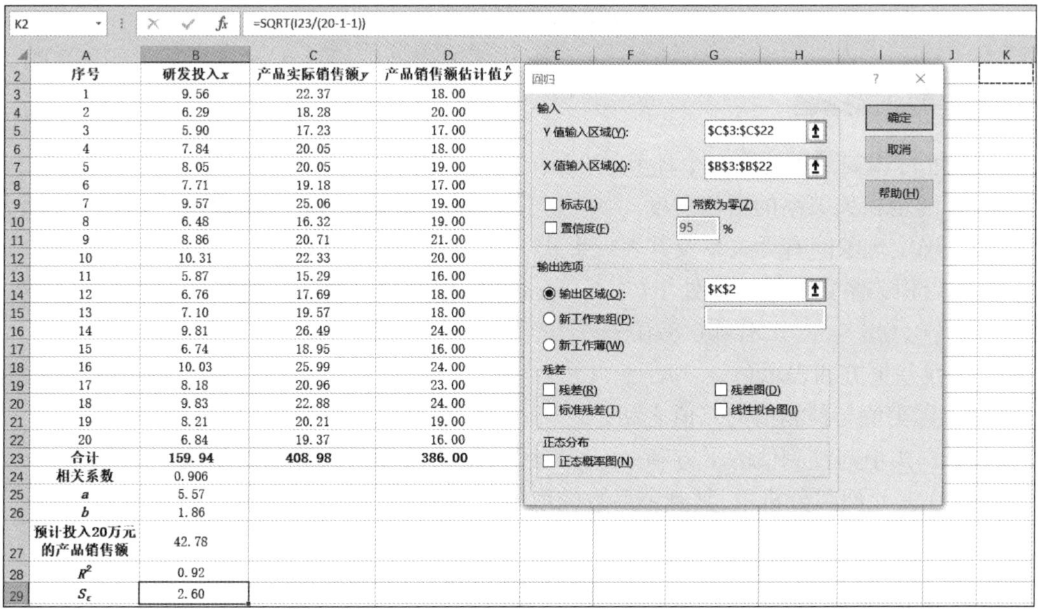

图 7-23 设置回归分析参数

（16）得到回归分析的计算结果。其中，Significance F 的值与 X Variable1 对应的 P-value 的值为"3.80536E-08"，即 3.80536×10^8，其值小于显著性水平 $\alpha=0.05$，由此可见，研发投入对产品销售额有明显的影响，二者之间存在显著的线性关系，如图 7-24 所示。

图 7-24　查看回归分析结果

思考与练习

一、单项选择题

1. 进行相关分析的第一个环节是（　　）。
   A. 确定相关关系的密切程度　　　　B. 选择合适的数学模型
   C. 确定现象间有无关系及其表现形式　　D. 进行显著性检验
2. 当相关系数的绝对值处于（　　）区间时，相关关系为低度相关。
   A.（0,0.3）　　B.［0.3,0.5）　　C.［0.5,0.8）　　D.［0.8,1］
3. 残差平方和表示（　　）。
   A. 真实值与预测值的差值之和　　B. 预测值与真实值的差值之和
   C. 真实值与预测值的平方和　　　D. 真实值与预测值的差值平方和
4. 在多元回归分析中，其判定系数的取值范围为（　　）。
   A.（0,1）　　B.（0,1］　　C.［0,1］　　D.［0,1）

二、多项选择题

1. 相关系数的值越接近（　　），表示相关关系越强。
   A. 1　　　B. 0　　　C. 0.5　　　D. -1

2. 构建回归方程应具备的条件有（　　　　　）。
A. 现象间确实存在着相互依存关系　　B. 现象间存在着直线相关关系
C. 现象间应完全线性相关　　　　　　D. 具备一定数量的变量观测值
3. 下列选项中，属于回归分析的特点的是（　　　　　）。
A. 必须区分哪个是自变量，哪个是因变量
B. 利用回归方程，可以根据自变量的数值估计和预测因变量的可能值，一个回归方程对同一自变量数值只能做一次推算
C. 在两个变量互为根据的情况下，回归分析需要建立两个不同的回归方程，一个是 x 以为自变量，y 为因变量的"y 依 x 的回归方程"；另一个是以 y 为自变量，x 为因变量的"x 依 y 的回归方程"
D. 回归分析中，因变量是随机变量，自变量不是随机变量，而是一系列给定的值
4. 关于回归分析，下列说法正确的是（　　　　　）。
A. 建立回归方程后，只能通过给定的自变量的值来计算因变量的估计值，而不能反过来计算
B. 回归方程求出的因变量估计值可以看做确定的变量值
C. 回归系数为正时表示两个变量为正相关关系
D. 对由样本数据求出的回归方程，应进行一系列的统计检验，以检查方程对资料的拟合是否有效，是否显著

三、判断题

1. 相关关系是指变量之间存在一种确定的数量关系。（　）
2. 两个变量完全相关的情况下相关关系就是函数关系。（　）
3. 线性相关包括直线相关与曲线相关。（　）
4. 在多元相关中，若研究某一变量与其余全部变量之间的总相关程度，称为偏相关。
（　）
5. 相关表指的是根据所掌握的有关变量一定数量的原始对应资料编制的统计表。
（　）
6. 若两个变量之间的相关系数为 0，则表示两个变量不相关。（　）
7. 两变量之间若相关系数较高，则一定存在着较高的相关关系。（　）
8. 残差平方和越大，则拟合优度越大。（　）
9. 在多元线性回归模型中，增加自变量数量一般会使预测误差变小，进而提高拟合优度。（　）
10. 只有当两个变量存在着高度密切的相关关系时，所构建的回归模型才有意义，用以进行的分析预测才有价值。（　）
11. 在现实生活中遇到的问题大部分使用一元线性回归方程就可以解决。（　）
12. 根据回归方程中自变量推算出的因变量的值是一个精确值。（　）

项 目 实 训

相关与回归分析应用实例

在社会经济领域中,有些现象之间具有一定的联系性,一种现象的变化往往依赖于其他现象的变化。而一些现象之间的相互联系,可以通过数量关系反映出来。

项目要求:采集某一城市 2007—2022 年共 15 年社会商品零售总额和居民收入数据,找出社会商品零售总额和居民收入数据之间存在的关系,利用相关分析和回归分析找出社会商品零售总额与居民收入数据之间可能存在的关系,并通过回归方程预测居民收入数据为 10 亿元时,社会商品零售总额的估计结果。

项目八　时间序列分析

由于许多社会经济现象总是随着时间的推移不断演变,因此基于时间顺序得到的一系列观测数据,可以更为客观地反映现象的发展变化过程,有助于人们认识其发展变化的内在规律,有利于人们对其发展变化趋势进行合理预测。因此,时间序列分析是数据统计与分析中必不可少的一种方法。

学习目标

知识目标

(1) 了解金融数据分析中时间序列的含义与分类。
(2) 熟悉金融数据分析中时间序列分析的影响因素与预测误差。
(3) 掌握金融数据分析中时间序列分析的指标计算与模型构建。
(4) 掌握金融数据分析中时间序列分析的预测算法与分析方法。

能力目标

(1) 能够辨别金融时间序列的种类。
(2) 能够掌握金融时间序列中水平指标的计算方法和实际意义。
(3) 能够掌握金融时间序列中速度指标的计算方法和实际意义。
(4) 能够建立金融时间序列模型,通过模型结果进行趋势测定与预测。

素养目标

(1) 通过时间序列分析,培养爱岗敬业、艰苦奋斗的意志和品质。
(2) 引导思考时间和数据之间的关系,发现其中隐含的联系与实际意义,培养自主学习能力,提高逻辑思维能力。

案例导入

预测食品和饮料的销售额

Vintage 饭店位于美国佛罗里达州迈尔斯堡以西的卡普蒂瓦岛上,是一个公众常去的场所。卡伦·佩恩拥有和经营 Vintage 饭店已超过30年。在这期间,卡伦·佩恩一直在寻求建立精于海鲜的高档正餐的饭店信誉。卡伦·佩恩及其员工的努力被证实是成功的,她的饭店成为岛上最好的、营业额增长最快的饭店之一。

卡伦·佩恩为确定饭店未来的增长计划需要建立一个系统,这个系统可使她提前一年预测今后每个月食品和饮料的销售量。卡伦·佩恩拥有的销售数据资料如表8-1所示,这些资料是 Vintage 饭店三年的经营活动中有关食品和饮料的销售总额。

表8-1 Vintage 饭店三年的经营活动中有关食品和饮料的销售总额

单位:千美元

月份	1	2	3	4	5	6	7	8	9	10	11	12
第一年	242	235	232	178	184	140	145	152	110	130	152	206
第二年	263	238	247	193	193	149	157	161	122	130	167	230
第三年	282	255	265	205	210	160	166	174	126	148	173	235

试分析 Vintage 饭店的销售数据资料,为卡伦·佩恩准备一份分析报告,其内容包括:

(1) 时间序列的图形。
(2) 对数据进行季节性分析。指出每个月的季节指数,并讨论每个月销售量的高低。季节指数是否有直观上的意义,对此进行加以讨论。
(3) 预测第四年各月的销售量。
(4) 当用来说明新的销售资料时,对你所建立的系统提出建议。
(5) 在你报告的附录中,给出分析评论的结果。

假设第四年1月份的销售额为295千美元,你的预测误差为多少?如果这个误差太大,卡伦·佩恩可能会对你的预测值和实际销售额的差异产生疑虑,你将如何消除她对预测方法的疑虑?

(资料来源:《Vintage 饭店预测食品和饮料的销售额案例报告》,2014年1月20日)

任务一　了解时间序列的意义和种类

一、时间序列的概念及意义

(一) 时间序列的概念

时间序列是指将同类指标在不同时间上的数值按时间的先后顺序排列起来形成的统计数列,也称为动态数列,是一种常见的经济数据表现形式。

时间序列在形式上包括两个构成要素:① 被研究现象所属的时间,用"t"表示,可以是年份、季度、月份及其他任何时间形式;② 与现象所属时间相对应的指标数值。例如表 8-2 所示的是我国 2006—2021 年若干统计指标的时间序列,从中可以看出时间序列由两个基本要素构成:① 统计指标所属的时间;② 统计指标在特定时间的具体指标值。

表 8-2　我国 2006—2021 年的国内生产总值、人口数及第三产业产值

年份	国内生产总值(亿元)	年末人口数(万人)	年平均人口数(万人)	人均国内生产总值(元/人)	第三产业增加值(亿元)	第三产业所占比重(%)
(1)	(2)	(3)	(4)	(5)	(6)	(7)
2006	219 438.5	131 448	131 102.0	16 738	91 759.7	41.8
2007	270 232.3	132 129	131 788.5	20 505	115 810.7	42.9
2008	319 515.5	132 802	132 465.5	24 121	136 805.8	42.8
2009	349 081.4	133 450	133 126.0	26 222	154 747.9	44.3
2010	413 030.3	134 091	133 770.5	30 876	182 038.0	44.1
2011	489 300.6	134 735	134 413.0	36 403	216 098.6	44.2
2012	540 367.4	135 404	135 069.5	40 007	244 821.9	45.3
2013	595 244.4	136 072	135 738.0	43 852	277 959.3	46.7
2014	643 974.0	136 782	136 427.0	47 203	308 058.6	47.8
2015	689 052.1	137 462	137 122.0	50 251	346 149.7	50.2
2016	743 585.5	138 271	137 866.5	53 935	383 365.0	51.6
2017	832 035.9	140 011	139 141.0	59 592	438 355.9	61.1
2018	919 281.1	140 541	140 276.0	65 534	489 700.8	61.5
2019	986 515.2	141 008	140 774.5	70 078	535 371.0	63.5
2020	1 013 567.0	141 212	141 110.0	71 828	551 973.7	46.3
2021	1 143 669.7	141 260	141 236.0	80 976	609 679.7	54.9

(资料来源:根据国家统计局发布数据整理)

（二）时间序列的意义

研究时间序列具有重要的作用，通过时间序列的编制和分析可以得出：

（1）描述社会经济现象的发展状况和结果。

（2）研究社会经济现象的发展速度、发展趋势，探索现象发展变化的规律，并据以进行统计预测。

（3）分析长期趋势、季节变动和循环变动等影响因素，了解和分析社会现象发展变化的规律性。

时间序列是由同一现象在不同时间上的相继观察值排列而成的数列，形式上主要由现象所属的时间和现象在不同时间上的观察值两部分组成。时间序列的时间是变化的，常用的时间间隔包括年、季度、月、周、日等，时间序列的观察值可以是总量指标、平均指标，也可以是相对指标。

为了保证观察值具有可比性，采集的同一个时间序列中不同时间单位上的指标口径必须一致，如图 8-1 所示。

二、时间序列的分类

时间序列按其统计指标的性质不同，可以分为绝对数时间序列、相对数时间序列和平均数时间序列。其中，绝对数时间序列即总量指标时间序列，是基本数列；而相对数和平均数时间序列是在绝对数时间序列的基础上派生出来的，属于派生数列。

按照指标数据的不同，可以将时间序列分为绝对数序列、相对数序列和平均数序列，其中绝对数序列又可以细分为时期序列和时点序列，如图 8-2 所示。

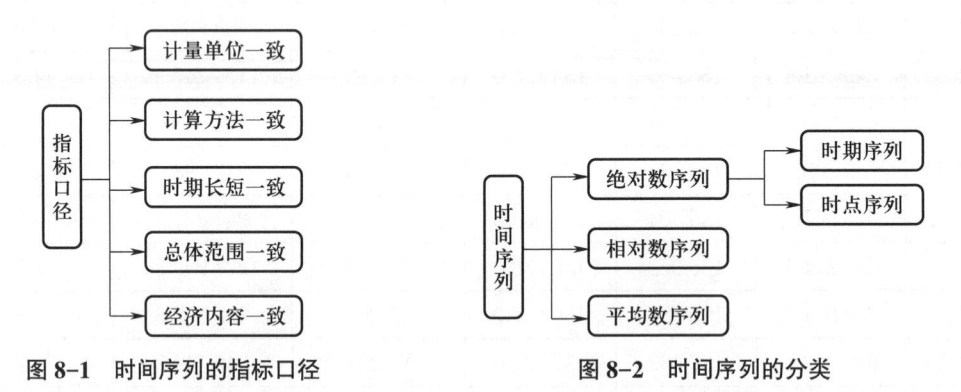

图 8-1　时间序列的指标口径

图 8-2　时间序列的分类

绝对数序列也称总量指标序列，是最基本的时间序列，它反映现象在不同时间上达到的绝对水平或总规模。如果指标所反映的是现象在不同时段内的活动总量，则为时期序列；如果指标所反映的是现象在不同瞬间时点上的活动总量，则为时点序列。二者的主要区别在于时间状况、指标数值的可加性，以及指标数值与时间长短的关系等方面。

相对数序列由绝对数序列派生而来，反映现象相对水平的发展变化过程，不同时间上的指标数值不能相加。

平均数序列反映现象平均水平的发展变化过程，不同时间上的指标数值不能相加。

（一）总量指标时间序列

总量指标时间序列是指把一系列同类的总量指标按时间先后顺序排列起来形成的时间序列，用以反映社会经济现象在各个时期达到的绝对水平及其变化发展的状态。例如表 8-2 所示的国内生产总值、年末人口数和第三产业增加值都属于总量指标时间序列。按照总量指标所反映的内容不同，总量指标时间序列可以分为总体单位总量数列和总体标志总量数列两种。表 8-2 所示的年末人口数是总体单位总量数列，而国内生产总值和第三产业增加值是总体标志总量数列。根据总量指标所反映的社会经济现象所属的时间不同，又可将总量指标时间序列分为时期数列和时点数列。下面来讨论时期数列和时点数列的特点。

1. 时期数列

各项指标都是反映某种现象在一段时期内发展过程的总量，该时间序列称为时期数列。例如，表 8-2 所示中的国内生产总值和第三产业增加值，其指标都反映总体在一年内的发展总量。时期数列的特点如下：

（1）可加性。不同时期的总量指标可以相加，所得数值表明现象在更长一个时期的数值。例如，月度国内生产总值相加得到季度国内生产总值，季度国内生产总值相加得到年度国内生产总值。

（2）数列中每个指标数值的大小与其所属的时期长短有直接的联系。一般指标所属时期越长，指标值越大。

（3）每个指标的数值是通过连续不断的登记而取得的。由于时期指标是反映现象在一段时期内的发展过程总量，因而必须把现象在这段时期内发生的数量逐一登记，并进行累计得到指标值。

2. 时点数列

时点数列是反映现象在某一时点（瞬间）所处的数量水平的时间序列。表 8-2 所示的年末人口数就是时点数列。时点数列的特点如下：

（1）不可加性。由于时点数列中每个指标都是表明某一时点上瞬间现象的数量，相加以后无法说明数值属于哪一时点，不具有实际经济意义。

（2）指标数值的大小与时点间隔的长短没有直接关系。在时点数列中两个相邻指标在时间上的距离称为"间隔"。时点指标的时间单位是瞬间，因而许多现象时点间隔的长短与指标值的大小没有直接关系。如果现象本身存在长期变化趋势，呈现随时间增长或下降趋势，则指标数值与时点间隔有一定的关系。例如，某国总人口呈增长趋势，则时点间隔越长，总人口指标的数值越大。

（3）指标值采取间断统计的方法获得。例如，我国自 1990 年以来的人口普查就是采取每 10 年一次的间断统计方式获得的。

（二）相对指标和平均指标时间序列

相对指标和平均指标都是由总量指标派生出来的，它们分别反映社会经济现象达到的相对水平和平均水平。将一系列同类的相对指标或平均指标按时间先后顺序排列起来而形成的时间序列,即为相对指标时间序列和平均指标时间序列。例如表8-2所示的第三产业所占比重属于相对指标时间序列,人均国内生产总值属于平均指标时间序列。

(三) 时间序列的影响因素

时间序列的影响因素,也可以认为是时间序列的构成要素,它主要包括长期趋势、季节变动、循环变动和不规则变动。

1. 长期趋势

长期趋势(secular trend,代表符号为T)是现象在较长时期内持续发展变化的一种趋向或状态,它是时间序列中最基本的影响因素或构成要素,可分为上升趋势、下降趋势、水平趋势,也可分为线性趋势和非线性趋势。折线图形表示某现象在时间的变化过程中呈现不同的增减变化情况,而虚线则是该现象的长期趋势,通过长期趋势示意图(图8-3)可以明显发现该现象总体呈现不断增长的状态,如图8-3所示。

2. 季节变动

季节变动(seasonal fluctuation,代表符号为S)是一种使现象以一定时期为周期呈现较有规律的上升、下降交替运动的影响因素,通常表现为现象在一年内随着自然季节的更替而发生的较有规律的增减变化,有旺季和淡季之分。如果不考虑不规则变动的因素,则该现象(图8-3)的时间序列可以分解为长期趋势和季节变动两个图形,从中可以发现该现象受季节变动的影响也非常大,如图8-4所示。

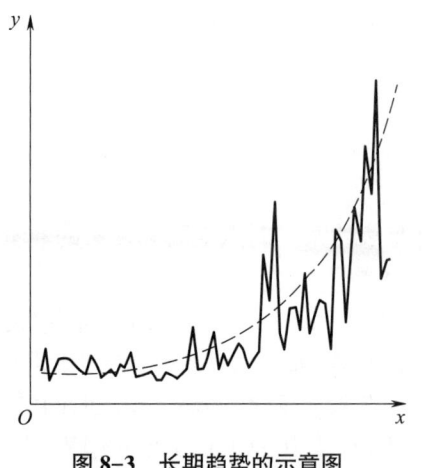

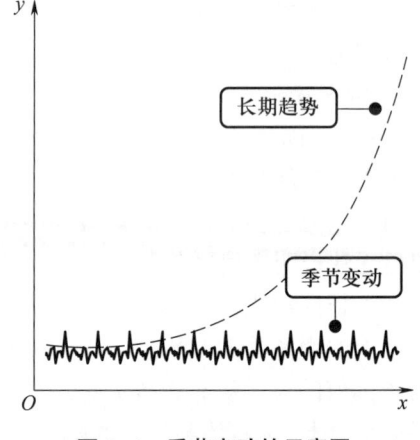

图 8-3 长期趋势的示意图　　　　图 8-4 季节变动的示意图

3. 循环变动

循环变动(cyclical variation,代表符号为C)是一种使现象呈现出以较长时间为一周期,涨落相间、扩张与紧缩、波峰与波谷相交替的波动,如图8-5所示。与长期趋势相比,循环变动表现为波浪式的涨落交替的变动,长期趋势表现为单一方向的持续变动;与季节变动相比,循环变动的周期不是一年,而是一年以上且无固定的季节变动的周期通常为参考标准。

4. 不规则变动

不规则变动(irregular variation,代表符号为I)是指现象受到各种偶然因素影响而呈现出方向不定、时起时伏、时大时小的变动,各种偶然因素的作用无法相互抵消,且影响幅度很大。如果不考虑季节变动的因素,则图8-3所示现象的时间序列可以分解为长期趋势和不规则变动两个图形,从中可以发现不规则变动也影响着现象的发展变化,如图8-6所示。

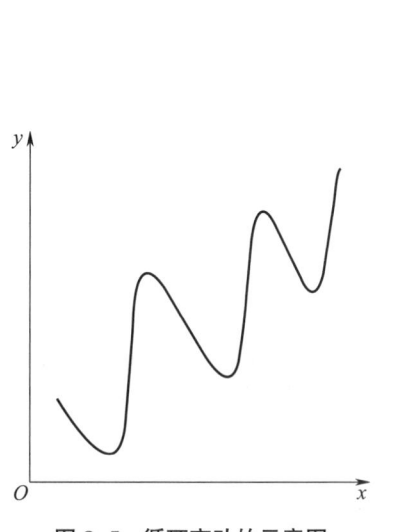

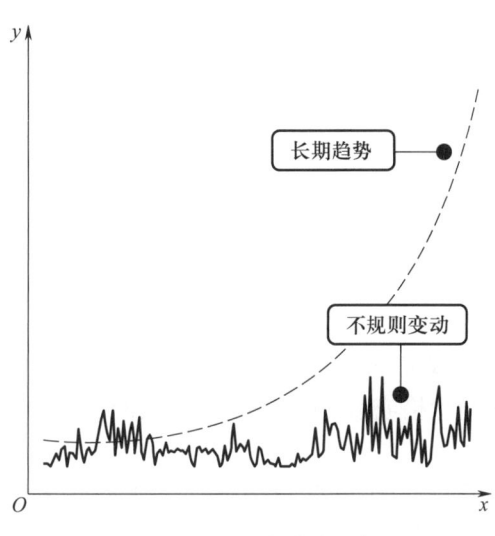

图 8-5 循环变动的示意图　　　　图 8-6 不规则变动的示意图

三、时间序列的编制原则

编制时间序列的目的就是要通过对不同时间的各个指标值的比较,分析社会经济现象的发展规律。因此,保持时间序列中指标值的可比性是编制时间序列的基本原则,具体表现在以下几个方面。

(一)时间长短一致

在时期数列中,由于时间长短直接影响指标值的大小,所以必须保持各指标值所属时期长短一致。在时点数列中,虽然指标值的大小与时点间隔没有直接关系,但为了更好地分析其长期趋势、增加其可比性,应尽量保持时点间隔一致。

(二)总体范围一致

不同时期的研究对象范围要一致。例如,研究某市的人口发展情况,要注意不同时期该市的行政区划有无变动,这种变动会使人口数发生变动。如果各个指标数值所属的总体空间范围不一致,则前后数值就不能直接进行对比,此时应对指标数值进行调整,使总体范围前后保持一致,然后再做动态分析。

(三) 指标的经济内容一致

时间序列指标值的经济内容必须一致,才具有可比性。例如,新中国成立以来,我国曾先后通过采取工农业总产值、社会总产值、国民收入和国内生产总值等指标来反映我国的经济活动总量,这些指标都有不同的经济内容。在编制新中国成立以来的经济活动总量时间序列时,就需要对这些指标加以区别和调整,使经济内容保持一致才具有可比性。

(四) 计算方法、计算价格和计量单位应该一致

采用什么方法计算、按照何种价格或单位进行计量,各个指标值都要保持前后一致。如,国内生产总值的计算有三种方法,即生产法、支出法和收入法,理论上这三种方法的计算结果应该相同,但由于资料获得的渠道不同,三种方法计算的国内生产总值往往存在差异。所以,在编制时间序列时,应注意各指标的计算方法是否统一。另如,在研究工业企业劳动生产率时,产量可以用实物量计算,也可以用价值量计算;人数可以是全部职工数,也可以是生产工人数。编制时间序列时要有明确指示,以保证前后各期的统一。如果按实物指标计算,就应采取统一的计量单位,否则就违背了指标值可比性的原则;如果按价值量计算,就涉及以现行价格或不变价格进行计算的问题,在同一时间序列中,各指标值的计算价格应该保持一致。

保证时间序列中各个时期(时点)指标数值的可比性是认识客观事物发展变化的原则。但是任何事物绝对可比是不存在的,在利用时间序列进行动态分析时,只要能满足统计研究目的的基本要求,就视为可比。

为了研究现象的发展规模和程度,揭示事物发展的规律,需要根据时间序列的资料计算一系列动态分析指标。这些动态分析指标可分为两大类,即水平指标和速度指标。

任务二 熟悉时间序列的水平指标

一、发展水平和平均发展水平

时间序列的计算指标主要分为两大类,分别是水平指标和速度指标。水平指标包括发展水平、平均发展水平、增长量、平均增长量;速度指标包括发展速度、平均发展速度、增长速度、平均增长速度。

(一) 发展水平

在时间序列中,各项具体的指标数值称为发展水平,即该指标反映的社会经济现象在所属时间的发展水平。在表 8-2 中,2021 年的国内生产总值(GDP)为 1 143 669.7 亿元,即为 2021 年的 GDP 发展水平,2021 年的年末人口数为 141 260 万人,即为 2021 年的人口发展水平。在一个时间序列中,各个时间上的发展水平按时间顺序可以记为 $a_0, a_1, a_2, \cdots$,

a_{n-1}, a_n。在对各个时间的发展水平进行比较时,把作为比较基础的那个时间称为基期,相对应的发展水平称为基期水平;把所研究考察的那个时间称为报告期,相对应的发展水平称为报告期水平。基期和报告期是根据研究需要而确定的。

发展水平反映的是现象在不同时间上所达到水平的数量,对应的是时间序列中的各项指标数值。按指标表现形式不同,发展水平可以分为总量水平、相对水平、平均水平;按指标在序列中的位置不同,发展水平可以分为最初水平、中间水平和最末水平;按照在数据分析中的作用不同,发展水平还可以分为报告期水平和基期水平。

若 y 代表发展水平,则 n 个观察期的发展水平可分别用 $y_1, y_2, \cdots, y_n$ 来表示。其中,y_n 是最末水平,但 y_1 不是最初水平,而只是第一个观察值。最初水平一般用 y_0 表示,作用是作为基期与其他观察值进行对比。

另外需要注意,如果时间序列中任意一个时期的发展水平与最初水平进行对比时,y_i 是报告期水平,y_0 是基期水平;当时间序列中相邻的两个时期发展水平进行对比时,y_i 是报告期水平,y_{i-1} 是基期水平。

(二)平均发展水平

为了综合说明社会经济现象在一段时期内的发展水平,需要计算平均发展水平。平均发展水平又称序时平均数,它与平均指标的概念既有相同点也有不同点。相同点是两种指标都是所有变量值的代表数值,表现的都是现象的一般水平。不同点是平均发展水平平均的是现象在不同时间上指标数值的差别,是从动态上说明现象的一般水平,是根据时间序列计算的;而平均指标平均的是现象各单位在同一个时间上的数量差别,是从静态上说明现象的一般水平,是根据变量数列计算的。

计算平均发展水平的方法需要根据时间序列指标的性质来确定,以下将具体介绍时期序列和时点数列的平均发展水平的计算方法。

平均发展水平反映的是现象在不同时间上发展水平的平均数,说明现象在一段时期内所达到的一般水平,一般用 $\bar{y}$ 表示。对平均发展水平来说,不同类型的时间序列,其计算方法也各不相同。

1. 时期序列的平均发展水平计算方法

如果时间序列的类型为绝对数序列中的时期序列,则平均发展水平的计算公式为:

$$\bar{y} = \frac{y_1 + y_2 + \cdots + y_n}{n} = \frac{\sum y}{n}$$

2. 时点序列的平均发展水平计算方法

根据时点指标的记录方法不同,以及间隔是否相等,平均发展水平的计算公式又需要进行划分。

(1) 按日记录且间隔相等。按日连续记录且各时间点间隔相等时,平均发展水平的计算方法与时期序列的计算方法相同,其计算公式为:

$$\bar{y} = \frac{\sum y}{n}$$

（2）按日记录且间隔不等。如果是按日记录，但各时间点间隔不相等时，平均发展水平需要以间隔时间为权数，进行加权平均，其计算公式为：

$$\bar{y} = \frac{\sum y \cdot f}{\sum f}$$

二、增长量和平均增长量

（一）增长量

增长量反映的是现象在观察期内增减的绝对数量，即两个时期发展水平相减的差额，其计算公式为：

$$增长量 = 报告期水平 - 基期水平$$

根据选择的基期不同，增长量可以分为逐期增长量、累计增长量和同比增长量。若用 Δ_i 表示第 i 期（$i=1,2,\cdots,n$）的增长量，y_i 表示第 i 期（$i=1,2,\cdots,n$）的观察值，y_0 表示最初水平，则逐期增长量、累计增长量和同比增长量的区别如下所示。

逐期增长量是指报告期水平与上一个时期水平之差，其计算公式为：

$$\Delta_i = y_i - y_{i-1}$$

累计增长量是指报告期水平与固定基期水平之差，其计算公式为：

$$\Delta_i = y_i - y_0$$

同比增长量是指本年度某期的发展水平与上年度的同期水平之差，其计算公式为：

$$\Delta_i = y_i - y_{上年同期}$$

由此可见，各期的逐期增长量之和，与同报告期的累积增长量相等，即：

$$\sum_{i=1}^{n}(y_i - y_{i-1}) = y_n - y_0$$

增长量也称增长水平，是报告期发展水平与基期发展水平之差。增长量有逐期增长量和累计增长量之分。逐期增长量是报告期水平与前一期水平之差，即以前一期为基期。累计增长量是报告期水平与某一固定时间发展水平之差，即将基期固定在某一时间。这两个指标如下所示。

逐期增长量：$a_1 - a_0, a_2 - a_1, \cdots, a_n - a_{n-1}$

累计增长量：$a_1 - a_0, a_2 - a_0, \cdots, a_n - a_0$

逐期增长量与累计增长量的关系是：逐期增长量之和等于累计增长量。

（二）平均增长量

平均增长量反映的是各期增长量的平均数，其计算公式为：

$$平均增长量 = \frac{逐期增长量之和}{增长量个数} = \frac{\sum_{i=1}^{n}(y_i - y_{i-1})}{n}$$

$$= \frac{累计增长量}{期数} = \frac{y_i - y_0}{n}$$

平均增长量也称平均增长水平,它是逐期增长量的平均数。其计算公式为:

$$平均增长量 = \frac{逐期增长量之和}{逐期增长量个数} = \frac{累计增长量}{时间序列项数 - 1}$$

任务三 熟悉时间序列的速度指标

一、发展速度和增长速度

(一)发展速度

发展速度是反映社会经济现象发展快慢的相对指标,用两个不同时期的发展水平相对比而求得,一般用百分比来表示。其计算公式为:

$$发展速度 = \frac{报告期水平}{基期水平} \times 100\%$$

根据发展速度的基期不同,可以将其分为环比发展速度和定基发展速度。环比发展速度是将基期定为报告期的前一期,反映现象的逐期发展程度。定基发展速度是将基期固定为某一期,反映现象在较长一段时间内的发展程度,也称为总发展速度。这两种发展速度计算公式分别如下所示。

环比发展速度:

$$\frac{a_1}{a_0}, \frac{a_2}{a_1}, \cdots, \frac{a_n}{a_{n-1}}$$

定基发展速度:

$$\frac{a_1}{a_0}, \frac{a_2}{a_0}, \cdots, \frac{a_n}{a_0}$$

环比发展速度和定基发展速度之间存在一定的数量关系,即:

(1)环比发展速度的连乘积等于相应的定基发展速度,其计算公式为:

$$\frac{a_1}{a_0} \times \frac{a_2}{a_1} \times \cdots \times \frac{a_n}{a_{n-1}} = \frac{a_n}{a_0}$$

(2)相邻两个时期的定基发展速度之商等于相应时期的环比发展速度。其计算公式为:

$$\frac{a_i}{a_0} \div \frac{a_{i-1}}{a_0} = \frac{a_i}{a_{i-1}}$$

（二）增长速度

增长速度是表明社会经济现象增长程度的相对指标。它可以根据增长量与基期发展水平对比求得，也可以根据发展速度来求得。其计算公式为：

$$增长速度 = \frac{增长量}{基期发展水平} = 发展速度 - 1$$

根据基期不同，增长速度也可分为环比增长速度和定基增长速度。环比增长速度是将基期定为报告期的前一期，用报告期的增长量与前一期的发展水平对比而得，反映现象的逐期增长程度。定基增长速度是将基期固定为某一期，用报告期的增长量与固定基期的发展水平对比而得，反映现象在较长一段时间内的增长程度。两者计算公式为：

$$定基增长速度 = 定基发展速度 - 1$$
$$环比增长速度 = 环比发展速度 - 1$$

二、平均发展速度和平均增长速度

平均发展速度是各个时期环比发展速度的平均数，说明社会经济现象在较长时期内发展速度变化的平均程度。计算平均发展速度有两种方法：水平法和累计法。

水平法又称几何平均法，是以时间序列最后一期的发展水平同基期水平对比来计算平均每年增长（或下降）速度。

累计法又称代数平均法或方程法，是以时间序列内各期发展水平的总和同基期水平对比来计算平均每年增长（或下降）速度，使按平均发展速度计算的各期发展水平的累计总和等于全期的实际总水平。

水平法侧重于考察最末一期的发展水平，按这种方法确定的平均发展速度，推算的最后一期发展水平，等于最末一期的实际发展水平；推算的最末一期的定基发展速度和根据实际资料计算的最末一期定基发展速度是一致的。累计法侧重考察全期发展水平的总和，按这种方法确定的平均发展速度，推算的各期发展水平的总和与实际资料的累计发展总数是一致的；推算的各期定基发展速度的总和与根据实际资料计算的定基发展速度的总和是一致的。

在一般正常情况下，两种方法计算的平均发展速度比较接近；但在经济发展不平衡甚至出现大起大落时，两种方法计算的结果差别较大。在我国的实际统计工作中，除固定资产投资用"累计法"计算外，其余均用"水平法"计算。所以在此只对水平法作一介绍。

水平法的计算公式为：

$$a_0 \times X_1 \times X_2 \times \cdots \times X_n \Rightarrow a_0 \times \bar{X} \times \bar{X} \times \cdots \times \bar{X}$$

$$\bar{X}^n = \frac{a_n}{a_0} \Rightarrow \bar{X} = \sqrt[n]{\frac{a_n}{a_0}}$$

式中 $\bar{X}$ 为平均发展速度，X_i 为环比发展速度，n 为环比发展速度的项数。

上式是水平法公式的推导过程，其中蕴含的数学依据是：现象发展的总速度不等于各期发展速度之和，而等于各期环比发展速度的连乘积，表明现象从最初的水平通过 n 期的增长（或下降）最终发展到了最末期的水平。

平均增长速度和平均发展速度的关系是：

平均增长速度＝平均发展速度 －1

三、发展速度分析应注意的问题

时间序列的速度指标是由水平指标对比计算而来的，以百分数表示的抽象化指标。速度指标把现象的具体规模或水平抽象掉了，不能反映现象的绝对量差别，所以运用速度指标时，最好结合基期水平进行分析。按水平法计算的平均发展速度只依赖于最初水平和最末水平，如果期间的环比发展速度很不均衡，那么计算出来的平均发展速度将降低或失去指标的代表性和实际分析意义，所以需要结合各个时期的环比发展速度来补充说明平均发展速度。

任务四 分析时间序列变动的趋势

一、时间序列变动的构成因素

随着时间推移，客观事物会发生变化，这些变化是受多种因素共同影响的结果。在诸多影响因素中，有的是长期因素，对事物的发展变化起着决定性作用；有的是短期因素，或者只是偶然性因素。例如，一个国家的经济发展可能受到劳动力、资源和生产力水平的长期稳定的影响，同时也可能受到自然灾害、国际环境、政治因素等非长期因素的影响。在分析时间序列的变动规律时，很难将这些因素的影响精确地一一区分，但是可以对这些影响因素进行归纳分类，以更好地揭示时间序列变动的规律性。影响时间序列变动的构成因素可以归纳为四类：长期趋势、季节变动、循环变动和不规则变动。

（一）长期趋势

长期趋势是指现象在一段相当长的时期内所表现出来的持续上升或下降或不变的趋势。长期趋势是总体受某种根本性的支配因素影响的表现结果。例如，我国的国民生产总值呈现逐年上升的趋势，人口总量也呈现逐年上升的趋势，如图 8-7 所示（根据表 8-2 数据绘制图）。需要注意的是，这里的长期并非时间意义上的绝对长短，而是针对时间序列的各期间隔而言的。也就是说，当我们的时间序列以年为间隔，那么两年、三年并不属于长期,所表现出来的变化趋势不具有长期规律性;如果时间序列以月为间隔,则一年有12个月,也可以从中看出一些长期规律。

图 8-7　2006—2021 年我国人口数量的长期趋势

(二)季节变动

季节变动是指时间序列在一年内随季节更替出现的周期性波动。季节变动最基本的意义是受自然界季节更替影响而发生的年复一年的规律性变化。例如农产品的生产、水电消费的季节变动等。在实际分析中,季节变动也包括一年内由于社会、政治、经济、自然因素影响形成的有规律的、周期性的重复变动,例如民工潮造成交通部门的客流量在一年中的规律性变化。某农场禽蛋产值一年内随月份变动的折线图如图 8-8 所示。

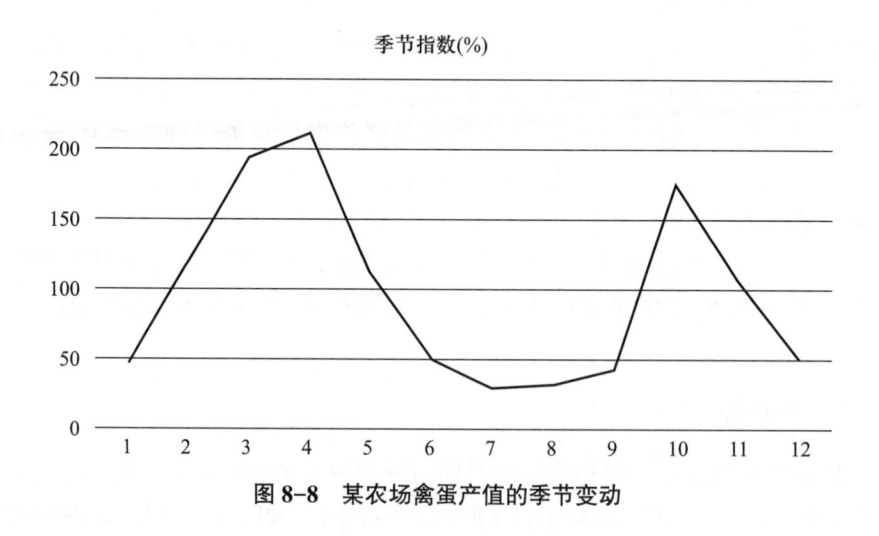

图 8-8　某农场禽蛋产值的季节变动

(三)循环变动

循环变动是指变动周期大于一年的有一定规律的重复变动,如商业周期的繁荣、衰退、萧条、复苏四个阶段的循环变动。循环变动和季节变动都是一种重复出现的周期性变动,不同的是,季节变动是一年内的按月或按季的周期性变动,而循环变动的周期一般超过一年,而且循环变动的周期长短不一致,规律性较不明显。

(四) 不规则变动

不规则变动也称随机变动,是指现象受偶然因素的影响而出现的不规则变动。例如,2004年年底发生在东南亚地区的海啸对东南亚地区旅游业造成的影响表现在旅游人数上就是一种不规则变动。

二、时间序列的组合模型

时间序列变动趋势分析的目的就是对以上四大构成要素进行测定,揭示现象变动的规律性,为认识和预测事物的发展提供依据。按照四大构成要素影响方式的不同,可以设定为不同的组合模型,主要有乘法模型和加法模型两种。以 Y 表示时间序列的指标数值,T 表示长期趋势成分,S 表示季节变动成分,C 表示循环变动成分,I 表示不规则变动成分,用下标 t 表示时间($t=1,2,\cdots,n$),n 为时间序列的项数。乘法模型和加法模型的计算公式如下所示。

乘法模型:

$$Y_t = T_t \times S_t \times C_t \times I_t$$

加法模型:

$$Y_t = T_t + S_t + C_t + I_t$$

乘法模型假定四个构成要素对现象发展的影响是相互的,长期趋势成分与时间序列原始指标值都是以绝对数的形式存在的,其余成分则均以比例(相对数)形式表示。

加法模型假定四个要素的影响是相对独立的,时间序列总变动体现为各种因素的总和。

三、长期趋势的测定与预测

时间序列的长期趋势是针对一个较长时期而言的,一般来讲,分析长期趋势所选的时期越长越好。对长期趋势的测定和分析,是时间序列的重要工作,其主要目的有三个:① 认识现象随时间发展变化的趋势和规律性;② 对现象未来的发展趋势作出预测;③ 从时间序列中剔除长期趋势成分,以便分解出其他类型的影响因素。时间序列趋势的测定方法有许多种,最常用的是移动平均法和趋势模型法。

(一) 时间序列的预测误差

在正式学习外推预测方法之前,有必要了解时间序列的预测误差的计算。该预测误差是指预测值与实际值之间的离差,它是判断预测准确性的一个重要指标。由于利用时间序列进行外推预测可以选用多种方法,因此需要借助预测误差来选择最优的方法,这就是预测误差在外推预测时起到的根本作用。例如,预测某企业未来产量时,可以使用移动平均预测法或指数平滑预测法进行预测,使用这两种方法分别进行预测误差计算后,便可选择其中误差更小的一种方法来使用。

预测误差主要包括平均绝对误差、均方误差和均方根误差,其计算公式分别如下所示。

平均绝对误差(MAD)等于各期实际值与预测值的离差绝对数的算术平均数,其计算公式为:

$$MAD = \frac{\sum |y_t - \hat{y}_t|}{n}$$

均方误差(MSE)等于各期预测误差的平方的算术平均数,其计算公式为:

$$MSE = \frac{\sum (y_t - \hat{y}_t)^2}{n}$$

均方根误差(RMSE)等于各期预测误差平方的算术平均数的平方根,即均方误差的平方根,也叫标准误差,其计算公式为:

$$RMSE = \sqrt{\frac{\sum (y_t - \hat{y}_t)^2}{n}}$$

(二)时间序列的测定方法

在介绍移动平均法之前,先介绍时距扩大法,它是测定长期趋势最原始、最简单的方法。时距扩大法是将原来时间序列中较小时距单位的若干个数据加以合并,得到较大时距单位的数据。当原始时间序列中各指标数值上下波动,使得现象变化规律表现不明显时,可通过扩大数列时间间隔的方法,使得较小时距数据所受到的偶然因素的影响相互抵消,以反映现象发展的长期趋势。

时距扩大法的优点是简便、直观。但是它的缺点也很突出,扩大时距后形成的新时间序列包含的数据数量减少,信息大量流失,不方便进一步分析。

1. 移动平均法

移动平均法是对时距扩大法的一种改良。它是采取逐期递推移动的方法对原数列按一定时距扩大,得到一系列扩大时距的平均数。它的原理和时距扩大法类似,即通过扩大时距来消除时间序列中的不规则变动和其他变动,揭示出时间序列的长期趋势。其较时距扩大法的优点在于移动平均法可以保留更多的数据信息,对原时间序列的波动起一定的修匀作用。移动平均法的具体步骤如下:第一,扩大原时间序列的时间间隔,选定一定的时距项数 N;第二,采用依次移动的方法对原数列依次移动 N 项计算一系列序时平均数。

(1)移动平均预测法。移动平均预测法是根据时间序列资料逐项推移,依次计算包含一定项数的序时平均值,以反映长期趋势的方法。当时间序列的数值由于受周期变动和随机波动的影响,起伏较大且不易显示出现象的发展趋势时,使用移动平均预测法就可以消除这些因素的影响,显示出现象的发展方向与趋势,最终实现对序列长期趋势的预测。

根据时间序列的不同,移动平均预测法可以分为简单移动平均预测法和加权移动平均预测法。

① 简单移动平均预测法:简单移动平均预测法是将时间序列中最近 k 期数据的简单算术平均数作为下一期的预测值,其计算公式为:

$$\hat{y}_{t+1}=(y_t+y_{t-1}+y_{t-2}+\cdots+y_{t-k+1})=\frac{1}{k} \cdot \sum_{t-k+1}^{t} y$$

式中 $\hat{y}_{t+1}$ 为第 $t+1$ 期的预测值;$y_t,y_{t-1},y_{t-2},\cdots,y_{t-k+1}$ 为最近 k 个时期的实际值,k 为移动平均的项数,t 为最新观察期。

② 加权移动平均预测法:简单移动平均预测法忽略了观察值时间远近对未来的影响,赋予了每个观察值相同的权数,而实际上越久远的观察值对现在的影响比近期的观察值要低。因此,加权移动平均预测法采用"近大远小"的原则,赋予不同时期观察值不同的权数,以便使预测结果更符合实际情况。

例如,某企业 2022 年 3 月的实际销售额为 120 万元,4 月的实际销售额为 140 万元,5 月的实际销售额为 170 万元,则可以利用加权移动平均预测法为 3 月、4 月、5 月分别赋予 1、2、3 的权数,此时 6 月的预测销售额为:

$$\hat{y}_{6月}=\frac{(120\times1+140\times2+170\times3)}{1+2+3}\approx151.67(万元)$$

(2)移动平均法的特点。

从本例中可以看出,移动平均法具有以下特点:

① 时距项数 N 越大,对时间序列的修匀效果越强,案例中,三项移动平均的波动较原数列明显削弱了,但是仍存在一些小波动,四项移动平均进一步削弱了波动,时间序列呈现出持续上升的长期趋势。

② 移动平均时距项数 N 为奇数时,只需要进行一次移动平均,其移动平均值即作为移动平均项数中间一期的趋势代表值;当移动平均时距项数 N 为偶数时,移动平均值代表的是相应偶数项的中间位置的水平,无法对正某一时期,所以需要进行一次相邻两项平均值的再次移动平均,如此才能使得平均值对正某一时期,第二次移动平均称为移正平均,也称中心化的移动平均数。

③ N 的选择要考虑周期性波动的周期长短,平均时距 N 应和周期长度一致。当时间序列包含季节变动时,移动平均时距项数 N 应与季节变动长度一致,一般为 4 个季度或 12 个月。

④ 移动平均以后,所得新数列的项数较原数列减少。当原数列的项数为 n 时,移动 N 项,那么,移动后新序列项数为 $n-(N-1)=n-N+1$ 项,比原数列项数减少 $(N-1)$ 项。

⑤ 虽然移动项数越多,修匀效果越强;但是移动项数太大还会造成数据丢失过多的

结果。因此，必须综合地考虑以上几个特点来选择合适的移动平均时距项数。

2. 趋势模型法

时间序列的长期趋势可以分为线性趋势和非线性趋势。当时间序列的长期趋势在坐标上近似地呈现为直线，即每期的增减数量大致相同时，则称时间序列具有线性趋势。当时间序列在各时期的变动随时间而不同，各时期的变化率或趋势线的斜率有明显变动但又有一定规律性时，现象的长期趋势就不再是线性趋势，而可能是非线性趋势。在本书中，重点介绍线性趋势的模型法。

线性趋势的模型法，是利用以时间 t 作为解释变量和指标值 Y 为被解释变量的线性回归方法，对原时间序列做拟合线性方程，消除其他成分变动，揭示时间序列的长期线性趋势。线性方程的一般形式为：

$$\hat{Y}_t = a + bt$$

式中 $\hat{Y}_t$ 为时间序列的趋势值，t 为时间标号，a 为趋势线在 y 轴上的截距，b 为趋势线的斜率，表示时间 t 每变动一个单位时，趋势值 $\hat{Y}_t$ 的平均变动数量。

通常利用最小二乘法估计线性趋势方程的参数，即：

$$\begin{cases} b = \dfrac{n \sum t Y_t - \sum t \sum Y_t}{n \sum t^2 - (\sum t)^2} \\ a = \bar{Y}_t - b \bar{t} \end{cases}$$

式中 n 为时间序列中数据的项数，Y_t 为时间序列中各项的原始数值。

3. 指数平滑预测法

指数平滑预测法是指通过对过去的观察值加权平均进行预测的一种方法，与加权移动平均预测法不同的是，指数平滑预测法只需要存储少量的数据，有时甚至只需要一个最新的观察值、最新的预测值和平滑系数 α 值即可。而加权移动平均预测法需要存储多个时期的实际观察值，如果移动平均的项数设置得较大时，需要存储的数据量也会变得很大。另外，更为重要的是，指数平滑预测法的权数是呈指数递减的，加权移动平均预测法的权数则是呈等差递减的，相比而言指数平滑预测法的误差就更小。

指数平滑预测法有一次指数平滑、二次指数平滑、多次指数平滑之分，这里仅介绍一次指数平滑预测法的使用方法。一次指数平滑预测法是以本期实际观察值和本期预测值为基数，分别赋予二者不同的权数，以求出指数平滑值来作为下一期的预测值，其计算公式如下所示：

$$\hat{y}_{t+1} = \alpha \cdot y_t + (1 - \alpha) \cdot \hat{y}_t$$

式中 $\hat{y}_{t+1}$ 为第 $t+1$ 期的预测值，也是第 t 期的指数平滑值；y_t 为第 t 期的实际观察值；$\hat{y}_t$ 为第 t 期的预测值，也是第 $t-1$ 期的指数平滑值；α 为平滑系数，其取值范围是 $[0,1]$。

4. 线性趋势预测法

移动平均预测法和指数平滑预测法均适合于无趋势存在的平稳型时间序列的短期预测，对于存在趋势变动的趋势型时间序列，使用线性趋势预测法可以更好地对其进行长期预测。

线性趋势预测法是利用线性回归的方法,结合最小二乘法的思想,建立如下所示的线性趋势方程:

$$\hat{y}_t = a + bt$$

然后计算出 a 和 b 的值:

$$b = \frac{n\sum tY_t - \sum t \sum Y_t}{n\sum t^2 - (\sum t)^2}$$
$$a = \bar{y}_t - b\bar{t}$$

最后将计算出的 a 和 b 的值代入到线性趋势方程中,即可预测第 t 期的结果。

四、季节变动的测定与预测

季节变动常会给人们的社会经济生活带来某种影响,如影响某些商品的生产、销售与库存等。测定季节变动的意义主要在于通过分析与测定过去的季节变动规律,为当前的经营管理决策提供依据,特别是组织商业活动,避免由于季节变动引起的不良影响;还可以预测未来、制订计划,以提前做好合理安排。由于季节变动的最大周期为一年,所以以年份为间隔单位的时间序列中不可能有季节变动。测定季节变动的方法有很多,下面介绍常用的同期平均法和趋势剔除法。

(一)同期平均法

同期平均法是测定季节变动最简便的方法,其特点是测定季节变动时,不考虑长期趋势的影响。它是以若干年资料数据求出同月(季)的平均水平与全年各月(季)水平,将二者对比得出各月(季)的季节指数来表明季节变动的程度。季节指数是用来刻画数列在一个年度内各月(季)的典型季节特征,反映某一月份(季度)的数值占全年平均数值的大小。如果现象的发展没有季节变动,则各期的季节指数应等于100%,季节变动的程度是根据各季节指数与其平均数(100%)的偏差程度来测定,如果某一月份(季度)有明显的季节变化,则各期的季节指数应大于或小于100%。

同期平均法的具体步骤如下所示:
(1)列表,将各年同月(季)的数值列在同一纵栏内。
(2)将各年同月(季)数值加总,求出同月(季)平均。
(3)将所有月(季)数值加总,求出全期各月(季)总平均。
(4)季节指数 $S = \dfrac{\text{同月(季)平均}}{\text{全期各月(季)总平均}} \times 100\%$。

(5)预测未来某年某月(季)数值。
同期平均法的公式为:

$$\text{预计 } Y \text{ 月(季)数值} = \frac{\text{已知同年 } X \text{ 月(季)数值}}{X \text{ 月(季)季节指数}} \times Y \text{ 月(季)季节指数}$$

(二)趋势剔除法

在具有明显的长期趋势变动的数列中,为了测定季节变动,必须先将长期趋势变动因素加以剔除。假定长期趋势、季节变动、循环变动和不规则变动对时间序列的影响可以用乘法模型来反映,为了精确计算季节指数,首先设法从数列中消除长期趋势(T),再用平均的方法消除循环变动(S),从而分解出季节变动成分。具体的步骤如下:

(1)计算移动平均值(季度数据采用四项移动平均,月份数据采用12项移动平均),并将其结果进行"中心化"处理,得到各期的长期趋势值 T_t。

(2)计算移动平均的比值,即将数列的各观察值除以相应的长期趋势值,得到包含了循环变动和不规则变动的季节变动指数 $S_t \times C_t \times I_t$。

$$S_t \times C_t \times I_t = \frac{T_t \times S_t \times C_t \times I_t}{T_t} = \frac{Y_t}{T_t}$$

(3)用平均的方法消除循环变动和不规则变动,根据第二步得出的比值计算各月份(季度)平均值,即季节指数。

(4)季节指数调整,各季节指数的平均值应等于1或100%,若根据第三步计算的季节指数的平均值不等于1时,则需要进行调整,具体方法是:将第三步计算的每个季节指数的平均值除以它们的总平均值。

课堂实训——分析并预测企业总产值的发展情况

本项目主要介绍了时间序列的分析方法,包括时间序列的含义、分类、影响因素,时间序列的计算指标,以及时间序列常用的预测方法等内容。其中需要重点掌握的是时间序列的计算指标的计算方法,以及3种利用时间序列进行外推预测的方法。下面将利用 Excel 对某上市公司的总产值进行预测,进一步巩固相关知识。

一、实训目标

将某上市公司将近15年的总产值数据采集到 Excel 表格中,现在需要通过时间序列分析来了解上市公司总产值发展与增长情况,同时对上市公司2026年总产值进行预测,具体操作思路如图8-9所示。

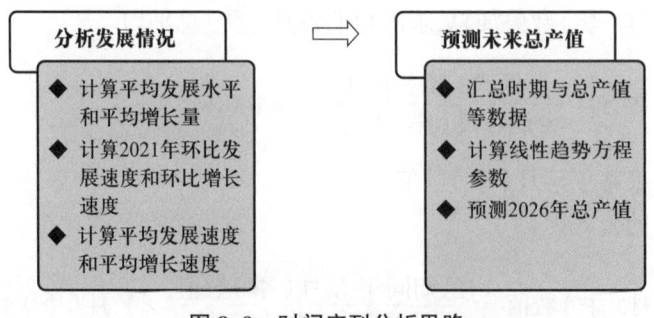

图8-9 时间序列分析思路

二、操作方法

（1）打开"总产值.xlsx"工作簿，选择 B19 单元格，在编辑栏中输入"＝((SUMB3：B17)－B3/2－B17/2)/14"，利用"首尾折半法"的公式下 $\bar{y}=\dfrac{\dfrac{y_1}{2}+y_2+\cdots+\dfrac{y_n}{2}}{n-1}$ 计算平均发展水平，按回车键返回计算结果，如图 8-10 所示。

	A	B	C	D	E
1	单位：万元				
2	年份	总产值y	时期t	t^2	$t\cdot y$
3	2007	6116.0	1		
4	2008	6306.0	2		
5	2009	6565.0	3		
6	2010	7377.0	4		
7	2011	7603.0	5		
8	2012	10225.0	6		
9	2013	10819.0	7		
10	2014	14499.0	8		
11	2015	19921.0	9		
12	2016	21230.0	10		
13	2017	23416.0	11		
14	2018	25687.0	12		
15	2019	27804.0	13		
16	2020	28182.0	14		
17	2021	32476.0	15		
18	合计				
19	平均发展水平	16352.1	参数a		
20	平均增长量		参数b		

图 8-10　计算平均发展水平

（2）选择 B20 单元格，在编辑栏中输入"＝(B17－B3)/15"，利用公式"平均增长量＝$\dfrac{累计增长量}{期数}=\dfrac{y_i-y_0}{n}$"计算该企业每一年的平均增长量，按【Enter】键返回计算结果，如图 8-11 所示。

（3）选择 B21 单元格，在编辑栏中输入"＝B17/B16"，利用公式"$r_i=\dfrac{y_i}{y_{i-1}}$"计算该上市公司 2021 年的环比发展速度，按【Enter】键返回计算结果，如图 8-12 所示。

（4）选择 B22 单元格，在编辑栏中输入"＝POWER(B17/B3,1/15)"，利用公式"$\bar{r}=\sqrt[n]{\dfrac{y_n}{y_0}}$"计算企业的平均发展速度，按【Enter】键返回计算结果，如图 8-13 所示。

（5）选择 B23 单元格，在编辑栏中输入"＝B21－1"，利用公式"$G_i=\dfrac{y_i}{y_{i-1}}-1$"计算上市公司 2021 年的环比增长速度，按【Enter】键返回计算结果，如图 8-14 所示。

232 项目八 时间序列分析

	A	B	C	D	E
	B20		fx =(B17-B3)/15		
1	单位：万元				
2	年份	总产值y	时期t	t^2	$t \cdot y$
3	2007	6116.0	1		
4	2008	6306.0	2		
5	2009	6565.0	3		
6	2010	7377.0	4		
7	2011	7603.0	5		
8	2012	10225.0	6		
9	2013	10819.0	7		
10	2014	14499.0	8		
11	2015	19921.0	9		
12	2016	21230.0	10		
13	2017	23416.0	11		
14	2018	25687.0	12		
15	2019	27804.0	13		
16	2020	28182.0	14		
17	2021	32476.0	15		
18	合计				
19	平均发展水平	16352.1	参数a		
20	平均增长量	1757.3	参数b		

图 8-11 计算平均增长量

	A	B	C	D	E
	B21		fx =B17/B16		
2	年份	总产值y	时期t	t^2	$t \cdot y$
3	2007	6116.0	1		
4	2008	6306.0	2		
5	2009	6565.0	3		
6	2010	7377.0	4		
7	2011	7603.0	5		
8	2012	10225.0	6		
9	2013	10819.0	7		
10	2014	14499.0	8		
11	2015	19921.0	9		
12	2016	21230.0	10		
13	2017	23416.0	11		
14	2018	25687.0	12		
15	2019	27804.0	13		
16	2020	28182.0	14		
17	2021	32476.0	15		
18	合计				
19	平均发展水平	16352.1	参数a		
20	平均增长量	1757.3	参数b		
21	2021年环比发展速度	115.2%	2026年总产值		
22	平均发展速度				

图 8-12 计算环比发展速度

	A	B	C	D	E
		=POWER(B17/B3,1/15)			
7	2011	7603.0	5		
8	2012	10225.0	6		
9	2013	10819.0	7		
10	2014	14499.0	8		
11	2015	19921.0	9		
12	2016	21230.0	10		
13	2017	23416.0	11		
14	2018	25687.0	12		
15	2019	27804.0	13		
16	2020	28182.0	14		
17	2021	32476.0	15		
18	合计				
19	平均发展水平	16352.1	参数a		
20	平均增长量	1757.3	参数b		
21	2021年环比发展速度	115.2%	2026年总产值		
22	平均发展速度	111.8%			
23	2021年环比发展速度				
24	平均增长速度				

图 8-13 计算平均发展速度

	A	B	C	D	E
		=B21-1			
7	2011	7603.0	5		
8	2012	10225.0	6		
9	2013	10819.0	7		
10	2014	14499.0	8		
11	2015	19921.0	9		
12	2016	21230.0	10		
13	2017	23416.0	11		
14	2018	25687.0	12		
15	2019	27804.0	13		
16	2020	28182.0	14		
17	2021	32476.0	15		
18	合计				
19	平均发展水平	16352.1	参数a		
20	平均增长量	1757.3	参数b		
21	2021年环比发展速度	115.2%	2026年总产值		
22	平均发展速度	111.8%			
23	2021年环比发展速度	15.2%			
24	平均增长速度				

图 8-14 计算环比增长速度

（6）选择 B24 单元格，在编辑栏中输入"=B22-1"，利用公式"平均增长速度 = 平均发展速度 -1"计算企业的年平均增长速度，按【Enter】键返回计算结果，如图 8-15 所示。

	A	B	C	D	E
7	2011	7603.0	5		
8	2012	10225.0	6		
9	2013	10819.0	7		
10	2014	14499.0	8		
11	2015	19921.0	9		
12	2016	21230.0	10		
13	2017	23416.0	11		
14	2018	25687.0	12		
15	2019	27804.0	13		
16	2020	28182.0	14		
17	2021	32476.0	15		
18	合计				
19	平均发展水平	16352.1	参数a		
20	平均增长量	1757.3	参数b		
21	2021年环比发展速度	115.2%	2026年总产值		
22	平均发展速度	111.8%			
23	2021年环比发展速度	15.2%			
24	平均增长速度	11.8%			

图 8-15　计算平均增长速度

（7）选择 D3:D17 单元格区域，在编辑栏中输入"=C3^2"，按【Ctrl+Enter】键返回 t^2 的值，如图 8-16 所示。

（8）选择 E3:E17 单元格区域，在编辑栏中输入"=B3*C3"，按【Ctrl+Enter】键返回 $t·y$ 的值，如图 8-17 所示。

（9）选择 B18:E18 单元格区域，在【公式】→【函数库】组中单击"自动求和"按钮 ∑，如图 8-18 所示。

（10）选择 D20 单元格，在编辑栏中输入"=(15*E18-B18*C18)/(15*D18-C18^2)"，利用公式" $b=\dfrac{n\sum ty_t-\sum t\sum y}{n\sum t^2-(\sum t)^2}$ "计算该参数的值，按【Enter】键返回计算结果，如图 8-19 所示。

（11）选择 D19 单元格，在编辑栏中输入"=B18/C17-D20*(C18/C17)"，利用公式" $a=\bar{y}-b\bar{x}$ "计算该参数的值，按【Enter】键返回计算结果，如图 8-20 所示。

（12）选择 D21 单元格，在编辑栏中输入"=D19+D20*(C17+5)"，利用公式" $\hat{y}=155.2+2\,049.2t$ "预测 2026 年的总产值，按【Enter】键返回计算结果，如图 8-21 所示（配套资源：效果\第 8 章\总产值.xlsx）。

课堂实训——分析并预测企业总产值的发展情况

	A	B	C	D	E
	单位：万元				
1	年份	总产值y	时期t	t^2	$t \cdot y$
3	2007	6116.0	1	1.0	
4	2008	6306.0	2	4.0	
5	2009	6565.0	3	9.0	
6	2010	7377.0	4	16.0	
7	2011	7603.0	5	25.0	
8	2012	10225.0	6	36.0	
9	2013	10819.0	7	49.0	
10	2014	14499.0	8	64.0	
11	2015	19921.0	9	81.0	
12	2016	21230.0	10	100.0	
13	2017	23416.0	11	121.0	
14	2018	25687.0	12	144.0	
15	2019	27804.0	13	169.0	
16	2020	28182.0	14	196.0	
17	2021	32476.0	15	225.0	
18	合计				

D3 =C3^2

图 8-16　计算 t^2 的值

	A	B	C	D	E
	单位：万元				
2	年份	总产值y	时期t	t^2	$t \cdot y$
3	2007	6116.0	1	1.0	6116.0
4	2008	6306.0	2	4.0	12612.0
5	2009	6565.0	3	9.0	19695.0
6	2010	7377.0	4	16.0	29508.0
7	2011	7603.0	5	25.0	38015.0
8	2012	10225.0	6	36.0	61350.0
9	2013	10819.0	7	49.0	75733.0
10	2014	14499.0	8	64.0	115992.0
11	2015	19921.0	9	81.0	179289.0
12	2016	21230.0	10	100.0	212300.0
13	2017	23416.0	11	121.0	257576.0
14	2018	25687.0	12	144.0	308244.0
15	2019	27804.0	13	169.0	361452.0
16	2020	28182.0	14	196.0	394548.0
17	2021	32476.0	15	225.0	487140.0
18	合计				

E3 =B3*C3

图 8-17　计算 $t \cdot y$ 的值

236　项目八　时间序列分析

	A	B	C	D	E
1	单位：万元				
2	年份	总产值y	时期t	t^2	$t \cdot y$
3	2007	6116.0	1	1.0	6116.0
4	2008	6306.0	2	4.0	12612.0
5	2009	6565.0	3	9.0	19695.0
6	2010	7377.0	4	16.0	29508.0
7	2011	7603.0	5	25.0	38015.0
8	2012	10225.0	6	36.0	61350.0
9	2013	10819.0	7	49.0	75733.0
10	2014	14499.0	8	64.0	115992.0
11	2015	19921.0	9	81.0	179289.0
12	2016	21230.0	10	100.0	212300.0
13	2017	23416.0	11	121.0	257576.0
14	2018	25687.0	12	144.0	308244.0
15	2019	27804.0	13	169.0	361452.0
16	2020	28182.0	14	196.0	394548.0
17	2021	32476.0	15	225.0	487140.0
18	合计	248226.0	120	1240.0	2559570.0

图 8-18　汇总表格项目

D20 　　fx　=(15*E18-B18*C18)/(15*D18-C18^2)

	A	B	C	D	E
1	单位：万元				
2	年份	总产值y	时期t	t^2	$t \cdot y$
3	2007	6116.0	1	1.0	6116.0
4	2008	6306.0	2	4.0	12612.0
5	2009	6565.0	3	9.0	19695.0
6	2010	7377.0	4	16.0	29508.0
7	2011	7603.0	5	25.0	38015.0
8	2012	10225.0	6	36.0	61350.0
9	2013	10819.0	7	49.0	75733.0
10	2014	14499.0	8	64.0	115992.0
11	2015	19921.0	9	81.0	179289.0
12	2016	21230.0	10	100.0	212300.0
13	2017	23416.0	11	121.0	257576.0
14	2018	25687.0	12	144.0	308244.0
15	2019	27804.0	13	169.0	361452.0
16	2020	28182.0	14	196.0	394548.0
17	2021	32476.0	15	225.0	487140.0
18	合计	248226.0	120	1240.0	2559570.0
19	平均发展水平	16352.1	参数a		
20	平均增长量	1757.3	参数b	2049.2	
21	2021年环比发展速度	115.2%	2026年总产值		

图 8-19　计算方程参数 b

	A	B	C	D	E
	D19			fx =B18/C17-D20*(C18/C17)	
1	单位：万元				
2	年份	总产值y	时期t	t^2	$t·y$
3	2007	6116.0	1	1.0	6116.0
4	2008	6306.0	2	4.0	12612.0
5	2009	6565.0	3	9.0	19695.0
6	2010	7377.0	4	16.0	29508.0
7	2011	7603.0	5	25.0	38015.0
8	2012	10225.0	6	36.0	61350.0
9	2013	10819.0	7	49.0	75733.0
10	2014	14499.0	8	64.0	115992.0
11	2015	19921.0	9	81.0	179289.0
12	2016	21230.0	10	100.0	212300.0
13	2017	23416.0	11	121.0	257576.0
14	2018	25687.0	12	144.0	308244.0
15	2019	27804.0	13	169.0	361452.0
16	2020	28182.0	14	196.0	394548.0
17	2021	32476.0	15	225.0	487140.0
18	合计	248226.0	120	1240.0	2559570.0
19	平均发展水平	16352.1	参数a	155.2	
20	平均增长量	1757.3	参数b	2049.2	
21	2021年环比发展速度	115.2%	2026年总产值		

图 8-20　计算方程参数 a

	A	B	C	D	E
	D21			fx =D19+D20*(C17+5)	
1	单位：万元				
2	年份	总产值y	时期t	t^2	$t·y$
3	2007	6116.0	1	1.0	6116.0
4	2008	6306.0	2	4.0	12612.0
5	2009	6565.0	3	9.0	19695.0
6	2010	7377.0	4	16.0	29508.0
7	2011	7603.0	5	25.0	38015.0
8	2012	10225.0	6	36.0	61350.0
9	2013	10819.0	7	49.0	75733.0
10	2014	14499.0	8	64.0	115992.0
11	2015	19921.0	9	81.0	179289.0
12	2016	21230.0	10	100.0	212300.0
13	2017	23416.0	11	121.0	257576.0
14	2018	25687.0	12	144.0	308244.0
15	2019	27804.0	13	169.0	361452.0
16	2020	28182.0	14	196.0	394548.0
17	2021	32476.0	15	225.0	487140.0
18	合计	248226.0	120	1240.0	2559570.0
19	平均发展水平	16352.1	参数a	155.2	
20	平均增长量	1757.3	参数b	2049.2	
21	2021年环比发展速度	115.2%	2026年总产值	41138.2	

图 8-21　预测 2026 年总产值

思考与练习

一、单项选择题

1. 表示报告期水平与固定基期水平相减的增长量的是（　　）。
   A. 逐期增长量　　　　　　　　B. 累计增长量
   C. 同比增长量　　　　　　　　D. 同比增长量
2. 时间序列的变动周期大于一年且有一定规律重复变动的现象属于（　　）。
   A. 长期趋势　　　　　　　　　B. 季节变动
   C. 循环变动　　　　　　　　　D. 不规则变动
3. 下列选项中，（　　）方法是测定时间序列长期趋势最原始、最简单的方法。
   A. 趋势模型法　　　　　　　　B. 指数平滑预测法
   C. 线性趋势预测法　　　　　　D. 时距扩大法
4. 反映现象在不同时间上达到绝对水平或总规模的序列称为（　　）。
   A. 平均数序列　　　　　　　　B. 相对数序列
   C. 递增时间序列　　　　　　　D. 绝对数序列
5. 现象受到各种偶然因素影响而呈现出方向不定、时起时伏、时大时小的变动，这种变动称为（　　）。
   A. 长期趋势　　　　　　　　　B. 季节变动
   C. 循环变动　　　　　　　　　D. 不规则变动
6. 下列选项中，表示本年度某期的发展水平与上年度的同期水平相减的增长量是（　　）。
   A. 逐期增长量　　　　　　　　B. 累计增长量
   C. 同比增长量　　　　　　　　D. 平均增长量

二、多项选择题

1. 时间序列按其统计指标的性质不同，可以分为（　　）。
   A. 绝对数时间序列　　　　　　B. 相对数时间序列
   C. 平均数时间序列　　　　　　D. 递增时间序列
2. 时期数列的特点包括（　　）。
   A. 可加性
   B. 数列中每个指标数值的大小与其所属的时期长短有直接的联系
   C. 指标数值通过间断登记方式取得的
   D. 数列中每个指标数值的大小随着时间的增长而增长
3. 时间序列的构成要素主要包括（　　）。
   A. 长期趋势　　　　　　　　　B. 季节变动
   C. 循环变动　　　　　　　　　D. 不规则变动

4. 时间序列的编制原则包括（　　　）。
A. 时间长短一致
B. 总体范围一致
C. 指标的经济内容一致
D. 计算方法、计算价格和计量单位应该一致
5. 下列选项中，适合于无趋势存在的平稳型时间序列的短期预测的方法有（　　　）。
A. 移动平均法　　　　　　　　B. 趋势模型法
C. 指数平滑预测法　　　　　　D. 线性趋势预测法
6. 在时间序列的计算指标中，属于水平指标的是（　　　）。
A. 发展水平　　　　　　　　　B. 增长量
C. 平均增长量　　　　　　　　D. 平均增长速度

三、判断题

1. 时点数列反映某种现象在一段时期内发展过程的总量。（　　）
2. 时点数列的指标具有可加性。（　　）
3. 时点数列的指标数值的大小与时点间隔长短呈正相关。（　　）
4. 时间序列必须保持各指标值所属时期长短一致。（　　）
5. 环比发展速度是将基期固定为某一期，反映现象在较长一段时间内的发展程度。（　　）
6. 季节变动指的是时间序列在一年内随季节更替出现的周期性波动。（　　）
7. 移动平均预测法会根据观察值的时间远近来赋予不同时期观察值不同的权数。（　　）
8. 同期平均法在测定季节变动时没有考虑长期趋势的影响。（　　）

项目实训

金融时间序列分析

股票数据作为最经典的时间序列数据，股票投资者对股票走势的预测是非常关注的，从而需要应用时间序列分析方法。

项目要求：选取一家上市公司，采集该公司近15年的股票价格（收盘价）年度数据，通过时间序列分析来了解上市公司股票价格的发展与增长情况，同时对上市公司下一年度股票价格进行预测。

项目九　数据可视化展现

数据分析的过程往往是非常烦琐和复杂的,对于非专业人员而言会过于困难。同时,企业或单位的管理层更为关注的也是数据分析的结果和预测的趋势等内容。因此,如何将难以理解的数据转换为浅显易懂的内容,就是本项目将要介绍的数据可视化展现。通过这种方式的处理,可以将数据分析的结果更加直观地显示出来,以便更好地理解和接收数据的信息。

学习目标

知识目标
(1) 了解金融数据分析中数据可视化的含义与分类。
(2) 熟悉数据可视化的表现形式与意义。
(3) 掌握数据可视化的图标绘制与流程。
(4) 掌握数据可视化中数据透视表和数据透视图的建立与操作方法。

能力目标
(1) 能够表述金融数据分析中数据可视化的一般流程。
(2) 能够区分数据可视化中图表的原理与意义。
(3) 能够绘制统计图和统计表,通过图表进行数据分析。
(4) 能够构建数据透视表和数据透视图。

素养目标
培养严谨细致地分析问题的态度,培养以科学的方法呈现严谨、客观的数据可视化分析报告。

案例导入

信息的质量很大程度上依赖于其表达方式,同样的,对数据进行数据分析后,其结果可视化可以帮助用户更好地理解数据信息,挖掘数据价值。数据可视化的本质就是视觉对话,数据可视化将数据分析技术与图形技术相结合,清晰有效地将分析结果信息进行解读和传达。数据和数据可视化是相辅相成的,数据赋予可视化的依据,可视化增加数据的灵活性。企业利用数据可视化可以更好更高效地提取有价值的信息。

以下是一些经典的数据可视化案例。

一、房地产运营分析平台可视化

房地产市场经过多年发展,伴随着土地价格的不断攀升以及国家坚持落实"房子是用来住的,不是用来炒的策略",房地产市场从早年遍地黄金时代,到了充满竞争的白银时代,同时房地产行业资金投入大、融资难、投入周期长、受市场和政策影响大等特点,加剧了房地产企业的经营风险和运营难度。因此,房地产企业需要构建数据化的经营能力,提升运营效率,随时了解自身的现金流状态和情况,来有效防范经营风险,房地产运营分析平台如图9-1所示。

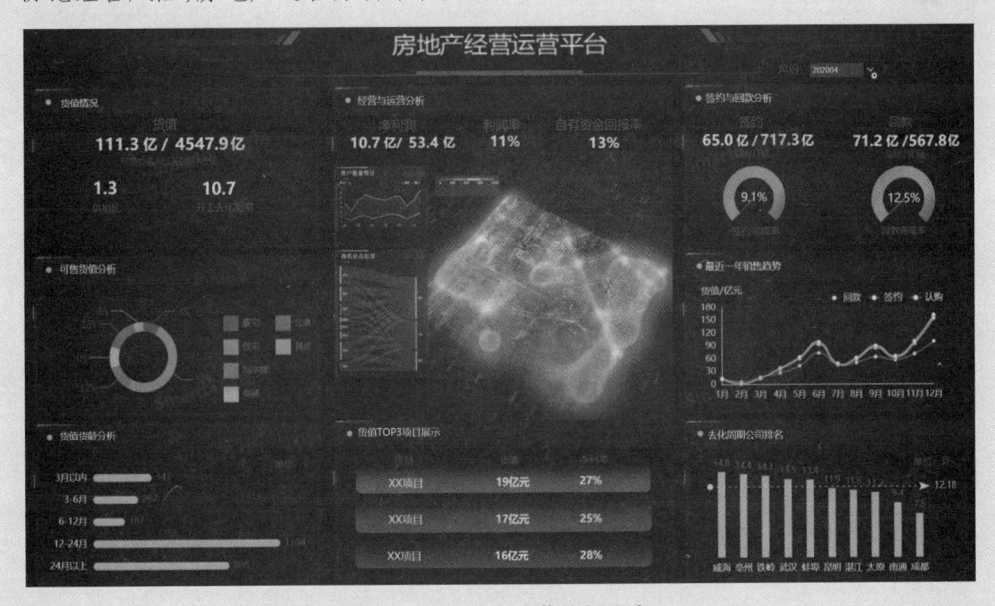

图 9-1 房地产运营分析平台

二、制造大数据解决方案

伴随着"中国制造2025"国家战略的实施,大数据应用已成为制造业生产力、竞争力、创新能力提升的关键,是驱动制造过程、产品、模式、管理及服务标准化、智能化的重要基础,体现在产品全生命周期中的各个阶段。数据成为与自然资源、人力资源一样重要的战略资源,有效地组织和使用大数据将对企业数字化转型产生了巨大的推动作用。

如何实现制造企业各项数据的采集、整理、存储、管理和分析全流程数据化管理，从而建设企业全面的业务分析主题，为企业经营管理、预警监测、决策支持提供全面支撑，企业大数据平台如图9-2所示。这是经营者需要面临的一大难题。

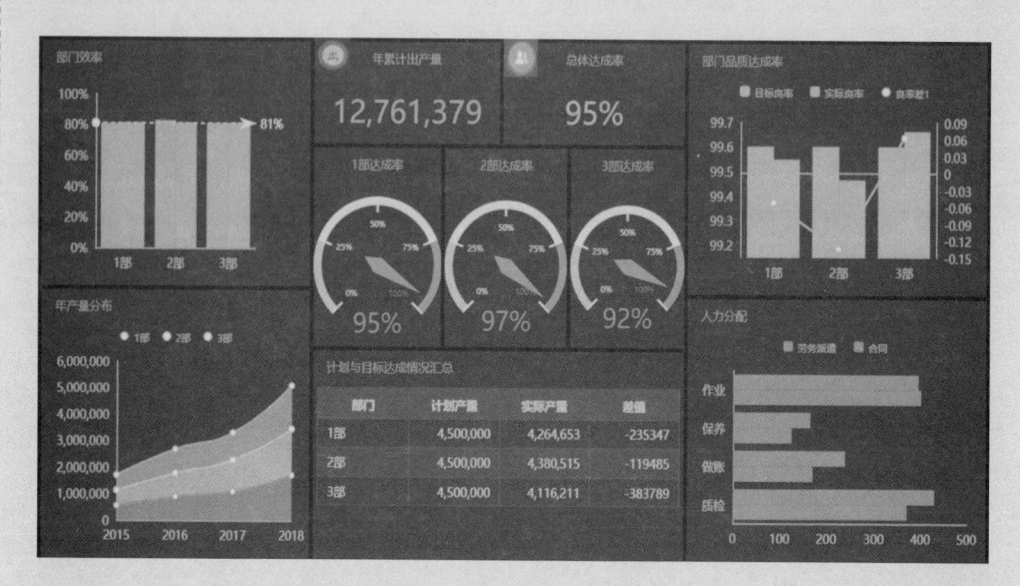

图 9-2　企业大数据平台

三、研究生教学大数据服务平台

研究生教育是教育结构中高水平、高层次的存在，有着为国家培养高层次创新型人才的重要使命。在"双一流"建设的背景下，高校对研究生的培养和研究生质量的提高越来越重视，加强学科建设、建设一流师资队伍、优化人才培养、提升科学研究水平、不断提升研究生教育质量逐渐成为各高校研究生培养的目标。因此需要构建一套能够反映研究生教学质量的平台来反映研究生培养中存在的问题，从而有效的对研究生教育质量进行提升，如图9-3所示。

四、审计全覆盖大数据分析平台

多年来部门预算执行审计都是选择部分部门作为重点审计对象，进行抽查式部门预算执行审计。为响应国家政策要求，在提高执行审计质量和水平的情况下实现审计全覆盖是审计机关面临的迫切要求。近几年来，各省厅、市局等审计机关积极探索应用计算机技术对预算单位开展审计全覆盖，目前大部分地市审计局对一级预算单位开展数字式全覆盖审计的条件已基本成熟，并计划区县本级所有一级预算单位开展财务电子数据全覆盖工作。采用数据分析技术对区县财政总会计、部门预算、国库集中支付、专户、非税系统数据和所有一级预算单位财务系统数据做横向、纵向对比分析，通过分类汇总揭示共性问题，通过数据分析挖掘深查个别疑点，采取"集中分析、发现疑点、分散落实、系统研究"的审计组织方式，逐步探索落实审计全覆盖的技术和方法，如图9-4所示。

图 9-3 研究生教学大数据服务平台

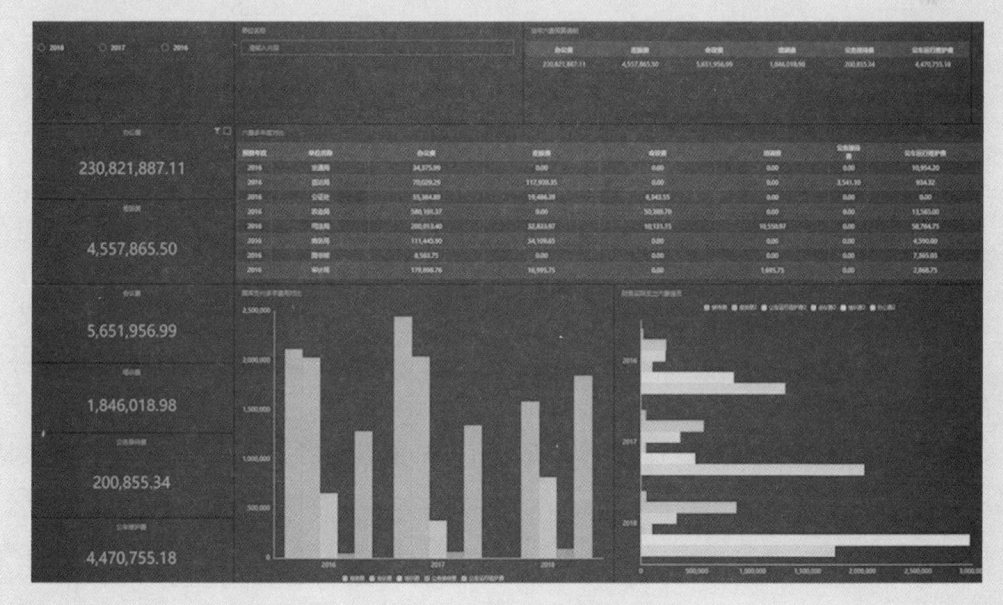

图 9-4 审计全覆盖大数据分析平台

（资料来源：https://www.smartbi.com.cn/gn/kshal）

现如今，政府机构、物流、电力、水利、环保和交通领域，都开始用交互的数据可视化大屏来帮助用户发现、诊断问题和提高决策规划能力。这些可视化数据服务平台是由不同的基础图表变形而来，本项目将学习各类图表的绘制以及数据可视化展现的方法。

任务一　绘制统计表

统计表可以将数据结果清晰地显示出来,是整理数据资料非常方便的工具,也是常用的数据展现方式。

一、统计表的结构

统计表的结构并没有严格规定,但一般可以由图9-5所示的内容构成。

企业收入数据汇总

类别	收入(万元)	累计占比(%)
网络游戏	1 017.2	38.35%
金融服务	861.2	70.81%
数字内容	327.2	83.15%
广告	264.4	93.12%
增值服务	131.6	98.08%
其他	51	100.00%

图9-5　统计表构成示意图

表格标题反映表格数据的大致内容。

表格项目也称表格字段,如图9-5所示的"类别""收入(万元)"和"累计占比(%)",都是该表格的项目,各项目下方对应的一列数据,即项目数据。

表格数据也称数据记录,即除项目所在行以外的其他各行,每一行就是一条表格数据。

二、统计表的分类

按照内容组织的形式不同,统计表可分为简单表、分组表和复合表。

简单表是指统计总体未经任何分组的统计表,它的表格项目是总体各单位的简单排列,或是年、月、日等日期的简单排列,如图9-6所示。

年末人口数据(单位:万人)

2012	2013	2014	2015	2016	2017	2018	2019	2020	2021
135 404	136 072	136 782	137 462	138 271	140 011	140 541	141 008	141 212	141 260

图9-6　简单表

分组表是指总体仅按一个统计标志进行分组的统计表。这类表格可以按品质标志分组，也可以按数量标志分组，能够揭示现象的类型，反映总体的内部结构，分析现象之间的依存关系。如图 9-5 所示的统计表则是典型的分组表。

复合表是指总体按两个以上统计标志进行层叠分组的统计表，它可以更好地表现出各个分组标志之间的关系，如图 9-7 所示。

企业人员结构数据

分组	类别	人数	占比（%）
性别	男	123	46.77%
	女	140	53.23%
级别	职员	121	74.23%
	管理	37	22.70%
	高管	5	3.07%

图 9-7　复合表

任务二　绘制统计图

"字不如表，表不如图"，这句俗语充分说明了统计图的作用。虽然统计表可以极大地简化数据内容，但从"可视化"的角度来看，统计表中的数据无法直观地让人感受到数据之间的差距和趋势，使用统计图则可以将这些关系形象地展示出来，因此统计图是更受青睐的一种数据展示工具。本任务将以 Excel 2016 软件为例，详细介绍统计图的结构、类型、应用以及使用方法等（Excel 2016 中对应的功能名称为"图表"，下文用"图表"指代"统计图"）。

一、图表的结构

Excel 的图表可以将单元格中的数据以图形化的形式显示出来，从而让人能够更加直观地发现数据的关系。就图表而言，由于类型的不同，其结构也不尽相同。为了便于读者理解，下面以二维柱形图为例，介绍图表的组成结构，如图 9-8 所示。

二维柱形图主要由图表标题、图例、数据系列、数据标签、网格线和坐标轴构成。

（一）图表标题

图表标题即图表名称，可以让使用者及时知晓图表所反映的数据主体内容，该对象可以根据需要选择是否删除。

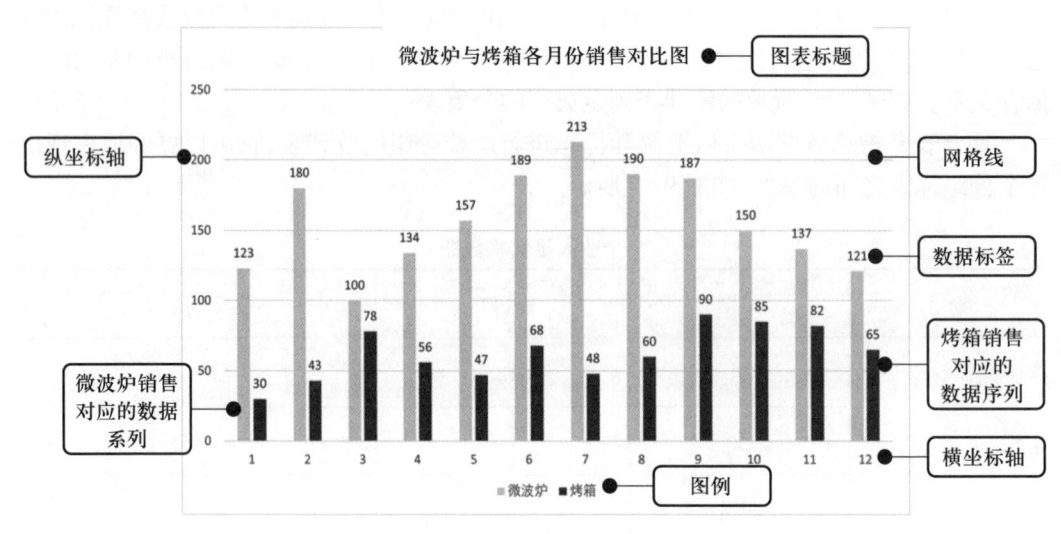

图 9-8 二维柱形图

（二）图例

图例用以显示图表中各组数据系列表示的对象。例如,在图 9-8 中,通过图例可以清楚地发现浅色的数据系列代表微波炉的销售额,深色的数据系列代表烤箱的销售额。当图表中仅存在一种数据系列时,则图例可删除,但当存在多个数据系列时,应该使用图例用以区别。

（三）数据系列

表中的图形部分就是**数据系列**,每一组相同的数据系列对应图例中相同格式的对象。图表中可以同时存在多组数据系列,但不能没有数据系列。

（四）数据标签

数据标签显示数据系列对应的具体数据,可以根据需要选择是否删除。

（五）网格线

网格线包括水平网格线和垂直网格线,作用在于辅助显示数据系列对应的数据大小,可以根据需要选择是否删除。

（六）坐标轴

坐标轴包括横坐标轴和纵坐标轴,用于辅助显示数据系列的类别和大小。坐标轴的标题、刻度等数据可以根据需要进行调整。

二、图表的创建与设置

在 Excel 中使用图表展现数据时,往往都是遵循创建图表、设置图表和美化图表的流程,下面依次进行简单介绍。

（一）创建图表

在 Excel 中创建图表的常用方法为：选择数据所在的单元格区域，在【插入】→【图表】组中单击某种图表类型对应的下拉按钮，并在弹出的下拉列表中选择具体的某种图表即可，如图 9-9 所示。

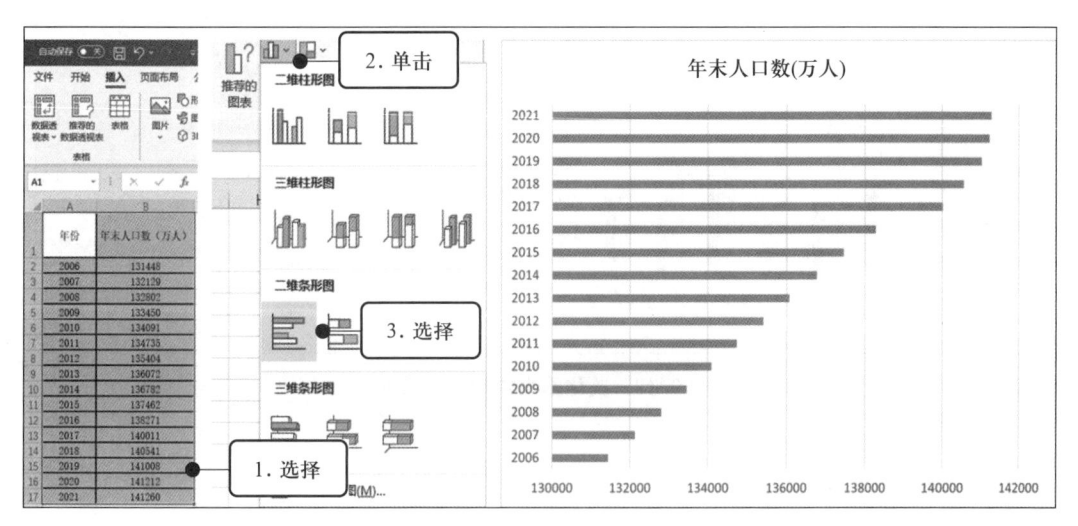

图 9-9 创建图表的过程

（二）设置图表

创建图表后，一般还需要进行两方面的设置，一是图表布局的设置，二是图表外观的设置。

（1）设置图表布局。是指需要添加哪些没有的图表元素，或需要删除哪些无用的图表元素，或修改已有图表元素的内容等。例如，是否删除图表标题或修改图表标题内容、是否删除或移动图例、是否添加数据标签、是否删除网格线等。

（2）设置图表外观。此处的外观并不是图表美化的内容，而是指图表的大小和位置。选择图表后，拖曳其四周的控制点可调整图表大小，在图表内的空白区域拖曳鼠标则可移动图表。

（三）美化图表

美化图表应依次遵循数据表现准确、直观和美观的要求，因为美化图表的目的，就是为准确和直观地表现数据服务的。具体操作如下：选择图表，在【图表工具设计】→【图表样式】组中可以直接使用 Excel 预设的图表样式和颜色，达到快速美化图表的目的。

如果想进一步美化图表的某个元素，则可双击图表对象，此时将打开"设置图表区格式"窗格，选择图表中需要进行美化的元素后，窗格中的设置参数会自动变化，在窗格中进行需要的美化设置即可，美化图表中的数据系列如图 9-10 所示。

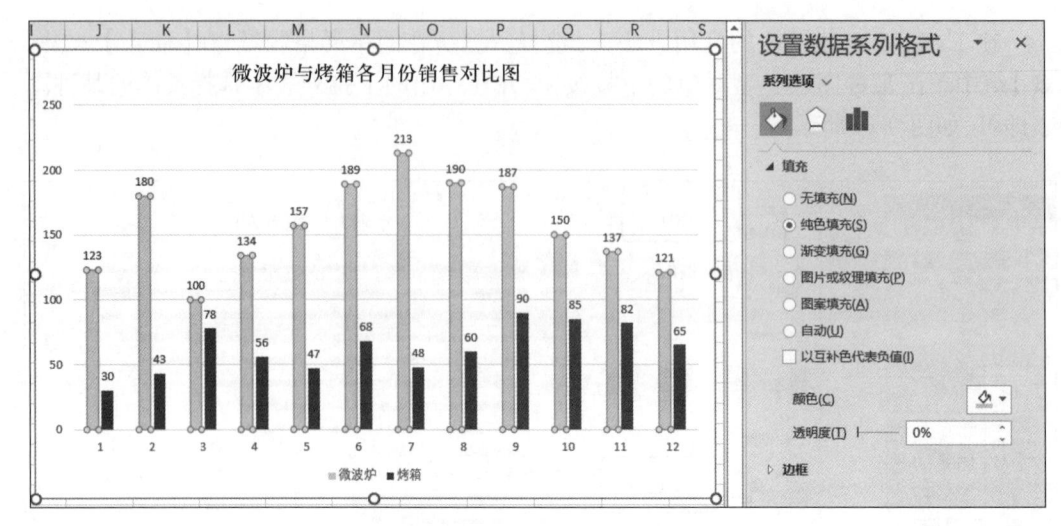

图 9-10　美化图表中的数据系列

三、图表的类型与应用

Excel 预设了各种类型的图表,在数据分析时应该选择最合适的类型进行操作,下面介绍一些常用的图表类型及其应用领域。

（一）柱形图

柱形图是最常见的一种图表,它通过多个长方形对象,不仅可以实现数据大小的对比,还能反映数据的发展变化趋势,因此在应用中的范围也更广,使用频率要比其他类型的图表更高一些。

例如,当需要展现各种商品的销量或销售额时,就可以利用销售数据或销售额数据来建立柱形图进行对比;要展现某一种商品的销量变化情况时,也可以利用该商品的销量数据来建立柱形图进行分析,如图 9-11 所示。

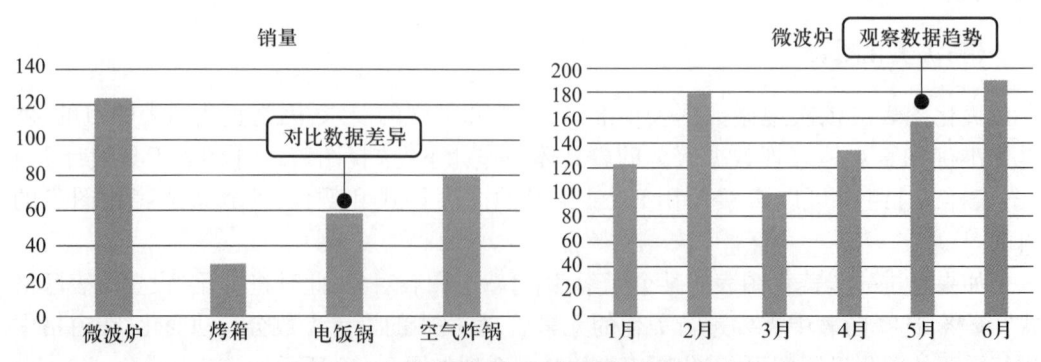

图 9-11　利用柱形图分析数据差异或变化趋势

另外，在统计与数据分析中还可以利用柱形图功能来建立直方图，直观地反映数据的分布情况。

直方图，又称质量分布图，是一种统计报告图，由一系列高度不等的矩形条表示数据分布的情况，一般用横坐标轴表示数据类型，纵坐标轴表示分布情况。标准的直方图为中间高、两边低的无间隔的柱形图，如图9-12所示。

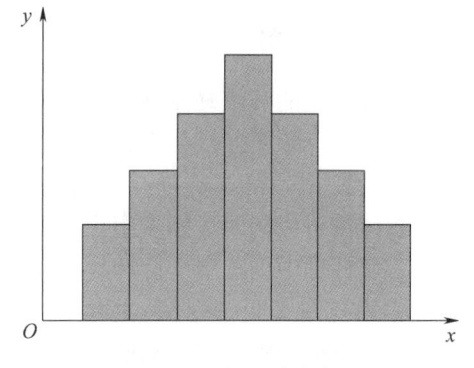

图 9-12　标准的直方图

（二）条形图

条形图实际上相当于横向的柱形图，如果柱形图的横坐标轴标签过长或过多，影响了柱形图的可读性和美观性时，就可以选择创建条形图，如图9-13所示。

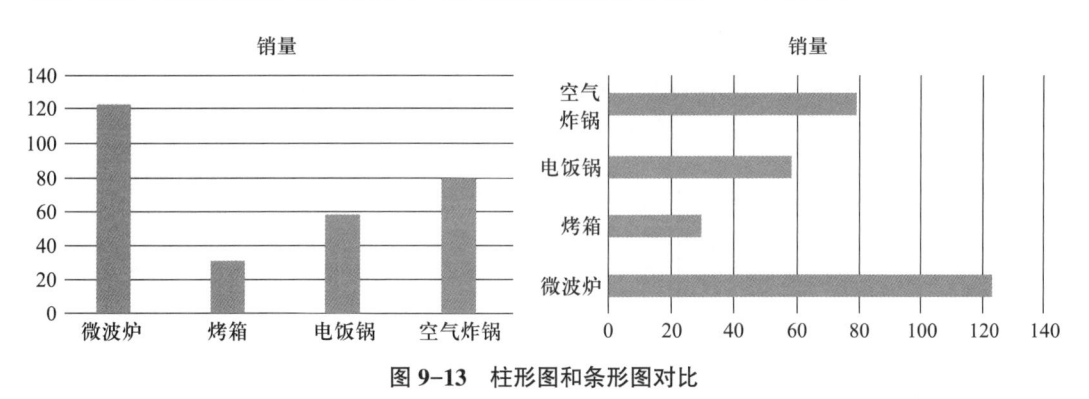

图 9-13　柱形图和条形图对比

条形图的特征决定了它可以很方便地用来制作甘特图。甘特图又称为横道图，主要通过横向的矩形条来显示项目进度，以及其他和时间相关的对象的进展情况，如图9-14所示。

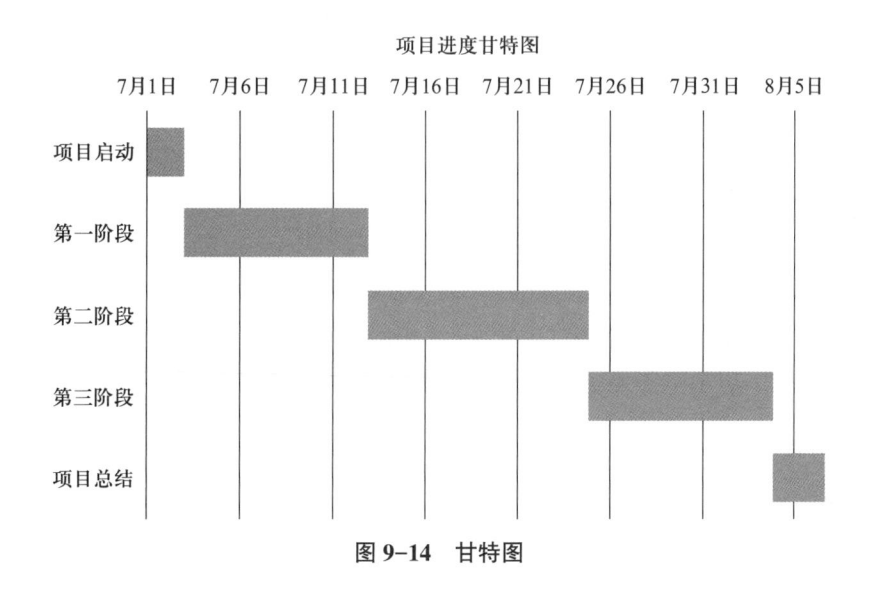

图 9-14　甘特图

（三）折线图

折线图是能够较好体现数据变化趋势的图表类型，它可以将具体数值标记为点，通过直线将这些点顺序连接起来，通过多条折线不同的高低起伏状态，来直观地反映数据的趋势变化情况。

折线图可以同时显示多组现象的数据趋势，如果结合 Excel 的组合图功能，还能实现在同一坐标轴中创建主坐标和次坐标的组合图形，进而实现帕累托图的创建。

帕累托图又叫排列图、主次图，是按照发生频率大小顺序绘制的图表，表示有多少结果是由已确认类型或范畴的原因所造成的，如利用帕累托图来分析产品质量问题，可以确定产生质量问题的主要因素等。帕累托图依据的是帕累托法则，也就是常说的"二八原理"，即百分之八十的问题是由百分之二十的原因所造成的。帕累托图在数据统计和分析中主要用来找出产生大多数问题的关键原因。帕累托图的基本外观效果如图 9-15 所示。

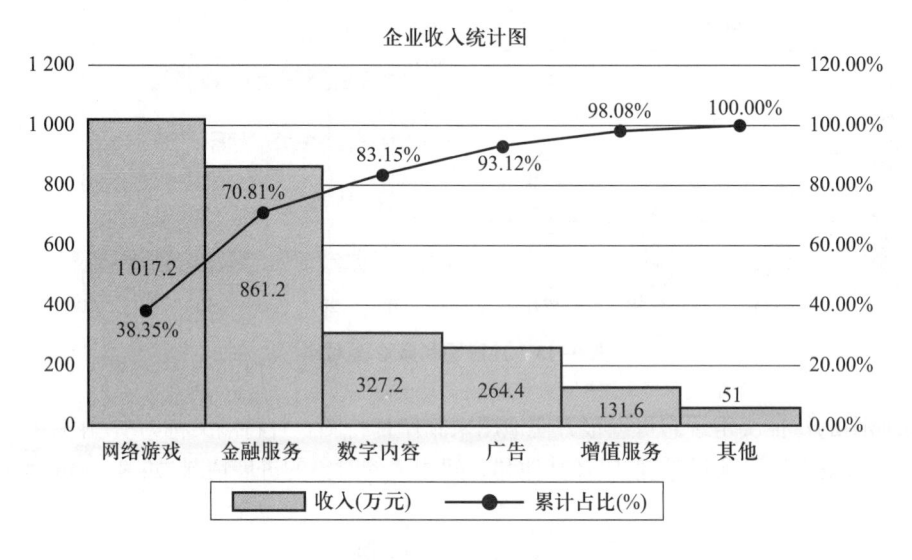

图 9-15 帕累托图

（四）饼图

饼图可以直观地显示出统计对象的占比关系，同时结合数据标签，我们便能够了解具体对象的比例等数据。当需要体现对象之间的比例大小关系时，饼图是首选的图表类型，如图 9-16 所示。

如果觉得上图中的饼图结构过于复杂，影响阅读和理解，则可以创建复合饼图，将占比较小的对象统一起来单独显示，从而简化饼图的结构，提高可读性。

（五）其他

除上述图表以外，Excel 还预设有其他大量的图表类型，可根据实际需要选择使用。下面简要介绍其中的部分图表。

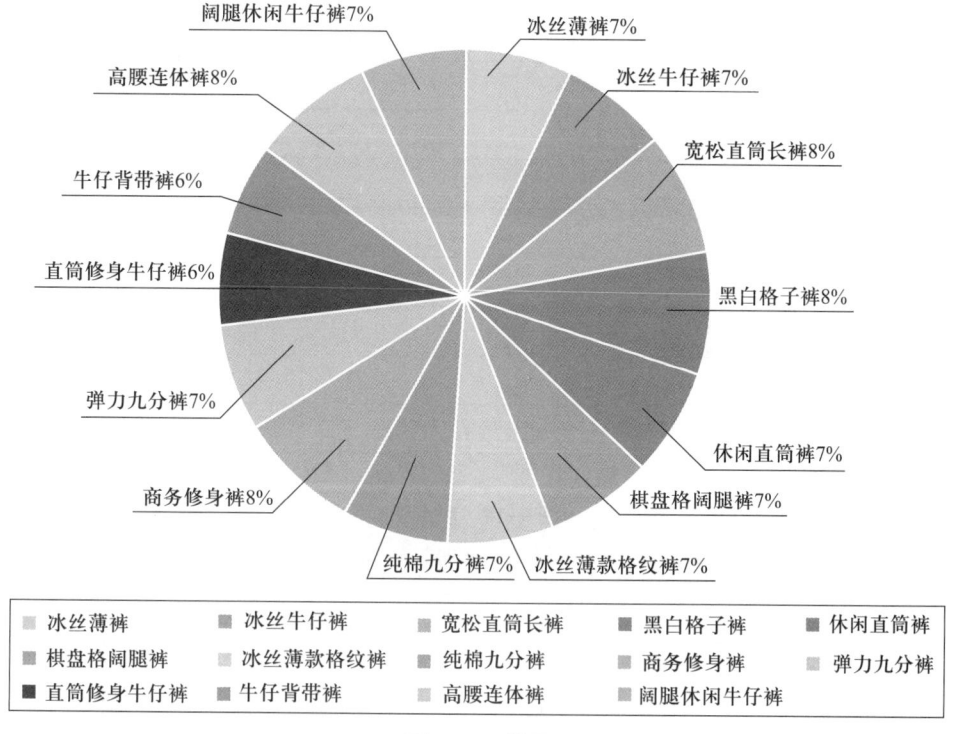

图 9-16 饼图

面积图用于强调数量随时间而变化的情况,也可用于对总体趋势的关注,如图 9-17 所示。

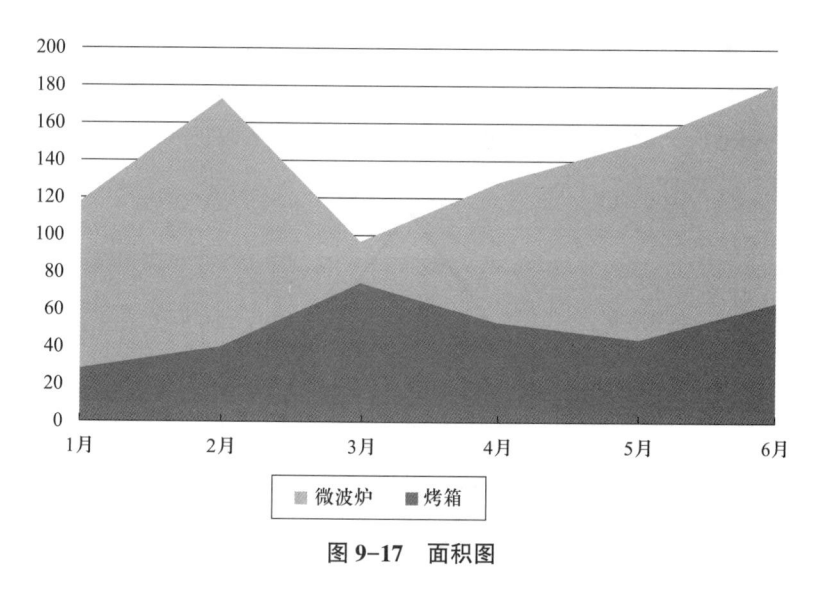

图 9-17 面积图

散点图用于显示因变量和自变量之间存在的关系,如图 9-18 所示。
股价图用于显示现象的波动趋势,如股价波动、气温波动等,如图 9-19 所示。
雷达图用于多指标的分布组合,以显示现象的整体状况,如图 9-20 所示。

图 9-18 散点图

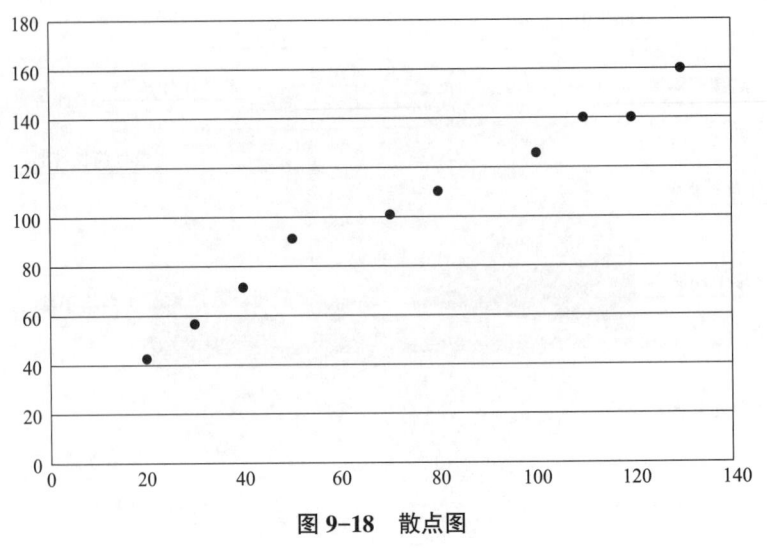

图 9-19 股价图

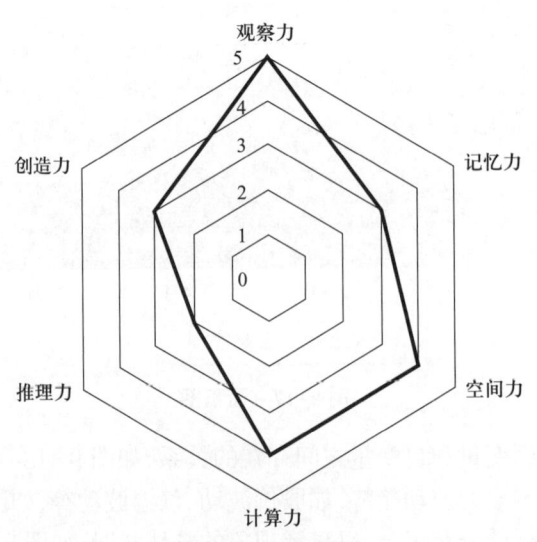

开盘价　　最高价　　最低价　　收盘价

图 9-20 雷达图

任务三　构建数据透视表与数据透视图

当需要对相同的数据作不同的分析时,反复创建统计表或统计图会降低工作效率,此时可利用数据透视表和数据透视图实现表格或图表与数据之间的交互使用,即通过改变不同的布局,得到不同的统计表和统计图,达到在一个表或一个图中分析各种不同结果的目的。

一、数据透视表

在 Excel 中创建数据透视表的方法为:选择数据源所在的单元格区域,在【插入】→【表格】组中单击"数据透视表"按钮,打开"创建数据透视表"对话框,在其中指定数据透视表的放置位置,如新工作表或现有工作表的某个单元格,然后单击"确定"按钮即可。此时将自动打开数据透视表字段窗格,我们利用该窗格即可对数据透视表进行分析,如图 9-21 所示。

图 9-21　数据透视表字段窗格

(1)**"字段"列表框**中的字段复选框对应的是数据源中的各项目数据。拖曳字段复选框至下方的区域,可创建数据透视表的内容。

(2)**"筛选"区域**的字段会建立为筛选条件,可通过筛选数据透视表来创建符合条件的内容。

(3)**"列"区域**的字段会建立为数据透视表的项目数据。

(4)**"行"区域**的字段会建立为数据透视表的数据记录(首列数据)。

(5)**"值"区域**的字段会建立为数据透视表的数据记录。

二、数据透视图

数据透视图兼具数据透视表和图表的功能,创建数据透视图的方法与创建数据透视表的方法类似,只需要选择数据源所在的单元格区域,在【插入】→【图表】组中单击"数据透视图"按钮,在打开的对话框中指定数据透视图的创建位置,单击"确定"按钮,然后利用打开的数据透视图字段窗格创建图表数据即可。

另外,也可以利用数据透视表来创建数据透视图,其方法为:在【数据透视表工具分析】→【工具】组中单击"数据透视图"按钮,然后按相同的方法创建数据透视图即可。

课堂实训——网店访客数可视化展现

本项目介绍了将数据分析进行可视化展现的方法,主要涉及统计表与统计图的应用。下面将在 Excel 中利用多种图表来展现网店访客数的情况,让读者通过练习进一步巩固所学的相关知识。

一、实训目标

本项目根据网店一周的流量数据提取出热门商品的访客数据,接下来需要利用柱形图、折线图和饼图来多维度地展现热门商品的访客数情况,具体操作思路如图 9-22 所示。

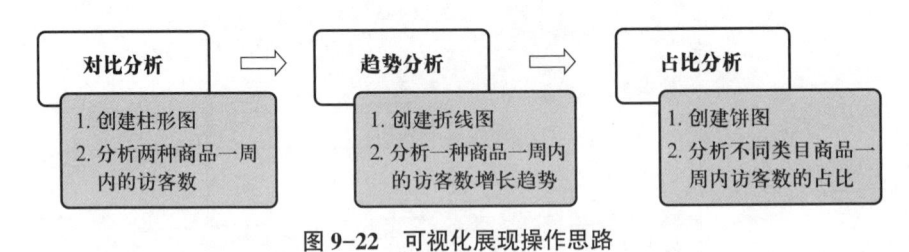

图 9-22 可视化展现操作思路

二、操作方法

(1)打开"可视化展现.xlsx"工作簿,选择 B1:I2 单元格区域,按住【Ctrl】键加选 B10:I10 单元格区域,在【插入】→【图表】组中单击"柱形图"下拉按钮,在弹出的下拉列表中选择第 1 种图表类型,如图 9-23 所示。

	A	B	C	D	E	F	G	H	I
1	类目	商品名称	6月4日	6月5日	6月6日	6月7日	6月8日	6月9日	6月10日
2	西装裤	冰丝薄裤	5,637	6,113	7,206	8,916	6,088	5,827	6,177
3	牛仔裤	冰丝牛仔裤	8,045	6,640	6,886	6,821	5,894	7,180	6,387
4	牛仔裤	宽松直筒长裤	8,461	8,851	7,317	7,632	5,791	8,844	8,907
5	格纹裤	黑白格子裤	6,544	9,107	8,437	6,131	7,661	8,342	7,055
6	西装裤	休闲直筒裤	6,264	6,199	9,020	5,896	6,263	7,971	6,551
7	格纹裤	法式半身裙	7,431	5,926	8,435	6,183	5,190	7,476	9,143
8	格纹裤	冰丝薄款格纹裤	6,464	7,692	9,047	5,709	7,072	6,579	7,453
9	格纹裤	纯棉九分裤	7,354	7,112	5,453	9,704	6,805	8,549	6,921
10	西装裤	商务修身裤	8,516	7,911	4,916	8,949	5,303	9,352	9,511
11	西装裤	弹力九分裤	5,396	8,464	9,046	7,870	4,920	5,170	8,303
12	牛仔裤	直筒修身牛仔裤	6,318	6,098	4,605	5,184	7,191	5,886	4,793
13	连体裤	牛仔背带裤	5,387	4,410	7,544	7,809	5,639	5,190	8,634
14	连体裤	高腰连体裤	8,461	9,262	8,422	9,195	6,258	6,905	5,034
15	牛仔裤	阔腿休闲牛仔裤	5,731	6,319	9,503	5,937	6,324	9,357	6,849

图 9-23 选择数据并创建图表

（2）选择图表中的标题文本，重新将内容修改为"访客数对比"，然后在【图表工具设计】→【图表样式】组的"样式"下拉列表框中选择"样式10"选项，然后将字体格式设置为"宋体、12、加粗"，并适当调整图表大小，如图 9-24 所示。

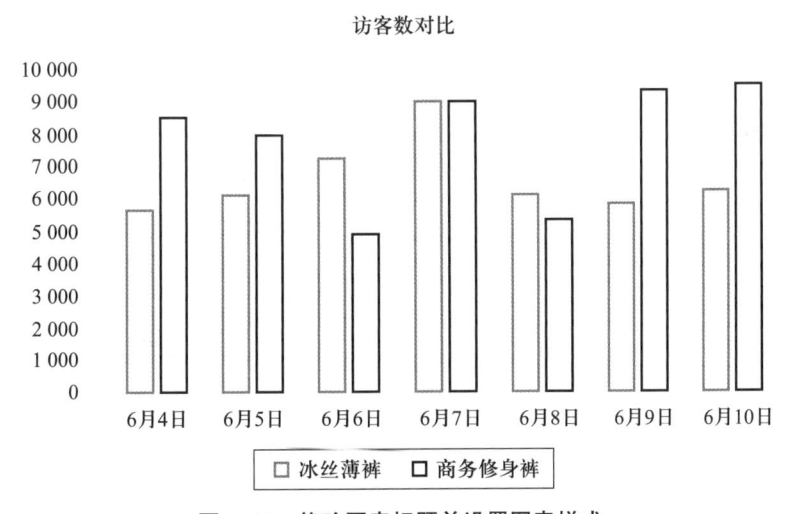

图 9-24 修改图表标题并设置图表样式

（3）在【图表工具设计】→【图表布局】组中单击"添加图表元素"下拉按钮1,在弹出的下拉列表中选择【数据标签】→【数据标签外】选项,效果如图 9-25 所示。

访客数对比

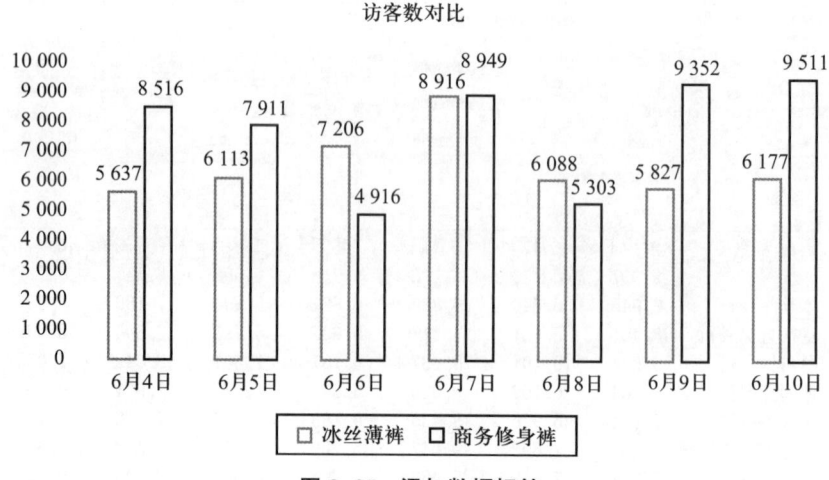

[图表：柱状图显示6月4日至6月10日冰丝薄裤与商务修身裤访客数对比]

- 6月4日：5 637 / 8 516
- 6月5日：6 113 / 7 911
- 6月6日：7 206 / 4 916
- 6月7日：8 916 / 8 949
- 6月8日：6 088 / 5 303
- 6月9日：5 827 / 9 352
- 6月10日：6 177 / 9 511

图 9-25　添加数据标签

通过对比可以发现，商务修身裤（相对位置靠右的数据系列）一周的访客数总体上要高于冰丝薄裤，但其访客数在 6 月 6 日和 8 日有严重下滑，相反，冰丝薄裤虽然较商务修身裤的访客数更低，但总体来看呈现平稳的状态，波动的幅度不大，整体变化的趋势稳定。

（4）选择 B1:I1 单元格区域，按住【Ctrl】键加选 B13:I13 单元格区域，在【插入】→【图表】组中单击"折线图"下拉按钮，在弹出的下拉列表中选择第 1 种图表类型，将图表标题修改为"牛仔背带裤访客数一周走势图"，并为图表应用"样式 11"图表样式，按相同方法设置字体格式，并调整图表大小，如图 9-26 所示。

（5）为数据系列添加数据标签，位置位于数据点上方处，如图 9-27 所示。由折线图可见牛仔背带裤一周内访客数最高峰为 6 月 10 日的 8 634 位访客，最低谷为 6 月 5 日的 4 410 位访客。虽然访客数波动幅度较大，但整体呈现上升趋势，说明商品的关注度日益提升，在波动中访客数有所上升。

牛仔背带裤访客数一周走势图

[图表：折线图显示6月4日至6月10日牛仔背带裤访客数走势]

图 9-26　创建折线图

牛仔背带裤访客数一周走势图

图 9-27 添加数据标签

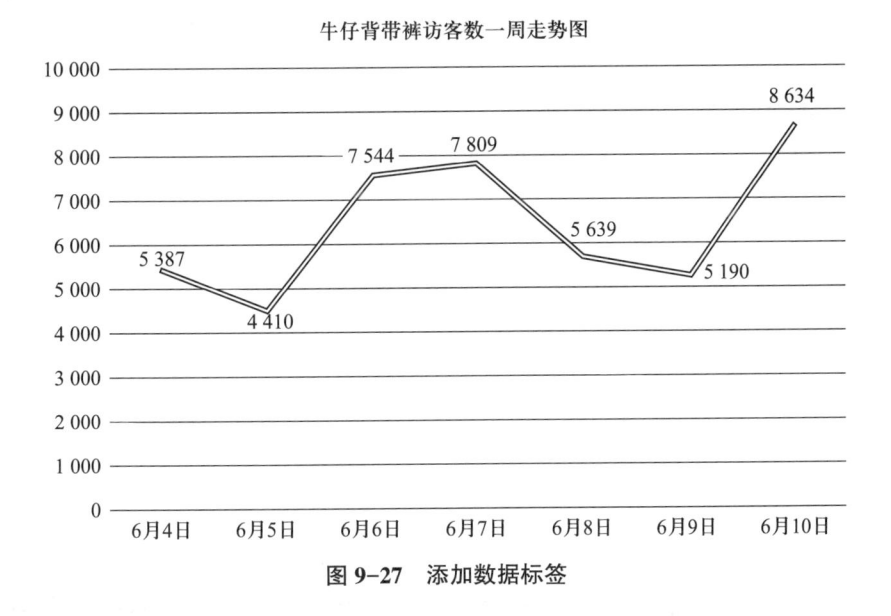

（6）在 J1 单元格中输入"汇总"，选择 J2：J15 单元格区域，在编辑栏中输入"=SUM（C2：I2）"，对 C2：I2 单元格区域中的数据进行求和，按【Ctrl+Enter】组合键返回所有商品一周内的访客数总和，如图 9-28 所示。

	A	B	C	D	E	F	G	H	I	J
1	类目	商品名称	6月4日	6月5日	6月6日	6月7日	6月8日	6月9日	6月10日	汇总
2	西装裤	冰丝薄裤	5,637	6,113	7,206	8,916	6,088	5,827	6,177	45,964
3	牛仔裤	冰丝牛仔裤	8,045	6,640	6,886	6,821	5,894	7,180	6,387	47,853
4	牛仔裤	宽松直筒长裤	8,461	8,851	7,317	7,632	5,791	8,844	8,907	55,803
5	格纹裤	黑白格子裤	6,544	9,107	8,437	6,131	7,661	8,342	7,055	53,277
6	西装裤	休闲直筒裤	6,264	6,199	9,020	5,896	6,263	7,971	6,551	48,164
7	格纹裤	棋盘格阔腿裤	7,431	5,926	8,435	6,183	5,190	7,476	9,143	49,784
8	格纹裤	冰丝薄款格纹裤	6,464	7,692	9,047	5,709	7,072	6,579	7,453	50,016
9	格纹裤	纯棉九分裤	7,354	7,112	5,453	9,704	6,805	8,549	6,921	51,898
10	西装裤	商务修身裤	8,516	7,911	4,916	8,949	5,303	9,352	9,511	54,458
11	西装裤	弹力九分裤	5,396	8,464	9,046	7,870	4,920	5,170	8,303	49,169
12	牛仔裤	直筒修身牛仔裤	6,318	6,098	4,605	5,184	7,191	5,886	4,793	40,075
13	连体裤	牛仔背带裤	5,387	4,410	7,544	7,809	5,639	5,190	8,634	44,613
14	连体裤	高腰连体裤	8,461	9,262	8,422	9,195	6,258	6,905	5,034	53,537
15	牛仔裤	阔腿休闲牛仔裤	5,731	6,319	9,503	5,937	6,324	9,357	6,849	50,020

图 9-28 汇总各商品访客数

（7）选择"类目"项目下任意单元格，如 A2 单元格，在【数据】→【排序和筛选】组中单击"升序"按钮，将数据按类目排序，如图 9-29 所示。

（8）选择 A1：J15 单元格区域，在【数据】→【分级显示】组中单击"分类汇总"按钮，打开"分类汇总"对话框，在"分类字段"下拉列表框中选择"类目"选项，在"汇总方式"下拉列表框中选择"求和"选项，在"选定汇总项"列表框中选中"汇总"复选框，单击确定按钮，如图 9-30 所示。

	A	B	C	D	E	F	G	H	I	J
1	类目	商品名称	6月4日	6月5日	6月6日	6月7日	6月8日	6月9日	6月10日	汇总
2	格纹裤	黑白格子裤	6,544	9,107	8,437	6,131	7,661	8,342	7,055	53,277
3	格纹裤	棋盘格阔腿裤	7,431	5,926	8,435	6,183	5,190	7,476	9,143	49,784
4	格纹裤	冰丝薄款格纹裤	6,464	7,692	9,047	5,709	7,072	6,579	7,453	50,016
5	格纹裤	纯棉九分裤	7,354	7,112	5,453	9,704	6,805	8,549	6,921	51,898
6	连体裤	牛仔背带裤	5,387	4,410	7,544	7,809	5,639	5,190	8,634	44,613
7	连体裤	高腰连体裤	8,461	9,262	8,422	9,195	6,258	6,905	5,034	53,537
8	牛仔裤	冰丝牛仔裤	8,045	6,640	6,886	6,821	5,894	7,180	6,387	47,853
9	牛仔裤	宽松直筒长裤	8,461	8,851	7,317	7,632	5,791	8,844	8,907	55,803
10	牛仔裤	直筒修身牛仔裤	6,318	6,098	4,605	5,184	7,191	5,886	4,793	40,075
11	牛仔裤	阔腿休闲牛仔裤	5,731	6,319	9,503	5,937	6,324	9,357	6,849	50,020
12	西装裤	冰丝薄裤	5,637	6,113	7,206	8,916	6,088	5,827	6,177	45,964
13	西装裤	休闲直筒裤	6,264	6,199	9,020	5,896	6,263	7,971	6,551	48,164
14	西装裤	商务修身裤	8,516	7,911	4,916	8,949	5,303	9,352	9,511	54,458
15	西装裤	弹力九分裤	5,396	8,464	9,046	7,870	4,920	5,170	8,303	49,169

图 9-29　按商品类目排序

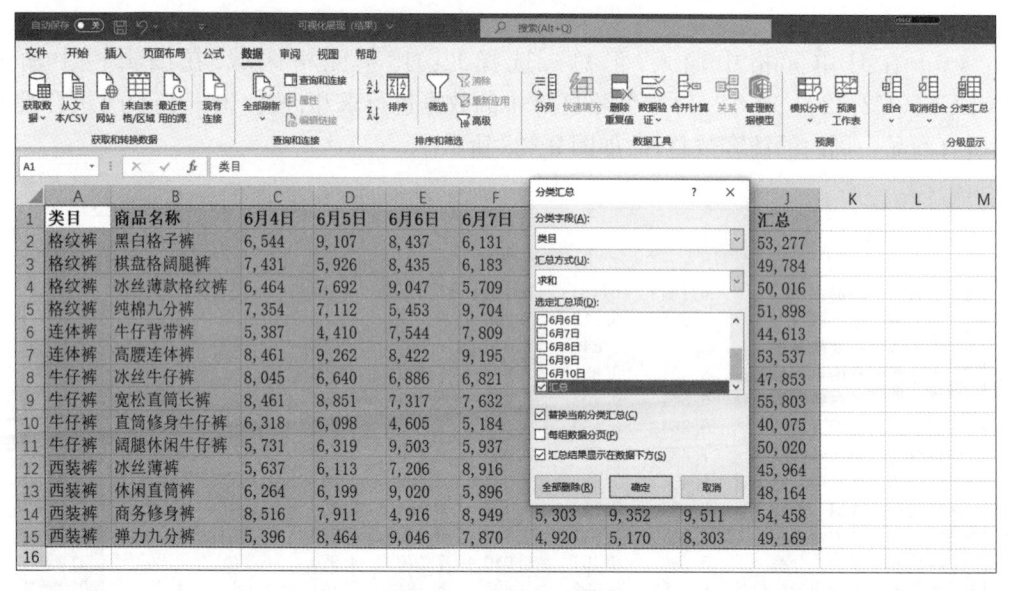

图 9-30　分类汇总数据

（9）按住【Ctrl】键，同时依次选择 A6、J6、A9、J9、A14、J14、A19 和 J19 单元格，按【Ctrl+C】组合键复制。然后选择 A22 单元格为目标单元格，按【Ctrl+V】组合键粘贴汇总的数据，如图 9-31 所示。

（10）在【插入】→【图表】组中单击"饼图"下拉按钮，在弹出的下拉列表中选择三维饼图对应的图表类型，将图表标题修改为"各类目商品访客数占比"，并为图表应用"样式 3"图表样式，适当调整图表的大小，如图 9-32 所示。

可见在一周内，格纹裤、西装裤和牛仔裤这 3 个类目的访客数占比基本上是相同的，连体裤类目的访客数占比相对较低。

	A	B	C	D	E	F	G	H	I	J	K
1	类目	商品名称	6月4日	6月5日	6月6日	6月7日	6月8日	6月9日	6月10日	汇总	
2	格纹裤	黑白格子裤	6,544	9,107	8,437	6,131	7,661	8,342	7,055	53,277	
3	格纹裤	棋盘格阔腿裤	7,431	5,926	8,435	6,183	5,190	7,476	9,143	49,784	
4	格纹裤	冰丝薄款格纹裤	6,464	7,692	9,047	5,709	7,072	6,579	7,453	50,016	
5	格纹裤	纯棉九分裤	7,354	7,112	5,453	9,704	6,805	8,549	6,921	51,898	
6	格纹裤 汇总									204,975	
7	连体裤	牛仔背带裤	5,387	4,410	7,544	7,809	5,639	5,190	8,634	44,613	
8	连体裤	高腰连体裤	8,461	9,262	8,422	9,195	6,258	6,905	5,034	53,537	
9	连体裤 汇总									98,150	
10	牛仔裤	冰丝牛仔裤	8,045	6,640	6,886	6,821	5,894	7,180	6,387	47,853	
11	牛仔裤	宽松直筒长裤	8,461	8,851	7,317	7,632	5,791	8,844	8,907	55,803	
12	牛仔裤	直筒修身牛仔裤	6,318	6,098	4,605	5,184	7,191	5,886	4,793	40,075	
13	牛仔裤	阔腿休闲牛仔裤	5,731	6,319	9,503	5,937	6,324	9,357	6,849	50,020	
14	牛仔裤 汇总									193,751	
15	西装裤	冰丝薄裤	5,637	6,113	7,206	8,916	6,088	5,827	6,177	45,964	
16	西装裤	休闲直筒裤	6,264	6,199	9,020	5,896	6,263	7,971	6,551	48,164	
17	西装裤	商务修身裤	8,516	7,911	4,916	8,949	5,303	9,352	9,511	54,458	
18	西装裤	弹力九分裤	5,396	8,464	9,046	7,870	4,920	5,170	8,303	49,169	
19	西装裤 汇总									197,755	
20	总计									694,631	
21											
22	格纹裤 汇总	204,975									
23	连体裤 汇总	98,150									
24	牛仔裤 汇总	193,751									
25	西装裤 汇总	197,755									
26											

图 9-31　复制粘贴数据

各类目商品访客数占比

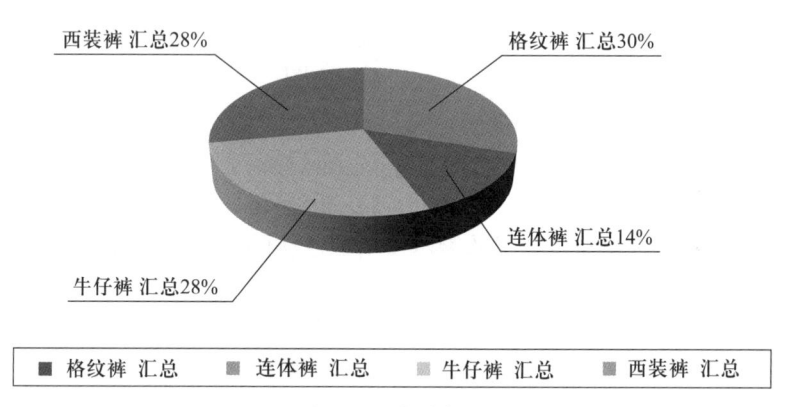

图 9-32　创建饼图

思考与练习

一、单项选择题

1. 下列选项中,表示总体按两个以上统计标志进行层叠分组的统计表是(　　)。
   A. 简单表　　　　　　　　　B. 三线表
   C. 分组表　　　　　　　　　D. 复合表
2. 如果柱形图的横坐标轴标签过长或过多影响了柱形图的可读性和美观性时,可以选择使用( )。

　　A. 条形图　　　　　　　　　B. 折线图
　　C. 饼图　　　　　　　　　　D. 面积图

3. 在数据透视表字段窗格中,( )的字段会建立为数据透视表的项目数据。

　　A. "筛选"区域　　　　　　　B. "行"区域
　　C. "列"区域　　　　　　　　D. "值"区域

4. 在数据透视表字段窗格中,"值"区域的字段会( )。

　　A. 建立为筛选条件
　　B. 建立为数据透视表的数据记录(首列数据)
　　C. 建立为数据透视表的项目数据
　　D. 建立为数据透视表的数据记录

5. 下列选项中,用于显示因变量和自变量之间存在的关系的图是( )。

　　A. 面积图　　　　　　　　　B. 股价图
　　C. 雷达图　　　　　　　　　D. 散点图

6. 下列选项中,最常见的图表是( )。

　　A. 柱形图　　　　　　　　　B. 条形图
　　C. 折线图　　　　　　　　　D. 饼图

7. 若想要直观地显示出统计对象的占比关系,可以使用( )。

　　A. 柱形图　　　　　　　　　B. 条形图
　　C. 折线图　　　　　　　　　D. 饼图

8. 下列( )属于趋势类图形?

　　A. 词云图　　　　　　　　　B. 雷达图
　　C. 饼状图　　　　　　　　　D. 折线图

9. ( )常用于企业经营状况的展示及指标性能的展示,是对企业经济效益综合分析的重要工具。

　　A. 词云图　　　　　　　　　B. 雷达图
　　C. 饼状图　　　　　　　　　D. 折线图

二、多项选择题

1. 在二维柱形图中,可以根据需要选择是否删除的部分有( )。

　　A. 图表标题　　　　　　　　B. 数据系列
　　C. 数据标签　　　　　　　　D. 网格线

2. Excel中预设了各种图表的类型包括( )。

　　A. 柱形图　　　　　　　　　B. 条形图
　　C. 折线图　　　　　　　　　D. 饼图

3. 下列选项中,属于设置图表布局的是( )。

　　A. 拖拽其四周的控制点可调整图标大小
　　B. 是否删除图表标题或修改图表标题内容

C. 是否删除或移动图例
D. 是否删除网格线

三、判断题

1. 统计表按照内容组织的形式不同,分为简单表、分组表和复合表。（ ）
2. 二维柱形图的图表标题不可删除。（ ）
3. 折线图可以直观地显示出统计对象的占比关系,同时结合数据标签能够了解具体对象的比例等数据。（ ）
4. 数据透视图兼具了数据透视表和图表的功能。（ ）
5. 雷达图可用于多指标的分布组合,显示现象的整体状况。（ ）
6. 美化图表应依次遵循数据表现美观、直观和准确的要求。（ ）
7. 设置图表外观并不是图表美化的内容,而是指图表的大小和位置。（ ）

四、简答题

帕累托法则指的是什么？

项目实训

数据可视化应用实例

数据可视化并不是简单地把数据变成图表,而是以数据为视角,看待世界。换句话说,数据可视化的客体是数据,但我们想要的其实是数据视觉,以数据为工具,以可视化为手段,目的是探索和描述真实的世界。数据可视化的本质就是视觉对话,数据可视化将数据分析技术与图形技术相结合,清晰有效地将分析结果进行解读和传达,企业利用数据可视化可以更好更高效地提取有价值的信息。

项目要求：采集近两年五家上市公司利润表的营业收入季度数据,通过柱形图对五家上市公司的营业收入情况进行对比分析;通过折线图对一家上市公司的营业收入的两年波动情况进行趋势分析;通过饼图对五家上市公司营业收入的比重情况进行占比分析,并进行总结。

项目十　数据分析报告编制

在实际工作中,有时为了将数据统计与分析的结果交付给相关人员,以供其了解分析结果,并制订出合理的方案和策略,往往会在完成数据分析工作后制作出数据分析报告。同时,读懂金融数据分析报告也是每个金融从业者的基本要求。本项目将简要介绍数据分析报告的基础知识和编制方法,读者可通过学习本项目掌握其编制要点和方法。

学习目标

知识目标
(1) 了解数据分析报告的作用。
(2) 了解数据分析报告的编制原则。
(3) 掌握数据分析报告的组成结构。
(4) 掌握数据分析报告的编制方法。

能力目标
(1) 能够看懂数据分析报告。
(2) 能够挑选适合的核心数据指标并结合历史数据编制数据分析报告。

素养目标
(1) 提升金融素养,扩大金融经济的认识广度,提升未来进入金融行业工作的职业素养。
(2) 切勿编造数据,强调数据的真实性、可靠性,提高诚信意识。
(3) 学会用科学的方式分析问题、解决问题,养成尊重数据、务实严谨的科学态度。

任务一　认识数据分析报告

要想编制出一份高质量,且能够真正起到作用的数据分析报告,首先应该对报告的作用、结构和编制原则等内容有所了解。

一、数据分析报告的作用

数据分析报告的作用主要体现在解决问题、优化业务、发现机会和创造价值4个方面。

(一)解决问题

通过数据分析的结果找到各种存在的问题,并加以解决。例如,企业利润逐年下降,经数据分析揭示出成本存在不合理增加,特别是人工成本大幅度增加的现象,这样就可以找到成本增加的根本原因,从而重新对人力资源管理进行调整,如制定新的薪酬管理制度来解决人工成本大幅增加的问题。

(二)优化业务

通过数据分析得出的结果和结论,找到改进和优化业务的方法。例如,通过对广告引流量的数据分析,可以更好地进行资源分配,提升用产留存率等。

(三)发现机会

利用数据分析的结果发现盲点,进而发现新的业务机会。

(四)创造价值

通过数据分析将数据价值直接转化为经济效益。例如,某些大型互联网企业就利用其拥有广泛用户数据的基础上,成立与信用业务相关的关联企业,然后利用这些信用关联企业衍生出相关业务,将企业业务扩展到租车、租房等新的领域,创造出更大的价值。

二、数据分析报告的编制原则

编制数据分析报告,不能盲目地追求视觉上的美观,而应该遵循以下三个原则。

(一)真实性

真实性是对数据分析报告的根本要求。反映在内容上,就是要求数据来源真实,提供的信息必须客观准确,与实际情况没有出入,绝不允许任意编造、弄虚作假;反映在结果上,则是要求采用的数据分析方法合理,计算过程正确,得到的分析结果准确无误。

(二)专业性

数据分析报告反映的是所分析对象的各种情况,传递的是分析的各种结果和信息,这要求数据分析报告应当具备较强的专业性。

（1）内容的专业性，数据分析报告所采取的数据计算、分析方法必须专业，建立的各种数学模型必须行之有效。

（2）语言表述的专业性，数据分析报告结合了许多统计学的原理和方法，可能使用较多的专业术语和数据指标，这些内容如果需要使用，则必须遵从行业要求的描述，并做到前后统一，以体现报告的专业性。

（3）人员的专业性，分析数据和编制报告的人员应该具备相关的专业知识，能够充分运用所学的专业技术来完成数据的采集、整理、计算、分析，以及报告的编制等工作，才能进一步保证内容的专业性和语言表述的专业性。

（三）实用性

数据分析报告的作用是为决策者提供数据支持，因此必须保证报告内容的实用性。如果报告内容过于专业化，选用超过实际需要和读者阅读能力的理论描述、数学模型和计算公式，报告的使用者则很难甚至无法阅读。因此编制数据分析报告时，应将重点放在结果方面，提供能够支撑结果的内容，并将分析过程和结果描述得通俗易懂，才能更好地发挥报告的作用。

三、数据分析报告的结构

数据分析报告的结构并非固定不变的，其内容应根据实际需求来确定。一般而言，其组成结构可以包括目录、前言、正文、附录等部分，正文则是其中最主要的组成对象，它一般包括概述、数据采集、数据分析和结论4个部分。

（一）概述

概述是数据分析报告中首先需要说明的内容，它需要说明本次数据分析的背景、原因、目的等内容，如企业经营的现状、市场的大体环境、企业面临的问题、领导层的要求等，并说明数据分析过程中用到的主要指标、分析方法、数学模型等，让报告使用者对本次数据分析有全面的认识。

（二）数据采集

数据采集主要需要说明数据采集的渠道、程序、方法和内容，这一部分能够证明数据采集的真实性和准确性，可以从侧面说明此数据分析报告的真实性和专业性。大部分企业内使用的数据分析报告并不会说明数据采集的情况，或仅仅用较为简短的内容进行介绍，如"以上数据来源于人力资源部"。

（三）数据分析

数据分析这部分内容是数据分析报告的核心，需要将整个分析过程充分展示出来，让使用者可以直观地了解本次数据分析的方法和过程。部分报告可能会涉及分析方法、指标和数学模型的介绍与说明，但绝大多数的数据分析报告更加注重数据结果，因此理论知识应尽量简化或描述得清晰易懂。

（四）结论

结论主要是对分析内容的总结,同时可以根据分析结果提出合理的意见和建议,供决策层参考。

四、金融数据分析报告的简述

作为金融数据分析报告的撰写可以从宏观、行业、上市公司三个方面来进行,通过对核心数据指标的分析形成各类数据分析报告。

宏观经济分析报告是从一国经济的总量变化出发,研究经济现状以及宏观政策对经济发展的影响。进行宏观经济分析报告,可从 GDP 增长、消费、投资、出口、货币政策五个方面出发,通过关键指标的当季（月）数值和同比、环节变化率,结合长期历史数据,综合分析才能得出可信的、有实际指导意义的结论。

行业分析报告具有很强的时效性,一般是通过国家政府机构及专业市调组织的最新统计数据及调研数据,经过行业资深人士的分析和研究得出的报告。其基本框架分为三部分。

第一部分:介绍行业背景。

第二部分:介绍行业相关的政策要素。

第三部分:行业数据分析,包括行业发展指数、行业总产值、集中度、利润率等,以及所分析的行业特有的指标,如银行业重点分析不良贷款率、资本充足率等。并通过观测历史数据,进行同比、环比的方式分析发展趋势。

第四部分:对所分析的行业现状和未来发展趋势进行总结。

一份标准的行业分析报告主要包括以上四个部分,但不同的报告侧重点不同,结构也并不完全相同,具体还需要根据工作中的实际需要做出调整。

上市公司数据分析报告是企业依据资产负债表、利润表、现金流量表、会计报表附表等所提供的丰富、重要的信息及其内在联系,运用一定的科学分析方法,对企业的经营特征、利润实现及其分配情况等做出客观、全面、系统的分析和评价,并进行必要的科学预测而形成的书面报告。它具有内容丰富、涉及面广,对报告使用者作出各项决策有深远影响的特点。

任务二　解析数据分析报告

概念板块股票分析报告通过基本面,技术面和消息面的多维分析,包括概念板块走势、价格预测、市场情况、机构观点、多因子模型等方面、风险提示等进行分析,最后给出相关建议。以下为机器视觉概念板块股票分析报告,通过基本面、技术面和消息面的多维分析,包括概念板块走势、市场情绪、机构观点、选股策略、多因子模型等方面、风险提示等进行分析,最后作出相关预测。

机器视觉是人工智能正在快速发展的一个分支。简单说来,机器视觉就是用机器代替人眼来作测量和判断。机器视觉系统是通过机器视觉产品（即图像摄取装置，分 CMOS 和 CCD 两种）将被摄取目标转换成图像信号，传送给专用的图像处理系统，得到被摄目标的形态信息，根据像素分布和亮度、颜色等信息，转变成数字化信号；图像系统对这些信号进行各种运算来抽取目标的特征，进而根据判别的结果来控制现场。

一、概念指数行情

（一）概念指数

概念指数的基本行情如表 10-1 所示。

表 10-1　概念指数基本行情表

指数	今开	昨收	成交量	换手率	最高价	最低价
894.59	892.8	895.08	194.02 万手	1.91%	897.01	887.31
−0.49 −0.05%	内盘	外盘	成交额	流通市值	流通股本	量比
	100.08 万手	93.94 万手	25.49 亿	945.03 亿	101.56 亿	1.07

（二）主力资金流向

日资金流入流出概况如图 10-1 所示。

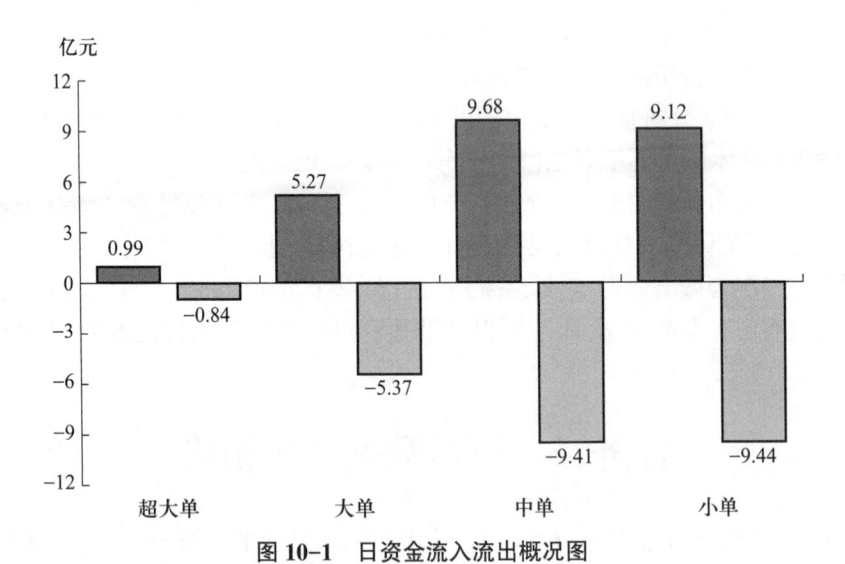

图 10-1　日资金流入流出概况图

（三）概念走势和沪深 300 对比

【AI 解读】2022 年 3 月，机器视觉概念指数正在走强。机器视觉概念指数相对沪深 300 的价差有增加的迹象，表明概念指数相对沪深 300 较为强势。如图 10-2 所示。

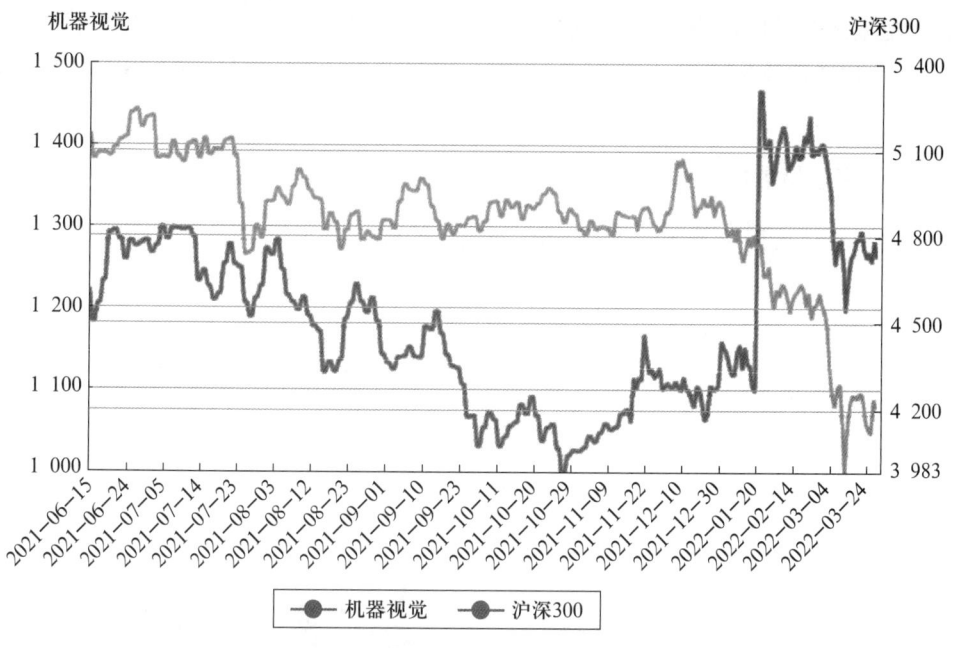

图 10-2　机器视觉价格 vs 沪深 300 价格

（四）重要指标追踪

如图 10-3 所示，短线指标体系由 5 个动量指标构成，动量指标中呈涨势的指标数量越多，代表行情越强势，动量指标中呈空头的指标数量越多，则代表行情越弱势。根据日线级别短线系列指标提示，机器视觉的概念板块的动量指标中有 3 个为空头信号，因此得

短线指标多空维度分布图

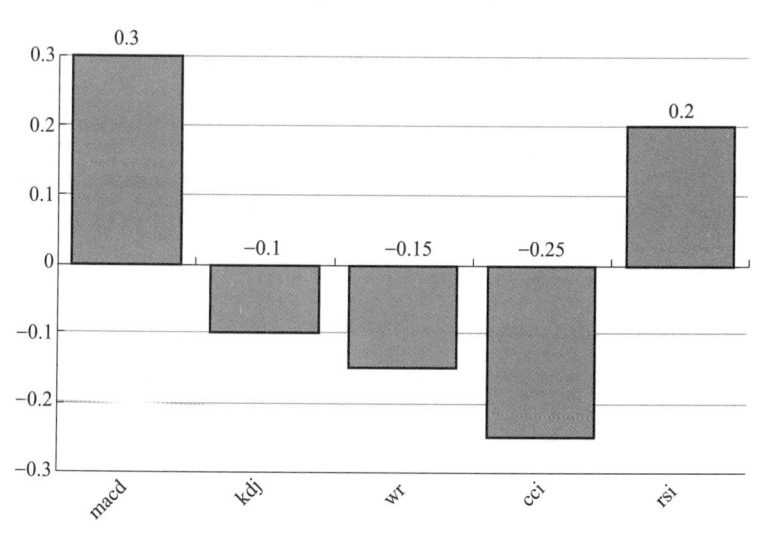

图 10-3　短线指标多空维度分布

出机器视觉概念板块走势处于空头趋势,操作上可以结合个股基本面动态,在顺应趋势的前提下,待行情形成反转后,再选择合适的交易机会择时建仓,做好风控和动态调仓,理性决策,科学投资。

(五)概念指数预测

机器视觉板块历史及预测指南,如图 10-4 所示。

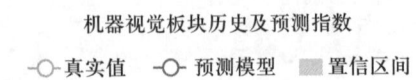

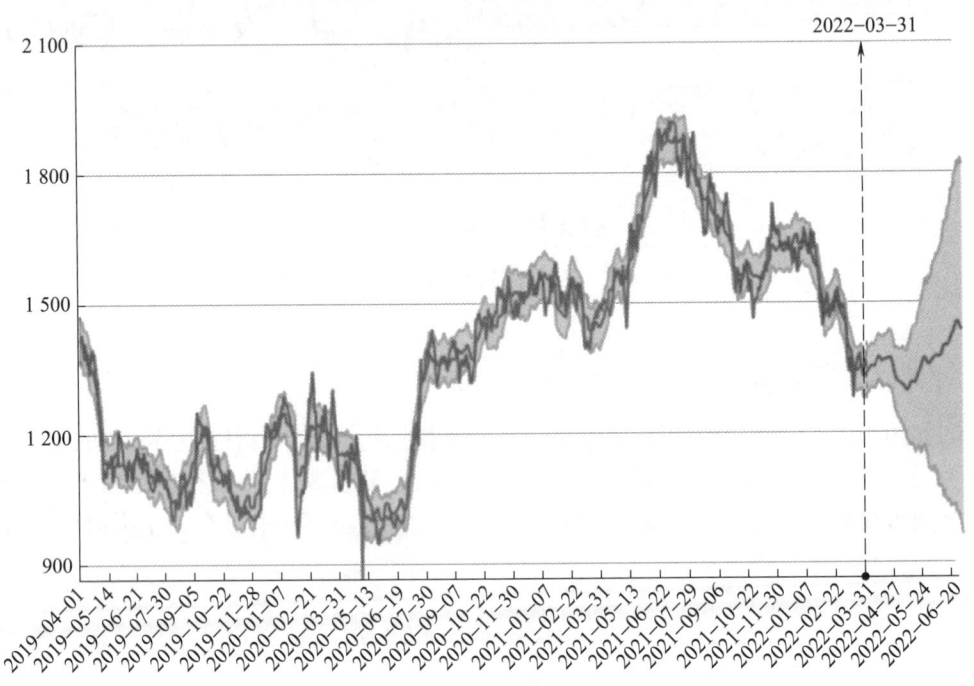

图 10-4　机器视觉板块历史及预测指数

如图 10-4 所示,该部分将根据历史指数点位与智能预测模型的分析结果,对机器视觉板块在未来 90 天的指数加以预测。由结果可知,机器视觉指数的目标点数为 965.49~1 815.60。未来 30 天目标点数为 1 320.28,未来 90 天目标点数为 1 437.59,数据仅供参考。

(六)概念龙头

如图 10-5 所示,从市值排行来看,埃斯顿、奥普特、虹软科技位列前三。从 ROE 排行来看,奥普特位列第一,科瑞技术、海得控制、矩子科技三者的差距较小。

市值排行(2022-03-31)
单位：亿元

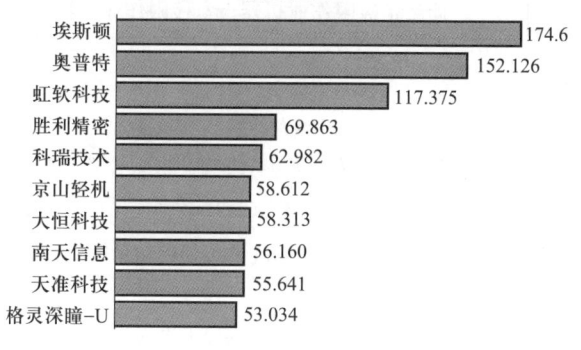

公司	市值
埃斯顿	174.6
奥普特	152.126
虹软科技	117.375
胜利精密	69.863
科瑞技术	62.982
京山轻机	58.612
大恒科技	58.313
南天信息	56.160
天准科技	55.641
格灵深瞳-U	53.034

ROE排行(2022-03-31)
单位：%

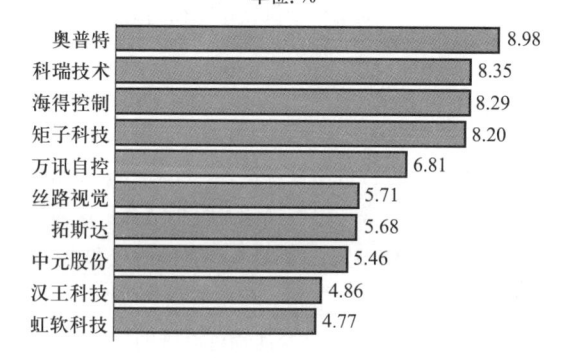

公司	ROE
奥普特	8.98
科瑞技术	8.35
海得控制	8.29
矩子科技	8.20
万讯自控	6.81
丝路视觉	5.71
拓斯达	5.68
中元股份	5.46
汉王科技	4.86
虹软科技	4.77

图 10-5　市值排行与 ROE 排行对比图

注：仅显示当天非停盘的股票数据

二、概念板块动态

（一）政策动向

2022 年 1 月 12 日，国务院关于印发"十四五"数字经济发展规划的通知。

（二）概念资讯

机器视觉概念咨讯如表 10-2 所示。

表 10-2　概念资讯表

2022.03.30	机器人自动上下料视觉定位流程讲解

文章摘要：

（3）机器人抓取电池，在载盘的示教点放料。盈泰德科技（深圳）有限公司有着多年的机器视觉行业经验，在机器视觉的应用领域上有着不少成功的案例和解决方案。盈泰德科技一直以来致力于机器视觉产品的生产、开发、应用以及销售，为客户提供整体机器视觉解决方案及服务，把机器视觉技术应用到智能生产中。

续表

| 2022.03.30 | 什么是极限作业机器人？极限作业机器人的结构和功能介绍 |

文章摘要：

极限作业机器人的结构和功能

由于极限机器人的工作环境不适合人为示范操作，因此极限作业机器人属于第二代机器人，典型的的具有以下组成部分：传感器系统，可以为操作者提供各种操作信息；遥控系统，使操作者远程控制机器人；移动机构，方便机器人进入操作区；故障自诊断和自救系统，自动检查和排除故障；末端操作器。

3. 移动机构：主要有履带车辆等方式，使机器人在遥控下进入作业区，并能在一定的范围中活动。

| 2022.03.30 | 灿锐科普机器视觉在制造业中的5个常见应用 |

文章摘要：

制造业中的人工智能提高了其所有运营的安全性和效率。制造中使用的流行工具之一是机器视觉。它用于对每天生产数千件的物体进行自动目视检查。随着人工智能的进步，算法开发过程变得更加优越。基于深度学习的检测模型通常与机器视觉系统相结合。这样的系统更容易训练和实施。工业机器视觉系统也更加可靠、稳健和稳定。它们具有很高的机械和温度稳定性，成本低但精度高。机器视觉在制造业中有许多不同的应用。以下是一些机器视觉应用——打印字符识别是使用OCR（光学字符识别）执行的机器视觉用例之一。机器视觉可以借助打印字符读取帮助跟踪制造供应链中的各种对象。它可以验证任何对象的名称标签和其他详细信息，并在对象经历其生命周期的各个阶段时更新对象的状态。它在物流中很有用，因为物品很容易被放错地方。机器视觉可以定位一个对象，并说明其相对于正在寻找它的操作员的坐标或位置。在任何时间点定位对象的能力有助于物流和供应链管理。如果物品放错了位置，通过机器视觉进行的物体检测可以轻松快速地找到物体的位置。在制造中，定位对象是必不可少的，因为各个部分从一个部分流入和流出另一个部分。机器视觉可以通过各种方式识别和跟踪所有此类对象。

| 2022.03.29 | 深度学习如何增强制造业中的机器视觉 |

文章摘要：

机器视觉软件能可靠地检查一致、制作精良的组件，因为它采用基于规则的算法和基于其特征的逐步过滤。由于组件在空间中的位置和方向的缩放、旋转和扭曲，它可以容忍组件外观的一些变化。但是图像质量问题和复杂的表面纹理给检测过程带来了严峻的挑战，机器视觉系统通常难以区分彼此非常相似的零件之间的可变性和偏差。虽然"功能性"偏差通常会被机器视觉系统捕获并拒绝，但外观偏差可能不会，因为这些系统可能无法区分它们。为了帮助机器执行特定任务，深度学习程序利用多层软件神经网络来学习执行任务所需的要求。人类训练深度学习程序来获取信息的方式与儿童学习的方式大致相同。随着时间的推移，程序通过标记产品示例查看数千张指定为此类的图像后，学会区分"好"和"坏"模式。

续 表

| 2022.03.29 | 2022海康机器人机器视觉新技术及新品发布会：开放创新，共建生态 |

文章摘要：

为了推动机器视觉引导应用的普及，让更多开发者能够比较方便的完成开发工作，海康机器人还推出了 RobotPilot 机器人视觉引导控制平台，打造面向机器人视觉引导应用的开放生态，推进视觉引导机器人应用的普及。

MV-DB1300A RGBD 立体相机，专为仓储物流场景中的拆垛和码垛应用量身打造，利用深度学习算法精准定位栈板和分割箱体，算法适应能力好，集成智能轨迹规划算法，准确计算抓取点位、放置点位和机器人的运动轨迹，引导机器人高效率完成抓取和码放动作。另外，即将在今年年中推出 MV-DLS800P RGBD 立体相机，服务 3D 视觉引导机器人无序抓取方案，能够广泛应用于汽车配件、机械加工、金属制造等行业。

（三）机构观点

1. 核心观点

1. 短期盈利承压
2. 公司利润增速承压
3. 公司收入实现快速增长的主要原因
4. 公司积极拓展新市场
5. 公司营业收入稳步增长主要系新能源行业景气度高
6. 具备持续扩张的条件
7. 尽管公司短期业绩有所波动

2. 风险提示

1. 下游新品推出不及预期
2. 中美贸易摩擦超预期
3. 公司相关产品订单不及预期
4. 新能源业务进展不及预期的风险
5. 法律声明及竞争加剧导致毛利率下降的风险
6. 行业竞争加剧

三、概念成分股 AI 分析

（一）绩优股 TOP 5

本部分通过 AI 对机器视觉的成分股票进行多维度分析，其中 AI 诊股综合得分最高的 5 家公司为：埃斯顿（002747.SZ）、奥普特（688686.SH）、万讯自控（300112.SZ）、科瑞技术（002957.SZ）、京山轻机（000821.SZ），如图 10-6 所示。

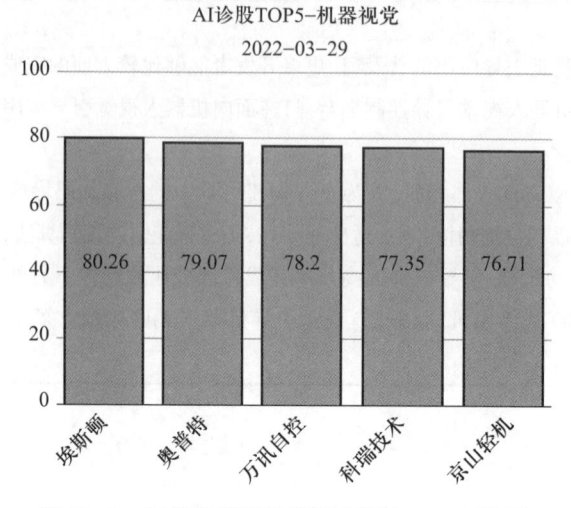

AI诊股TOP5-机器视觉
2022-03-29

埃斯顿	奥普特	万讯自控	科瑞技术	京山轻机
80.26	79.07	78.2	77.35	76.71

图 10-6　AI 诊股机器视觉概念板块 top5 对比图

1. AI 多维度评分

AI 多维度评分如表 10-3 所示。

表 10-3　AI 诊股多维度评分表

选股评分 75.56		择时评分 84.96		AI 诊股 — 埃斯顿
风控	94.39	91.09	公司规模	综合诊断：80.26 分
历史分红	71.81	71.41	股价预测	打败了 93.65% 的股票
机构评级	91.23	86.18	动量招标	价格预测（未来 30 天）：
估值指标	66.06	98	短线指标	目标价：13.74，最高值：16.47，
财务能力	70.6	82.24	资金·	最低值：10.99。

选股评分 80.45		择时评分 77.68		AI 诊股 — 奥普特
风控	95	82.58	公司规模	综合诊断：79.07 分
历史分红	83.5	95.81	股价预测	打败了 91.26% 的股票
机构评级	90.91	69.27	动量招标	价格预测（未来 30 天）：
估值指标	67.78	68	短线指标	目标价：364.96，最高值：389.43，
财务能力	79.68	69.64	资金·	最低值：340.81。

续 表

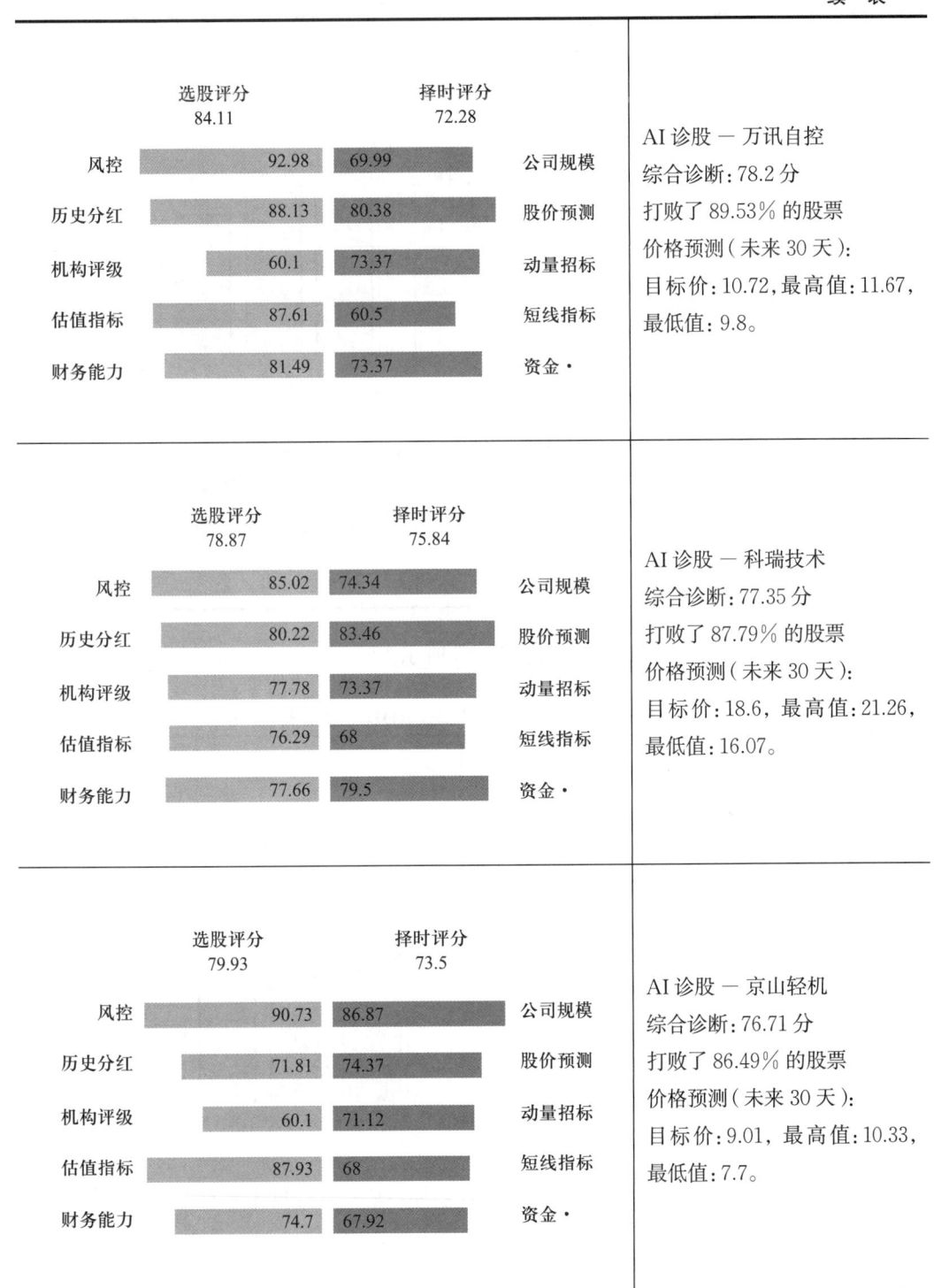

选股评分 84.11 / 择时评分 72.28 风控 92.98 / 69.99 公司规模 历史分红 88.13 / 80.38 股价预测 机构评级 60.1 / 73.37 动量招标 估值指标 87.61 / 60.5 短线指标 财务能力 81.49 / 73.37 资金·	AI 诊股 — 万讯自控 综合诊断：78.2 分 打败了 89.53% 的股票 价格预测（未来 30 天）： 目标价：10.72，最高值：11.67， 最低值：9.8。
选股评分 78.87 / 择时评分 75.84 风控 85.02 / 74.34 公司规模 历史分红 80.22 / 83.46 股价预测 机构评级 77.78 / 73.37 动量招标 估值指标 76.29 / 68 短线指标 财务能力 77.66 / 79.5 资金·	AI 诊股 — 科瑞技术 综合诊断：77.35 分 打败了 87.79% 的股票 价格预测（未来 30 天）： 目标价：18.6，最高值：21.26， 最低值：16.07。
选股评分 79.93 / 择时评分 73.5 风控 90.73 / 86.87 公司规模 历史分红 71.81 / 74.37 股价预测 机构评级 60.1 / 71.12 动量招标 估值指标 87.93 / 68 短线指标 财务能力 74.7 / 67.92 资金·	AI 诊股 — 京山轻机 综合诊断：76.71 分 打败了 86.49% 的股票 价格预测（未来 30 天）： 目标价：9.01，最高值：10.33， 最低值：7.7。

2. 核心指数波动研究

（1）个股净资产收益率（ROE），如表 10-4 所示。

表 10-4　个股净资产收益率（ROE）分析表

ROE 走势图	ROE(2021-09-30)
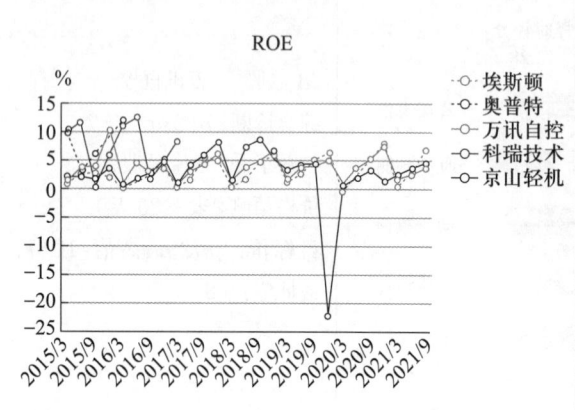 排序（强—弱）：奥普特，科瑞技术，埃斯顿，万讯自控，京山轻机。 数据来源：历史财报	奥普特 8.977，科瑞技术 8.346，万讯自控 6.815，京山轻机 4.565，埃斯顿 3.769 排序（强—弱）：奥普特，科瑞技术，万讯自控，京山轻机，埃斯顿。 数据来源：2021 第三季度财报

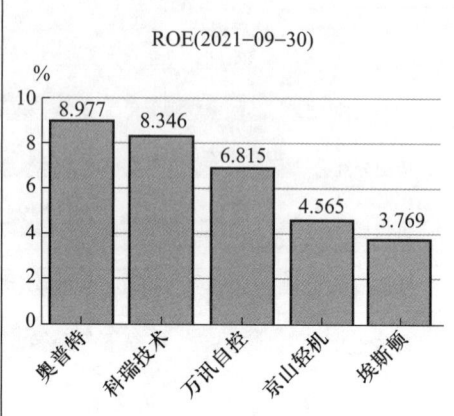

（2）投入资本回报率（ROIC），如表 10-5 所示。

表 10-5　投入资本回报率（ROIC）分析表

ROIC 走势图	ROIC(2021-09-30)
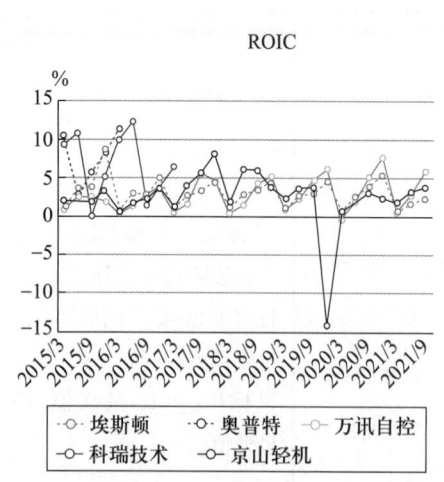 排序（强—弱）：奥普特，科瑞技术，埃斯顿，万讯自控，京山轻机。 数据来源：历史财报	奥普特 8.243，科瑞技术 6.464，万讯自控 5.836，京山轻机 3.765，埃斯顿 2.273 排序（强—弱）：奥普特，科瑞技术，万讯自控，京山轻机，埃斯顿。 数据来源：2021 第三季度财报

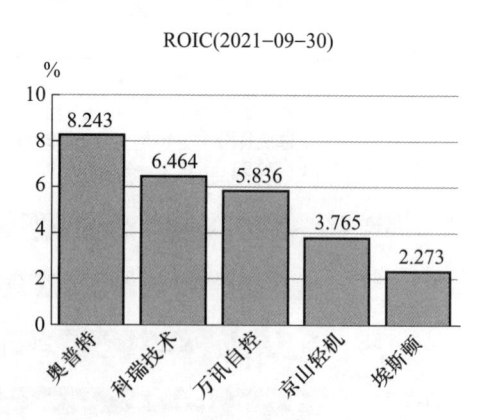

（3）盈利质量分析，如表 10-6 所示。

表 10-6　盈利质量分析分析表

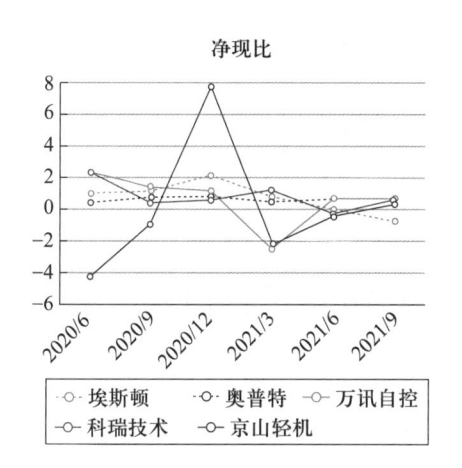

净现比

排序（强 — 弱）：科瑞技术，埃斯顿，万讯自控，奥普特，京山轻机。
数据来源：历史财报

净现比(2021-09-30)

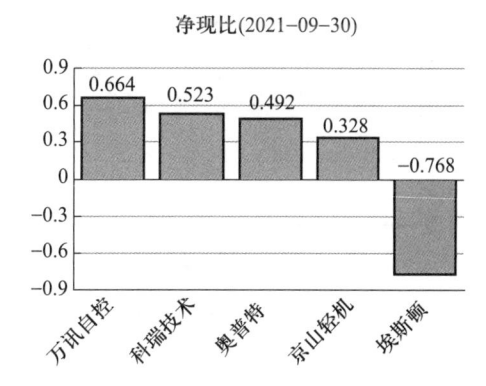

万讯自控 0.664，科瑞技术 0.523，奥普特 0.492，京山轻机 0.328，埃斯顿 −0.768

排序（强 — 弱）：万讯自控，科瑞技术，奥普特，京山轻机，埃斯顿。
数据来源：2021 第三季度财报

（4）营业收入，如表 10-7 所示。

表 10-7　营业收入分析表

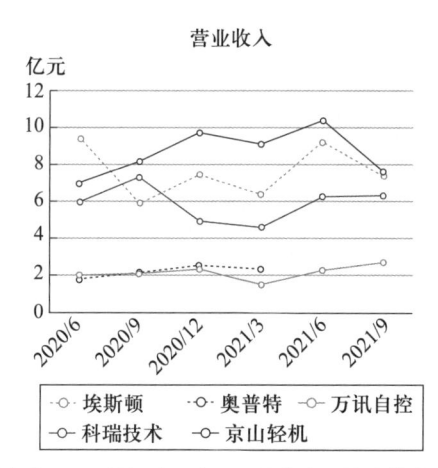

营业收入

排序（强 — 弱）：京山轻机，埃斯顿，科瑞技术，奥普特，万讯自控。
数据来源：历史财报

营业收入(2021-09-30)

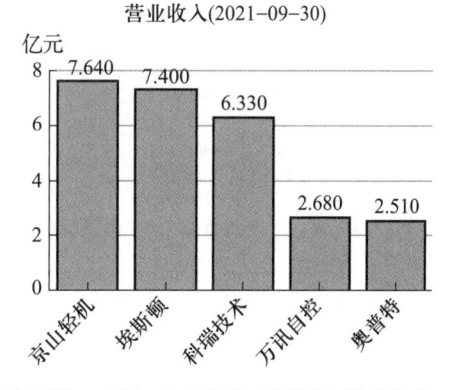

京山轻机 7.640，埃斯顿 7.400，科瑞技术 6.330，万讯自控 2.680，奥普特 2.510

排序（强 — 弱）：京山轻机，埃斯顿，科瑞技术，万讯自控，奥普特。
数据来源：2021 第三季度财报

(5）营运能力指标，如表10-8所示。

表10-8　营运能力指标分析表

应收账款周转率（历史走势图）	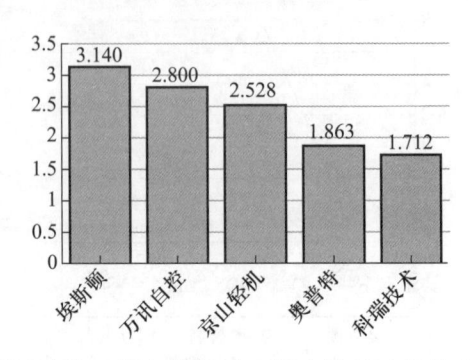 应收账款周转率(2021-09-30)
排序（强—弱）：埃斯顿，万讯自控，京山轻机，奥普特，科瑞技术。	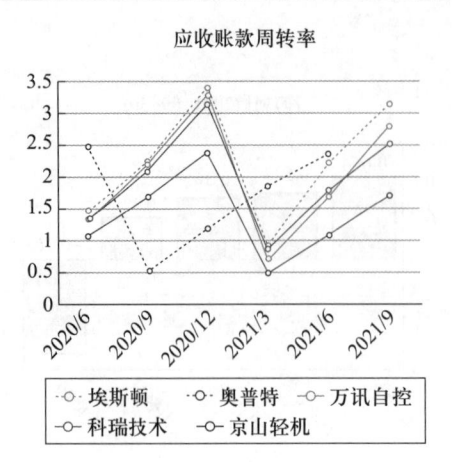 排序（强—弱）：埃斯顿，万讯自控，京山轻机，奥普特，科瑞技术。
数据来源：历史财报	数据来源：2021第三季度财报

柱状图数据：埃斯顿 3.140，万讯自控 2.800，京山轻机 2.528，奥普特 1.863，科瑞技术 1.712

（6）偿债能力，如表10-9所示。

表10-9　偿债能力分析表

偿债能力-流动比率（历史走势图）	偿债能力-流动比率(2021-09-30)
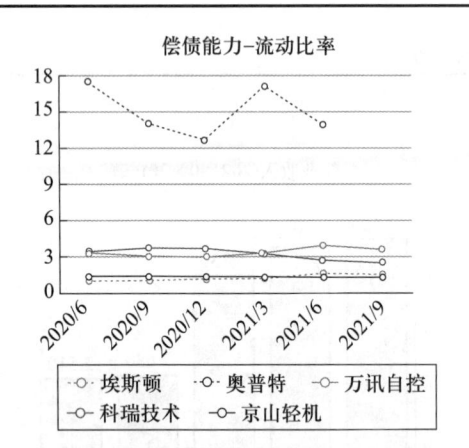 排序（强—弱）：奥普特，万讯自控，科瑞技术，京山轻机，埃斯顿。	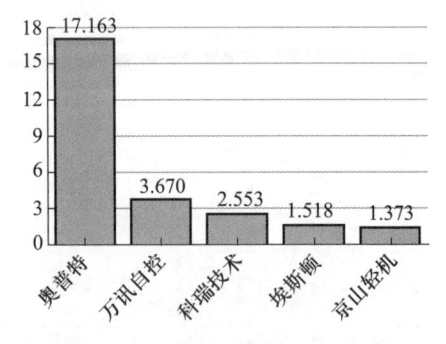 排序（强—弱）：奥普特，万讯自控，科瑞技术，埃斯顿，京山轻机。
数据来源：历史财报	数据来源：2021第三季度财报

柱状图数据：奥普特 17.163，万讯自控 3.670，科瑞技术 2.553，埃斯顿 1.518，京山轻机 1.373

3. 机构评级统计

如图10-7所示，埃斯顿近12个月，15家研究机构出具的16份研报将其列为"买入"等级，13份研报将其列为"增持"等级。

机构评级对比

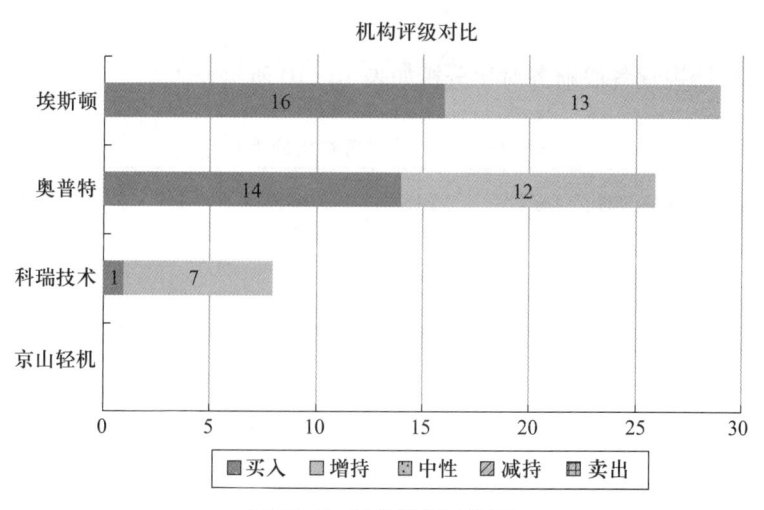

图 10-7　机构评级对比图

奥普特近12个月，10家研究机构出具的14份研报将其列为"买入"等级，12份研报将其列为"增持"等级。

科瑞技术近12个月，3家研究机构出具的1份研报将其列为"买入"等级，7份研报将其列为"增持"等级。

京山轻机近12个月，没有机构对该股票进行评级。

（二）成长股 TOP 5

本部分通过多模型股价预测，对价值低估且具备成长潜力的概念股票进行推荐。根据AI评测，机器视觉概念目前成长潜力居前的股票为：万讯自控（300112）、京山轻机（000821）、南天信息（000948）、大恒科技（600288）、中元股份（300018）。如图10-8所示。

AI诊股TOP5-机器视觉
2022-03-29

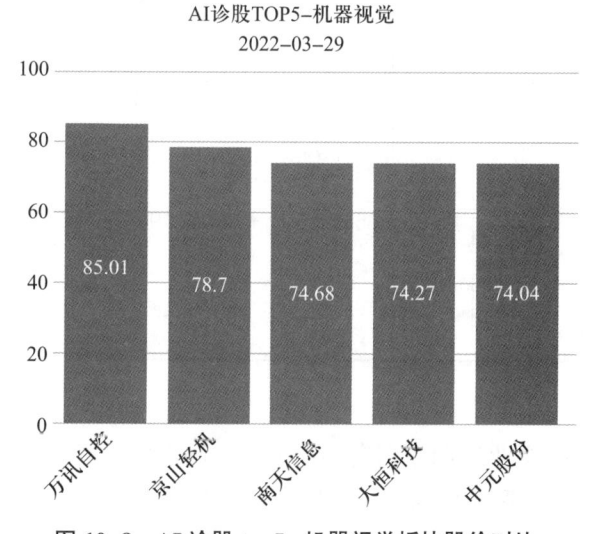

图 10-8　AI 诊股 top5- 机器视觉板块股价对比

1. 估值

TOP5－机器视觉各股财务对比分析如表10-10所示。

表10-10 各股财务对比分析表

名称	市值(亿)	PE	PEG	PB	PCF	PS	AI估值建议
京山轻机	5 558 337 362	54.865 7	0.49	54.865 7	15.583 8	1.597 4	当前估值指标中只有PCF、PS低于行业中位数,股价有一定的概率被相对高估,保持谨慎。
南天信息	4 763 361 666	42.460 3	0.395	42.460 3	−19.988 53	1.088	当前估值指标中PE、PB、PCF均高于行业中位数,当前股价被相对高估,其中PCF<0,表明其净现金流为负,保持谨慎。
中元股份	2 734 368 226	33.300 6	0.224	33.300 6	85.973 1	7.463 2	当前估值指标中PB、PCF、PS均高于行业中位数,当前股价被相对高估,警惕风险。
万讯自控	2 104 192 714	28.419 7	0.801	28.419 7	33.448 5	2.836 8	当前估值指标中PE、PCF、PS均低于行业中位数,股价有一定的概率被相对低估,适当关注。
大恒科技	5 831 280 000	65.158 7	0.431	65.158 7	−126.421 9	2.322	当前估值指标中PE、PB、PCF均高于行业中位数,当前股价被相对高估,其中PCF<0,表明其净现金流为负,保持谨慎。

2. 增长

净利润增长率是指企业当期净利润相比上期净利润的增长幅度,指标值越大代表企业盈利增长能力越强。本期净利润增长率排序(由高到低):南天信息、大恒科技、中元股份、万讯自控、京山轻机,如图10-9所示。

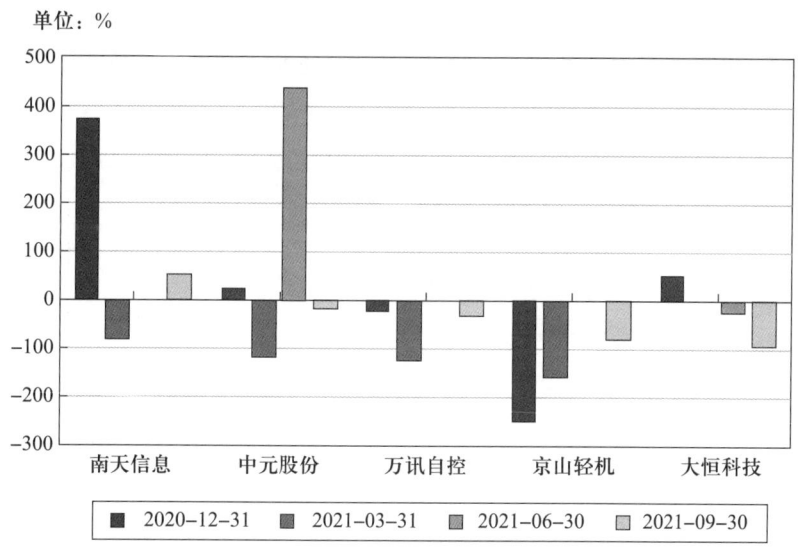

图 10-9 净利润增长率

3. 业绩预测

2018—2023 年五家机构净利润业绩预测如图 10-10 所示。京山轻机净利润变化剧烈,预计 2023 年京山轻机的净利润为 3.66 亿元,年增长率 22.14%。

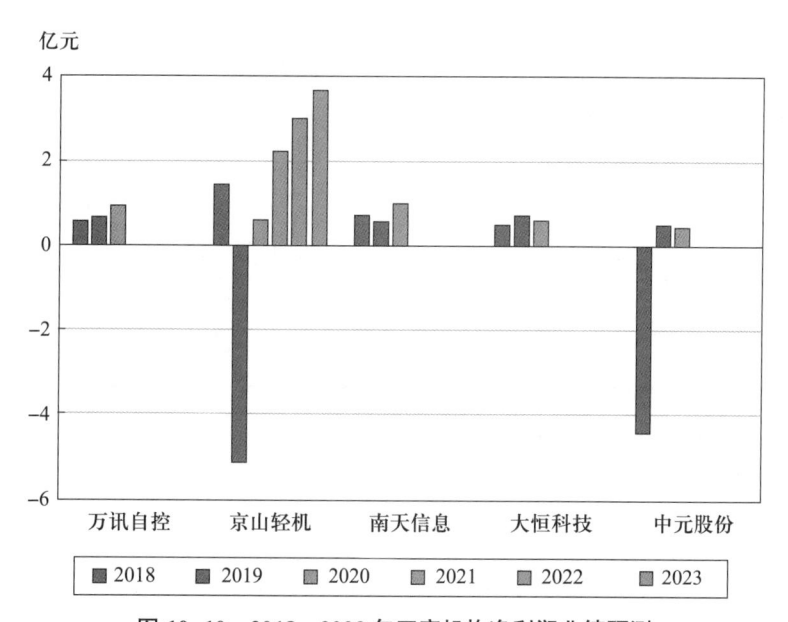

图 10-10 2018—2023 年五家机构净利润业绩预测

每股收益是投资者判断股票投资的重要数据。如图 10-11 所示,预计 2023 年京山轻机每股收益为 0.64 元,年增长率 20.75%。而对于其他公司没有机构对其进行预测。

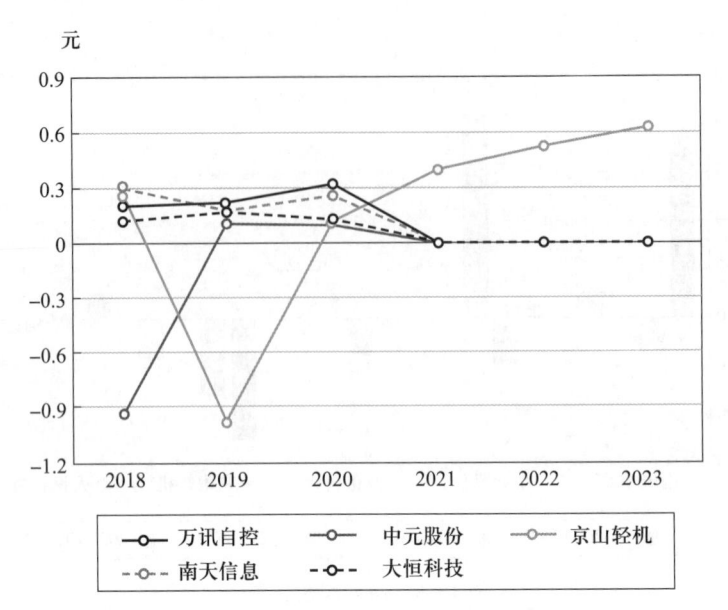

图 10-11　2018—2023 年五家机构每股收益业绩预测

4. 股价预测

五家公司的股份预测如表 10-11 所示。

表 10-11　股 价 预 测

股票简称（代码）	最高值	最低值	目标值	模型置信度
万讯自控（300112）	11.44	9.62	10.57	76.99％
京山轻机（000821）	9.95	7.35	8.67	76.99％
南天信息（000948）	20.0	17.67	18.77	76.99％
大恒科技（600288）	17.0	15.31	16.14	76.99％
中元股份（300018）	8.99	7.6	8.29	76.99％

最后 AI 对股价进行了预测，置信度为 76.99％ 时，如表 10-11 所示，各股票的目标值为最理想的投资价格。

课堂实训——行业分析报告

行业分析报告具有很强的时效性，一般是通过国家政府机构及专业市场调研组织的最新统计数据及调研数据，经过行业资深人士的分析和研究得出的报告。行业分析报告一般分为四个部分：行业背景、行业相关政策、行业数据分析、行业总结。但不同的报告侧重点不同，结构也会有所变化，具体要根据实际的工作要求做出调整。

一、实训目标

金融行业主要包括证券业、银行业和保险业。随着我国保险业务的不断发展,相关的一些经济政策和经济环境也发生了很大的变化,因此,对保险行业产生了重大的影响。查询相关公开数据,从上述四个方面:保险行业背景、保险行业相关政策要素、保险行业相关数据分析和对保险行业现状和未来发展趋势进行总结,编写简易数据分析报告。

二、操作方法

本实训以 2022 年保险行业分析报告为例,仅给出保险行业分析报告的要点,具体内容和细节的分析需读者自行查找数据添加完成。

2022 年保险行业分析报告

一、行业背景

2022 年以来,国内经济增速进一步放缓,受到市场营销拓展难度加大、居民消费意愿减弱、资本市场波动较大等因素的影响,前三季度保险行业发展仍面临一定压力。我国仍以人身险业务原保险保费收入为主,但线下营销受阻、居民消费意愿减弱等因素影响了保费收入。随着居民储蓄意愿的提升,寿险业务保费收入占人身险公司原保险保费收入的比重有所回升。在国内新车销量快速增长的带动下,财产险保费收入增速较快;短期健康险、农业保险等非车险险种保费收入快速增长,对财产险公司保费收入规模的贡献度持续提升。受保险产品转型的持续推进及 2022 年以来资本市场波动较大、投资收益整体表现欠佳等因素的影响,居民投资意愿有所降低,万能险及投连险业务规模有所收缩。

……

二、行业相关政策

2022 年 1 月 14 日,《银行保险机构关联交易管理办法》发布,要求统筹规范监管;明确总体原则;坚持问题导向;明确管理责任;丰富监管措施,对保险行业来说有利于统筹规范保险业关联交易监管,提升关联交易管理水平,规范银行保险机构关联交易行为,防范利益输送风险。

2022 年 1 月 26 日,《中国银保监会办公厅关于银行业保险业数字化转型的指导意见》提出保险行业数字化转型方向、保险机构数据能力提升要求、科技能力建设要求以及数字化转型过程中的风险要求等。对于保险行业而言有利于加快数字经济建设,全面推进保险业数字化转型,推动金融高质量发展,更好地服务实体经济和满足人民群众的需要。

……

三、行业数据分析

(一)保费收入分析

保费收入是保险公司最主要的资金流入渠道,同时也是保险人履行保险责任最主要的资金来源。

利用折线图对近 5 年的保费收入变化进行分析。

（二）赔付金额分析

保险赔付是保险行业的主要成本，其增速下降就表示保险行业的成本增长得到有效控制。

利用折线图对近5年的赔付金额变化进行分析。

（三）保险密度和保险深度分析

保险密度 ＝ 某地区当年保险收入 ÷ 某地区当年常住人口总数

保险深度 ＝ 保费收入 ÷ 国内生产总值

在人口总数不变的情况下，当年保费收入越高，说明保险密度越高。保险深度取决于经济总体发展水平和保险业的发展速度，保险深度越高说明保险业发展的越成熟。

分别利用折线图对近5年的保险密度和保险深度变化进行分析。

……

四、行业总结

（一）短期影响

（二）长期影响

（三）未来展望

某企业提供不真实统计资料案

思考与练习

一、单项选择题

1. 一家企业主营产品为女装，但通过数据分析发现男装的部分产品销量呈急剧上升的势头，那么企业未来一段时间就可以重点开发男装业务。这体现了数据分析（　　）的作用。

　　A. 解决问题　　　　　　　　B. 优化业务
　　C. 发现机会　　　　　　　　D. 创造价值

2. 数据分析报告的根本要求是（　　）。

　　A. 时效性　　　　　　　　　B. 真实性
　　C. 专业性　　　　　　　　　D. 实用性

3. 数据分析报告正文的组成部分中，核心部分是（　　）。

　　A. 概述　　　　　　　　　　B. 数据采集
　　C. 数据分析　　　　　　　　D. 结论

4. 在数据分析报告的结构中，用于说明本次数据分析的背景、原因、目的等内容的是（　　）。

　　A. 概述　　　　　　　　　　B. 数据采集
　　C. 数据分析　　　　　　　　D. 结论

5. 某些大型互联网企业利用其拥有广泛用户数据的基础上，成立与征信业务相关的关联企业，然后利用这些征信关联企业衍生出相关业务，将企业业务扩展到租车、租房等新的领域，创造出更大的价值。这一过程体现了数据分析报告（　　）的作用。

A. 解决问题 B. 优化业务
C. 发现机会 D. 创造价值

6. 数据分析报告结合了许多统计学的原理和方法,可能使用较多的专业术语和数据指标,这些内容如果需要使用,则必须遵从行业要求的描述,并做到前后统一。这体现数据分析报告的(　　)。

A. 内容的专业性 B. 采集对象的专业性
C. 语言表述的专业性 D. 人员的专业性

二、多项选择题

1. 数据分析报告的作用主要体现在(　　)。
A. 解决问题 B. 优化业务
C. 发现机会 D. 创造价值

2. 数据分析报告的编制原则包括(　　)。
A. 时效性 B. 真实性
C. 专业性 D. 实用性

3. 数据分析报告正文的组成部分包括(　　)。
A. 概述 B. 数据采集
C. 数据分析 D. 结论

4. 编制数据分析报告的专业性包括(　　)。
A. 内容的专业性 B. 采集对象的专业性
C. 语言表述的专业性 D. 人员的专业性

三、判断题

1. 数据分析报告在注重专业性的同时,还应当具备实用性。　(　　)
2. 在数据分析报告中,数据采集是其核心内容。　(　　)
3. 数据分析报告的结构是固定不变的,由目录、前言、正文、附录等部分组成。(　　)
4. 进行数据分析和编制报告的人员无需具备相关的专业知识。　(　　)
5. 前言是数据分析报告最主要的组成对象。　(　　)
6. 数据采集主要需要说明数据采集的渠道、程序、方法和内容,这一部分能够证明数据采集的真实性和准确性,可以从侧面说明此数据分析报告的真实性和专业性。(　　)
7. 在数据分析报告中,概述是对分析内容的总结,同时可以根据分析结果提出合理的意见和建议,供决策层参考。　(　　)
8. 绝大多数的数据分析报告更加注重数据结果,因此理论知识应尽量简化或描述得清晰易懂。　(　　)
9. 数据分析是数据分析报告的核心内容。　(　　)

四、简答题

数据分析报告的组成结构包括哪些?

项目实训

分析商业银行主要监管指标

商业银行至今仍是各国金融体系中的主干部分,商业银行的经营又依赖外部资金来源,在遵守部分准备金制度下,通过"借短贷长"的期限变换,充当借者和贷者的中介。在人们这些借贷活动中,商业银行会面临信用风险、利率风险、外汇风险等各种风险,所以商业银行是一种具有内在不稳定性的高风险行业,稍有不慎,就会使得银行面临清偿力不足的危机,使存款人的利益受到影响。当银行资金周转出现困难时,整个金融体系就会出现不稳定状态,这将是十分危险的。而通过对银行业务管制,特别是通过对银行资产负债表的控制,可以使银行资产负债结构保持合理状态,从而能有效地避免因资金周转不灵而导致的金融危机。

项目要求:2021年商业银行主要监管指标情况表(季度)(表10-12),请对表中的数据进行分析和研究,主要从信用风险指标、资本充足指标两个维度,撰写数据分析报告。

表10-12　2021年商业银行主要监管指标情况表(季度)　　单位:亿元、%

项目	一季度	二季度	三季度	四季度
(一)信用风险指标				
正常类贷款	1 480 791	1 524 160	1 555 928	1 581 613
关注类贷款	37 396	37 556	37 813	38 079
不良贷款余额	27 883	27 908	28 335	28 470
其中:次级类贷款	13 122	12 801	12 951	12 768
可疑类贷款	10 679	11 209	11 146	11 361
损失类贷款	4 082	3 897	4 237	4 341
正常类贷款占比	95.78%	95.88%	95.92%	95.96%
关注类贷款占比	2.42%	2.36%	2.33%	2.31%
不良贷款率	1.80%	1.76%	1.75%	1.73%
其中:次级类贷款率	0.85%	0.81%	0.80%	0.77%
可疑类贷款率	0.69%	0.71%	0.69%	0.69%
损失类贷款率	0.26%	0.25%	0.26%	0.26%
贷款损失准备	52 180	53 927	55 818	56 059
拨备覆盖率	187.14%	193.23%	196.99%	196.91%
贷款拨备率	3.38%	3.39%	3.44%	3.40%

续 表

项目	一季度	二季度	三季度	四季度
（二）流动性指标				
流动性比例	58.46%	57.62%	58.62%	60.32%
存贷比（人民币）*	77.15%	78.08%	79.14%	79.69%
人民币超额备付金率	1.80%	1.52%	1.68%	2.05%
流动性覆盖率 *	141.77%	141.21%	142.22%	145.30%
（三）效益性指标				
净利润（本年累计）	6 143	11 409	16 876	21 841
资产利润率	0.91%	0.83%	0.82%	0.79%
资本利润率	11.28%	10.39%	10.10%	9.64%
净息差	2.07%	2.06%	2.07%	2.08%
非利息收入占比	21.60%	20.80%	20.68%	19.81%
成本收入比	27.12%	28.08%	28.98%	32.08%
（四）资本充足指标 *				
核心一级资本净额	184 292	185 279	190 714	195 353
一级资本净额	206 464	210 173	216 733	223 756
资本净额	251 563	255 652	264 502	274 085
信用风险加权资产	1 593 666	1 625 498	1 650 532	1 670 105
市场风险加权资产	21 573	21 256	20 892	19 928
操作风险加权资产	110 575	110 628	110 737	117 453
应用资本底线后的风险加权资产合计	1 733 200	1 765 380	1 787 606	1 811 643
核心一级资本充足率	10.63%	10.50%	10.67%	10.78%
一级资本充足率	11.91%	11.91%	12.12%	12.35%
资本充足率	14.51%	14.48%	14.80%	15.13%
杠杆率	6.87%	6.86%	6.99%	7.13%
（五）市场风险指标				
累计外汇敞口头寸比例	2.01%	1.70%	1.64%	1.61%

（资料来源：中国银保监会数据统计网站，http://www.cbirc.gov.cn/cn/view/pages/tongjishuju/tongjishuju.html）

项目十一 基于 Python 的金融数据分析

金融数据分析在 Python 中的应用正日益受到金融行业的关注和采用。Python 作为一种功能强大且易于使用的编程语言,提供了丰富的数据处理和分析工具,为金融机构提供了强大的分析能力。正如数据科学家韦斯·麦金尼所说:"'Python'是金融分析师的利器。它不仅仅是一种编程语言,更是解决金融问题的强大工具。"通过 Python,金融从业者能够利用大数据技术来提取、清洗、分析和可视化金融数据,从而获得有价值的洞察,并支持他们在投资决策、风险管理和市场预测方面做出更准确的决策。金融数据分析在 Python 中的广泛应用,为金融行业带来了更高效、更智能的数据驱动决策的时代。

学习目标

知识目标

(1)了解 Python 编程语言的基本语法和常用库。
(2)熟悉金融数据的清洗和处理方法。
(3)学习金融数据分析的常用技术和方法。
(4)掌握使用 Python 进行金融数据分析的工具和技巧,如数据清洗、数据处理、数据分析等。

能力目标

(1)能够使用 Python 程序清洗和处理金融数据。
(2)能够运用适当的统计方法来分析金融数据,提取有价值的信息。
(3)具备数据可视化的能力,能够使用适当的图表和图形展示分析结果。
(4)能够应用所学的知识和技能解决实际的金融数据处理和分析问题。

素养目标

（1）培养批判性思维和创新意识，能够审视金融数据分析的局限性和潜在的风险。

（2）培养数据伦理和合规意识，了解并遵守金融行业的相关法规和规定。

（3）培养团队合作和沟通能力，能够与其他金融从业者共同合作解决问题。

（4）培养持续学习的习惯，关注金融领域的最新发展和技术趋势。

任务一　基于 Python 的数据清洗

任务要求

通过 Python 程序库和语言对我国人口统计数据（表 11-1）进行数据清洗，使获得的数据能够满足模型构建的需求，即模型输出不因数据质量而产生偏差。

表 11-1　人口统计数据

年份	年末总人口数（万）	年末男性人口数（万）	年末女性人口数（万）
1980	98 705	50 785	47 920
1981	100 072	51 519	48 553
1982	101 654	52 352	49 302
1983	103 008	53 152*	49 856
1984	104 357	53 848	50 509
1985	105 851	54 725	51 126
1986	107 507	55 581	51 926
1987	109 300	56 290	53 010
1988	111 026	57 201	53 825
1989	112 704	58 099	54 605
1990	114 333	58 904	55 429
1991		59 466	56 357
1992	117 171	59 811	57 360
1993	118 517	60 472	58 045
1994	119 850	61 246	58 604
1995	121 121	61 808	59 313

续 表

年份	年末总人口数（万）	年末男性人口数（万）	年末女性人口数（万）
1996	122 389	622 000	60 189
1997	123 626	63 131	60 495
1998	124 761	63 940	60 821
1999	125 786	64 692*	61 094
2000	126 743	65 437	61 306
2001	127 627	65 672	61 955
	128 453	66 115	62 338
2003	129 227	66 556	62 671
2004	129 988	66 976	63 012
2005	130 756	67 375	63 381
2006	131 448	677 28	63 720
2007	132 129	68 048	64 081
2008	132 802	68 357	64 445
2009	133 450	68 646.68	64 803.32
2010	134 091	68 748.46	65 342.54
2011	134 735	69 068	65 667
2012	135 404	69 395	66 009
2013	136 072	69 728	66 344
2014	136 782	70 079	66 703
2015	137 462	70 414	67 048
2016	138 271	70 815	67 456
2017	139 008	71 137	67 871
2018	139 538	71 351	68 187
2019	140 005	71 527	68 478
2020	141 212	72 357	68 855

注：年末总人口数指每年12月31日24时的人口数。年度统计的全国人口总数内未包含香港、澳门特别行政区和台湾省以及海外华侨人数。

操作步骤

为了后续能够使用收集的人口统计数据进行分析，需要读者通过程序进行整体的数据清理。

一、数据读取

首先将收集的数据读取进 Python 以便后续的操作。

将保存在 C：\Users\Desktop（读者保存数据的文件路径）下的 pop.xlsx 文件数据读取至 DataFrame 对象中。代码如下：

```
import pandas as pd    ♯导入 pandas 包
df = pd.read_excel('C：\\Users\\Desktop\\pop.xlsx',sheet_name='sheet1')
♯文件路径中的 \ 需写成 \\ 才能读取；Python 代码中的符号需为半角符号。
♯读取文件，sheet_name 是数据所在工作表名称，若不填写则默认读取第一个工作表。
♯代码是将 sheet1 中所有数据读取并存放在定义的变量 df 中，读取出的格式为 dataframeprint(df.head( ))    ♯打印数据的前五行
```

运行结果如下（Python 中从 0 开始计数）：

	年份	年末总人口数（万）	年末男性人口数（万）	年末女性人口数（万）
0	1980	98705.0	50785	47920.0
1	1981	100072.0	51519	48553.0
2	1982	101654.0	52352	49302.0
3	1983	103008.0	53152*	49856.0
4	1984	104357.0	53848	50509.0

二、数据格式规范

在进行数据的数值处理前需要先行对数据格式进行规范化，防止后续因空字符和特殊值出现无法读取的情况。

从读取结果可以看到，列中有一些空字符及特殊字符存在，这些符号不利于后续的数据存储及分析，需要进行清除。代码如下：

```
♯将 1 至多个任意空白字符替换成空字符，即去掉。其中 \s+ 表示空格
df = df.replace(r'\s+', '', regex=True)
♯将"地区"列数据中的特殊字符 * 去掉
df = df.replace(r'\*', '', regex=True)
```

三、异常值处理

对于样本中明显偏离的观测值，需要对其进行提前处理。防止后续缺失值处理时因附近的异常值出现计算误差。

观察表 11-1 中的数据，发现有个别数据为空，在进行缺失值填充之前，先进行异常

值检测，以免使用均值或邻近值填充缺失值的时候受到异常值的影响。

在对数据进行描述前首先查看数据类型。

```
print(df.dtypes)
```

```
年份                float64
年末总人口数（万）        float64
年末男性人口数（万）      object
年末女性人口数（万）      object
dtype: object
```

发现年末男性人口数（万）与年末女性人口数（万）均为 object 型变量而不是数值型变量。因此首先对数值类型进行转换。

```
df = df.astype({'年末男性人口数（万）': 'float64'})
df = df.astype({'年末女性人口数（万）': 'float64'})
```

通过查看各数据列的简单统计描述信息，找出明显异常的数据，代码如下：

```
df.describe()
```

简单统计描述信息的输出结果如下：

	年份	年末总人口数（万）	年末男性人口数（万）	年末女性人口数（万）
count	40.000000	40.000000	41.000000	41.000000
mean	1999.950000	123923.525000	77184.198537	60195.411220
Std	12.127422	12761.575092	87447.806910	6266.608284
Min	1980.000000	98705.000000	50785.000000	47920.000000
25%	1989.750000	113925.750000	58904.000000	55429.000000
50%	1999.500000	127185.000000	65672.000000	61306.000000
75%	2010.250000	134252.000000	69068.000000	65342.540000
Max	2020.000000	141212.000000	622000.000000	68855.000000

发现年末男性人口数（万）的最大值明显偏离样本正常数值，经过原数据的比对，发现为数据录入时出现错误，将 62200 误输入成 622000，对表格数据进行更正。

```
#inplace=True 更正后结果覆盖原数据
df['年末男性人口数（万）'].replace (622000,62200,inplace=True)
```

四、缺失值处理

对于数据中的缺失值进行填充保证整体数据的可用性。

（一）空值检测

在 Python 中，可以使用 isnull（ ）函数检测空值情况。代码如下：

```
print（df.isnull（ ）.any（ ））    ♯查看是否有存在任意一个空值的列
```

运行结果如下：

```
年份                  True
年末总人口数（万）      True
年末男性人口数（万）    False
年末女性人口数（万）    False
dtype：boo
```

从运行结果可以看出，"年份"和"年末总人口数（万）"列有缺失值，但是无法得知空值的个数，需要再次去查询各列数据。当数据量较大时，通过人工观测缺失数据容易出现偏差，因此用 info（ ）函数查看每列数据的类型及非空值个数，对缺失值数量和位置进一步了解。代码如下：

```
print（df.info（ ））    ♯查看数据
```

运行结果如下所示，可以看出一共有 40 行，"年份"列有 40 个非空值，也即有 1 个空值；"年末总人口数（万）"同样有 40 个非空值，1 个空值。

```
<class 'pandas.core.frame.DataFrame'>
RangeIndex：41 entries，0 to 40
Data columns（total 4 columns）：
年份                  40 non-null float64
年末总人口数（万）      40 non-null float64
年末男性人口数（万）    41 non-null float64
年末女性人口数（万）    41 non-null float64
dtypes：float64（4）
memory usage：1.4 KB
None
```

（二）固定值填充空值

年份列（表11-2）是按照时间顺序排列，因此找到空值处，发现其应该填充为"2002"。因此通过代码进行填充。

表 11-2　年份缺失值

2000
2001
2003
2004

```
# "年份"列的空值全部填充为"2002"，该方法为指定某一列的空值进行统一填充，本例中恰好只缺一个值，故也可以这样操作。
df = df.fillna({'年份': '2002'})
```

（三）计算填充

年末总人口数（万）（表11-3）由年末男性人口数（万）及年末女性人口数（万）加总得到。因此可作如下填充处理。

表 11-3　年末总人口数（万）缺失值

	年份	年末总人口数（万）	年末男性人口数（万）	年末女性人口数（万）
10	1990	114 333.0	58 904.00	55 429.00
11	1991	NaN	59 466.00	56 357.00
12	1992	117 171.0	59 811.00	57 360.00

可以看到年末总人数（万）缺失值所在位置为11行年末总人口数（万）列，注意Python中计数从0开始，程序添加的序号列不在计算范围（0,1,2……）。所以可以由后两列计算空值的实际大小并赋值给变量 sum_1991，再将年末总人口数（万）列的空值（只有一个）赋值为 sum_1991，代码如下。

```
sum_1991 = df.iloc[11, 2] + df.iloc[11, 3]    #.iloc 用在 dataframe 中，可以用来取出指定的行、列
df = df.fillna({'年末总人口数（万）': sum_1991})
```

通常还会遇到其他情况的空值情况，可根据实际需求采取列平均，行平均的方法进行填充。运行结果如表11-4所示，所有空值都被修正处理了，至此完成了数据清理的程序。

表 11-4 去除空值的表格

序号	年份	年末总人口数（万）	年末男性人口数（万）	年末女性人口数（万）
0	1980	98 705.0	50 785.00	47 920.00
1	1981	100 072.0	51 519.00	48 553.00
2	1982	101 654.0	52 352.00	49 302.00
3	1983	103 008.0	53 152.00	49 856.00
4	1984	104 357.0	53 848.00	50 509.00
5	1985	105 851.0	54 725.00	51 126.00
6	1986	107 507.0	55 581.00	51 926.00
7	1987	109 300.0	56 290.00	53 010.00
8	1988	111 026.0	57 201.00	53 825.00
9	1989	112 704.0	58 099.00	54 605.00
10	1990	114 333.0	58 904.00	55 429.00
11	1991	115 823.0	59 466.00	56 357.00
12	1992	117 171.0	59 811.00	57 360.00
13	1993	118 517.0	60 472.00	58 045.00
14	1994	119 850.0	61 246.00	58 604.00
15	1995	121 121.0	61 808.00	59 313.00
16	1996	122 389.0	622 000.00	60 189.00
17	1997	123 626.0	63 131.00	60 495.00
18	1998	124 761.0	63 940.00	60 821.00
19	1999	125 786.0	64 692.00	61 094.00
20	2000	126 743.0	65 437.00	61 306.00
21	2001	127 627.0	65 672.00	61 955.00
22	2002	128 453.0	66 115.00	62 338.00
23	2003	129 227.0	66 556.00	62 671.00
24	2004	129 988.0	66 976.00	63 012.00
25	2005	130 756.0	67 375.00	63 381.00
26	2006	131 448.0	67 728.00	63 720.00
27	2007	132 129.0	68 048.00	64 081.00
28	2008	132 802.0	68 357.00	64 445.00
29	2009	133 450.0	68 646.68	64 803.32
30	2010	134 091.0	68 748.46	65 342.54
31	2011	134 735.0	69 068.00	65 667.00

续　表

序号	年份	年末总人口数（万）	年末男性人口数（万）	年末女性人口数（万）
32	2012	135 404.0	69 395.00	66 009.00
33	2013	136 072.0	69 728.00	66 344.00
34	2014	136 782.0	70 079.00	66 703.00
35	2015	137 462.0	70 414.00	67 048.00
36	2016	138 271.0	70 815.00	67 456.00
37	2017	139 008.0	71 137.00	67 871.00
38	2018	139 538.0	71 351.00	68 187.00
39	2019	140 005.0	71 527.00	68 478.00
40	2020	141 212.0	72 357.00	68 855.00

注：年末总人口数指每年12月31日24时的人口数。年度统计的全国人口总数内未包含香港、澳门特别行政区和台湾省以及海外华侨人数。

最终得到的经过清洗的数据如表11-5所示：

表 11-5　经过清洗的数据

序号	年份	年末总人口数（万）	年末男性人口数（万）	年末女性人口数（万）
0	1980	98 705.0	50 785.00	47 920.00
1	1981	100 072.0	51 519.00	48 553.00
2	1982	101 654.0	52 352.00	49 302.00
3	1983	103 008.0	53 152.00	49 856.00
4	1984	104 357.0	53 848.00	50 509.00
5	1985	105 851.0	54 725.00	51 126.00
6	1986	107 507.0	55 581.00	51 926.00
7	1987	109 300.0	56 290.00	53 010.00
8	1988	111 026.0	57 201.00	53 825.00
9	1989	112 704.0	58 099.00	54 605.00
10	1990	114 333.0	58 904.00	55 429.00
11	1991	115 823.0	59 466.00	56 357.00
12	1992	117 171.0	59 811.00	57 360.00
13	1993	118 517.0	60 472.00	58 045.00
14	1994	119 850.0	61 246.00	58 604.00
15	1995	121 121.0	61 808.00	59 313.00
16	1996	122 389.0	622 000.00	60 189.00

续 表

序号	年份	年末总人口数（万）	年末男性人口数（万）	年末女性人口数（万）
17	1997	123 626.0	63 131.00	60 495.00
18	1998	124 761.0	63 940.00	60 821.00
19	1999	125 786.0	64 692.00	61 094.00
20	2000	126 743.0	65 437.00	61 306.00
21	2001	127 627.0	65 672.00	61 955.00
22	2002	128 453.0	66 115.00	62 338.00
23	2003	129 227.0	66 556.00	62 671.00
24	2004	129 988.0	66 976.00	63 012.00
25	2005	130 756.0	67 375.00	63 381.00
26	2006	131 448.0	67 728.00	63 720.00
27	2007	132 129.0	68 048.00	64 081.00
28	2008	132 802.0	68 357.00	64 445.00
29	2009	133 450.0	68 646.68	64 803.32
30	2010	134 091.0	68 748.46	65 342.54
31	2011	134 735.0	69 068.00	65 667.00
32	2012	135 404.0	69 395.00	66 009.00
33	2013	136 072.0	69 728.00	66 344.00
34	2014	136 782.0	70 079.00	66 703.00
35	2015	137 462.0	70 414.00	67 048.00
36	2016	138 271.0	70 815.00	67 456.00
37	2017	139 008.0	71 137.00	67 871.00
38	2018	139 538.0	71 351.00	68 187.00
39	2019	140 005.0	71 527.00	68 478.00
40	2020	141 212.0	72 357.00	68 855.00

注：年末总人口数指每年 12 月 31 日 24 时的人口数。年度统计的全国人口总数内未包含香港、澳门特别行政区和台湾省以及海外华侨人数。

任务二 基于 Python 的描述性统计分析

任务要求

请用 Python 语言编写程序，对表 11-6 中 2020 年 3 月至 2022 年 3 月沪深 300 指数

的对数收益率数据进行描述性统计分析,包括:

(1)计算沪深 300 指数的对数收益率的均值、标准差、方差、四分位数并阐述其经济含义;

(2)计算沪深 300 指数的对数收益率的偏度、峰度,并描述样本的分布形态;

表 11-6　沪深 300 指数的对数收益率数据

date	return
2020/3/3	0.005 315 518
2020/3/4	0.005 773 552
2020/3/5	0.022 034 639
2020/3/6	−0.016 349 804
2020/3/9	−0.034 759 216
…	…

操作步骤

描述性统计分析是指用数学语言表述一组样本的特征或者样本各变量间关联的特征。常用的特征描述量包括均值、方差、四分位数、峰度和偏度等。

对股票收益率来说,均值代表着一段时间内股票的市场的投资回报;方差代表着投资风险;四分位数则能够将数据样本分成相等的四部分,同时能够用来寻找样本中的异常值。

偏度和峰度可以刻画收益水平分布的形状和集中程度。因此在深度分析收益率之前,首先对收益率数据进行基本的统计量测算,通过统计特征可以初步对收益率数据的特征进行一定的了解。

一、集中趋势与离散趋势的统计分析

(一)数据读取

将沪深 300 指数的收益率读取进定义的变量 df 中,代码如下:

```
import pandas as pd    #导入 pandas 包
df = pd.read_csv('C:\\Users\\CSI300.csv')
```

(二)统计量计算

pandas 包中自带的函数 describe 能够简单直观的对集中趋势与离散趋势进行输出,代码如下:

```
df.describe()
```

得到输出结果如下:

	return
count	485.000 000
mean	0.000 261
std	0.012 364
min	−0.049 298
25%	−0.006 730
50%	0.000 859
75%	0.007 955
max	0.055 129

(三)统计量含义与解释

输出结果的含义与解释依次如下。

(1) count:样本数量,表示实验的样本数据有485个。

(2) mean:样本均值,表示在所取得的样本中,沪深300指数的平均日对数收益率均值为0.000 261。

(3) std:样本标准差,反映了沪深300指数样本数据的离散程度。由此可以计算样本的方差 σ^2 为 $0.123\ 64^2 = 0.015\ 29$。在金融研究中,股票收益率的方差代表该股票资产的实际收益偏离期望收益的程度,一定程度上反映了股票收益率的风险。

(4) min、max:表示样本数据中出现的最小值与最大值。

(5) 25%、50%、75%:分别表示从小到大的三个四分位数,可以通过画箱型图的方式找到异常值。

二、分布形态的统计分析

偏度(skewness)可以用来度量随机变量概率分布的不对称性,大于0表示为右偏,小于0表现为左偏;峰度(kurtosis)是描述变量取值分布形态陡峭程度的统计量。直观地看,峰度反映了峰部的尖度。样本的峰度是和标准正态分布相比较而言的,如果峰度大于3,峰的形状比较尖锐,相比较正态分布峰要陡峭;如果峰度小于0,峰的形状比较平坦,相比较正态分布峰要平缓。正态分布的偏度为0,峰度为3,经济统计上常用数据的偏度峰度与正态分布进行对比依此进行统计判断。

(一)统计量的计算

通过 pandas 自带的 skew 及 kurt 进行计算,并通过 print 进行输出,代码如下:

```
print('收益率的偏度:',df['return'].skew())
print('收益率的峰度:',df['return'].kurt())
```

输出结果如下:

收益率的偏度:-0.2915069261999912
收益率的峰度:1.7112108075378298

(二)统计量含义与解释

偏度略小于 0,说明轻微左偏。峰度小于 3 说明所取的沪深 300 收益率样本分布相较于正态分布呈现为低峰态,此时概率密度函数相较于正态分布而言具有较平坦的峰部和更短更细的尾部。

(三)可视化

此处为更好地将统计量与分布形态相联系先对图形可视化先作了解。
通过代码画出对数收益率的频率分布图。

```
import seaborn as sns
from matplotlib import pyplot as plt
plt.style.use('seaborn')        #选择作图风格
plt.rcParams['axes.unicode_minus'] = False      #解决保存图像是负号'-'显示为方块的问题
sns.distplot(df['return'])
```

通过频率分布图可以更好地理解偏度与峰度的含义,所选样本的左尾更加"肥大"即左偏同时峰部较为平坦,如图 11-1 所示。

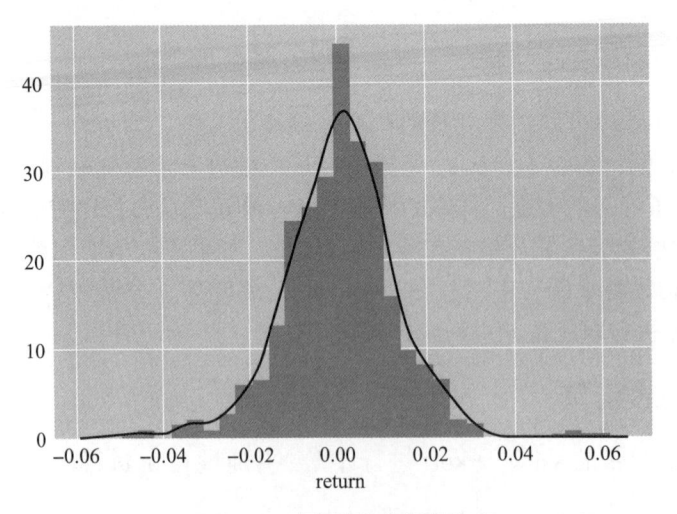

图 11-1 对数收益率频率分布

任务三　基于 Python 的抽样估计分析

任务要求

请用 Python 语言编写程序,对 2020 年 3 月至 2022 年 3 月沪深 300 指数的对数收益率数据(表 11-7)进行抽样估计分析。要求判断其是否服从 t 分布,若服从则使用方差未知的区间估计方法估计在 95% 的置信水平下对数收益率均值的置信区间。

表 11-7　沪深 300 指数的对数收益率

date	return	date	return
2020/3/3	0.005315518	2020/3/6	−0.016349804
2020/3/4	0.005773552	2020/3/9	−0.034759216
2020/3/5	0.022034639	…	…

操作步骤

通过对表 11-7 进行描述性统计分析之后,读者对数据的均值、方差有了一定的了解。均值等统计量对样本的估计无法确定这一统计量是否与总体均值一致。而在分布函数一致的情况下,则能通过区间估计的方法确定在一定概率下总体均值真实值所在的区间范围。

一、t 分布检验

根据数理统计知识可知,当总体方差未知时将通过 t 分布去进行均值的区间估计。而在使用之前还需要进一步对分布函数进行验证。

Python 中能够通过 K—S 检验函数对其进行 t 分布假设检验。原假设为所研究的数据服从 t 分布,通过计算得到的统计量判断接受原假设为真即所研究的数据服从 t 分布的概率。以下是任务实施的代码。

首先导入数据:

```
import pandas as pd        # 导入 pandas 包
df = pd.read_csv('C:\\Users\\CSI300.csv')    # 数据读取
```

接着进行检验:

```
from scipy import stats
from scipy.stats import kstest
```

```
ks = stats.t.fit(df['return'])      ♯计算 t 分布检验需要的统计量并存在变量 ks 中
ks_results=kstest(df['return'],"t",(ks[0],ks[1],ks[2]))      ♯调用之前导入的 kstest 函数选择 "t" 以及所需参数进行 t 分布检验
print(ks_results)      ♯输出 t 分布检验结果
```

输出结果表示 K-S 统计量为 0.024400088751673488,接受原假设为真即所研究的数据服从 t 分布的概率为 0.9349434415787927。因此不能拒绝原假设,所以可以认为沪深 300 指数的对数收益率服从 t 分布。

```
KstestResult(statistic=0.024400088751673488, pvalue=0.9349434415787927)
```

二、收益率的区间估计

假设收益率序列近似服从自由度为 n 的分布,假设总体方差未知,对股票的收益率进行区间估计。$t=\dfrac{\bar{x}-\mu}{S/\sqrt{n}}$,式中 $\bar{x}$ 为样本均值,μ 为总体均值,S 为样本标准差。则均值 μ 在显著性水平为 α 下的区间估计为:

$$\left[\bar{x}-t_{\frac{\alpha}{2}}(n-1)\frac{S}{\sqrt{n}},\bar{x}+t_{\frac{\alpha}{2}}(n-1)\frac{S}{\sqrt{n}}\right]$$

具体代码如下:

```
import numpy as np
n=20         ♯随机抽取 20 个数据进行抽样
a=0.05       ♯设置显著性水平为 0.05
♯总体方差未知,通过计算样本标准差来代替
sigma = df['return'].std()
♯计算样本均值
x_bar = df['return'].mean()
♯计算 t_a2
t_a2 = stats.t.isf(a/2,n-1)
♯计算区间
left = x_bar - t_a2*(sigma/np.sqrt(n))
right = x_bar + t_a2*(sigma/np.sqrt(n))
print('收益率序列 95% 的置信区间为 ',(left,right))
```

输出结果如下:

```
收益率序列 95% 的置信区间为(-0.005525017385479463,0.00604776263908771)
```

区间估计结果说明有 95% 的信心可以认为上述区间包含了该股票收益率的总体均值。也就是说，有 95% 的信心认为 2020 年 3 月至 2022 年 3 月沪深 300 指数的平均日收益为 [−0.552 5%, 0.604 8%]。

任务四　基于 Python 的指数分析

任务要求

请运用 Python 程序库和语言，按照加权思想构造一个能源行业指数。

任务选取了 2021 年 3 月至 2022 年 3 月沪市 20 只能源股票数据，如表 11-8 所示，请以日平均交易额为权重进行能源行业指数编制。所选股票分别如下：

广汇能源，海油发展，恒源煤电，淮北矿业，金能科技，开滦股份，盘江股份，山煤国际，山西焦化，陕西煤业，上海石化，石化油服，新潮能源，新集能源，中国神华，中国石化，中国石油，中海油服，中煤能源，中油工程。

表 11-8　20 只能源股票数据（部分）

日期	广汇能源 p（元/股）	广汇能源 v（百万股）	…	中煤能源 p（元/股）	中煤能源 v（百万股）	中油工程 p（元/股）	中油工程 v（百万股）
2021/3/1	2.78	29.31	…	5.06	53.36	2.78	29.31
2021/3/2	2.71	37.92	…	5.12	66.69	2.71	37.92
2021/3/3	2.76	36.37	…	5.19	43.45	2.76	36.37
2021/3/4	2.81	50.04	…	5.18	54.07	2.81	50.04
2021/3/5	2.83	59.52	…	5.08	40.38	2.83	59.52
…	…	…	…	…	…	…	…

操作步骤

一、权重计算

为便于理解，本任务只使用日平均交易额一个指标作为权重计算。日交易额为当日收盘价乘以当日成交量。在计算权重时，每只股票的日平均交易额占 20 只股票的总日平均交易额比例即为其权重。

```
# 程序所需库的导入
import pandas as pd          # 文件读取
df=pd.read_excel('C:\\Users\\Desktop\\数据汇总.xlsx')    # 导入数据
```

首先定义变量 amount 用作记录各股票日交易额,为避免在存储数据时出现超出变量格式范围的情况,直接将 df 赋值给 amount,后续在此基础上对 amount 各列重新赋值即可。因为有 20 只股票所以在此通过循环进行计算与赋值。

```
amount = df
for i in range(1,21): #因为 python 计数是从 0 开始,这段代码表示 i 从 1 开始数到 20 均在重复以下的循环语句,21 不计入
    j = i * 2 - 1
    amount.iloc[:,i] = df.iloc[:,j] * df.iloc[:,j+1]
#表示将 amount 的第 1—20 列全部重新赋值为 20 只股票的日交易额
#在循环中第 j 和 j+1 列分别表示各股票的日收盘价以及日交易量,相乘即为日交易额
#.iloc[a:b,c:d]表示取 dataframe 的 a—b 行,c—d 列(0 为基数),[:,:]表示全部取到
```

此部分运行结束后,amount 的第 1 至 20 列分别被重新赋值为 20 只股票的日成交额,单位为百万元。amount 的 21 列之后的数据因为在循环中未涉及未被赋值所以仍和 df 一样,后续不会取到所以可不作处理。

计算每只股票的日均交易额,定义变量 average 为数组用来存储结果。

```
average = [0 for i in range(20)]    #表示定义了一个数组,长度为 20(循环从 0—19,20 不取,所以一共 20 个数字)
for i in range(20):
    average[i] = amount.iloc[:,i+1].mean()    #表示对 amount 的 1—20 列进行均值计算并(赋值)存储在 average 的 0—19 个位置
print(average)
```

输出 average 对其结果进行预览如下:

```
[168.7350729508197,    200.98129262295086,    188.9412766393443,    415.31233893442607,
238.3499098360657,    300.80645737704947,    182.1533327868853,    671.8941831967212,
582.7440381147544,    927.1790725409836,    223.24985737704927,    159.8112426229508,
376.80989836065567,    422.0772463114753,    883.6837315573774,    739.4617713114758,
943.6174672131154,    172.22667295081962,    379.62392172131166,    168.7350729508197]
```

然后可计算每只股票所占权重。因为权重也同样是 20 个,所以先定义变量 weight,并将其赋值为 average,使其有 20 个元素的位置,不会在后续因为位置不够导致存储时数据溢出而报错,代码如下:

```
import numpy as np
weight = average
```

```
sum = np.sum(average)      #numpy 中的 .sum 可以对数组元素进行求和
for i in range(20):
    weight[i] = average[i]/sum    #计算每只股票的权重
print(weight)
```

输出 weight 对其结果进行预览如下：

[0.020216524146135447,	0.024080015400340996,	0.022637474323398542,
0.04975949446327024,	0.02855723248974137,	0.03604029027592299,
0.021824195682532656,	0.08050113554165195,	0.06981985850088895,
0.11108738556849751,	0.026748061640983724,	0.019147340199108853,
0.045146431476823755,	0.05057001305281295,	0.10587611208597879,
0.08859655845954292,	0.113305690617260879,	0.020634860503089634,
0.04548358587053461,	0.020216524146135447]	

二、指数计算

在得到个股所占权重后，可直接通过乘积求和的方式得到所需要的能源行业指数。首先为防止存储时行数据溢出，在定义指数时仍然采用之前的方法：通过已有的变量赋值，保证行数。因为计算得到的指数只会占一列，所以后面的列可以不用考虑，代码如下：

```
index = amount
index.iloc[:,1] = 0    #使 index 的 1 列全部为 0 便于后续循环加总
df1 = pd.read_excel('C:\\Users\\zwj\\Desktop\\数据汇总.xlsx')
#重新读入一次数据，在 Python 中变量间赋值不管是改变了原变量或是新变量，他们的值都会一样变动，即在将 df 赋值给 amount 再对 amount 进行计算时，df 的前 20 列数据也发生了变化
for i in range(20):
    index.iloc[:,1] = index.iloc[:,1] + weight[i]*df1.iloc[:,(2*i+1)]
#把权重乘以股票价格得到指数
```

此时 index 的 0 列是时间，1 列是计算得到的指数。将其取出赋值为 index1，因为原列名为"广汇能源 p"所以还需要将列重新命名。此时指数存储在 index1 中，代码如下：

```
index1 = index.iloc[:,0:2]
index1.rename(columns = {"广汇能源 p":"能源指数"}, inplace = True)   #dataframe 列名改变方法
print(index1.head)
```

输出结果如下（前五行）：

	日期	能源指数
0	2021－03－01	7.711783
1	2021－03－02	7.749530
2	2021－03－03	8.017794
3	2021－03－04	7.975706
4	2021－03－05	7.827862

任务的难点主要在于循环中数字的设置，要牢记 Python 从 0 开始计数的原则。

任务五　基于 Python 的相关分析与一元线性回归

任务要求

请运用 Python 程序库和语言编写一元线性回归分析程序，利用 50 个创业公司的财务报表数据，研究研发费用支出与利润之间的相关关系，并构建一元线性回归方程，根据结果判断变量的显著性并作出分析，如表 11-9 所示。

表 11-9　创业公司费用与收益情况（部分）

R&DSpend	Profit	R&DSpend	Profit
165349.2	192261.83	144372.41	182901.99
162597.7	191792.06	142107.34	166187.94
153441.51	191050.39	…	…

操作步骤

为探究创业公司研发支出与利润之间的关系，本任务选取 50 家创业公司的利润数据作为因变量，并从财务报表中选取研发费用支出作为自变量进行一元线性回归模型构建。

一、自变量的选取

确定需要研究的对象，考察所需要数据的获取方式，并对数据进行收集。

本任务以美国 50 家创业公司的财务报表横截面数据为基础，选取总利润（profit）作为经营绩效的因变量，选取创业公司研发费用支出作为自变量，用 R&D Spend 表示。

二、指标数据准备

在 Python 中对获取的数据进行读取,并设定自变量及因变量。

(一)数据读取

以下通过程序进行实现,首先导入需要的数据库和程序库。

```
import numpy as np          #数组操作
import pandas as pd         #文件读取
import statsmodels.api as sm    #最小二乘法
from statsmodels.formula.api import ols    #加载 ols 模型
```

通过 pandas 包对在文件名为 50_Startups 的 csv 文件进行读取,并输出数据前 5 行的命令如下所示。(注意,Python 中计数从 0 开始,同时代码除注释部分(#后的部分)外均应采用半角符号。)

```
df=pd.read_csv('C:\\Users\\Desktop\\50_Startups.csv')    #导入数据
df=pd.DataFrame(df)    #将自变量转换成 dataframe 格式,便于查看
print(df.head())    #查看数据的前几行
```

输出结果如下(部分):

	R&DSpend	Profit
0	165349.20	192261.83
1	162597.70	191792.06
2	153441.51	191050.39
3	144372.41	182901.99
4	142107.34	166187.94

(二)变量定义

通过如下代码进行自变量、因变量的选取。因变量 Y 为 Profit,自变量只有一个,所以写成和因变量一样的一维结构即可,若为多元还需要写成矩阵形式。

```
X=df['R&D Spend']    #定义自变量
Y=df['Profit']    #定义因变量
```

三、相关性分析

对自变量与因变量之间的相关性进行探究,根据相关系数大小决定是否进行后续的线性回归模型构建。

因为此前用变量 df 进行了数据读取,且 df 为 dataframe 格式,所以可以直接通过 pandas 包中 corr 函数进行相关性计算。代码如下:

```
df.corr( )
```

输出自变量与因变量的相关系数矩阵如下:

	R&DSpend	Profit
R&DSpend	1.000000	0.972782
Profit	0.972782	1.000000

可以看到二者间的相关系数为 0.972782,说明研发支出与公司收益间存在极高的正相关性。因此对二者进行线性回归分析是具有研究价值的。

四、一元线性回归分析模型的构建

建立多元线性回归方程如下,其中 C 为常数项,R 为残差项。

$$Profit = C + a \cdot R\&D\ spend + R$$

在 Python 中,statsmodels 的 ols 函数可以求解回归系数 a 和截距 b,不需要读者去计算复杂的数学公式,具体用法如下:

$$sm.ols(y, x)$$

其中:

(1) y 表示因变量;
(2) x 表示自变量;
(3) 其中若 y 和 x 处于同一个 dataframe 中,则还可这样表示:
sm.ols('y~x', dataframe)。
(4) 该函数的返回结果可通过 .summary( ) 进行回归结果输出。

通过之前载入的 ols 模型进行多元线性回归,同时输出回归结果以便判别回归系数的显著性以及模型的估计效果的 R2 等关键参数:

```
lm = ols('Y~X', data=df).fit( )
print( lm.summary( ) )      #查看回归结果,包括模型整体、系数显著性水平和残差情况
```

输出的回归结果如图 11-2 所示。

由输出结果得出该模型可表示为:$Profit = 4.897e^4 + 0.8549\ R\&D\ spend$

```
                            OLS Regression Results
==============================================================================
Dep. Variable:                      Y   R-squared:                       0.946
Model:                            OLS   Adj. R-squared:                  0.945
Method:                 Least Squares   F-statistic:                     845.9
Date:                Mon, 14 Mar 2022   Prob (F-statistic):           3.88e-32
Time:                        15:15:28   Log-Likelihood:                 -527.54
No. Observations:                  50   AIC:                             1059.
Df Residuals:                      48   BIC:                             1063.
Df Model:                           1
Covariance Type:            nonrobust
==============================================================================
                 coef    std err          t      P>|t|      [0.025      0.975]
------------------------------------------------------------------------------
Intercept    4.897e+04   2545.460     19.238      0.000    4.39e+04   5.41e+04
X               0.8549      0.029     29.085      0.000       0.796      0.914
==============================================================================
Omnibus:                       13.582   Durbin-Watson:                   1.113
Prob(Omnibus):                  0.001   Jarque-Bera (JB):               18.193
Skew:                          -0.906   Prob(JB):                     0.000112
Kurtosis:                       5.335   Cond. No.                     1.65e+05
==============================================================================
```

图 11-2 回归结果

五、回归结果的经济解释

根据输出的回归结果表格判断模型整体情况、变量系数显著性等信息，并依此对所研究的对象关系做出合理的经济解释。

（一）模型整体信息

第一条分界线下为模型的整体信息，以下对常用信息进行解释：

（1）R-squared 即模型的拟合程度 R2，取值 [0,1]，值越大说明模型拟合程度越高，此处值为 0.946，说明选取的研发支出费用可以解释利润变化的 94.6%，剩余的部分表示未能找到解释变量，在回归残差中体现。

（2）F-statistic 为模型的 F 检验统计量，原假设为模型所有自变量参数为零，本例中 F 检验量为 0 的概率为 $3.88e^{-32}$，表明模型整体显著，即所选择的自变量 R&D spend 能够对因变量 Profit 进行解释。

（3）No.Observations 为模型的样本量，即 50 家创业公司数据。

（4）AIC，BIC 为信息准则。赤池信息量准则（Akaike Information Criterion，AIC）和贝叶斯信息准则（Bayesian Information Criterion，BIC）均是用来衡量模型拟合优良性的标准。对于同一个问题，通过改变变量数量、拟合方法得到模型的信息准则来判定最终选择哪一种模型。

（二）模型回归系数

第二条分界线下是模型的回归自变量的系数估计信息：

（1）X 是模型自变量回归系数，Intercept 为模型常数项。

（2）从列角度看，从左往右的释义分别为：系数估计值，系数估计标准差，系数的 t 统计量值，t 检验下系数为 0 的概率，95% 显著性水平下（前后各 2.5%）的置信区间。

可以看到在 5% 的显著性水平下 Intercept，X 显著（原假设为变量系数为 0，t 检验下系数落在拒绝域为 0 的概率小于 5%），即说明 *R&D spend* 对 *Profit* 有显著影响。解释为 *R&D spend* 每增加一单位 *Profit* 会因此增加 0.854 9 个单位。

（三）模型残差

第三条分界线下是模型残差的相关统计量，本任务不作要求，读者可自行了解。

基于多元线性回归模型和所选数据，结合回归结果以及变量释义，能够对创业公司提出相关建议，适当提高公司研发支出费用对公司利润增长能起到有效作用。

任务六　基于 Python 的时间序列分析

任务要求

请运用 Python 程序库和语言，对 2011 年 3 月至 2021 年 3 月的 Remark 控股（MARK）收益率（表 11-10）进行时间序列分析。要求对其进行平稳性检测以及时间序列建模。

表 11-10　Remark 控股（MARK）收益率

MARK.date	MARK.rtn	MARK.date	MARK.rtn
2011/3/2	0	2011/3/7	0
2011/3/3	0.030771659	2011/3/8	0
2011/3/4	0	…	…

操作步骤

一、平稳性检验

金融时间序列分析中，平稳性是非常重要的性质，许多模型的构建前提均是序列具有平稳性。若时间序列满足：

$$\begin{cases} E(X_t) = a \\ Var(X_t) = b \\ Cov(X_t, X_{t+k}) = g_k \end{cases}$$

其中，a 和 b 为常数，g_k 表示协方差只与间隔 k 有关，则称该时间序列具有平稳性。

平稳性表示时间序列具有延续之前形态的趋势,若数据非平稳则样本拟合曲线的形态不具有"惯性"延续的特点,也就是基于未来将要获得的样本时间序列所拟合出来的曲线将迥异于当前的样本拟合曲线。以下介绍两种检验平稳性的方法。

(一)自相关检验

对于时间序列 X_t,取样本 $X_n = \{x_1, x_2, \cdots, x_n\}$ 将 X_n 延迟 k 个阶数后形成的样本,$X_{n+k} = \{x_{1+k}, x_{2+k}, \cdots, x_{n+k}\}$,计算 X_n 与 X_{n+k} 之间的协方差函数(autocovariance function):

$$Cov(X_n, X_{n+k}) = E\{(X_n - E(X_n))(X_{n+k} - E(X_{n+k}))\}$$

从中可求出自相关函数(autocorrelation coefficient,简称 ACF):

$$\rho_k = \frac{Cov(X_n, X_{n+k})}{\sigma_n \sigma_{n+k}}, k = 1, 2, \cdots$$

式中 σ_n, σ_{n+k} 为 X_n, X_{n+k} 的标准差,自相关函数中的每一个值 ρ_k 称为自相关系数。自相关系数可以度量同一事件在两个不同时期的相关程度,相关系数越大,说明时间序列自身记忆性越强,历史对当前的影响越大。

如果时间序列是平稳的,那么按照"平稳"的定义,自相关系数只与间隔时期 k 有关,而与时间变量 n 无关。而且当间隔时期 k 较大时,平稳时间序列 X_n, X_{n+k} 应当相互独立,也就是说自相关系数为 0。

依据以上理论,绘制自相关图,其横坐标为间隔时期数 k,纵坐标为 k 期的自相关系数,并以悬垂线的方式绘制。悬垂线越长,代表相关系数越大。对于平稳时间序列而言,其自相关系数一般会快速减小至 0 附近或者在某一阶后变为 0,而非平稳的时间序列的自相关系数一般是缓慢下降而不是快速减小。

Python 的 statsmodels 库中,可以通过 plot_acf 函数绘制序列自相关图。具体函数的用法如下:

plot_acf(x, ax=None, lags=None, alpha=0.5, title='Autocorrelation')

式中(1) x:待检测的时间序列;

(2) lags:可选项,表示间隔期数的最大值,输入为整数值;

(3) alpha:可选项,标量值,当设定该值时,对应函数会返回对应的置信区间,例如当设置 alpha=0.05 时,将返回 95% 的置信区间;

(4) title:自相关图的标题,如果不定义,则默认为 Autocorrelation。

本任务以 Remark 控股(MARK)收益率为例,选择延期数 k=30,绘制序列的自相关图,k 在自相关图中会被标明为横坐标的最大值。代码如下所示:

```
# 导入相关库包
import pandas as pd
import matplotlib.pyplot as plt
```

```
df = pd.read_csv("D:\MARK_return.csv")
# 导入相关库包
from statsmodels.graphics.tsaplots import plot_acf
plot_acf(df['MARK.rtn'], lags=30)       #lags 是间隔期数,取 30
```

如图 11-3 所示,Remark 控股(MARK)收益率的自相关图,呈现出很明显的截尾现象,在 k=1 时,相关系数就已经衰减到零,并在 0 附近小范围波动,收益率数据可能是平稳的时间序列。

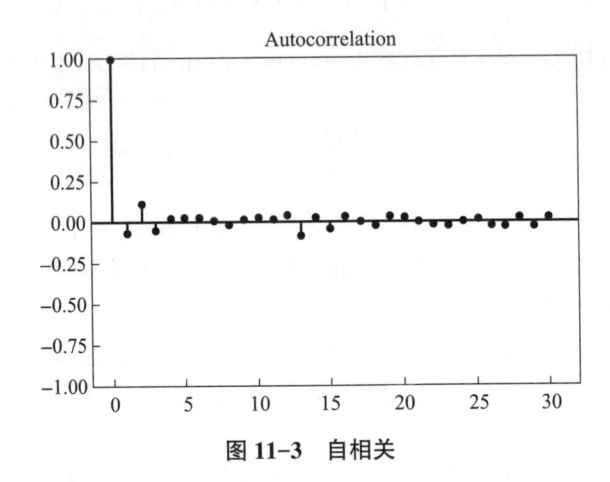

图 11-3　自相关

(二)单位根检验

对时间序列平稳性的检验除了图检验法判断之外,还可以用更加客观、量化的统计量分析方法。单位根检验法,就是判断时间序列平稳性的方法之一,也叫 ADF 检验。

在做 ADF 检验之前,先介绍一下单位根的概念。在如下线性方程中,

$$x_t = bx_{t-1} + a + \varepsilon$$

如果系数 $b=1$,就称为单位根。ADF 检验就是用于判断序列的单位根是否存在:如果单位根不存在,则序列平稳;如果单位根存在,则序列不平稳。

ADF 检验的假设条件如下所示。

原假设:单位根存在,序列不平稳;

备择假设:单位根不存在,序列平稳。

计算原假设成立的 T- 统计量和 p-value 值,如果:

(1) ADF 的 T- 统计量的绝对值大于 1%,5%,10% 不同置信度水平下 T- 统计量的绝对值,则非常有理由拒绝原假设,即单位根不存在,认为该序列平稳;

(2) ADF 的 p-value 是指原假设 H_0 为真的概率,如果 p-value 值非常接近 0,则拒绝原假设,即单位根不存在,该序列平稳。

Python 的 statsmodels 库中,adfuller 函数可以用于单位根检验,具体用法如下:

adfuller(x,store=False,regresults=False)

式中(1) x:待检测的时间序列;
(2) maxlag:可选项,最大延迟期数,需输入整数值;
(3) store:可选项,须输入布尔值,如果为 True,则另外返回 adf 统计信息的结果实例,默认值为 False;
(4) regresults:可选项,须输入布尔值,默认为 False,表示返回完整的回归结果;
(5) 返回结果分别为:{ADF(T 统计值),pvalue(p-value 值),usedlag(延迟期数),NOBS(样本观测量),critical values(不同置信度水平(1%,5%,10%)下拒绝原假设的 T 统计值)。

对 Remark 控股(MARK)收益率使用 adfuller 进行 ADF 检验,代码如下所示:

```
from statsmodels.tsa.stattools import adfuller
#对收盘价序列进行平稳性检验
dftest1 = adfuller(df['MARK.rtn'])
print(dftest1)
```

输出结果如下:

(-13.704217584830559, 1.2727946569883726e-25, 12, 2502, {'1%': -3.4329663156361883, '5%': -2.8626958747571405, '10%': -2.5673853168272736}, -6982.786475144285)

根据 ADF 检验的原理,ADF 的 t 统计量的绝对值约为 13.704,远大于 1%,5% 和 10% 三个置信度下的统计量的绝对值 3.433、2.863、2.567,因此拒绝原假设;同时,p-value 值约为 0,应当拒绝原假设,即单位根不存在,收益率时间序列平稳。

二、时间序列建模

ARMA 模型,全称是自回归滑动平均模型,是目前最常用的拟合平稳时间序列的模型。
当一个时间序列是非纯随机的、平稳的,这时我们希望能够从数据之间的联系出发,用历史数据去推导、预测当前数据,并建立一个历史与当前之间的数学模型。而最简单的模型就是线性方程。

假设时间序列 $X_n=\{x_1,x_2,\cdots,x_n\}$,在 t 时刻的取值 x_t 受两类因素的干扰:
(1) 一类是 t 时刻前的 p 个序列值 $\{x_{t-1},\cdots,x_{t-p}\}$,以线性方程 $\varphi_0+\varphi_1 x_{t-1}+\cdots+\varphi_p x_{t-p}$ 的形式影响 x_t,且 $\varphi_p \neq 0$。这一特性被称为"自回归",p 为自回归项数。
(2) 一类是 t 时刻之前的 q 个随机扰动因素,也以 $-\theta_1\varepsilon_{t-1}-\cdots-\theta_q\varepsilon_{t-q}$ 的形式影响,且 $\theta_q \neq 0$。同时,随机因素是零均值白噪声序列,即满足 $E(\varepsilon_t)=0$,$Var(\varepsilon_t)=\sigma_\varepsilon^2$,$E(\varepsilon_s\varepsilon_t)=0,s \neq t$ 时。这一特性被称为"滑动平均",q 为滑动平均项数。
(3) 同时,$E(x_s\varepsilon_t)=0$,即当期的随机干扰和过去的序列之间无关。
则下列线性方程模型就是 ARMA(p,q)模型。

$$x_t = \varphi_0 + \varphi_1 x_{t-1} + \cdots + \varphi_p x_{t-p} + \varepsilon_t - \theta_1 \varepsilon_{t-1} - \cdots - \theta_q \varepsilon_{t-q}$$

Python pmdarima 库中提供的 auto.arima 函数可以自动尝试不同的阶数组合并挑选出可能的最优模型,从而自动定阶。auto.arima 函数使得建模实现起来非常简单,其具体用法如下:

pm.auto_arima(x,d=None,max_p=3,max_q=3,start_p=0,start_q=0,information_criterion='aic',test='adf',m=1,seasonal=False,trace=True)

式中(1)x:代表需要拟合的数据序列;

(2)d:默认为 None,代表通过函数自动计算差分项;

(3)start_q、max_q:定义 q 范围内拟合模型;

(4)start_p、max_p:定义 p 范围内拟合模型;

(5)information_criterion:选择最优模型的判断标准,共提供了三种评判标准 "aicc", "aic","bic",评判标准的值越小,代表模型拟合效果越好;

(6)test:设置 'adf',代表用 ADF 检验差分的阶数 d;

(7)m:季节性周期长度,当 m 默认为 1 时,代表不考虑时间序列的季节性;

(8)seasonal:默认为 True,设置为 False,代表不考虑季节性;

(9)trace:默认为 False,参数为 TRUE 代表考虑报告尝试过的 ARIMA 模型结果;

(10)返回值:报告尝试过的 ARIMA 模型结果、最佳拟合模型、拟合所用时长。

以 MARK 收益率数据为例,使用 auto.arima 函数来自动尝试不同的阶数组合进行 ARIMA 模型 p,d,q 的定阶,代码如下所示:

```
#导入相关库包
import pmdarima as pm
model = pm.auto_arima(df['MARK.rtn'],
                     start_p=0,         #p 最小值
                     start_q=0,         #q 最小值
                     test='adf',        #ADF 检验确认差分阶数 d
                     max_p=3,           #p 最大值
                     max_q=3,           #q 最大值
                     m=1,               #季节性周期长度,当 m=1 时则不考虑季节性
                     d=None,            #通过函数来计算 d
                     seasonal=False, start_P=0, D=1, trace=True,
                     error_action='ignore', suppress_warnings=True,
                     stepwise=False     #stepwise 为 False 则不进行完全组合遍历
                     )
print(model.summary())
```

输出结果如图 11-4 所示,可以看到最终选择的模型是 arima(0,0,3),根据图中参数得到的模型为:$MARK.rtn_t = \varepsilon_t - 0.0502\varepsilon_{t-1} + 0.1047\varepsilon_{t-2} - 0.0489\varepsilon_{t-3}$

```
Best model: ARIMA(0,0,3)(0,0,0)[0]
Total fit time: 5.018 seconds
                               SARIMAX Results
==============================================================================
Dep. Variable:                       y   No. Observations:                 2515
Model:                   SARIMAX(0, 0, 3)   Log Likelihood                3535.617
Date:                   Fri, 18 Mar 2022   AIC                          -7063.234
Time:                           15:19:58   BIC                          -7039.914
Sample:                                0   HQIC                         -7054.771
                                  - 2515
Covariance Type:                     opg
==============================================================================
                 coef    std err          z      P>|z|      [0.025      0.975]
------------------------------------------------------------------------------
ma.L1         -0.0502      0.012     -4.126      0.000      -0.074      -0.026
ma.L2          0.1047      0.011      9.334      0.000       0.083       0.127
ma.L3         -0.0489      0.011     -4.587      0.000      -0.070      -0.028
sigma2         0.0035   3.94e-05     89.207      0.000       0.003       0.004
==============================================================================
Ljung-Box (L1) (Q):                   0.00   Jarque-Bera (JB):             16552.16
Prob(Q):                              0.96   Prob(JB):                         0.00
Heteroskedasticity (H):               2.06   Skew:                             0.85
Prob(H) (two-sided):                  0.00   Kurtosis:                        15.45
==============================================================================
```

图 11-4　模型输出结果

任务七　基于 Python 的图形可视化

任务要求

请运用 Python 程序库和语言绘制沪深 300 指数对数收益率的频率分布图以及时间序列图。

操作步骤

一、频率分布图

对于频率分布图,可以通过 seaborn 中的 distplot 函数进行实现。以下是输出标准频率分布图的代码,结果如图 11-5 所示。

```
### 导入数据
import pandas as pd
df = pd.read_csv('C:\\Users\\CSI300.csv')
### 作图
```

```
import seaborn as sns
from matplotlib import pyplot as plt
plt.style.use('seaborn')          ＃选择作图风格
plt.figure()
plt.rcParams['axes.unicode_minus'] = False     ＃解决保存图像是负号'—'显示为方块的问题
sns.distplot(df['return'])        ＃直方图加频率分布曲线
```

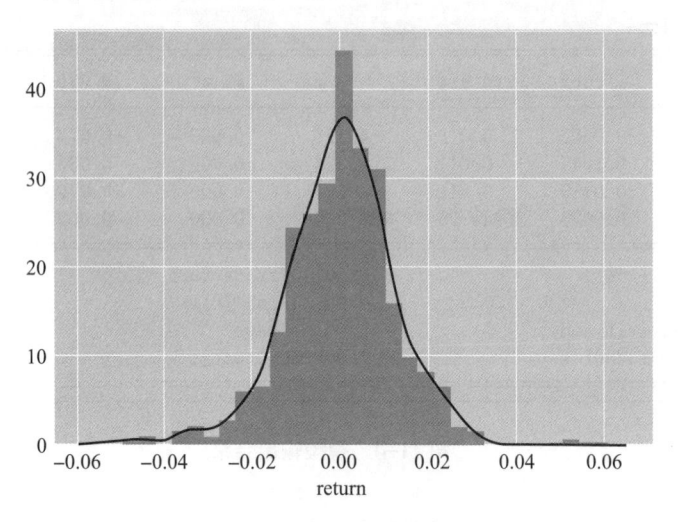

图 11-5　标准频率分布图

若需要输出不带曲线或不带直方图的图像则代码分布如下,结果如图 11-6 所示。

```
sns.distplot(df['return'], hist=False)     ＃只有频率分布曲线
```

```
sns.distplot(df['return'], kde=False)      ＃只有直方图
```

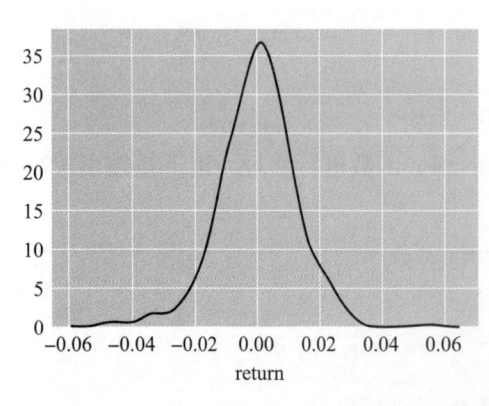

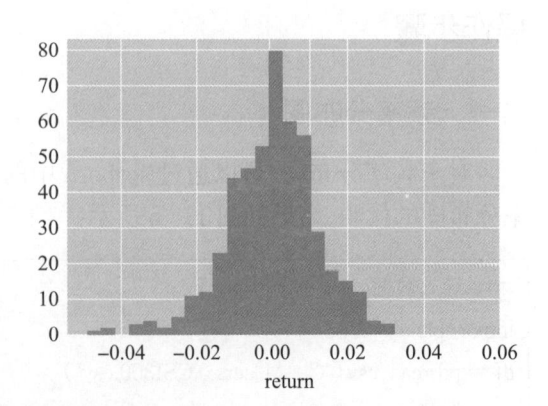

图 11-6　修改参数的频率分布图

二、时间序列图

因为 Python 中的时间格式与 Excel 中的不一样,因此在作图前还需要对时间日期格式进行修改,具体代码如下,结果如图 11-7 所示。

```
#绘制股票收盘价的时间序列图
from datetime import datetime
plt.figure()
df['date'] = pd.to_datetime(df['date'], format="%Y/%m/%d")    #因为csv中的时间格式为年/月/日,所以代码中顺序为 "%Y/%m/%d"
plt.plot(df['date'], df['return'])
```

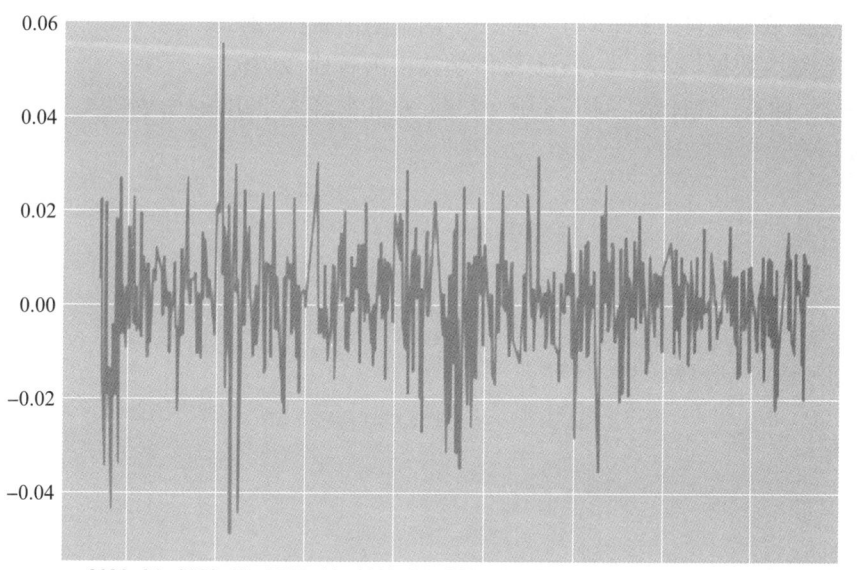

图 11-7　时间序列图

主要参考文献

[1] 谢文芳,胡莹,段俊,马小凤.统计与数据分析基础[M].北京:人民邮电出版社,2021.

[2] 何国杰.金融大数据处理(初级)[M].广州:中山大学出版社,2021.

[3] 姚建锋,王亚芬.统计基础与实务[M].2版.北京:机械工业出版社,2021.

[4] 朱顺泉.经济金融数据分析及其Python应用[M].北京:清华大学出版社,2019.

[5] 李建军.金融统计学[M].北京:高等教育出版社,2020.

[6] 何岩.金融数据统计分析[M].北京:中国金融出版社,2018.

[7] 陈云.金融大数据[M].上海:上海科学技术出版社,2015.

[8] 刘后平,王丽英.统计学[M].3版.大连:东北财经大学出版社,2022.

郑重声明

高等教育出版社依法对本书享有专有出版权。任何未经许可的复制、销售行为均违反《中华人民共和国著作权法》，其行为人将承担相应的民事责任和行政责任；构成犯罪的，将被依法追究刑事责任。为了维护市场秩序，保护读者的合法权益，避免读者误用盗版书造成不良后果，我社将配合行政执法部门和司法机关对违法犯罪的单位和个人进行严厉打击。社会各界人士如发现上述侵权行为，希望及时举报，我社将奖励举报有功人员。

反盗版举报电话　（010）58581999　58582371
反盗版举报邮箱　dd@hep.com.cn
通信地址　北京市西城区德外大街 4 号　高等教育出版社知识产权与法律事务部
邮政编码　100120

教学资源服务指南

仅限教师索取

感谢您使用本书。为方便教学，我社为教师提供资源下载、样书申请等服务，如贵校已选用本书，您只要关注微信公众号"高职财经教学研究"，或加入下列教师交流QQ群即可免费获得相关服务。

"高职财经教学研究"公众号

资源下载：点击"**教学服务**"—"**资源下载**"，或直接在浏览器中输入网址（http://101.35.126.6/），注册登录后可搜索相应的资源并下载。（建议用电脑浏览器操作）
样书申请：点击"**教学服务**"—"**样书申请**"，填写相关信息即可申请样书。
试卷下载：点击"**题库申请**"—"**试卷下载**"，填写相关信息即可下载试卷。
样章下载：点击"**教学服务**"—"**教材样章**"，即可下载在供教材的前言、目录和样章。
师资培训：点击"**师资培训**"，获取最新会议信息、直播回放和往期师资培训视频。

联系方式

财经基础课QQ群：374014299
联系电话：（021）56961310   电子邮箱：3076198581@qq.com